权威·前沿·原创

皮书系列为
"十二五""十三五"国家重点图书出版规划项目

BLUE BOOK

智库成果出版与传播平台

德国蓝皮书
BLUE BOOK OF GERMANY

德国发展报告（2021）
ANNUAL DEVELOPMENT REPORT OF GERMANY (2021)

迈向"后疫情时代"的德国

同济大学德国研究中心
中国欧洲学会德国研究分会
主　编／郑春荣

社会科学文献出版社
SOCIAL SCIENCES ACADEMIC PRESS (CHINA)

图书在版编目(CIP)数据

德国发展报告.2021:迈向"后疫情时代"的德国/郑春荣主编. -- 北京:社会科学文献出版社,2021.9
（德国蓝皮书）
ISBN 978-7-5201-8848-7

Ⅰ.①德… Ⅱ.①郑… Ⅲ.①社会发展-研究报告-德国-2021②经济发展-研究报告-德国-2021 Ⅳ.①D751.6②F151.64

中国版本图书馆 CIP 数据核字（2021）第 173237 号

德国蓝皮书
德国发展报告（2021）
——迈向"后疫情时代"的德国

主　　编／郑春荣

出 版 人／王利民
责任编辑／王晓卿
责任印制／王京美

出　　版／社会科学文献出版社·当代世界出版分社（010）59367004
　　　　　地址：北京市北三环中路甲29号院华龙大厦　邮编：100029
　　　　　网址：www.ssap.com.cn
发　　行／市场营销中心（010）59367081　59367083
印　　装／三河市东方印刷有限公司
规　　格／开　本：787mm×1092mm　1/16
　　　　　印　张：25.25　字　数：378千字
版　　次／2021年9月第1版　2021年9月第1次印刷
书　　号／ISBN 978-7-5201-8848-7
定　　价／168.00元

本书如有印装质量问题，请与读者服务中心（010-59367028）联系

▲ 版权所有 翻印必究

德国蓝皮书编委会

主　编　郑春荣

编　委　(按姓氏笔画排列)

伍慧萍　朱宇方　朱苗苗　陈　弢　庞一琳

武亚平　郭　婧　胡子南　俞宙明

主编简介

郑春荣 教授、博士、博士生导师，同济大学德国研究中心主任，德国问题研究所/欧盟研究所所长，《德国研究》副主编、《同济大学学报》（社会科学版）编委、《欧洲研究》学术委员会委员、《德国发展报告》（德国蓝皮书）主编，学术兼职：中国欧洲学会常务理事、德国研究会副秘书长，上海欧洲学会副会长，上海国际关系学会常务理事。研究方向为德国政治制度、外交与安全政策、欧洲一体化、中德与中欧关系以及中美欧三边关系研究。主持国家社会科学基金重大研究专项和一般项目、上海哲学社会科学规划项目以及外交部、教育部、上海市教委等委托课题多项，迄今在国内外核心期刊发表论文120余篇，出版专著、编著4部，主编9部，参与主编5部，另有译著3部。

摘　要

2020年是"默克尔4.0"政府执政第三年。这一年，新冠肺炎疫情主导着德国政治、经济与社会生活的方方面面，在应对疫情及其影响之外，中美博弈以及美国大选成为德国外交行动选择的重要变量。为此，本书分析迈向"后疫情时代"的德国在内政外交上的行动与举措，以及其所面临的机遇与挑战。

在政治上，2020年，新冠肺炎疫情在德国肆虐，德国政府一开始拿出了亮丽的抗疫成绩单，并收获"执政红利"，带动执政的基民盟/基社盟民调支持率大幅反弹，而执政小伙伴社民党的民调支持率依然不见起色。然而，随着2020年下半年疫情不断升级蔓延，德国公共卫生治理机制亦显示出其问题和局限性，民众对政府危机应对的满意度持续大幅下跌，并由此产生抗疫疲劳感。与此同时，疫情危机迅速从公众卫生威胁演化为激烈的社会震荡，这集中体现为德国反防疫措施抗议运动的爆发。如何在推行防疫政策的同时，维护社会稳定、团结和公平，依然是摆在德国联邦政府面前的棘手问题。

在经济上，2020年，德国经济受到了新冠肺炎疫情的大面积冲击，国内生产总值下挫4.9%。得益于2020年以前公共财政连续六年的收支盈余，德国政府在疫情期间对劳动力市场进行了有效的干预，通过转移支付和补贴政策稳定了经济运行。德国政府将数字化视为应对疫情及疫后恢复的重要途径，并出台了一系列数字化政策和措施。与此同时，德国政府积极响应"欧洲绿色新政"，制定了与此挂钩的大规模经济刺激计划，并且出台了一

系列与气候保护、去碳化相关的政策法规，实施了绿色项目。疫情也促使德国调整其集中于周边欧盟国家的价值链，致力于实现其价值链的分散化，但德国呼之欲出的《供应链法》很有可能会阻碍这种策略的实施。

在外交上，德国谋求在欧盟内发挥领导力，带领欧盟走出疫情危机、实现经济复苏，并在充满不确定性的国际格局中推进欧洲的战略自主。德国于2020年下半年担任欧盟轮值主席国，提出"共同让欧洲再次强大"的口号，在疫情应对、气候、数字、外交等政策领域取得实质进展，但在移民、非洲和欧盟扩大等政策领域成果寥寥，其整体表现可圈可点。在对美政策上，由于特朗普在单边主义的道路上越走越远，2020年见证了联邦德国自建国以来与美国双边关系的最低谷。而年底进行的美国大选及其最终结果又给了两国关系重新恢复正常，以及进一步推动跨大西洋关系发展的重要机会。德国迎合美国的政策迹象有所增强，德国政府2020年9月出台的《印太指导方针》，突出德国和欧盟要和印太地区"志同道合的伙伴"加强合作，特别强调要减少在产业链、供应链上对中国的单方面依赖。但是，德国依然重视与中国的互利合作，并大力推动欧盟与中国在年底前达成了中欧投资协定。

展望2021年，德国面临加快疫苗接种并尽快抑制住新冠肺炎疫情的挑战，"后疫情时代"的经济复苏总体形势较为乐观，但绿色化和数字化转型的压力依然巨大。德国2021年9月26日迎来新一届联邦议院选举，大选之后，德国将正式步入"后默克尔时代"，新政府的组成也很可能发生调整，绿党的参与执政是大概率事件，这也将使气候保护在德国政府议程中的地位进一步上升，如何平衡好经济复苏与气候保护之间的关系，是摆在新政府面前的一大任务。与此同时，如何在中美战略竞争加剧背景下，用实际行动彰显德国及欧盟的战略自主，取决于德国新政府领导人的真实战略意图，同时也考验着他们的政治智慧。

关键词： 德国　新冠肺炎疫情　后默克尔时代　战略自主性

目　录

Ⅰ 总报告

B.1 2020~2021年德国内政与外交走势 …………………… 郑春荣 / 001
 一　德国的疫情应对表现及疫情对经济与社会的影响 ……… / 002
 二　疫情下德国对欧、对美政策的调整 …………………… / 006
 三　默克尔"政治遗产"的存续 …………………………… / 013
 四　德国大选结果前瞻 ……………………………………… / 016

Ⅱ 分报告

B.2 德国政党格局发展新动向
 ………………〔德〕露西·金斯基　〔德〕托马斯·波贡特克 / 019
B.3 德国经济与公共财政状况述评
 ………………………………………………………… 冯　晓 / 035
B.4 德国外交政策述评
 ……………………………………………〔德〕芮悟峰 / 063

Ⅲ 政治专题篇

B.5 "默克尔4.0政府"第三年：新冠肺炎疫情考验下的危机管理
　　…………………………………………… 王广成 / 087
B.6 德国反防疫抗议运动：背景、特征与影响 …………… 玄　理 / 115
B.7 新冠肺炎疫情下的德国公共卫生治理机制与措施
　　………………………………………… 郭　婧　巫琪 / 137

Ⅳ 经济专题篇

B.8 疫情对德国数字化转型进展的影响…………………… 俞宙明 / 160
B.9 疫情下德国对欧洲绿色新政的回应：举措、影响及挑战
　　………………………………………………… 朱苗苗 / 184
B.10 新冠肺炎疫情对德国企业全球价值链布局的影响…… 朱宇方 / 211

Ⅴ 外交专题篇

B.11 德国担任欧盟轮值主席国的整体表现及其在欧盟的领导力
　　………………………………………………… 伍慧萍 / 231
B.12 美国大选年的德美关系 ……………………………… 陈　弢 / 250
B.13 疫情下中德经贸投资关系的韧性与发展前景
　　………………………………………… 寇　蔻　史世伟 / 283

Ⅵ 资料篇

B.14 统计资料 ……………………………………………… 朱宇方 / 304

目 录

B.15 大事记 …………………………………………… 武亚平 / 319

B.16 后记 ……………………………………………… 郑春荣 / 346

Abstract ……………………………………………………………… / 350
Contents ……………………………………………………………… / 353
Trends of Germany's Domestic and Foreign Affairs in 2020 and 2021
……………………………………………………… *Zheng Chunrong* / 364

总报告
General Report

B.1
2020~2021年德国内政与外交走势[*]

郑春荣[**]

摘　要： 在2020年1月底以来的新冠肺炎疫情危机之中，德国政府的危机应对经历了一波"高开低走"的表现，随之德国民众对默克尔政府执政的满意度也出现了"跳水"。疫情给德国经济与社会带来了深刻的负面影响，但德国经济总体上表现出较好的韧性。在对欧政策上，德国利用其担任欧盟轮值主席国的契机，推动欧盟通过了疫后复苏计划，并将之与欧盟的绿色和数字化转型深度捆绑；在对美政策上，在经历了特朗普执政最后一年德美关系的进一步疏离之后，随着美国大选后民主党候选人拜登胜选，德国对美政策出现回摆，希望重振跨大西洋关系的呼声高涨，而追求欧洲"战略自主"的动力

---

[*] 本文为国家社会科学基金重大研究专项（批准号：20VGQ011）的阶段性成果。
[**] 郑春荣，哲学博士，同济大学德国研究中心主任、教授，主要研究领域为德国政治与外交、中德及中欧关系，以及中美欧三边关系研究。

有所弱化。2021年9月26日德国联邦议院大选后，德国将步入"后默克尔时代"，默克尔的"政治遗产"在多大程度上能得到延续值得关注。展望大选结果，根据目前的民调，德国在选后有可能组成基民盟/基社盟和绿党之间的联合政府，至于谁将成为第一大党，取决于德国选民届时是求变还是求稳心理占主导。

关键词： 德国 新冠肺炎疫情 经济复苏 外交政策 默克尔政治遗产

2020年1月底，德国首次出现感染了新冠病毒的病例，其后疫情在德国暴发并持续发展，到2021年4月，疫情反反复复已经大致经历了三波。新冠肺炎疫情是二战以来对德国最大的挑战，给德国的政治、经济与社会的方方面面都带来了严重影响。默克尔政府对此采取了非常规措施，例如，通过了历史上最大规模的经济刺激计划，并将之与结构转型相挂钩，以及在欧盟层面首次接受了共同负债，推动了复苏基金的达成。总体来看，德国的抗疫和经济复苏措施取得了初步成效，德国有望在欧盟内率先从疫情的重创中走出来，显示出德国经济的韧性。

展望"后疫情时代"，德国经济复苏的可持续性依然在很大程度上受到国际经济形势的影响，百姓对政府应对疫情危机措施的满意度也将继续面临挑战，这势必影响德国未来政党格局的变动，并继而对德国能否在"后默克尔时代"组成稳健政府产生连带影响。不过，无论德国在2021年9月26日大选后组成怎样的联合政府，都必须面对实现疫后经济复苏和结构转型的问题，同时必须在大国博弈加剧的背景下，找准自身的定位，通过欧盟在多极化的国际格局中占有一席之地。

一 德国的疫情应对表现及疫情对经济与社会的影响

德国总理默克尔在2020年12月31日的新年致辞中表示，新冠肺炎疫情是"一场历史性危机",而应对新冠肺炎疫情是"一项政治、经济和社会的世纪任务"①。在这场大考中,德国的疫情应对乏善可陈,在抗疫措施的成效出现反复的同时,德国经济的韧性在危机之中也得到了凸显。但是,消除疫情所带来的社会经济影响,将是一项长期任务。

(一)德国政府在疫情应对中的起伏表现

从平均每10万人7天累计新增确诊数来看,自德国在2020年1月27日在巴伐利亚州确诊首例新冠肺炎患者以来,德国的疫情走势大致经历了三个阶段:从疫情暴发之初到5月底,疫情逐步缓和,整个夏季感染人数都处于低水平。但是,从秋季开始,德国就暴发了比第一波形势更为严峻的第二波疫情,德国政府不得不采取包括"硬封锁"在内的防疫抗疫措施。在2021年3月疫情再次缓解不久,却又出现了第三波疫情暴发的迹象,好在因疫苗接种的加速,暂时没有形成新的冲击波。

德国在疫情初期被视为疫情应对上的榜样,尤其是从死亡人数比例来看,德国交出了一份令人赞赏的答卷。德国政要也对自己所采取的疫情应对措施感到满意,例如,联邦卫生部部长施潘在法国《世界报》(Le Monde)撰写署名文章,阐述"为何德国能相对好地控制住危机",文章指出德国准备充分的卫生系统、高效的实验室和公众的责任感是德国抗疫相对成功的秘诀。② 德国私人医疗保险机构联合会科学研究所(WIP)的一份研究报告为德国出色表现列举的原因包括:首先,德国政界及早采取了适当的抑制疫情的措施;其次,对新冠感染者的全面的门诊测试和治疗也是一个巨大优势,这避免了德国医院病床的超负荷运转;再次,在确保拥有高风险人群的住院护理机构中的人员免受传染方面,德国也做得比其他国家好,而且护理机构

---

① "Neujahrsansprache 2021 von Bundeskanzlerin Dr. Angela Merkel am 31. Dezember 2020 über Hörfunk und Fernsehen", *Bulletin der Bundesregierung*, Nr. 01–1, January 1, 2021.
② Jens Spahn, "Pourquoi l'Allemagne surmonte relativement bien cette crise", *Le Monde*, May 29, 2020, https://www.lemonde.fr/idees/article/2020/05/29/jens-spahn-pourquoi-l-allemagne-surmonte-relativement-bien-cette-crise_6041110_3232.html.

外的老年人也由于德国老人单人或双人独居式家庭结构而免于经受家庭内部的感染。所有这些因素的组合，使得德国尽管国际比较来看人口平均寿命较高，但是，新冠病毒感染的死亡率却能保持在很低的水平。①

在专家看来，之所以德国此后的表现让人大跌眼镜，有着多方面的原因。一是因为德国未能为可能出现的第二波、第三波疫情做好准备。二是因为德国合作型联邦制下联邦与州在卫生领域分权的掣肘，关闭学校、禁止接触以及规定封锁的决定都是联邦州的职能，联邦政府的行动余地有限。虽然各州因地制宜的疫情应对有其优势，但是，也会阻挠必需的全国层面统一的、连贯的政策的出台。三是因为德国政界更多的是在被动应对，缺乏前瞻式的作为，尤其是未能与民众做好危机沟通，例如，默克尔总理曾因危机应对上的失误请求民众原谅，这都给民众留下了政府的危机应对政策混乱的印象。②

由此，德国民众在危机应对上的配合，逐步演变成了疫情应对上的懈怠、愤怒乃至慌张，民众对政府在危机应对上的信任大幅流失。在德国电视一台的德国趋势调查中，整个2020年德国民众对于默克尔政府的新冠危机管理表现出了相对高的满意度，但是，到2021年3月，这一满意度跌落到疫情暴发以来的最低值，即使其后有所回升，但是在5月初时依然停留在低水平，有62%的受访者对联合政府的工作表示不大满意（40%）或很不满意（22%）。③

（二）疫情对德国经济与社会的影响

面对危机，德国各级政府采取了包括针对健康与经济社会风险的两方面措施：一是联邦与各州商定疫情防控措施以及有期限的封锁措施；二是为企

---

① "WIP – ANALYSE: Warum Deutschland bisher gut durch die COVID – 19 – Krise gekommen ist", *DAZ. online*, July 22, 2020, https://www.deutsche-apotheker-zeitung.de/news/artikel/2020/07/22/warum-deutschland-bisher-gut-durch-die-covid-19-krise-gekommen-ist.

② "Politik in der Corona – Krise: 'Die Leute blicken nicht mehr durch'", *WDR*, March 27, 2021, https://www1.wdr.de/nachrichten/themen/coronavirus/merkel-laschet-corona-krisenkommunikation-100.html.

③ Statistisches Bundesamt, "Zufriedenheit mit der Arbeit der Bundesregierung im Mai 2021", https://de.statista.com/statistik/daten/studie/2953/umfrage/zufriedenheit-mit-der-arbeit-der-bundesregierung/.

业和就业搭建起一个资金上的保护网，尤其是引入了全面的货币与财政政策措施。相较于德国政府的疫情防控表现的起伏，德国在经济复苏方面做得更为出色。2020年6月联邦政府推出了经济景气一揽子计划，以提振2020年和2021年的经济表现。而且，德国原有的税收体系、失业保险金和短时工作补助金等制度安排也自动发挥了稳定器的功能，在很大程度上支撑了德国受到危机冲击的经济。

尽管如此，新冠肺炎疫情还是给德国经济社会的方方面面都带来了巨大的变化。德国联邦统计局在2021年3月汇总的一些数据充分说明了这一点：德国经济在连续增长后于2020年陷入深度萎缩之中，国内生产总值与2019年相比下降4.9%（剔除价格因素）。尤其是2020年第二季度的经济表现，可谓历史性崩塌，环比9.7%的跌幅是德国1970年引入国内生产总值有季度统计以来最大的跌幅。第三季度的增长态势相对于第二季度接近V形反转，经济迅速复苏（环比增长8.5%），但这种复苏到第四季度戛然而止（仅环比略增长0.3%，与疫情来临前的2019年第四季度相比甚至还下跌了3.7%），原因是第二波疫情的暴发以及年末实施的第二次"硬封锁"。在赤字率方面，2020年的国家赤字达到1396亿欧元，这是2011年以来的首次赤字，也是两德统一以来的第二高赤字，仅1995年两德统一后托管债务纳入国家财政导致的创纪录赤字比这个数字更高。2020年，以当时价格计算的国内生产总值占比作为计算依据，赤字率达到4.2%，超出了欧盟《稳定与增长公约》设定的3%的赤字率，不过，德国此举并未违反规定：欧盟委员会此前为应对危机，宣布2020年和2021年暂停适用公约的赤字率规定。①

新冠肺炎疫情也使得德国的失业人数出现自2013年以来的首次上升，2020年德国平均失业人数达到近270万人，这比2019年12月增加48万人，失业率为5.9%。具有德国特色的"短时工"制度发挥了稳定就业的作用，确

---

① 本段数据均来自 Statistisches Bundesamt, "Die Folgen der Corona – Pandemie in 10 Zahlen", *Pressemitteilung* Nr. N 023, March 31, 2021。

保了失业率不至于更高。① 根据联邦劳动事务所的统计，2020年4月德国有约600万人享受短时工作补贴，此前短时工最多的月份是2009年5月，当时从事短时工的人数为144万人。截止到2021年5月，根据伊福研究所的测算，仍有约230万人从事短时工作，他们主要是经营性服务人员。②

面对2021年3月以来第三波疫情的冲击，德国实施封锁措施的时间延长，但是，德国经济仍然表现稳健，2021年年初，德国五贤人委员会预计德国国内生产总值在2021年和2022年将分别增长3.1%和4.0%。当然，德国经济复苏的程度和速度取决于德国疫情应对的效果、疫苗接种的速度以及能否尽快解除因防疫而采取的限制措施。③

虽然德国经济在危机中体现出其韧性的一面，但是，疫情也加剧了德国国内的社会不平等现象。有研究报告表明，虽然封锁措施使高收入者普遍遭受收入损失，但是，疫情所带来的负面影响对于低收入人群更为严重；从疫情对社会结构的影响而言，疫情并非像人们最初所想象的，将会对所有人群产生"平均的"影响，事实上它是使贫富差距问题变大的"放大镜"。④ 因此，德国政府不仅需要采取经济措施推动经济复苏，还要致力于消除疫情对贫富人群的不平等影响，并最终减轻德国社会日益加剧的社会不平等状况。

二 疫情下德国对欧、对美政策的调整

在2020年3月欧洲成为疫情"震中"之后，鉴于疫情走向不明，欧盟

---

① "Corona – Krise. Mehr als 2, 7 Millionen Menschen ohne Arbeit", tagessschau. de, January 5, 2021, https：//www. tagesschau. de/wirtschaft/deutschland – corona – arbeitslose – 101. html.
② Statistisches Bundesamt, "Kurzarbeiter im Jahresdurchschnitt bis 2019 und bis Mai 2021 wegen Corona", June 9, 2021, https：//de. statista. com/statistik/daten/studie/2603/umfrage/entwicklung – des – bestands – an – kurzarbeitern/.
③ Der Sachverständigenrat zur Begutachtung der gesamtwirtschaftlichen Entwicklung, "Konjunkturprognose März 2021. Deutsche Wirtschaft trotz längerem Schutdown robust -im Sommer weitere Erholung zu erwarten", https：//www. sachverstaendigenrat – wirtschaft. de/fileadmin/dateiablage/Konjunkturprognosen/2021/KJ2021_ Pressemitteilung. pdf.
④ "Datenreport 2021. Pandemie verschärft soziale Ungleichheit", tagesschau. de, March 10, 2021, https：//www. tagesschau. de/inland/corona – sozialbericht – geringverdiener – 101. html.

各国各自为政，各求自保，德国也不例外。作为欧盟核心大国，德国在疫情暴发初期并未果断施援，缓解欧盟其他成员国例如意大利的"燃眉之急"，遭到了广泛诟病。后来随着疫情的发展，德国转变态度，积极向其他重疫国提供物资和医疗援助，捍卫了欧盟的团结，此外，面对疫情造成的欧盟内的大幅经济衰退，德国利用其在2020年下半年担任欧盟轮值主席国的契机，在欧盟"复苏基金"引入以及确定未来欧盟经济治理举措的方向等问题上扮演了关键角色。[1]

与此同时，面对美国特朗普总统在大选年加大力度推行单边主义政策和奉行"美国优先"政策，德国也需要以欧盟为依托增强处理德美关系的话语权。德国及欧盟方面很早就期盼民主党候选人拜登当选，因此，在拜登胜选得到初步确认后，德国及欧盟方面就迫不及待地提出了重启跨大西洋关系的期待，追求欧洲"战略自主"的动力有所弱化。

（一）德国利用欧盟轮值主席国任期推动欧盟出台疫后复苏计划

德国在2020年7~12月担任欧盟轮值主席国，这是德国13年以来——上一次是在2007年上半年——再次扮演这一角色。2005年5月和6月《欧盟宪法条约》先后遭遇法国、荷兰公投失败，在2007年担任轮值主席国时，德国通过积极的斡旋，最终推动了《里斯本条约》的达成。因此，德国此番担任轮值主席国，无论是外界还是德国自身，均对此设定了较高的成果期待。

德国为其欧盟轮值主席国任期确立的目标是，共同应对疫情并减缓其负面影响，推动绿色化与数字化转型，提高欧盟的对外行动能力，最终目标是使欧盟更具韧性，能够更强有力地应对未来的各种危机。[2] 最终，德国在轮值主席国任期交出了亮丽的"成绩单"，其在任期内取得的最重要成果包

---

[1] 范一杨、郑春荣:《新冠肺炎疫情背景下德国在欧盟领导角色分析》,《德国研究》2020年第2期,第19~36页。

[2] "Together for Europe's Recovery", Programme for Germany's Presidency of the Council of the European Union, 1 July to 31 December 2020, https://www.eu2020.de/blob/2362036/e0312c50f910931819ab67f630d15b2f/07 – 02 – pdf – programm – en – data. pdf.

括：通过了2021~2027年的欧盟多年财政预算框架、临时的复苏工具"欧盟下一代"以及自有资金决议①，从而为欧盟"后疫情时期"可持续的经济与社会复苏奠定了基础。②

建立复苏基金的倡议基于德法两国2020年5月提出的总额为5000亿欧元的欧洲经济复苏计划，这个德法倡议的目的在于使欧洲尽早从危机中走出来，并变得更加强大、同心协力和团结。考虑到德法两国此前在如何救助重疫国问题上存在严重的意见分歧，此次的妥协具有非凡的意义。③德国财政部部长奥拉夫·朔尔茨（社民党）甚至将德法之间的倡议称作欧盟的"汉密尔顿时刻"④。1790年，美国第一任财政部部长亚历山大·汉密尔顿将美国各州的战争债务共同体化，并以此为联邦层面的政府体制奠定了基础。欧盟各国国家与政府首脑在7月的峰会上，经过马拉松式的谈判，通过了复苏基金的决议，这个决议也是历史性的，由此欧盟朝着财政联盟迈出了一大步。虽然欧盟委员会提出的总额为7500亿欧元的复苏基金中，只有3900亿欧元作为补贴发放，而不是欧盟委员会计划的5000亿欧元，但是，这是德国首次转变思维，同意以补贴形式而不完全以贷款形式来救助危机国家。要知道在欧债危机爆发时，以德国为首的施援国仅愿意给予危机国贷款，且是在这些国家遵守严苛的改革条件下。随着复苏基金的通过，欧盟首次能在金融市场上共同负债。而且，这是欧盟历史上首次能够后续征收的"欧洲税种"，包括二氧化碳边境税、不可回收废弃物税和数字企业税等都在计划之中，但是这些计划尚待具体化。援助资金的拨付方也发生了改变，在欧债危

---

① 欧盟理事会2020年12月14日做出了有关欧盟自有资金体系的决议，此决议授权欧盟委员会在资本市场最多可筹集7500亿欧元资金。

② "Taking Stock of Germany's Presidency of the Council of the EU: 'Together for Europe's Recovery'", December 29, 2020, https://www.eu2020.de/eu2020-en/news/article/taking-stock-german-presidency/2430358.

③ "Wiederaufbaufonds für Europa: Merkel und Macron planen milliardenschweres Aufbauprogramm", *Süddeutsche Zeitung*, May 18, 2020, https://www.sueddeutsche.de/politik/merkel-macron-wiederaufbau-eu-1.4911668.

④ "Jemand muss vorangehen", *Zeit Online*, May 19, 2020, https://www.zeit.de/2020/22/olaf-scholz-europaeische-union-reform-vereinigte-staaten.

机期间是引入了"三驾马车"机制（包括欧盟委员会、欧洲中央银行和国际货币基金组织），目的是加强对受援国遵守改革义务的监督。如今在新冠危机背景下，受援国仅需向欧盟提交2021~2023年的改革与投资计划，此计划必须得到欧盟委员会的批准，以及财政部部长理事会的特定多数表决通过。

德国此番之所以转变思维，接受复苏基金，是因为新冠肺炎疫情危机是史无前例的，因此，对于这样一场不同寻常的危机也需要不同寻常的危机应对手段。在德国看来，复苏基金是临时性的、用于特定目标的救助手段，无论是作为给予特定项目的补贴还是给予成员国的贷款，都必须是专门用于应对新冠肺炎疫情的影响，因此，这并不会打开带有共同负债性质的新冠债券的闸门，而且，这笔资金的偿还也需要从欧盟预算中拨付。因此，虽然欧盟计划在金融市场举债，但这并不意味着在极端情况下某个成员国比如德国必须为其他某个成员国的国家破产承担所有债务。事实上是由欧盟总体负责债务责任，每个成员国仅以承担欧盟预算的比例承担共同债务风险，对于德国而言，风险是总债务的25%左右。而且，在"节俭五国"（荷兰、奥地利、芬兰、瑞典和丹麦）的要求下，还引入了紧急状况规定，据此，只有在危机国家达到第一批援助金所确定的阶段性目标情况下，才会发放第二批援助资金。[1] 值得注意的是，在德国等国的要求下，来自复苏基金的投资要为欧盟的绿色与数字转型做出贡献，因此，规定37%的资金要投向气候保护，20%投向数字化。德国联邦财政部部长朔尔茨为此将7500亿欧元的复苏一揽子计划称作气候中和和数字化欧洲的"变革者"（game changer）。[2]

在安全与防务领域，在德国的推动下，德国在其轮值主席国任期内也取得了一些显著的进展。首先，欧盟完成了第一次共同的威胁分析，并由此成为"战略指南"进程里的一个重要的里程碑。为欧盟制定一份"战略指

---

[1] Kai Schöneberg, *Europas neue Wege aus der Krise*, Bundeszentrale für politische Bildung, November 19, 2020, https://www.bpb.de/politik/wirtschaft/schuldenkrise/318376/europas-neue-wege-aus-der-krise.

[2] Lothar Gries, "750-Milliarden-Hilfspaket. Wie der Corona-Fonds funktioniert", *tagesschau.de*, 12.05.2021, https://www.tagesschau.de/wirtschaft/konjunktur/wiederaufbaufonds-hilfspaket-eu-kommission-101.html.

南",这源自德国的倡议,按计划,欧盟将在2022年完成这份旨在为欧洲共同安全与防务政策的战略问题确定方向的文件。其次,德国在欧盟轮值主席国任期内其他突出的成果包括就第三国参与"永久结构性合作"机制(PESCO)的规定达成了一致。欧盟理事会于2020年11月5日商定了允许第三国实体参加欧盟"永久结构性合作"协议范围内的能力项目的规定,由此,可信赖的第三国参与者的实体便能与25个"永久结构性合作"国家共同开发国防能力。由此,欧盟的北约盟友美国、加拿大、挪威、英国等也能参与欧盟成员国之间的重要合作计划,以便填补欧盟现有的能力缺陷。这也被视为可以增强北约的欧洲支柱,以及欧盟与北约之间深化合作的举措之一。另一个增强欧盟与北约合作的核心领域是军事机动性领域,目的是简化人员与军事物资的调动,以及通过共同的演练增强对危机与冲突的反应能力。此外,德国在欧盟轮值主席国任期内还完成了欧洲和平基金(EPF)的建设,该预算外基金旨在为在第三国独立开展的军事行动提供资金,并为伙伴国提供军事技术援助,由此可以对当地伙伴进行全面训练的支持。①

(二)美国大选背景下德国对美政策出现回摆

德国与美国的关系在特朗普上台执政后一直在疏远。特朗普一直在指责德国与俄罗斯之间的"北溪2号"天然气项目,认为这个项目会导致德国及欧洲对俄罗斯能源的过度依赖,并威胁美国的国家安全。为此,美国不断以制裁相威胁,施压德国及欧洲中止建造这个项目,其中包括施压德国吕根岛的萨斯尼茨穆克兰港口有限公司。随着美国加大施压的砝码,德美关系的紧张程度也在升级。对于美国的制裁威胁,德国政府坚决反对,认为这种域外制裁是违反国际法的,德国强调选择能源来源属于德国的主权行为,美国不应干涉。默克尔在2020年1月中旬还曾专门对俄罗斯进行工作访问,与普京一道宣示,天然气管道建造工程虽然由于美国的阻挠而有所延迟,但

---

① Bundesministerium der Verteidigung, *Rückschau auf die deutsche EU - Ratspräsidentschaft aus Sicht des BMVG*, Berlin, December 2020.

是，德国和俄罗斯将坚持完成这个项目的启动与建设。默克尔对此强调，德国在追求实现本国利益的过程中，不能受美国利益的影响。① 由于德国不愿放弃"北溪2号"项目，加之特朗普一直对在他看来德国没有履行北约成员的国防支出应达到国内生产总值2%的要求感到不满，为此，特朗普在德国事先未得到通报的情况下宣布计划从德国撤走部分美国士兵，最后的撤军计划包括12000名士兵和1个指挥总部。显然，特朗普的撤军是在报复德国的"不顺从"，尤其是对默克尔不肯让步的"政治惩罚"。

特朗普对默克尔的不满，还在于德国在伊核问题上不配合美国，其在维持伊核协议上扮演了领头者的角色。有学者认为，德国在2019年和2020年担任联合国安理会成员期间，最大的外交成果就是与法英一起在特朗普执政期间维持了伊核协议。② 在联合国内，在2020年8月和9月，曾爆发了激烈的争论。美国试图利用作为伊核协议依据的2015年联合国安理会决议的规定，重新恢复过去联合国对伊朗的制裁。事实上，美国在2018年5月就单方面宣布退出伊核协议。美国的这一企图最终因德法英的协同努力而夭折，它们此次与中俄紧密合作，拒绝了美国的倡议。眼见几乎不可能得到支持，美国最后收回了它的要求。德国和其欧洲伙伴成功应对了这场危机。尽管英国进入脱欧程序，但是，在伊核问题上，德国、法国还是与英国高效合作，而且，在这三个国家里，德国无疑是在公开场合对特朗普的所作所为抵制最为坚决的国家。通过欧洲层面协调所实现的有关伊核协议的成果，为美国总统拜登上任后拯救伊核协议奠定了必要的基础。③

---

① Naima Wolfsperger, "Zu Besuch bei Waldimir Putin. Trotz US – Sanktionen：Merkel verteidigt Gaspipeline Nord Stream 2 – und setzt damit ein Zeichen ", *Merkur. de*, July 29, 2020, https：//www. merkur. de/politik/angela – merkel – donald – trump – putin – nord – stream – 2 – sanktionen – gas – polen – ostsee – pipeline – zr – 13431760. html.
② 德国在担任联合国安理会成员期间，除了试图在大国博弈加剧背景下，在诸如阿富汗、伊朗、利比亚和叙利亚等问题的磋商上扮演中心角色，还提出了一些自己关切的议题，如妇女、和平与安全议程（所谓的WPS议程）以及气候与冲突议题，但是，这两个议题的推进都不是很成功。
③ Richard Gowan, "Bilanz der deutschen Amtszeit im UN – Sicherheitsrat", *Vereinte Nationen* 1/2021, pp. 3 – 8.

正是由于在特朗普任期内德美关系"毒化"了，因此，在民主党候选人拜登赢得美国大选后，德国方面就迫不及待地表达了与美国重修旧好的意愿。例如，德国外交部部长马斯在接受采访时表示，拜登当选是达成跨大西洋关系"新交易"的机会，这将恢复美欧之间的密切合作，但也会让欧洲人在世界舞台上承担更大的责任。① 默克尔在给拜登的贺词中也表示，"如果我们要应对我们这个时代的主要挑战，我们的跨大西洋友谊是不可或缺的"。② 此后，在欧盟轮值主席国德国的推动下，欧盟委员会和欧盟外交与安全政策高级代表发表共同通讯，为新的跨大西洋关系，提出了全面的合作建议。③ 在2021年1月26日与美国总统拜登的通话中，默克尔向拜登承诺，德国将在应对国际挑战中与其欧洲和跨大西洋伙伴共同承担责任。而拜登在通话中也不仅表达了重振跨大西洋联盟的意图，还强调跨大西洋伙伴关系是"美欧集体安全以及共同民主价值的支柱"。④

尽管默克尔对与拜登治下的美国充满期待，但是，她仍然保持了一份清醒。因此，她虽然强调德美、欧美之间如今有了更多共同点，但也重申，美国的利益与欧洲的利益并非完全一致。换言之，默克尔仍然认为欧洲在大国博弈加剧的新形势下应尽可能"将命运掌握在自己手中"。然而，德国及欧洲有一些人则认为需要现实些，法国总统马克龙所追求的欧洲"战略自主"是难以实现的，例如，德国国防部部长克兰普－卡伦鲍尔表示，如果欧洲战略自主意味着欧洲的安全、稳定与繁荣没有北约和美国就能得到保障，那么

---

① Frank Jordans, "AP Interview: Germany Seeks 'New Deal' with US under Biden", *The Associated Press*, 11 November 2020, https://apnews.com/article/joe–biden–heiko–maas–elections–berlin–germany–caaae483ae7813315cb551948f106294.

② Leah Carter, "US Election: Germany's Angela Merkel Congratulates Biden on Win", *DW.com*, November 11, 2020, https://www.dw.com/en/us–election–germanys–angela–merkel–congratulates–biden–on–win/a–55531839.

③ European Commission, Joint Communication to the European Parliament, the European Council and the Council. A new EU–US agenda for global change, JOIN (2020) 22 final, Brussels, December 2, 2020.

④ "USA: Angela Merkel lädt Joe Biden nach Deutschland ein", *Zeit Online*, January 26, 2021, https://www.zeit.de/politik/ausland/2021–01/usa–telefonat–joe–biden–angela–merkel–einladung.

这样的战略自主理念就接近于空想。在评论家看来,克兰普-卡伦鲍尔的这一旨在安抚美国的表态是为了让美国继续为欧洲负责,也是为了避免过于强调独立性的雄心宣示会惹恼美国。但是,与"战略自主"保持距离,能否确保德国成为美国有吸引力的伙伴,这在德国及欧洲内部仍然是有很大争议的。①

三 默克尔"政治遗产"的存续

默克尔于2005年11月22日当选联邦总理,这位"超长待机总理"已经执政15余年。2018年10月29日,在基民盟在黑森州州议会选举中遭遇历史最低得票后,默克尔宣布她将不再参与党主席竞选,未来也将不再竞选联邦总理。由此,"默克尔时代"进入倒计时。如果德国2021年9月大选后新政府难产,默克尔看守到2021年12月17日之后,则其将超过"统一总理"赫尔穆特·科尔的执政天数(1982年10月1日至1998年10月26日,共计5869天),成为(联邦)德国历史上执政时间最长的总理。

在四个执政任期里,德国以及欧盟面临了一系列的挑战:从金融与经济危机到欧债危机,经过乌克兰危机、难民危机以及由此带来的民粹主义政党的崛起,再到英国脱欧危机,以及当前的新冠肺炎疫情危机。因此,默克尔首先呈现的是"危机管理人"的角色。虽然默克尔政府一段时间以来,从"不情愿的领导",到日益具有责任意识,但是,德国的外交行动仍然具有克制和审慎的特征。与此相应,默克尔对于欧洲工程的推动,更多的是出于理性,而不是出于热情,但是,也必须看到,默克尔并非一成不变,她也在从过往的危机应对中"学习",因时而变、因势而变,例如,如前所述,德法携手提出的复苏基金倡议是欧盟走向疫后经济复苏迈出的具有创

---

① Jörg Lau, "Strategische Autonomie", *Internationale Politik*, January 1, 2021, https://internationalepolitik.de/de/strategische-autonomie.

新性的一步。

默克尔的危机应对无疑总体上是成功的,她在任期内已有好几次被定义为"跛脚鸭",但是,这一角色又多次被否定。有学者指出,默克尔在本次疫情应对中更倾向于采取强硬路线,是因为2015年9月难民危机中的失控是她的一个梦魇般的经历,因此,在此次新冠肺炎疫情危机中她想要表明她能够掌控住局势。① 应该说,她一开始的确取得了成功。2020年前,默克尔的支持率在民调中已经处于"自由落体状态",人们都在等待她的到任下台。然而,新冠肺炎疫情暴发后,作为"危机管理人"的默克尔重又回到人们视线中,默克尔所在的联盟党也收获了执政红利,民调支持率在疫情暴发后增长了10个百分点左右。德国的疫情防控形势一度很好,可是,如前所述,到了2020年秋季,感染人数上升,11月德国不得不引入"部分封锁"(lockdown light)。但这并未能阻止第二波疫情的暴发。在默克尔的强烈要求下——她为此做了其执政15年来可能最感情化的演讲,各州州长才最终同意引入"硬封锁",但是,他们依然对艰难达成的妥协提出质疑,或者又退出,这导致疫情一再反复。由于德国联邦制的掣肘,联邦政府在疫情应对上的行动能力是相当有限的。关闭学校、禁止接触以及规定封锁的决定都是联邦州的职能。但德国总理默克尔还是致力于协调联邦与州之间定期的交流,并推动全德国范围内统一的抗疫措施。只是这一切的努力并不是很成功。随着默克尔的到任,遗留的问题是,默克尔的接班人是否同样具有"危机管理人"的特质。

此外,在默克尔任期内,德国从"欧洲的病夫"发展成为欧洲经济实力最强的国家。虽然经历了新冠肺炎疫情的冲击,但是,基于德国经济体制的韧性,德国经济有望在未来几年相较于欧洲其他国家而言更快地复苏。这将奠定德国在欧盟内发挥影响力的实力基础。而且,在结构转型方面,德国也有望继续走在欧盟的前列:德国复苏与韧性

---

① Tobias Heimbach, "Merkels schwerstes Jahr: Unter Druck wie nie-emotional wie nie. So hat die Pandemie die Kanzlerin verändert", *Business Insider*, 3012.2020, https//:www.businessinsider.de.

计划①确立的重点措施领域包括气候政策与能源转向、经济与基础设施的数字化、教育数字化、增强社会参与、增强抗疫的卫生体系，以及现代行政与消除投资壁垒。由此可见，在德国的计划里，对气候保护与数字化的投资具有重要地位，有90%多的资金投入这两个领域：投入气候政策和能源转向领域的资金达到115亿欧元，占总投资的40%左右；投入数字变革领域的资金达到140多亿欧元，占总投资的50%以上。由此，德国在绿色与数字领域的投入超过了欧盟为这两个领域分别确立的37%和20%的资金投入最低目标。②

最后，默克尔的政治遗产之一，即其在外交上的务实主义作风，在政府换届之后，在何种程度上能够得到保留，也是存疑的。默克尔的务实主义尤其鲜明地体现在其政府的对华政策上。默克尔始终主张与中国进行对话和合作，反对美国与华"脱钩"政策。在德国担任轮值主席国期间，正是在默克尔本人的大力推动下，中欧双方在2020年12月30日完成了中欧投资协定的谈判。在欧盟对华的三重定位"合作伙伴"、"经济竞争者"和"制度对手"中，默克尔始终推行以合作为导向的对华政策，因为在默克尔看来，面对日益增加的全球挑战，欧盟与华合作对欧盟具有重要的战略利益。但是，必须看到，随着默克尔任期的逐步接近尾声，她的控局能力也有所下降，德国国内一些主张调整对华政策的声音也日益浮出水面，这也尤其反映在德国政府于2020年9月出台的《印太指导方针》之中③，这份文件的一

---

① 在欧盟引入的复苏计划"欧盟下一代"中，中心工具是总规模达6725亿欧元的复苏与韧性基金，为了从基金中获取资金，欧盟各成员国必须制定推动经济复苏以及增强社会韧性的计划。

② "Scholz: Klares Signal für Klimaschutz und Digitalisierung", April 27, 2021, https://www.bundesfinanzministerium.de/Content/DE/Pressemitteilungen/Finanzpolitik/2021/04/2021-04-27-deutscher-aufbau-und-resilienzplan-beschlossen.html. 值得关注的是，德国的复苏与韧性计划还包含德法共同倡议但向所有欧盟成员国开放的"欧洲共同利益重要项目"（Important Projects of Common European Interest, IPCEI），针对的是氢能、微电子与通信计划，以及云与数据处理。

③ The Federal Government, *Policy Guidelines for the Indo-Pacific. Germany – Europe – Asia. Shaping the 21st Century Together*, Berlin, September 2020.

个核心思想就是要减少德国及欧盟在产业链、供应链上对中国的所谓的单方面依赖。由此可见，"后默克尔时代"德国政府对华政策调整的端倪已然显现。①

四 德国大选结果前瞻

2021年9月26日将迎来德国新一届联邦议院选举②。从民调支持率来看，基民盟/基社盟由于党内出现口罩丑闻以及默克尔政府抗疫表现"走软"，失去了因执政红利而获得的10%左右的民调支持率增幅，导致其与绿党的民调支持率靠拢，甚至偶有被绿党反超。因此，此番大选的第一大党将主要在基民盟/基社盟和绿党之间决出。

在联盟党（基民盟/基社盟）方面，北莱茵－威斯特法伦州州长阿明·拉舍特（Armin Laschet）在2021年1月16日成功接任克兰普－卡伦鲍尔当选基民盟主席后，成功逼退基社盟主席、巴伐利亚州州长马库斯·索德尔（Markus Söder），成为联盟党的总理候选人。在绿党方面，推出的则是绿党两位党主席之一的安娜莱娜·贝尔伯克（Annalena Baerbock）。基民盟/基社盟与绿党之间，或者说拉舍特与贝尔伯克之间的竞选结果将如何，在很大程度上取决于德国民众届时的求变心理还是求稳心理占主导。

无论德国大选后组阁形式如何，德国绿党将大概率是新政府的组成部

---

① Noah Barkin, "Why Post－Merkel Germany Will Change Its Tune on China. Pressure Is Building in Berlin to Get Tough on Beijing", *Politico*, August 3, 2020, https：//www.politico.eu/article/why－post－merkel－germany－will－change－its－tune－on－china/.
② 2020年11月通过了选举法改革，通过两阶段的改革，联邦议院席位数要缩减。最初的改革将在9月26日的联邦议院选举中适用：改革方案规定，选区仍然保留在299个，一个政党在某一个联邦州的超额议席部分要与其在另一个州的、按候选人表分配的议席进行平衡，如果联邦议院达到了其常规的598席的规模，将最多有3个超额议席不再进行"平衡"。第二阶段的、更大的改革将适用于2025年的联邦议院选举，届时299个选区将缩减为280个。此外，将组建一个由议员、学者以及其他成员组成的委员会，它最迟应在2023年6月30日提交磋商结果，包括将选举年龄降至16岁以及延长每届立法会议任期等。对于这项改革能否达到缩小联邦议院规模，德国国内各界普遍怀疑。为此，反对党自民党、绿党和左翼党已就选举改革法案向联邦宪法法院提起了宪诉。

分,作为执政小伙伴,甚至不能完全排除成为第一大党的可能性。正如专家所指出的,这个绿党已经不是以前的绿党,在新一代温和政治家,尤其是两位现实派(realos)党主席贝尔伯克和罗伯特·哈贝克(Robert Habeck)的带领下,绿党改变了以前"理想派"(fundis)主导下的激进路线,转而成为奉行务实路线的中间政党,其倡导的德国愿景是数字、气候中和,大力推进欧洲一体化,坚持价值观导向和追求性别平等,并且在外交政策上也秉持更为坚定而自信的立场。① 不过,也有学者指出,奉行中间主义对于绿党也蕴含着政治风险,具体而言是:德国需要绿党在这个极化的时代扮演缓和的角色,但是,绿党试图吸引尽可能多的选民,可能会被其他政党想要的议题所定义,而不能实现其核心的社会生态目标,并最终导致在选民那里失宠。②

无论如何,在中美战略竞争加剧,全球力量转移受疫情影响进一步加速,以及迅速的技术变迁的背景下,德国在新政府领导下,其内政外交也将发生转变。在内政方面,德国国民经济在新冠肺炎疫情暴发前就已经面临多种多样且长期的变化,如技术进步、人口结构变化以及朝向气候中和经济的转型。因此,面向未来,德国经济政策不仅要应对新冠肺炎疫情引发的危机,而且要在此基础上提高德国与欧盟的经济复原力以及增强经济增长潜力。③ 在外交方面,鉴于近年来德国的对外政策日益欧洲化,因此,可以预判的是,德国在大选后的全球角色,也主要是通过塑造欧盟去实现的。在拜登上台后,德国及欧盟追求战略自主的动力开始减弱,认为美国的安全保护

---

① Steven Erlanger, "Post-Merkel Germany May Be Shaded Green", *The New York Times*, April 17, 2021, https://www.nytimes.com/2021/04/17/world/europe/germany-green-party-merkel.html.

② Amanda Sloat, *Report. Germany's New Centrists? The Evolution, Political Prospects, and Foreign Policy of Germany's Green Party*, Brookings, October 2020, https://www.brookings.edu/research/germanys-new-centrists-the-evolution-political-prospects-and-foreign-policy-of-germanys-green-party/.

③ Der Sachverständigenrat zur Begutachtung der gesamtwirtschaftlichen Entwicklung, *Jahresgutachten 2020/21. Corona-Krise gemeinsam bewältigen, Resilienz und Wachstum stärken*, November 11, 2020.

伞对于德国及欧盟必不可少的声音在抬头。尤其是德国绿党的参与执政——无论是作为大伙伴还是小伙伴——它会推动德国政府进一步投入到欧洲政治与经济一体化中，并促使欧盟在其内部和外部更加注重捍卫其价值，与此相应，它也会在外交政策上尤其对中国和俄罗斯采取更为强硬的政策，并且会促使德国在北约的安全与防务议题上扮演更积极角色。默克尔所奉行并得到拉舍特支持的中间路线将会经受考验和重新评估。①

---

① Judy Dempsey, "Will Angela Merkel's Ambiguous Legacy Last?", Carnegie Europe, January 19, 2021.

分 报 告
Specific Reports

B.2
德国政党格局发展新动向*

〔德〕露西·金斯基 〔德〕托马斯·波贡特克**

摘　要： 新冠肺炎疫情在整个2020年几乎完全主导着德国政党政治。尽管图林根州州议会选举的余波明显不同寻常，但也只是在前两个月，此后，德国政治一如既往地关注政党政治。在这次选举无果后，自民党人托马斯·凯梅里奇在右翼民粹主义德国另类选择党的支持下当选州长。这引发了一场大丑闻，导致凯梅里奇和基民盟主席克兰普－卡伦鲍尔双双辞职。不久，新冠肺炎疫情在德国肆虐，在2020年剩下的几个月里，主要讨论如何应对疫情这一挑战。一般而言，政府可以在危机

---

* 如未另做说明，本文中的相关数据与事实来源于2020年的各类媒体报道，最后访问日期：2021年3月1日。我们特别感谢安娜·莫克林霍夫（Anne Möcklinghoff）和亚伦·施吕特（Aaron Schlütter）的大力支持。

** 〔德〕露西·金斯基（Lucy Kinski），政治学博士，德国杜塞尔多夫海因里希·海内大学德国与国际政党法与政治研究所研究人员，主要研究领域为比较政治、政党研究；〔德〕托马斯·波贡特克（Thomas Poguntke），政治学博士，德国杜塞尔多夫海因里希·海内大学比较政治学教授，德国与国际政党法与政治研究所所长，主要研究领域为比较政治、政党研究。

中受益并获得公众支持,这完全对领导大联合政府的联盟党有利,而社民党的民调支持率仍停留在15%的水平。目前来看,2021年联邦议院选举之后的下一届德国政府,很有可能组成基民盟/基社盟与绿党之间的黑绿联盟。

关键词: 德国政党　德国政治　基民盟主席

本文旨在概述2020年德国政党格局的发展动态。为此,本文首先论述2020年最重要的议题,其次盘点各个政党在联邦议院选举前的发展情况,除了汉堡州州议会选举之外,另着重分析2021年联邦议院选举的选民选举意图和可能的执政联盟。

一　德国总体政治发展情况

不出所料,2020年,德国民众将新冠肺炎疫情视为最重要的政治议题(2020年全年平均值66.7%,见表1),远超其他议题,将过去几年重要的议题挤到了后面。最重要的是,新冠肺炎疫情导致主要执政党基民盟/基社盟的民调支持率明显提高,而较小的执政伙伴社民党则未能从这一"行政机构的高光时刻"中获益。

表1　2020年德国民众眼中最重要的政治议题

单位:%

议题	1月	12月	全年平均值
新冠肺炎疫情	*	84	66.7
环境、气候、能源转型	45	14	17.0
外国人、融入、难民	22	8	14.3
经济形势	4	8	10.5
社会差距	9	7	5.8

续表

议题	1月	12月	全年平均值
右翼/德国另类选择党	6	4	5.6
失业	5	4	4.9
教育	7	4	4.9
养老金	12	4	4.9
政治厌倦感	8	5	4.8
卫生事业、护理	5	4	4.2
房租/住房市场	4	2	1.7

* "新冠肺炎疫情"的数值在2020年2月7日首次被统计。

资料来源：笔者根据"政治晴雨表"数据计算而得，参见"Politik Ⅱ"，https：//www.forschungsgruppe.de/Umfragen/Politbarometer/Langzeitentwicklung_-_Themen_im_Ueberblick/Politik_Ⅱ/#Probl1 （Zugriff：1.3.2021）。此民意调查事先未给出议题选项，受访者可以列举两个议题。

2020年2月，仅有2%的受访民众将新冠肺炎疫情列入最重要的政治议题，但到12月，这一数值达到84%。和上一年一样，"环境、气候、能源转型"这一组议题虽然排在第二位，但重要性有所下降：2019年，平均有31.5%的受访民众选择了这一议题，而2020年，全年平均值只有17%。从全年平均值来看，"外国人、融入、难民"这一议题在2015~2018年一直是最重要的议题，现在只有14.3%的受访民众把它归为最重要的政治议题（2019年全年平均值27.6%）。

随着新冠肺炎疫情肆虐，"经济形势"这一议题和上一年相比也变得更加重要（2020年全年平均值10.5%，2019年3.1%）。相比之下，2019年首次出现的议题"右翼/德国另类选择党"仍然保持重要性（2020年全年平均值5.6%，2019年9.7%），然而，"养老金"这一议题的重要性下降（2020年全年平均值4.9%，2019年13.8%）。

新冠肺炎疫情完全主导了德国民众的生活和公共讨论。2020年3月，感染人数持续上升，导致第一轮封锁和关闭边境。联邦政府宣布了一项数额达数十亿欧元的一揽子经济救助计划，该计划于2020年6月通过。2020年秋季，由于感染人数和死亡人数急剧上升，11月先实施了部分地区封锁，12月中旬封锁扩大到全境，这一措施一直持续至年末。2020年年底，多数

德国民众（49%）首次要求更严格的措施，此前，大多数民众一直对实施措施的严格程度持满意态度。①

尤其在2020年夏季，德国所谓的"横向思维"组织的示威游行日益增加，这一组织反对疫情防控措施，主要包括阴谋论者和右翼极端分子。② 2020年8月，极右翼"横向思维"分子冲上国会大厦的台阶，试图抢占议会。③ 11月，这些具有极右倾向的"横向思维"分子在联邦议院里对议员进行滋扰，他们显然是在德国另类选择党议员的邀请下进入议会的。④ 12月底，高风险人群在德国开始新冠疫苗接种，使用欧盟批准的德国生物新技术公司（BioNTech）和美国辉瑞制药公司研发的疫苗，但初期的疫苗接种进度十分缓慢。

2020年2月，图林根州出现了明显的政府危机：2019年州议会选举之后，迄今由左翼党、社民党和绿党组成的联合政府不再拥有多数票支持。但是，没有左翼党或德国另类选择党的参与，组成多数政府又是不可能的。在州议会前两轮州长选举中未能选出州长，出乎意料的是，自民党人托马斯·凯梅里奇（Thomas Kemmerich）在第三轮选举中获得基民盟、自民党和德国另类选择党的支持，当选州长。德国另类选择党虽然自己提名了一位名不见经传的地方政客作为本党州长候选人，但显然该党在第三轮一致将选票投给了自民党的州长候选人。凯梅里奇接受了选举结果，但不久之后，迫于巨大的公众压力辞去州长一职。德国总理默克尔一反出国访问期间不对国内事务

---

① Forschungsgruppe Wahlen, "Politbarometer Dezember 2020-Repräsentative Umfrage KW 50", Mannheim: Newsletter der Forschungsgruppe Wahlen e. V., 2020.

② "Querdenker: Wer sie sind-und wie sich die Bewegung entwickelt", Bayerische Rundfunk, 07.02.2021, https://www.br.de/nachrichten/deutschland-welt/die-querdenker-eine-heterogene-protestbewegung, SO9TvdX.

③ "Krawall vor Reichstag-Scharfe Kritik aus der Politik", *Zeit Online*, 30.08.2020, https://www.zeit.de/news/2020-08/30/politiker-bestuerzt-ueber-ereignisse-am-berliner-reichstag.

④ "Demonstranten bedrängen Abgeordnete im Bundestag", *Nachrichten aus Berlin und Brandenburg*, 18.11.2020, https://www.rbb24.de/politik/thema/2020/coronavirus/beitraege_neu/2020/11/berlin-bundestag-abgeordnete-corona-gegner-demo-protest-infektionsschutzgesetz.html.

表态的惯例，在南非比勒陀利亚举行的新闻发布会上要求这一州长选举结果必须推翻重来。① 虽然凯梅里奇拒绝与德国另类选择党进行任何合作，但是，凯梅里奇在德国另类选择党支持下当选，这在某种程度上变相使德国另类选择党成为多数政府的一部分。默克尔的批评主要针对于此。

这次禁忌的打破在全国引起了愤怒，尤其是图林根州的德国另类选择党是由其党内的一个非正式的右翼激进派别"羽翼"的领导人物比约恩·霍克（Björn Höcke）领导的。2020年2月21日，基民盟、左翼党、社民党和绿党同意将新选举推迟到2021年举行，在此之前，再次选举前任州长拉梅洛（Bodo Ramelow）（左翼党）为州长。基民盟和自民党在选举中投弃权票。此外，为了避免未来德国另类选择党对图林根州组建多数政府产生重要影响（至于这一事件给各党内部带来的影响，参见本文第二部分"德国主要政党发展状况"），各党之间通过了一份所谓的《稳定公约》。②

同月，一位患有精神疾病的极右翼恐怖分子在哈瑙故意射杀9名有移民背景的人。这一举动是出于种族主义和阴谋论的动机。③ 2019年记录在案的政治动机犯罪中，极右翼犯罪继续占半数以上，达53.3%，④ 这一数据在2020年前三季度仍在增加。⑤

7月，联邦议院和联邦参议院通过不晚于2038年退出燃煤发电以及引入最低养老金的决议，最低养老金即基本养老金，这也是社民党一项重要的竞选承诺。

---

① "Merkel: Ergebnis von Erfurt rückgängig machen", *FAZ*, 06.02.2020, https://www.faz.net/aktuell/politik/inland/angela-merkel-kemmerich-wahl-muss-rueckgaengig-gemacht-werden-16620135.html.

② "Bodo Ramelow zum Thüringer Ministerpräsidenten gewählt", *ZDFheute*, https://www.zdf.de/nachrichten/heute/landtagswahl-in-thueringen-2019-100.html.

③ "Hanau: Gedenken an die Opfer des Rassismus", *Zeit Online*, https://www.zeit.de/thema/hanau.

④ BMI, "Die größte Bedrohung geht vom Rechtsextremismus aus", 27.05.2020, https://www.bmi.bund.de/SharedDocs/kurzmeldungen/DE/2020/05/vorstellung-pks-pmk-2019.html.

⑤ Frank Jansen, "Bereits mehr als 15.000 Straftaten von Neonazis und anderen Rassisten", *Tagesspiegel*, 17.11.2020, https://www.tagesspiegel.de/politik/rechte-kriminalitaet-nimmt-weiter-zu-bereits-mehr-als-15-000-straftaten-von-neonazis-und-anderen-rassisten/26631974.html.

德国担任欧盟理事会轮值主席国初期，联邦政府做了根本性的政策调整，支持欧盟共同举债，以便为欧盟各成员国应对新冠肺炎疫情带来的经济后果的举措提供融资。此前，联邦政府一直拒绝债务的共同体化。① 2020年下半年，德国担任欧盟理事会轮值主席国期间的重点议题是抗击新冠肺炎疫情、英国脱欧，以及通过欧盟财政预算，即"欧盟多年财政预算框架"（MFR）。最后欧盟决议通过了疫后复苏基金，财政援助的支出要与受援国的法治状况挂钩，但是，这一法治机制因被弱化而遭到批评。弱化的原因是，此前波兰和匈牙利威胁说，将否决"欧盟多年财政预算框架"。② 2019年发布的欧洲气候规划《绿色协议》（Green Deal）转化为具体立法建议的进度十分缓慢。③ 在德国轮值主席国任期结束时，中欧就投资协定达成了原则性一致。④

二　德国主要政党发展状况

（一）基民盟和基社盟

随着图林根州的政府危机，基民盟高层和基民盟在该州的组织就该党

---

① "Scholz: Gemeinsame Schuldenaufnahme in EU wird Bestand haben", *Handelsblatt*, 23. 08. 2020, https://www.handelsblatt.com/politik/deutschland/finanzminister - scholz - gemeinsame - schuldenaufnahme - in - eu - wird - bestand - haben/26119376.html? ticket = ST - 7418347 - dW5ulpKBtAqGLp4kgWne - ap3.

② Manuel Müller, "Ein fauler Kompromiss: Wie der Europäische Rat den Rechtsstaatsmechanismus untergräbt", Friedrich Ebert Stiftung, 15. 12. 2020, https://www.fes.de/politik - fuer - europa/detailseite - startseite/ein - fauler - kompromiss - wie - der - europaeische - rat - den - rechtsstaatsmechanismus - untergraebt.

③ Eva Fischer, "Wie es um das EU-Klimapaket Green Deal wirklich steht", *Handelsblatt*, 11. 12. 2020, https://www.handelsblatt.com/politik/international/chronologie - wie - es - um - das - eu - klimapaket - green - deal - wirklich - steht/26704192.html? ticket = ST - 3910729 - hphfO4tiIfLtYIICq9R9 - ap5.

④ Europäische Kommission, "EU und China erzielen Grundsatzeinigung über Investitionsabkommen", 30. 12. 2020, https://ec.europa.eu/germany/news/20201230 - eu - und - china - erzielen - grundsatzeinigung - ueber - investitionsabkommen_ de.

2018年在联邦层面做出的"不与政治边缘政党合作的决议"产生争议。2020年2月12日,基民盟的联邦党组织发布一份表态文件,明确表示反对与左翼党和德国另类选择党的合作。① 在后续的讨论中有一点是可以明确的:并不是所有基民盟在德国东部联邦州的州组织都赞成这一鲜明的划界,特别是当图林根州基民盟在凯梅里奇辞职后被迫接受左翼党政客拉梅洛领导下的政府时更是如此。由于这一不幸的行为,图林根州基民盟州主席及议会党团主席麦克·莫林(Mike Mohring)丢掉了他的这些职位。

图林根州的这场危机也暴露出基民盟主席克兰普-卡伦鲍尔进一步失去了党内权威,她于2020年2月宣布辞去党主席职务,但仍以代理身份继续履职。其后,北莱茵-威斯特法伦州州长拉舍特(Armin Laschet)[与卫生部部长延斯·施潘(Jens Spahn)组成竞选团队]、前联盟党联邦议会党团主席(2000~2002年)默茨(Friedrich Merz)和基民盟外交政治家罗特根(Norbert Röttgen)角逐基民盟主席一职。为了尽可能缩短领导层真空的时间,原计划于2020年4月召开特别党代会选举新党首。但由于新冠肺炎疫情期间限制大型集会,党代会多次推迟,最终于2021年1月举办线上会议。在第二轮线上选举中,拉舍特仅以微弱多数票当选党主席,依据政党法的规定,这一结果必须通过邮寄选票的方式来确认,最后,拉舍特以83.35%的得票率获得了大多数党员的支持。②

2020年,拉舍特州长因其对新冠肺炎疫情的管理方式遭受批评。他有时让人看不明白,在放松还是加强防疫措施问题上他究竟想采取怎样的路线。③ 这也使得他作为联盟党总理候选人的民调支持率不高。而巴伐利亚州州长、基社盟主席索德尔(Markus Söder)被认为是联盟党总理候选人的可

---

① CDU,"Unsere Haltung zu Linkspartei und AfD",https://www.cdu.de/system/tdf/media/dokumente/cdu_ deutschlands_ unsere_ haltung_ zu_ linkspartei_ und_ afd_ 0.pdf? file = 1.
② "Laschet als CDU-Parteichef bestätigt", *tagesschau.de*, 22.01.2021, https://www.tagesschau.de/inland/laschet – cdu – vositz – briefwahl – 101.html.
③ Thomas Drescher,"Wie schlägt sich Laschet als Corona-Krisenmanager?", *WDR*, 24.06.2020, https://www1.wdr.de/nachrichten/landespolitik/laschet – corona – krisenmanagement – 100.html.

能人选，但他始终否认他有当总理的野心。他多次"单枪匹马"，即没有和其他州的州长商议，就在巴伐利亚州加强疫情管控措施，为此，他既被称赞为"危机管理者"，也被批评是"冒进者"。①

根据迪麦颇公司（Infratest Dimap）2020年5月的民调，53%的选民认为索德尔是联盟党合适的总理候选人，而只有27%的选民选择拉舍特。联盟党的支持者中，甚至有67%的人支持索德尔。② 2020年12月，索德尔在"十位最重要的德国政客"排行榜上稳居第四位，而拉舍特和几个月前相比，排名下降，居于第八位。③ 基民盟和基社盟在通过共同的总理候选人这个问题上没有明确的程序，因此，最终要由基民盟和基社盟的领导层或两党主席达成一致，当然，民调数值在其中有重要影响。

（二）社民党

作为第一个宣布总理候选人的政党，社民党在2020年8月就已提名财政部部长朔尔茨作为2021年联邦议院选举的总理候选人。朔尔茨此前也竞选了党主席，但和他的搭档克拉拉·盖维茨（Klara Geywitz）一起败给了萨斯基娅·艾斯肯（Saskia Esken）和诺贝特·瓦尔特-博尔扬斯（Norbert Walter-Borjans）。

2020年12月，在柏林举行的一次线上辩论中，朔尔茨主要强调2021选举年三大重点社会民主主义议题，即一个强大的社会福利国家在抗击新冠肺炎疫情中的重要性、对抗气候变化以及数字化。④ 他强调，社民党希望在2021年9月举行的联邦议院选举中获胜，但就目前的民调来看，这一目标似乎遥不可及（参见本文第四部分"思考与展望"）。

---

① Dominik Baur, "Krisengewinner Markus Söder: Das bayerische Chamäleon", *taz*, 3.5.2020, https://taz.de/Krisengewinner-Markus-Soeder/!5679778/.
② "ARD-Deutschland Trend: 53 Prozent der Deutschen finden, Markus Söder wäre ein guter Unions-Kanzlerkandidat", *Presseportal*, 07.05.2020, https://www.presseportal.de/pm/6694/4591569.
③ Forschungsgruppe Wahlen, "Politbarometer Dezember 2020-Repräsentative Umfrage KW 50", Mannheim: Newsletter der Forschungsgruppe Wahlen e. V., 2020.
④ SPD-Kanzlerkandidat Scholz rechnet sich gute Chancen aus, tagesschau.de, 12.12.2020, https://www.tagesschau.de/inland/innenpolitik/spd-scholz-kanzlerkandidat-101.html.

（三）德国另类选择党

2020年3月德国另类选择党联邦理事会决定解散该党内部的一个派别——"羽翼"，这个组织曾被联邦宪法保卫局列为"拥有明确的右翼激进目标"①。其后，霍克和卡尔彼茨（Andreas Kalbitz）宣布自行解散这个极右翼派别，但霍克强调，"羽翼"的精神应在党内继续留存。勃兰登堡州的德国另类选择党主席以及议会党团主席卡尔彼茨被开除党籍，但霍克仍得以留在党内。②

在新冠肺炎疫情危机中，德国另类选择党的行为前后并不一致。疫情初期德国另类选择党要求采取更加严格的措施，其后，它试图站在否认新冠肺炎疫情的一方，但收效甚微。该党一再表示反对疫情防控措施，认为这是对自由的限制，并淡化病毒带来的危险。2020年3月，该党在联邦议院投票表决一揽子救助计划时弃权，并且投票反对《传染病防治法》的改革。德国另类选择党的联邦议院议员还身着"横向思维"T恤衫在议会会场大厅进行挑衅，或支持新冠肺炎疫情否认者举行的游行示威。2020年11月，该党不顾当时部分地区封锁的规定，召开线下党代会，有600名代表出席。③

（四）自民党

图林根州政府危机爆发后，党主席林德纳不得不向自民党理事会提出"信任案"，虽然林德纳通过了"信任案"投票，但这次图林根州的危机多

---

① BfV, "BfVstuft AfD-Teilorganisation 'der Flügel' als gesichert rechtsextremistische Bestrebung ein", https://www.verfassungsschutz.de/de/oeffentlichkeitsarbeit/presse/pm-20200312-bfv-stuft-afd-teilorganisation-der-fluegel-als-gesichert-rechtsextremistische-bestrebung-ein.

② "AfD-Schiedsgericht bestätigt Parteiausschluss von Andreas Kalbitz", *dw*, https://www.dw.com/de/afd-schiedsgericht-best%C3%A4tigt-parteiausschluss-von-andreas-kalbitz/a-54317765.

③ N. Diekmann and D. Gebhard, "AfD-Parteitag trotz Corona-'Wir verschrecken bürgerliche Wähler'", *ZDFheute*, 27.11.2020, https://www.zdf.de/nachrichten/politik/afd-praesenz-parteitag-kalkar-100.html.

次被称为"战后自由主义的历史最低点"。① 无论如何，这一丑闻在全德国范围对自民党造成了损害，仅任职15个月后，自民党秘书长琳达·泰特贝格（Linda Teuteberg）就被莱茵兰-普法尔茨州财政部部长沃尔克·维辛（Volker Wissing）取代了。据称，林德纳对泰特贝格在任上的表现很不满意。② 图林根州的争议仍久久悬而未决。在自民党联邦党组织宣布下次州议会选举中不支持凯梅里奇之后，最终在2020年12月，他宣布放弃未来再次竞选首席候选人。③

2020年5月，600余名代表参加了自民党的线下党代会。党主席林德纳强调，自民党想要在2021年联邦议院选举后重新参与执政，但排除了与左翼党和德国另类选择党联盟的可能性。3月，自民党赞同应对新冠肺炎疫情一揽子救助计划，但反对《传染病防治法》的改革。该党要求疫情后制定明确的战略来削减债务，并批评抗击新冠肺炎疫情的个别措施，例如宵禁，认为这过度限制了个人自由。④ 疫情期间，自民党始终将自己定位为对严重限制个人自由的措施提出批评的政治力量，并敦促采取步骤尽快放松管制，这也是考虑到封锁带来的经济后果。

（五）左翼党

左翼党最初推迟了其2020年度的党代会，后来又完全取消。这次党代

---

① Robert Pausch, "Ein Tabubruch lässt sich nicht wegbeschließen", *Zeit Online*, 07.02.2020, https：//www.zeit.de/politik/deutschland/2020-02/christian-lindner-vertrauensfrage-fdp-thueringen-liberalismus.

② Christoph Schult and Severin Weiland, "Verwirrung um Teutebergs angeblichen Postenpoker", *Spiegel Online*, 25.09.2020, https：//www.spiegel.de/politik/deutschland/linda-teuteberg-und-die-fdp-verwirrung-um-angeblichen-postenpoker-a-bf27d821-4588-48ef-81dc-0b08b3da5dc5.

③ "Kemmerich verzichtet auf neue Spitzenkandidatur für Thüringer FDP", *mdr*, 10.12.2020, https：//www.mdr.de/thueringen/kemmerich-verzicht-spitzenkandidatur-landtagswahl-100.html.

④ FDP, "Die Coronakrise darf nicht zur nächsten Euro-Schuldenkrise werde", 09.12.2020, https：//www.fdp.de/_die-coronakrise-darf-nicht-zur-naechsten-euro-schuldenkrise-werden.

会本应选举新的党领导层和理事会。最终，左翼党于2021年2月以线上方式召开了党代会。现在党的双主席基平（Katja Kipping）和里克兴格（Bernd Riexinger）不再参与竞选。① 左翼党的左派新星雅尼内·韦斯勒（Janine Wissler）以及左翼党图林根州主席苏珊娜·海内希-韦尔叟（Susanne Hennig-Wellsow）接任党主席。新冠肺炎疫情期间，左翼党特别批评政府缺少对穷人的资助以及卫生系统资金削减的结构性瓶颈。

（六）联盟90/绿党

2020年11月，绿党也以在线方式召开了党代会。在会上，该党（在联邦议院选举的前一年）通过了一份新的基本纲领。纲领确立的主要目标是气候保护、生态经济和社会公正。② 绿党争取在联邦议院选举后承担执政职责。究竟是安娜莱娜·贝尔伯克（Annalena Baerbock）还是罗伯特·哈贝克（Robert Habeck）会成为首席候选人，在2020年年底还未确定。在"十位最重要的德国政客"排行榜上，哈贝克在年末排在第七位，"尽管目前支持率有所下降，但仍保持在危机前的较高水平上"③。即使贝尔伯克的民众支持率略低，但是由于她在绿党中坚决贯彻了性别平等，完全有望成为绿党的首席候选人。不同于以往的联邦议院选举，此次将是一场值得关注的总理竞选，因为绿党自2019年以来的民调数值仅在联盟党之下，稳居第二位。

尽管绿党有所顾虑，但仍投票赞成《传染病防治法》的改革。自2020年2月汉堡市地方选举以来，该党与社民党组成执政联盟在汉堡联合执政（参见本文第三部分"汉堡市地方选举"）。

---

① Die Linke, "Siebenter Parteitag 2021", https：//www.die-linke.de/partei/parteistruktur/parteitag/siebenter-parteitag/.
② Die Grünen, *Grundsatzprogramm*, https：//www.gruene.de/grundsatzprogrammprozess.
③ Forschungsgruppe Wahlen, "Politbarometer Dezember 2020-Repräsentative Umfrage KW 50", Mannheim：Newsletter der Forschungsgruppe Wahlen e. V., 2020.

三 汉堡市地方选举

2020年，德国在联邦州层面只有一次选举，即2月23日直辖市汉堡的地方选举（见表2）。这次选举的参选率为63%，与2015年的地方选举相比，参选率提升了6.5个百分点。

虽然社民党以39.2%的支持率居第一大党地位，但与上一届汉堡市地方选举相比，减少了6.4个百分点。绿党的选票几乎翻了一番，以24.2%的得票率跃居第二大党地位。这是绿党除了巴登-符腾堡州之外在州议会选举中取得的最好成绩。① 与之相对照，基民盟的得票率只有11.2%（下降4.7个百分点），这是该党近70年来州议会选举中最差的成绩。自民党和德国另类选择党双双失利，德国另类选择党勉强进入州议会，而自民党差了1060票未能跨过5%的门槛，但是自民党首席候选人安娜·冯·特伦费尔斯（Anna von Treuenfels）在其选区赢得了一个直接议席。②

71%的受访者认为，影响选举结果的关键是汉堡的政治形势（23%认为是联邦政治形势）。分别有70%和74%的受访者认为，图林根州政治危机给基民盟和自民党带来了损害。交通、住房市场和气候保护这些议题对选举具有决定性意义，而社民党（住房市场）和绿党（交通/气候保护）在这些领域被认为最有能力。③

选举后三个多月，市政府再次组成红绿联盟。汉堡市议会确认市长辰切尔（Peter Tschentscher）续任，并批准了新的市政府的成员构成。在123张选票中，辰切尔轻松获得三分之二多数票，以87票再次当选。

---

① Forschungsgruppe Wahlen, "Bürgerschaftswahl in Hamburg vom 23. Februar 2020", Mannheim, 2020, https://www.forschungsgruppe.de/Wahlen/Wahlanalysen/Newsl_Hamb200225_1.pdf.
② FDP, *fdplus*, 01.2020, https://www.fdp.de/sites/default/files/uploads/2020/07/09/fdplus-01-2020-doppelseiten.pdf.
③ Forschungsgruppe Wahlen, "Bürgerschaftswahl in Hamburg vom 23. Februar 2020", Mannheim, 2020, https://www.forschungsgruppe.de/Wahlen/Wahlanalysen/Newsl_Hamb200225_1.pdf.

表2　汉堡市地方选举结果

选举日	2020年2月23日		
总议席数	123		
参选率（%）	63%（+6.5个百分点）*		
选民总数（人）	1316691		
总投票人数（人）	829497		
有效的第二票（%）	98.9		
有效的第一票（%）	98.1		
新任联合政府（前任政府）	社民党-绿党（社民党-绿党）		
政党	得票率（%）	席位数	得票率变动（个百分点）
基民盟	11.2	15	-4.7
社民党	39.2	54	-6.4
联盟90/绿党	24.2	33	+11.9
左翼党	9.1	13	+0.6
自民党	4.97	1	-2.4
德国另类选择党	5.3	7	-0.8
其他	6.1	-	+1.9

* 德国民调机构选举研究小组（Forschungsgruppe Wahlen e.V.）最初给出的投票率为63.2%（增加6.7个百分点），后来发现最初传送错误，下调为63.0%。①

资料来源：Der Bundeswahlleiter, "Ergebnis der 21. Wahl zur Hamburger Bürgerschaft am 15. Februar 2015", https://www.bundeswahlleiter.de/service/landtagswahlen/land-2.html; Forschungsgruppe Wahlen, "Bürgerschaftswahl in Hamburg vom 23. Februar 2020", Mannheim, 2020, https://www.forschungsgruppe.de/Wahlen/Wahlanalysen/Newsl_Hamb200225_1.pdf; Statista, "Sitzverteilung in der Bürgerschaft in Hamburg nach der Bürgerschaftswahl am 23. Februar 2020", 2020, https://de.statista.com/statistik/daten/studie/425269/umfrage/sitzverteilung-in-der-buergerschaft-in-hamburg; Statistisches Amt für Hamburg und Schleswig-Holstein, "Endgültiges Ergebnis der Hamburger Bürgerschaftswahl 2020 im Vergleich zur Bürgerschaftswahl 2015 (Gesamtstimmen der Landesliste)", 2020, https://www.statistik-nord.de/fileadmin/Dokumente/Wahlen/Hamburg/Bürgerschaftswahlen/2020/endgueltig/Bue_e_001-001-2020-Gesamtstimmen-Landesliste.pdf; Statistisches Amt für Hamburg und Schleswig-Holstein, "Endgültiges Ergebnis der Bürgerschaftswahl 2020 im Vergleich zur Bürgerschaftswahl 2015 (Gesamtstimmen der Wahlkreislisten)", 2020, https://www.statistik-nord.de/fileadmin/Dokumente/Wahlen/Hamburg/Bürgerschaftswahlen/2020/endgueltig/Bue_e_002-001-2020-Gesamtstimmen-Wahlkreislistenstimmen.pdf; Wahlen Hamburg, "Ergebnispräsentation der Bürgerschaftswahl 2020 in Hamburg (endgültige Ergebnisse)", 2020, https://www.wahlen-hamburg.de/wahlen.php?site=left/gebiete&wahl=43#index.php?site=right/ergebnis&wahl=43&anzeige=0&gebiet=1&idx=0&typ=1&stimme=2&gID=0&gTyp=0&flip=1&mode=liste&hoch=0。

① "Bürgerschaftswahl 2020 in Hamburg", ndr, 08.05.2020, https://www.ndr.de/nachrichten/hamburg/wahl/buergerschaftswahl_2020/Hamburg-Wahl-Das-endgueltige-Ergebnis,hhwahl362.html.

四 思考与展望

在2021年联邦议院选举之前,针对选举意图(即所谓的"周日问题")的民调显示出一些值得关注的趋势(见图1)。首先,基民盟/基社盟从新冠肺炎疫情中获益:自2020年4月起,联盟党支持率为37%(和2020年3月相比增加了7.5个百分点),2020年6月甚至达到了39.5%。自2019年欧洲议会选举以来,绿党的支持率明显高于20%,有时几乎与基民盟/基社盟不相上下。① 2020年,该党支持率稳定在20%上下。"蒸蒸日上"的绿党的支持率暂时处于较低水平。与其联合执政的伙伴相比,社民党并未从政府应对疫情危机的表现中获益。2020年8月,提名朔尔茨为总理候选人这一举动也不值一提。该党支持率比上年略有提高,全年平均值在15%上下。2020年年初,德国另类选择党的支持率甚至短暂与社民党持平,但随着疫情开始肆虐,德国另类选择党支持率走低,似乎稳定在10%以下。

尽管目前基民盟/基社盟有所变强,但德国政党体系较长一段时间以来出现的根本性变化并不会停止。政党竞争的逻辑和联合政府的组建发生了根本性的变化。就2020年来看,传统的两极联合政府(基民盟/基社盟-自民党、社民党-绿党)在下一届联邦议院中实际上已没有机会组成多数政府。虽然民众对大联合政府的喜爱度在疫情初期飙升,在2020年这一年内也保持高水平,但是从全年平均值来看,德国民众似乎最喜爱基民盟/基社盟和绿党这一执政组合(见图2)。

当然必须考虑到,随着疫情的延续,不确定性也在滋生。主要是2021年年初,部分民众愈发怀疑联邦政府的行动和参与危机管理的各州政府。由于德国施行的是联邦与联邦州必须相互配合的"合作型联邦制",在大范围的危机中,联邦政府和州政府更是必须相互协调,这意味着,所有重要决策

---

① 〔德〕露西·金斯基、〔德〕托马斯·波贡特克:《德国政党格局发展新动向》,载郑春荣主编《德国发展报告(2020):转型中的德国》,社会科学文献出版社,2020。

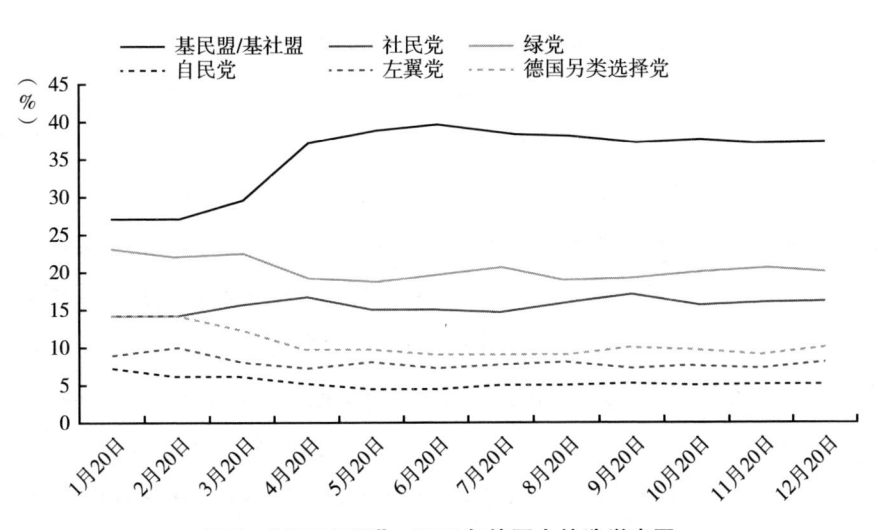

图1 "周日问题"：2020年德国人的选举意图

注"周日问题"：如果本周日就将举行联邦议院选举，您将给哪个政党投票？
资料来源：笔者根据"政治晴雨表"数据计算而得，参见：Forschungsgruppe Wahlen, "Politikbarometer: Langzeitenentwicklung-Themen im Überblick. Mannheim", 2021, https://www.forschungsgruppe.de/Umfragen/Politbarometer/Langzeitentwicklung_-_Themen_im_Ueberblick/Politik_I/#Projektion。

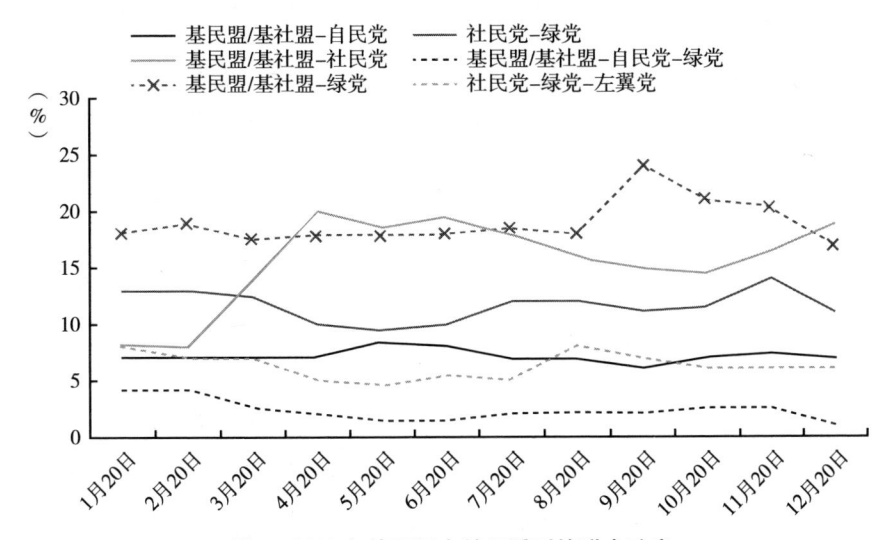

图2 2020年德国民众希望看到的联合政府

资料来源：笔者根据"政治晴雨表"数据计算而得，参见：Forschungsgruppe Wahlen, "Koalitionswunsch", 2021, https://www.forschungsgruppe.de/Umfragen/Politbarometer/Langzeitentwicklung_-_Themen_im_Ueberblick/Politik_I/#Koalitionswunsch。

原则上必须由各州州长和总理举行的联席会议商议。事实上，这相当于是一个除了德国另类选择党之外的所有政党参与的多党政府，因为其他政党都参与了州政府执政。所以很多事情都取决于疫情的发展和抗击疫情取得的成果。这也是联邦政府越来越受到关注的原因，例如接种疫苗和快速检测。然而，在许多领域，具体实施是各州甚至各地方的事情。简而言之：确切的政治影响很难预料，它与谁能成功转移民众可能增长的不确定性相关。德国总理默克尔在长期的执政过程中掌握了这一技巧，但她不再参与竞选。联盟党中极有可能竞选总理一职的两人是巴伐利亚州州长索德尔和北莱茵－威斯特法伦州州长拉舍特，两人都担任着政府职务，因此总理候选人在"结构"上具有脆弱性。考虑到这一点，绿党甚至自民党可能取得更优的选举结果——尽管自民党仍在与党内单薄的人物形象问题和不幸的政治风波抗争。无论如何，2021年的联邦议院选举将是扣人心弦的。

（常紫寒译）

B.3 德国经济与公共财政状况述评

冯 晓*

摘　要： 本文从三个方面对德国经济形势展开讨论。首先是对2020年德国经济形势的述评，包括国内生产、就业、收入与收入分配、流动性、利率与物价以及需求结构等方面；其次是对德国公共财政以及财政政策的论述，包括财政收支与公共债务、联邦政府的财政政策等方面；最后是对德国未来经济政策要点的阐述和对2021年经济增长率的估计。归纳起来，作者认为决定德国经济短期走向的是疫情后的恢复，决定德国经济中长期走向的是结构转型和数字化进程对实物资本边际产出和全要素生产率的影响。联邦政府在其未来经济政策设计中考虑了上述各方面的因素。预计2021年德国国内生产总值将增长3.3%，中长期走向的平均趋势为2.5%。

关键词： 德国经济　德国公共财政　经济政策

2020年德国经济受到了新冠肺炎疫情的大面积冲击，国内生产总值下滑近5.0%。疫情中工业、商务服务业以及贸易、交通与餐饮旅馆业的负增长尤为明显。得益于2020年以前公共财政连续六年的收支盈余，德国政府在疫情期间对劳动力市场进行了有效的干预，通过转移支付和补贴政

---

* 冯晓，经济学博士，教授，同济大学中德工程学院、职业技术教育学院院长，同济大学德国研究中心兼职研究员，主要研究领域为国民经济学、区域经济学。

策稳定了经济运行。未来德国经济中短期的表现将主要取决于疫情后的恢复，中长期的表现将主要取决于经济结构转型和数字化进程能否有效提升实物资本的边际产出和全要素生产率。预计2021年德国国内生产总值增长率为3.3%。

以下，本文就德国经济和公共财政在2020年的总体表现以及未来经济政策动向做概要述评，并通过需求侧分析对2021年德国的经济增长进行预测。

一 2020年德国经济形势

（一）国内生产

受新冠肺炎疫情的影响，2020年德国国内生产总值出现了4.98%的负增长［见图1（1）］，按当年价计为33290亿欧元，较2019年下降1220亿欧元，衰退幅度之大为联邦德国历史上罕见。从三次产业看［见图1（2）~（4）］，第二产业的负增长最为明显，增加值减少了7.99%；第三产业其次，经济规模缩小了4.17%；第一产业的情况相对较好，增加值增长率为-0.84%。

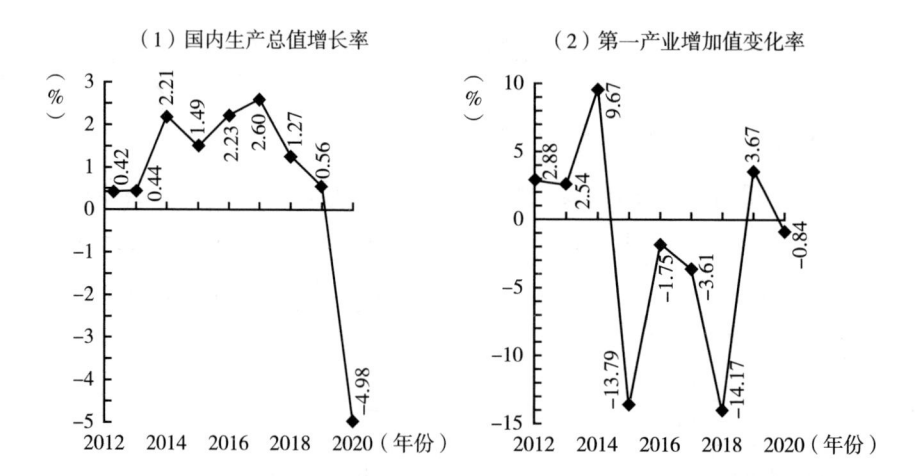

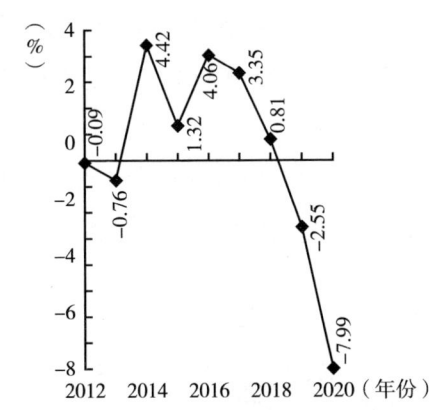

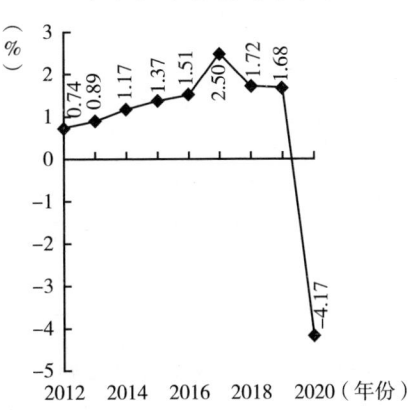

（3）第二产业增加值变化率　　　（4）第三产业增加值变化率

图1　国民经济和三次产业经济增长率

资料来源：德国联邦统计局数据库公布的数据，Statistisches Bundesamt，"VGR des Bundes"，https://www-genesis.destatis.de/genesis/online?operation=statistic&levelindex=0&levelid=1613711607307&code=81000#abreadcrumb。

如图2（1）所示，第二产业内工业增加值的减少尤为明显，达到了-9.70%；建筑业增加值则仍然保持自2014年以来的正增长，增长率为1.35%，成为国民经济中唯一正增长的主要行业，多少缓和了第二产业乃至整体经济的颓势。

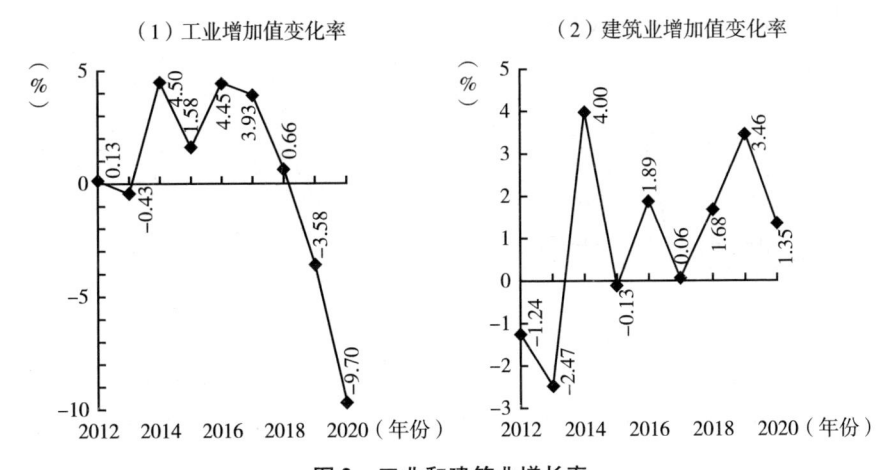

（1）工业增加值变化率　　　（2）建筑业增加值变化率

图2　工业和建筑业增长率

资料来源：同本文图1。

在第三产业内部，贸易、交通与餐饮旅馆业因流动性受限而呈现负增长，增加值下降了6.30%［见图3（1）］；商务服务业更是呈现负增长，增长率达到了－7.93%［见图3（5）］，反映了2020年企业部门的整体低迷状况。除了上述两个受新冠肺炎疫情冲击最明显的行业，公共服务、教育与卫生业的增长率为－2.15%［见图3（6）］，与疫情对公共财政收支状况的影响有关。相对而言，第三产业内其他行业受新冠肺炎疫情的冲击较小［见图3（2）～（4）］。

（1）贸易、交通与餐饮旅馆业增加值变化率

（2）信息与通信业增加值变化率

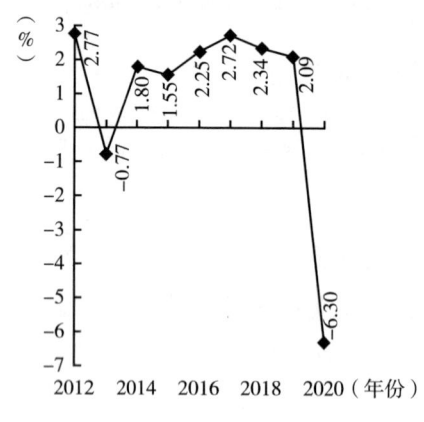

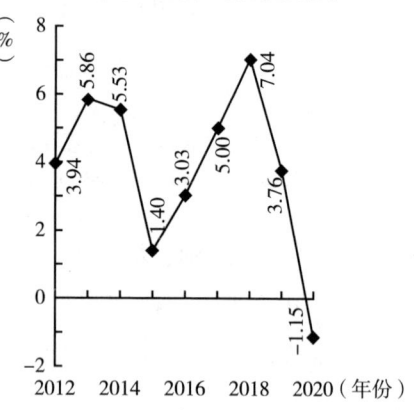

（3）金融与保险服务业增加值变化率

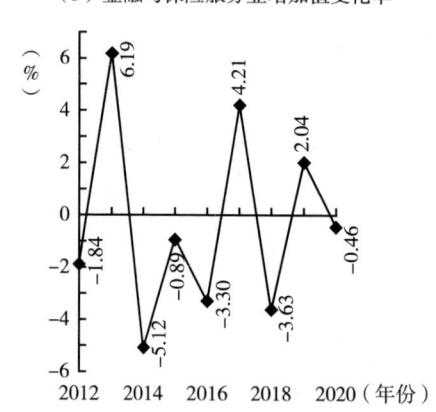

（4）房地产业增加值变化率

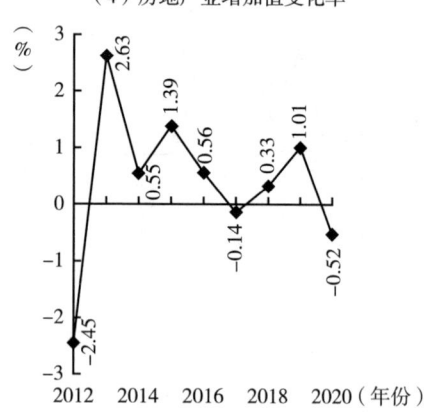

(5) 商务服务业增加值变化率

(6) 公共服务、教育与卫生业增加值变化率

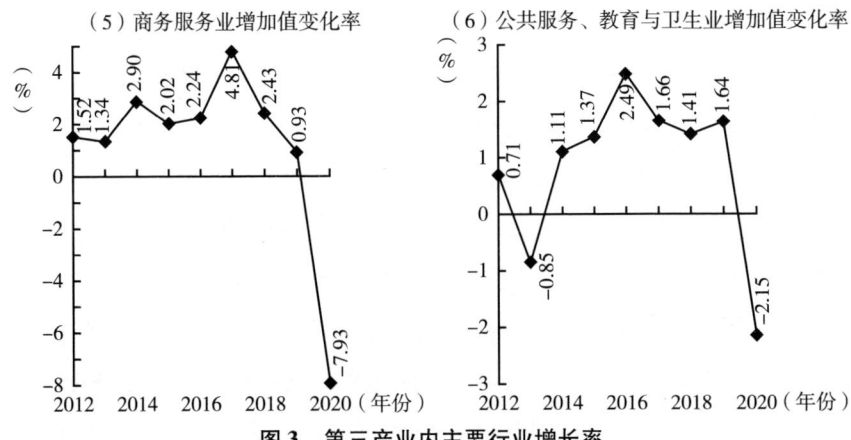

图3 第三产业内主要行业增长率

资料来源：同本文图1。

从结构上看（见表1），2020年第一产业增加值在国民经济中的占比为0.63%，同比上升近0.03个百分点，但在趋势上呈下降态势；第二产业增加值在国民经济中的占比为28.95%，同比下降0.85个百分点，2016年以后呈持续下降趋势；第三产业增加值在国民经济中的占比为70.42%，同比上升0.82个百分点，中长期呈上升趋势。德国产业结构的演变具有后工业化国家的共同特点。

表1 第一、二、三产业和各主要行业增加值构成

单位：%

产业	行业	2015年	2019年	2020年	2015~2020年平均变化率
第一产业	农林渔业	0.76	0.60	0.63	-3.76
第二产业	工业	25.55	25.20	24.02	-1.23
	建筑业	4.59	4.61	4.93	1.44
	第二产业合计	30.14	29.80	28.95	-0.80
第三产业	贸易、交通与餐饮旅馆业	15.81	16.24	16.07	0.32
	信息与通信业	4.63	5.21	5.44	3.26
	金融与保险服务业	4.40	4.08	4.29	-0.51
	房地产业	10.99	10.47	11.00	0.01
	商务服务业	11.27	11.69	11.36	0.16
	公共服务、教育与卫生业	18.01	18.11	18.71	0.76
	第三产业合计*	69.10	69.60	70.42	0.38

注：*第三产业合计数还包括表中未列出的第三产业其他行业数据。

资料来源：(1) 同本文图1；(2) 笔者的计算。

在行业层面上，第二产业工业增加值在国民经济中的占比自2017年以来连续下降，继2019年降幅超过1个百分点后①2020年再次下降近1.2个百分点。去除新冠肺炎疫情的影响②和经济周期因素③后，实物资本边际产出偏低和全要素生产率停滞不前是工业增长乏力的主要原因④。

建筑业的状况相对乐观，其增加值在国民经济中的占比2015~2020年平均增幅为1.44%（见表1），扩张弹性为7.09（见表2），增幅和弹性两个指标的排序在所有国民经济主要行业中均位列第2。建筑业扩张的主要诱因是欧洲央行的扩张性货币政策以及相伴而来的庇古效应（Pigou Effect）⑤，但两者均非经济持续增长的动因。即便从短期走向看，业界对建筑业2021年的前景也不看好，ifo建筑业景气指数［见图4（3）］和趋悲观的整体经济景气指数［见图4（1）］走势相似。

与第三产业内其他主要行业相比，信息与通信业增加值在国民经济中占比的扩张最为明显，也最具持续性；其次是公共服务、教育与卫生业（见表1）。前者2015~2020年的平均扩张弹性达到14.75，后者为4.20（见表2）。究其原因，信息与通信业的持续扩张显然和德国自2013年以来力推的数字化有直接关系，而疫情下实体经济流动性受限，数字化和网络化技术的广泛应用也推动了信息与通信业的相对扩张；公共服务、教育与卫生业的扩张动力主要来自公共财政，2020年德国政府为了应对疫情所采取的各项财政政策使该行业在增加值负增长的情况下［见图3（6）］其规模相对2019年扩张了0.60个百分点（见表1）。

---

① 冯晓：《德国经济与公共财政状况述评》，载郑春荣主编《德国发展报告（2020）：转型中的德国》，社会科学文献出版社，2020，第55页。

② 如本文图4（2）所示，2020年制造业景气指数受新冠肺炎疫情影响均处于低迷状态，2021年或有好转。

③ 冯晓：《德国经济与公共财政状况述评》，载郑春荣主编《德国发展报告（2020）：转型中的德国》，社会科学文献出版社，2020，第55页。

④ 从本文图10中可以看出货币资本收益偏低的问题，原因之一是投资回报率以及实物资本边际产出偏低。此外，从本文图7中可以看出劳动生产率自2017年以来基本处于同一水平，2020年甚至有所下降。综上所述可以判断，2017年以来德国国民经济的全要素生产率处于停滞状态。

⑤ 冯晓：《德国经济与公共财政状况述评》，载郑春荣主编《德国发展报告（2020）：转型中的德国》，社会科学文献出版社，2020，第56~57页。

（1）德国整体经济景气指数

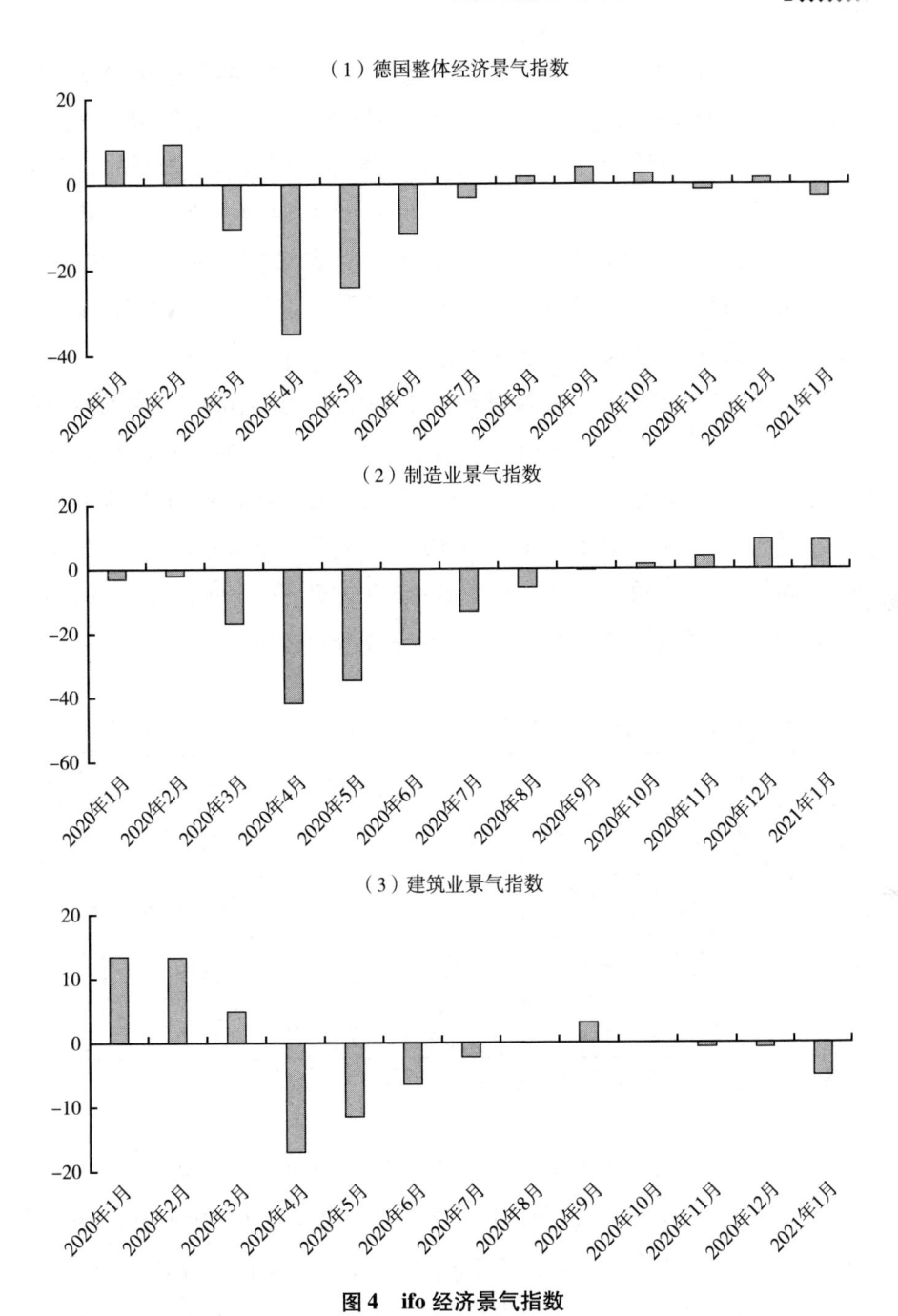

（2）制造业景气指数

（3）建筑业景气指数

图 4　ifo 经济景气指数

资料来源：ifo 经济景气问卷数据，ifo Konjunkturumfragen，https://www.ifo.de/node/61249。

在第三产业内其他主要行业中，贸易、交通与餐饮旅馆业和商务服务业受疫情的冲击相对最为明显，行业增加值占国民经济的份额在2020年分别同比下降了0.17个和0.33个百分点（见表1），相应的扩张弹性分别为1.19和1.50（见表2），即行业增加值负增长率分别是国内生产总值负增长率的1.19倍和1.50倍［见图1（1）、图3（1）和图3（5）］。从趋势上看，贸易、交通与餐饮旅馆业将随国民经济同步增长；商务服务业的规模及增速与企业部门的整体规模及增速正相关。

同属第三产业的金融与保险服务业和房地产业受新冠肺炎疫情的冲击相对较小［见图3（4）和图3（5）及表1和表2］，原因在于历次封锁虽然限制了生产要素和产品的流动，但对这两个行业尤其对金融与保险服务业的负面影响有限。在欧洲内部目前的经济分工格局下，德国金融与保险服务业增加值在国民经济中的占比不会发生明显变化，房地产业增加值在国民经济中的占比则可能随货币政策的中长期变化呈先升后降的态势。

表2　第二和第三产业内各主要行业经济规模相对于经济总量的扩张弹性

产业	行业	2015年	2019年	2020年	2015~2020年平均扩张弹性
第二产业	工业	1.30	-9.15	1.83	-4.18
	建筑业	-0.11	8.86	-0.26	7.09
第三产业	贸易、交通与餐饮旅馆业	1.27	5.36	1.19	2.36
	信息与通信业	1.15	9.61	0.22	14.75
	金融与保险服务业	-0.73	5.22	0.09	-1.16
	房地产业	1.14	2.59	0.10	1.04
	商务服务业	1.65	2.38	1.50	1.67
	公共服务、教育与卫生业	1.12	4.19	0.41	4.20

资料来源：笔者根据本文图1~图3以及表1数据计算。

综上所述，2020年德国经济因新冠肺炎疫情出现衰退。随着疫情缓解，预计2021年德国国内生产总值的增长率将出现反弹。从中短期看，德国制造业的走向将影响德国经济的整体走向；从中长期看，信息与通信业内的数据技术、网络技术和人工智能技术开发能否外溢、能否促进实物资本边际产出和全要素生产率提升，将对德国经济的增长路径产生决定性影响。

（二）就业

新冠肺炎疫情的冲击不仅导致经济衰退，也冲击了劳动力市场。2020年德国从业总人数为4469万人，同比下降约43万人［见图5（1）］；就业总人数为4079万人，同比下降约33万人［见图5（2）］；各州登记失业人数总计270万人，同比增加约43万人［见图5（3）］；失业率为5.9%，同比增加0.9个百分点［见图5（4）］。

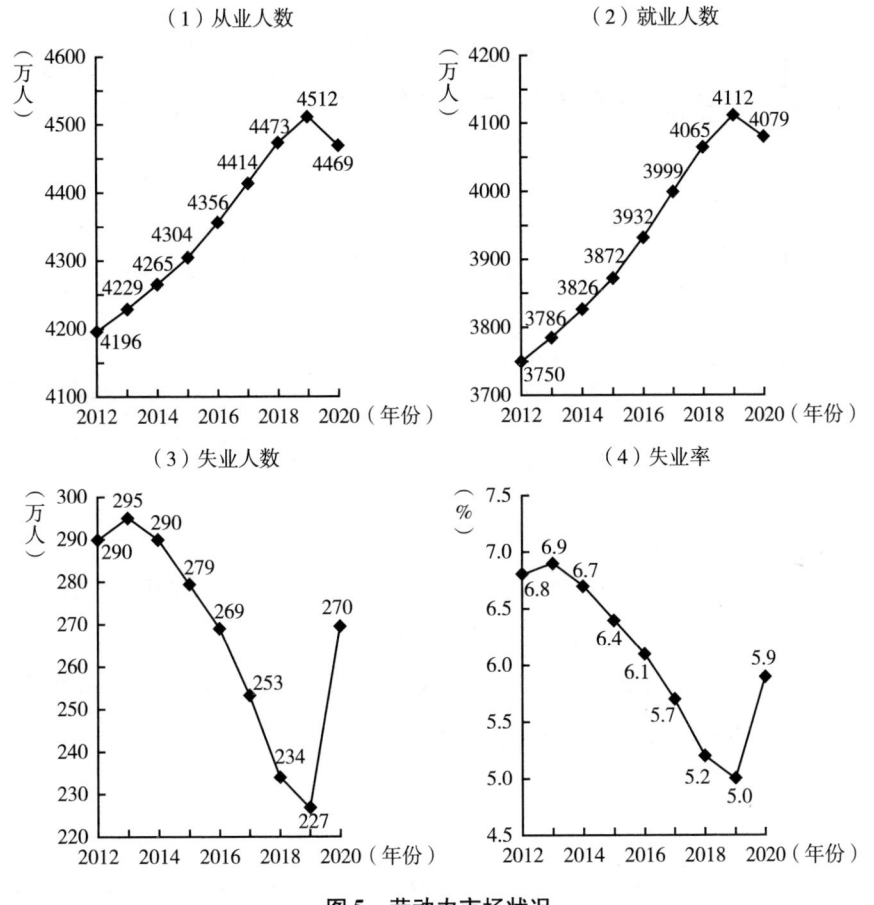

图5 劳动力市场状况

资料来源：（1）同本文图1；（2）德国联邦统计局数据库公布的数据，Statistisches Bundesamt，"Arbeitsmarktstatistik der Bundesagentur für Arbeit"，https：//www‐genesis.destatis.de/genesis/online？operation＝abruftabelleBearbeiten&levelindex＝2&levelid＝1613788832556&auswahloperation＝abruftabelleAuspraegungAuswaehlen&auswahlverzeichnis＝ordnungsstruktur&auswahlziel＝werteabruf&code＝13211‐0001&auswahltext＝&werteabruf＝Werteabruf#abreadcrumb。

值得注意的是，上述劳动力市场数据是在德国政府针对新冠肺炎疫情采取了一系列救市措施后的结果①。从以往对德国劳动力市场供需调整特点的分析可知②，经济增长率和滞后一期的就业增长率呈显著的正相关（见图6）。由此推测，如果没有政策干预，则2020年从业人数将减少128.1万人，就业人数将减少144.9万人，失业率会大大超过实际的5.9%（见表3）。

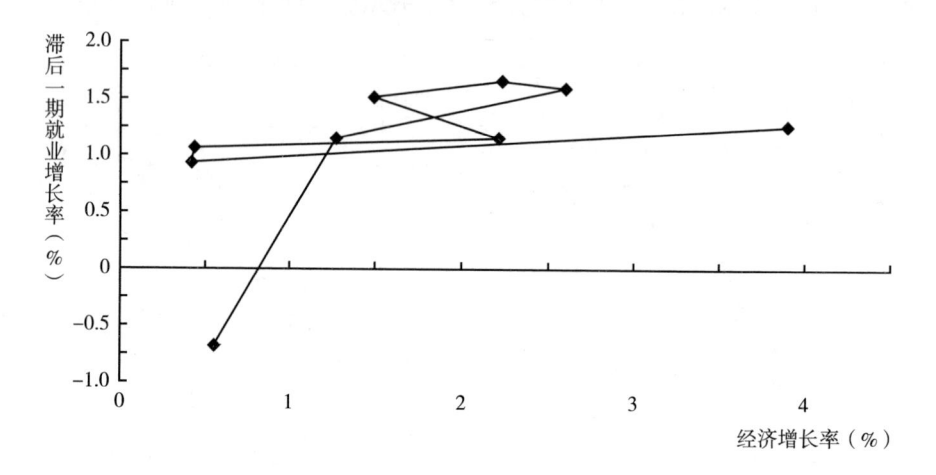

图6　经济增长与滞后一年的就业调整

资料来源：笔者根据本文图1以及图5数据计算。

同样根据以往对德国劳动生产率变化和平均工资变化之间的相关性分析可知③，前者对后者有滞后两期的影响［见图7（1）］。图7（1）中曲线尾端近乎垂直的上行调整隐含了2020年德国政府为降低失业率和维持经济相对稳定运行所采取各种财政补贴措施④的效果。

---

① Bundesministerium für Wirtschaft und Energie, *Jahreswirtschaftsbericht 2021*, Berlin, 2021, pp. 60–64.
② 参见冯晓《德国经济与公共财政状况述评》，载郑春荣主编《德国发展报告（2020）：转型中的德国》，社会科学文献出版社，2020，第61页。
③ 参见冯晓《德国经济与公共财政状况述评》，载郑春荣主编《德国发展报告（2020）：转型中的德国》，社会科学文献出版社，2020，第61页。
④ Bundesministerium für Wirtschaft und Energie, *Jahreswirtschaftsbericht 2021*, Berlin, 2021, pp. 60–64.

德国经济与公共财政状况述评

表3 劳动力市场潜在的调整压力

	2016~2019年滞后一期的平均弹性	2020年同期弹性	2020年实际调整规模（万人）	劳动力市场潜在调整规模（万人）
从业规模相对于经济增长的调整	0.57	0.19	-43.2	-128.1
就业规模相对于经济增长的调整	0.71	0.14	-27.9	-144.9

资料来源：(1) 冯晓：《德国经济与公共财政状况述评》，载郑春荣主编《德国发展报告（2020）：转型中的德国》，社会科学文献出版社，2020，第62页；(2) 笔者根据本文图1以及图6数据计算。

图7（2）显示：2020年劳动生产率指数不足103，同比下降0.21%；平均工资成本指数接近113，同比上升4.01%。即使不考虑疫情期间政府干预劳动力市场的效果，从图7（2）中还是能观察到近三年来平均工资成本增幅大于劳动生产率增幅的事实①。

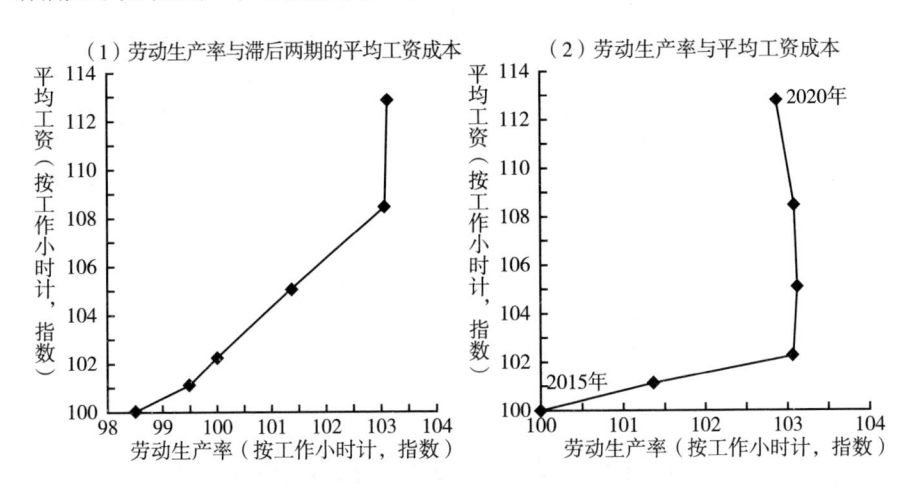

图7 劳动生产率与平均工资调整

资料来源：(1) 同本文图1；(2) 笔者的计算。

从收入分配的角度看，保持劳动收入适度增长符合社会市场经济秩序所强调的包容性增长原则。但从要素配置的角度看，工资成本增幅持续大于劳

---

① 参见冯晓《德国经济与公共财政状况述评》，载郑春荣主编《德国发展报告（2020）：转型中的德国》，社会科学文献出版社，2020，第62页。

动生产率增幅必然导致生产领域中劳动力逐渐被实物资本所替代。如果全要素生产率没有明显提升，则资本密集度的提高将降低实物资本的边际产出以及要素配置效率，制约经济增长。

（三）收入与收入分配

如表4所示①，2020年德国国家总收入（Bruttonationaleinkommen）为34272亿欧元，国家净收入（Nettonationaleinkommen）为27694亿欧元，国民收入（不含政府部门）为25004亿欧元，可支配收入（含政府部门）为27211亿欧元，人均可支配收入（含政府部门）为32723欧元；同比增长率分别为-3.26%、-4.60%、-2.48%、-4.85%和-4.92%。

表4 收入与可支配收入

项目	2015年	2019年	2020年	2020年增长率（%）
国家收入总值（名义量，亿欧元）	30951	35428	34272	-3.26
国家收入净值（名义量，亿欧元）	25524	29030	27694	-4.60
国民收入（名义量，亿欧元）	22528	25641	25004	-2.48
可支配收入（名义量，亿欧元）	25158	28598	27211	-4.85
人均可支配收入（名义量，欧元）	30794	34416	32723	-4.92

资料来源：(1) 同本文图1；(2) 笔者的计算。

国家总收入跌幅小于国内生产总值跌幅（按名义值计算为-3.48%）说明德国海外净收入相对增加；国家净收入跌幅大于国家总收入跌幅说明固定资产折旧相对增加；国民收入跌幅小于国家净收入跌幅说明政府部门对企业

---

① 自2019年起德国联邦统计局对国民经济核算指标做了更改，原"国民生产值"（Nationalprodukt）更改为"国家收入"（Nationaleinkommen），国民收入（Volkseinkommen）不包含政府部门收入，可支配收入（Verfügbares Einkommen）包含政府部门收入。参见冯晓《德国经济与公共财政状况述评》，载郑春荣主编《德国发展报告（2020）：转型中的德国》，社会科学文献出版社，2020，第63页。

部门的各类生产和进口补贴相对增加；可支配收入和人均可支配收入的跌幅大于国民收入跌幅说明，政府部门对国内家庭部门以及国外的转移支付相对增加。上述各项国民经济核算数据及其变化一方面反映了新冠肺炎疫情对德国经济的冲击，另一方面体现了德国政府为稳定经济运行所采取的政策干预。

图 8（1）显示，劳动收入在要素收入中的占比呈持续上升态。2020 年劳动收入占比上升与政府对劳动力市场的干预直接有关；2016～2019 年劳动收入占比上升则反映了劳动力供应随着就业状况的改善和国内居民年龄结构的变化而渐趋不足。默克尔政府在移民政策上所采取的各项措施显然尚不足以弥补劳动力市场上潜在的供应缺口。

图 8（2）显示，劳动力收入指数和财产收入指数在 2020 年均有不同程度下滑，反映了新冠肺炎疫情对经济的冲击。财产收入指数跌幅大于劳动收入指数跌幅，说明政府的转移支付对收入再分配产生不对称的影响，劳动者家庭从中获益更多。此外，在图 8（2）中尤其值得关注的是：自 2017 年以来财产收入指数连续下降，2019 年的财产收入指数低于 2016 年，2020 年更

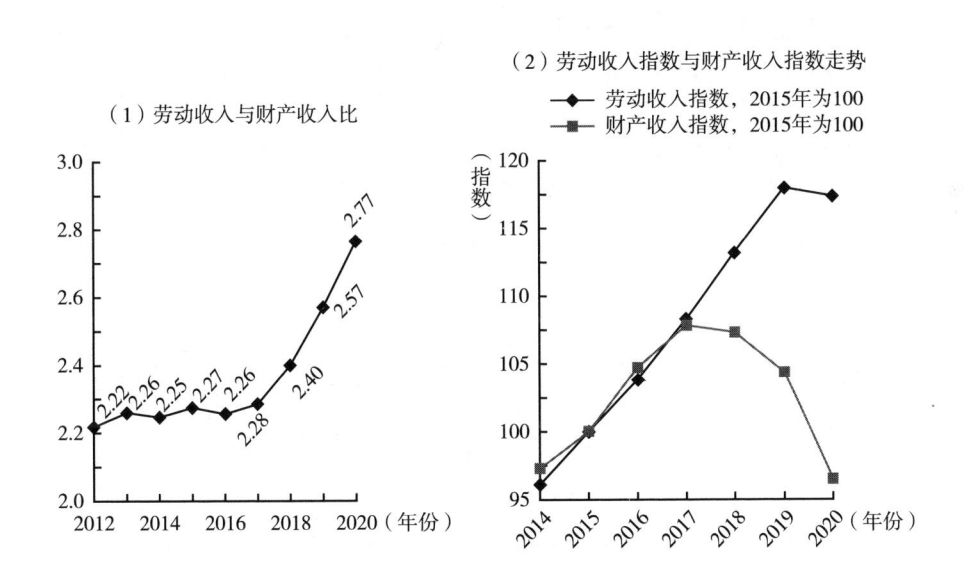

图 8　劳动收入与财产收入

资料来源：(1) 同本文图 1；(2) 笔者的计算。

是低于2014年。这一现象不仅反映了收入分配的变化，也反映了在工资成本持续上升的同时实物资本的边际产出和财产收入出现持续下滑，这不利于企业部门扩大投资和经济增长。

（四）流动性、利率与物价

2020年欧洲央行继续推行强扩张的货币政策，货币供应在新冠肺炎疫情下更趋宽松。由于货币基础放大，M1的同比增长率从2020年年初的8.0%上升至2020年年底的15.6%；M2的同比增长率从2020年年初的5.6%上升至2020年年底的11.7%；M3的同比增长率从2020年年初的5.2%上升至2020年年底的12.3%（见图9）。

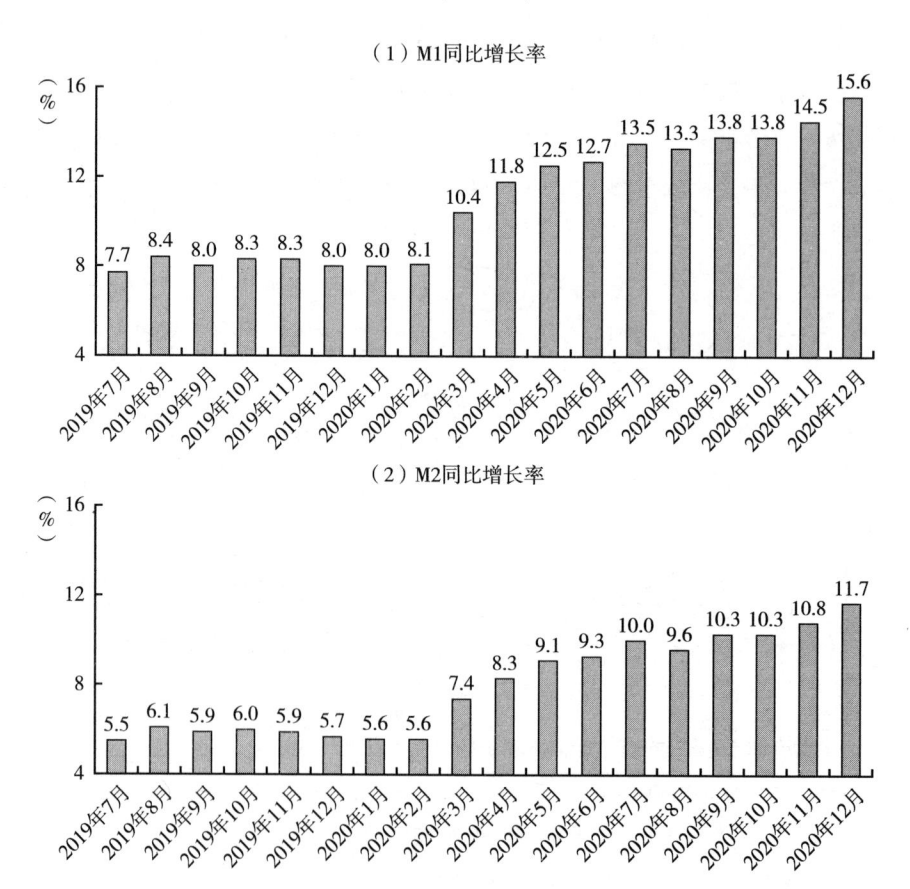

（1）M1同比增长率

月份	增长率(%)
2019年7月	7.7
2019年8月	8.4
2019年9月	8.0
2019年10月	8.3
2019年11月	8.3
2019年12月	8.0
2020年1月	8.0
2020年2月	8.1
2020年3月	10.4
2020年4月	11.8
2020年5月	12.5
2020年6月	12.7
2020年7月	13.5
2020年8月	13.3
2020年9月	13.8
2020年10月	13.8
2020年11月	14.5
2020年12月	15.6

（2）M2同比增长率

月份	增长率(%)
2019年7月	5.5
2019年8月	6.1
2019年9月	5.9
2019年10月	6.0
2019年11月	5.9
2019年12月	5.7
2020年1月	5.6
2020年2月	5.6
2020年3月	7.4
2020年4月	8.3
2020年5月	9.1
2020年6月	9.3
2020年7月	10.0
2020年8月	9.6
2020年9月	10.3
2020年10月	10.3
2020年11月	10.8
2020年12月	11.7

（3）M3同比增长率

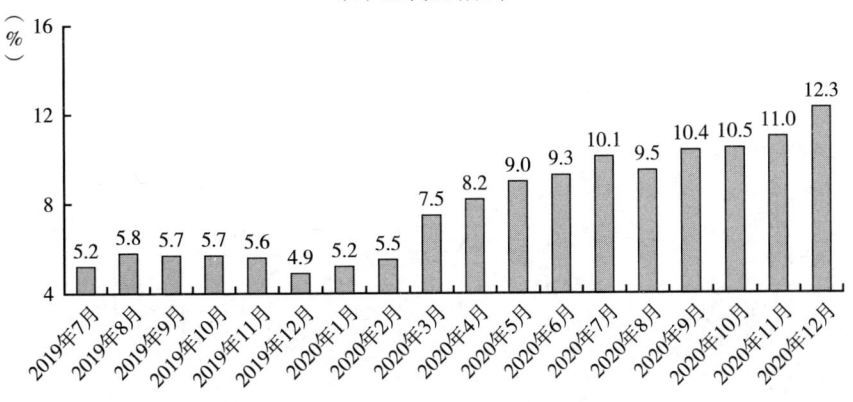

图9　货币总量增长率

资料来源：德国联邦银行公布的数据，Bundesbank，"Geldaggregaten：Monetäre Entwicklung und Zinssätze"，https：//www.bundesbank.de/resource/blob/650574/5a36b08e80a49b166c7350a91f91fcc9/mL/i005-data.pdf。

与充裕的流动性相对应，2020年居民存款利率和非金融企业贷款利率分别在0.23%~0.26%以及1.62%~1.71%之间波动（见图10）。利率低位波动反映了德国乃至整个欧元区投资气候低迷，同时也印证了本文对德国企业部门实物资本边际产出偏低、劳动力成本偏高以及全要素生产率停滞的推断。

如图11所示，2020年消费者价格指数略微上扬，同比上涨0.47%；工业制成品价格指数下挫，同比下降0.95%；物价总水平明显上扬，通货膨胀率为2.43%。

工业制成品价格指数下挫反映了疫情对德国工业的冲击。消费者价格指数略微上扬说明除工业以外其他国民经济行业的产品及服务价格指数在经济衰退的同时总体上扬。与此相对应，物价总水平在2020年也明显上扬。其中，房地产价格是物价总水平上扬的主要原因。

（五）需求结构

2020年德国的需求结构出现了如下变化。

（1）居民存款利率（≤2年）

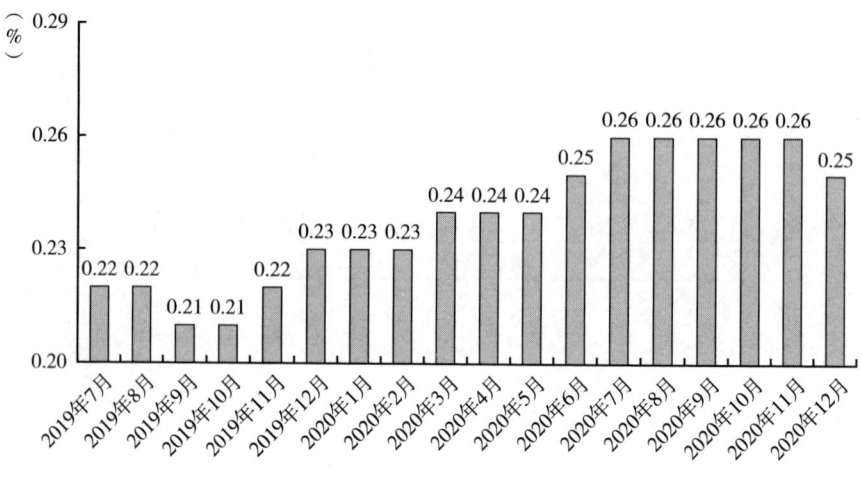

（2）非金融企业贷款利率（>1年，≤5年）

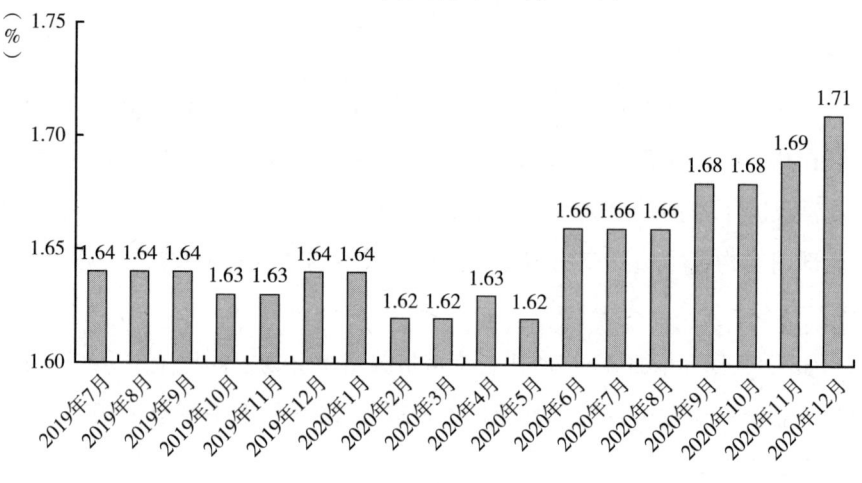

图10 德国商业银行存贷款利率

资料来源：德国联邦银行公布的数据，Bundesbank，"Zinssätze und Volumina für Bestände und das Neugeschäft der deutschen Banken（MFIs）"，https：//www.bundesbank.de/de/statistiken/geld – und – kapitalmaerkte/zinssaetze – und – renditen/einlagen – und – kreditzinssaetze/einlagen – und – kreditzinssaetze – 772444。

——在总需求中，国内需求份额同比上升了0.1个百分点，净出口份额相应下降了0.1个百分点［见图12（1）］；

图 11　消费者价格、工业制成品价格以及物价总水平

资料来源：（1）德国联邦统计局数据库公布的数据，Statistisches Bundesamt,"Preise", https://www-genesis.destatis.de/genesis/online?operation=themes&levelindex=0&levelid=1615447226834&code=61#abreadcrumb；（2）笔者根据图1数据计算。

——在国内需求中，家庭消费份额下降了1.2个百分点，国家消费份额上升了2.2个百分点，总投资份额下降了1.0个百分点［见图12（3）］；

——在固定资产投资中，设备投资份额下降了2.6个百分点，建筑投资份额相应上升了2.6个百分点［见图12（5）］。

从需求结构变化中可以看出，净出口占总需求的份额呈逐年下降趋势，原因既在于外部经济环境的变化，也在于企业部门内部成本上升、竞争力下降。

在国内需求中，家庭消费所占份额逐年下降，总投资所占份额在2019年和2020年亦出现下降，反映了家庭部门消费需求和企业部门投资需求乏力。相反，国家消费所占份额在2019年和2020年均有上升，原因是政府增加公共支出，在需求侧拉动了2019年疲软的经济以及缓解了2020年新冠肺炎疫情的冲击。

在固定资产投资中，设备投资所占份额逐年下降，建筑投资所占份额逐年上升。固定资产投资结构的变化再次印证了企业部门实物资本，尤其是生产设备的边际产出，随着资本密集度提高而递减，并且未能通过提高全要素生产率来抵消。

根据各类需求对经济增长的贡献比可以判断：

——在总需求中，国内需求是支撑德国经济平稳运行的主要力量；净出口的微弱变化有可能引起明显的经济波动［见图12（2）］；

——在国内需求中，家庭消费是自2018年以来支撑德国经济平稳运行的主要力量；投资需求对经济增长的贡献逐渐变小，并在2019年由正变负①；在家庭消费和企业投资疲软的情况下，国家消费起到了稳定经济运行的作用，如2019年国家消费对经济增长的贡献比达到了31.3%，2020年经济出现衰退，国家消费抵消了近15%内需疲软造成的经济颓势［见图12（4）］；

——在固定资产投资中，设备投资对经济增长的贡献比逐年下行，建筑投资则在一定程度上起到了稳定经济运行的作用，尤其在2020年抵消了超过四分之一（28.6%）设备投资下降对经济增长的负面影响［见图12（6）］。

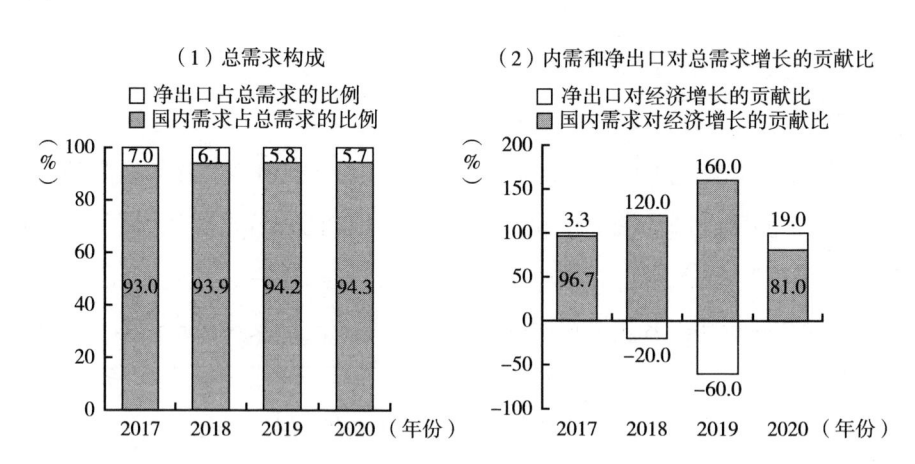

---

① 2020年德国经济负增长，因此投资对经济负增长的贡献比为正。

(3) 国内需求构成

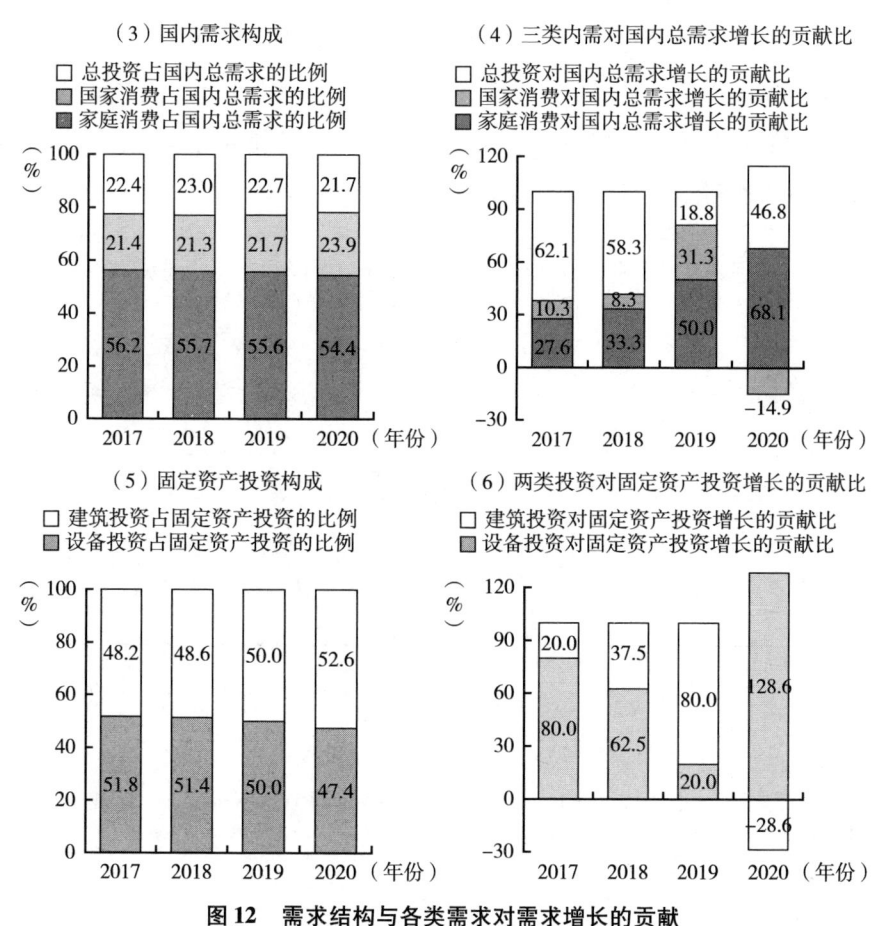

- □ 总投资占国内总需求的比例
- ▨ 国家消费占国内总需求的比例
- ■ 家庭消费占国内总需求的比例

年份	总投资	国家消费	家庭消费
2017	22.4	21.4	56.2
2018	23.0	21.3	55.7
2019	22.7	21.7	55.6
2020	21.7	23.9	54.4

(4) 三类内需对国内总需求增长的贡献比

- □ 总投资对国内总需求增长的贡献比
- ▨ 国家消费对国内总需求增长的贡献比
- ■ 家庭消费对国内总需求增长的贡献比

年份	总投资	国家消费	家庭消费
2017	62.1	10.3	27.6
2018	58.3	8.5	33.3
2019	18.8	31.3	50.0
2020	46.8	68.1	−14.9

(5) 固定资产投资构成

- □ 建筑投资占固定资产投资的比例
- ▨ 设备投资占固定资产投资的比例

年份	建筑投资	设备投资
2017	48.2	51.8
2018	48.6	51.4
2019	50.0	50.0
2020	52.6	47.4

(6) 两类投资对固定资产投资增长的贡献比

- □ 建筑投资对固定资产投资增长的贡献比
- ▨ 设备投资对固定资产投资增长的贡献比

年份	建筑投资	设备投资
2017	20.0	80.0
2018	37.5	62.5
2019	80.0	20.0
2020	128.6	−28.6

图12 需求结构与各类需求对需求增长的贡献

资料来源：(1) 同本文图1；(2) 笔者的计算。

综上所述，未来德国经济能否恢复活力，在需求侧主要取决于出口经济和企业部门的设备投资；在供应侧主要取决于能否通过数字化、网络化和智能化等技术创新来提升实物资本的边际产出以及全要素生产率。

二 德国公共财政状况

（一）2020年公共财政收支与债务

2014~2019年德国公共财政连续实现收支盈余，在2019年达到了欧盟

《稳定与增长公约》所要求的公共管理部门债务低于当年国内生产总值60%的要求（见图13）。但在新冠肺炎疫情的大面积冲击下，公共财政收支于2020年重新出现赤字（见表5），公共部门负债率（债务与国内生产总值的比值）也再次越过了60%的红线。

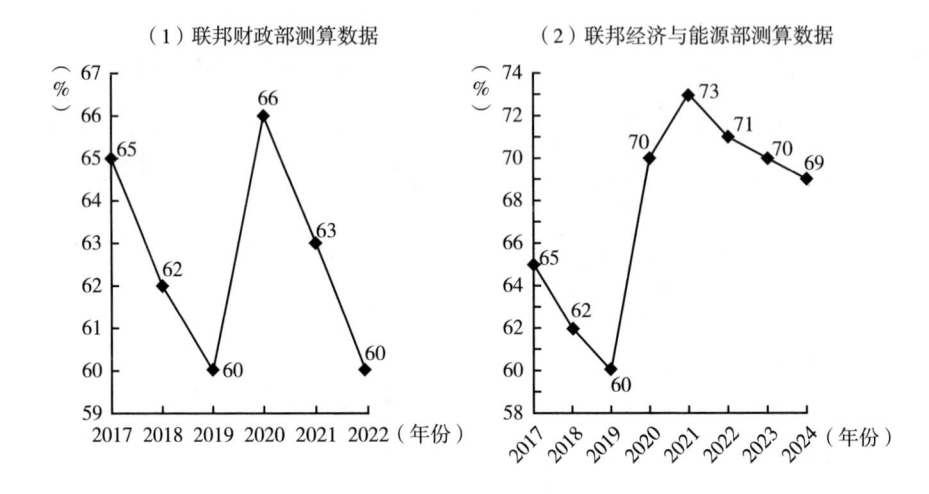

图13 公共部门债务率走势

资料来源：（1）同本文图1；（2）Bundesministerium der Finanzen, *Finanzbericht 2021*, Berlin, 2020；（3）Bundesministerium für Wirtschaft und Energie, *Jahreswirtschaftsbericht 2021*, Berlin, 2021；（4）笔者的估算。

据联邦财政部于2020年10月发布的年度报告①，2020年德国公共部门债务率为66%，预计将于2022年再次降至60%［见图13（1）］。相比联邦财政部测算，联邦经济与能源部于2021年1月发布年度报告②中的数据或更接近实际。按联邦经济与能源部测算，2020年德国公共部门债务率为70%，2021年达到高峰，为72.5%，以后若干年将逐年下降1.25个百分点［见图13（2）］。③

---

① Bundesministerium der Finanzen, *Finanzbericht 2021*, Berlin, 2020.
② Bundesministerium für Wirtschaft und Energie, *Jahreswirtschaftsbericht 2021*, Berlin, 2021.
③ 此处数据摘自 Bundesministerium für Wirtschaft und Energie, *Jahreswirtschaftsbericht 2021*, Berlin, 2021。

表 5　公共财政收支与收支差额

单位：亿欧元

	2018 年			2019 年			2020 年		
	收入	支出	差额	收入	支出	差额	收入	支出	差额
公共部门总计	15538	14922	616	16106	15581	525	15486	17069	-1582
各级政府	9813	9719	93	10130	10126	4	9409	11138	-1729
其中:联邦占比（%）	35.1	35.1	32.9	34.9	34.5	47.2	30.1	40.3	83.4
州占比（%）	39.3	39.2	40.8	39.3	39.4	36.9	42.4	37.5	16.8
地方占比（%）	25.6	25.6	26.3	25.8	26.1	16.0	27.5	22.2	-0.2
社会保险	5726	5203	523	5975	5454	521	6077	5930	147

资料来源：(1) 同本文图 13。

表 5 中列举了 2018~2020 年德国公共部门的财政收支数据。2020 年政府部门财政收支出现赤字，赤字额高达 1729 亿欧元。其主要原因是联邦政府为应对新冠肺炎疫情采取的强扩张财政政策。在州政府层面亦出现财政赤字，数额因联邦财政拨款相对较小。地方政府的财政收支则稍有盈余。与政府部门相比，社会保险的收支状况良好。虽然由于新冠肺炎疫情社保支出明显增加，但仍然实现了 147 亿欧元的盈余。

从政府部门的收入看，联邦、州和地方的税收收入由于经济衰退均有不同程度的减少。从政府部门的支出看，由于联邦政府为稳定新冠肺炎疫情下的经济运行，明显增加了向下级政府的拨款，而负债上升又导致利息支出增加，因此联邦财政支出在政府部门总支出中的份额较往年增加了 5.8 个百分点；各州财政支出增加的原因与联邦财政类似，但得益于联邦拨款，州财政支出在政府部门总支出中的占比与往年相比反而减少了 1.9 个百分点；同样得益于上级政府拨款，地方财政的支出规模以及在政府部门总支出中的份额与往年相比均有减少，后者的减幅约为 3.9 个百分点。

总体而言，新冠肺炎疫情虽然给德国公共财政带来了巨大的压力，但因此增加的公共债务仍在可控范围之内。联邦政府在抵御疫情冲击中承担了主要的财政负担，各州尤其是地方财政受到的冲击相对有限。

（二）联邦财政的未来动态

根据联邦财政部发布的年度财政报告[1]，2021年联邦财政计划支出总计4134亿欧元，与2020年疫情下的联邦财政支出相比有明显下降，但高于2022年的计划支出。显然，在2021年联邦财政支出计划中仍然考虑了疫情因素。

预计新冠肺炎疫情将在2021年以后得到根本控制，因此联邦财政支出在2022年以后也将逐渐恢复常态，其中2022年的计划支出为3870亿欧元，较疫情前的2019年增加8.49%；2023年的计划支出与2022年基本持平；2024年的计划支出为3933亿欧元，较2023年增加1.60%（见表6）。

在收入方面，联邦财政部估计2021年可实现2920亿欧元的税收收入，较2020年增加10.44%，较疫情前的2019年减少11.25%；2022~2024年的计划税收收入分别为3084亿欧元、3252亿欧元和3385亿欧元，同比增速为5.62%、5.45%和4.09%。与联邦经济与能源部2021年3.0%的经济增长预测[2]相比，联邦财政部对2021年税收收入的计划应该是基于通货膨胀率为2.6%以上的假设，对经济恢复形势的估计或偏乐观。

为了弥补财政收支缺口，联邦政府计划在2021~2024年分别新增净贷款962亿欧元、105亿欧元、67亿欧元和52亿欧元。新增贷款比例在允许范围之内。

表6 联邦财政收支动态

单位：亿欧元

	2019年	2020年	2021年	2022年	2023年	2024年
支出	3567	5085	4134	3870	3871	3933
其中：投资性支出	381	731	552	480	480	480
收入	3567	5085	4134	3870	3871	3933
其中：税收收入	3290	2644	2920	3084	3252	3385
新增净贷款		2178	962	105	67	52

资料来源：Bundesministerium der Finanzen, *Finanzbericht* 2021, Berlin, 2020。

---

[1] Bundesministerium der Finanzen, *Finanzbericht 2021*, Berlin, 2020.
[2] 参见 Bundesministerium für Wirtschaft und Energie, *Jahreswirtschaftsbericht* 2021, Berlin, 2021。

2021 年联邦预算的主要支出项目包括：

（1）社会保障支出，为 2113 亿欧元，占总预算的 51.1%，同比减少 23.2%；

（2）国防支出，为 407 亿欧元，占总预算的 9.8%，同比增长 2.7%；

（3）地区经济促进与能源转向补助等支出，为 150 亿欧元，占总预算的 3.6%，同比减少 10.0%；

（4）交通与公共设施建设支出，为 345 亿欧元，占总预算的 8.3%，同比减少 5.5%；

（5）教育与科学研究支出，为 539 亿欧元，占总预算的 13.0%，同比减少 1.3%；

（6）日常资产与财务管理支出，为 221 亿欧元，占总预算的 5.3%，同比减少 53.3%。

表 7　2021 年联邦财政的主要支出

单位：亿欧元，%

任务领域	2020 年（应实现数）	2021 年（计划数）	同比增长	占总支出比例
社会保障	2752.33	2112.90	-23.2	51.1
国防	396.32	407.02	2.7	9.8
经济促进与能源	166.99	150.25	-10.0	3.6
交通与公共设施	365.04	344.92	-5.5	8.3
教育与科学研究	546.39	539.03	-1.3	13.0
日常资产与财务管理	472.52	220.85	-53.3	5.3

资料来源：同本文表 6。

社会保障支出向来是联邦财政的主要支出项目，2021 年预算大幅度减少的原因在于 2020 年社会保障支出异常增加。国防支出份额增加或与德国地缘政治环境变化以及德、法等主要欧洲国家在政治、外交和军事上谋求更大的自主性有关。在经济促进与能源领域以及在交通与公共设施领域，联邦政府计划的支出较 2020 年也分别有明显的减少，这一方面和联邦财政从疫情下的"强扩张"逐渐回归"常态"有关，另一方面也和财政均衡制度调整后各级政府之间的任务分工以及支出调整有关①。在教育与科学研究领域，由于联邦政府在2020年的支出明显增加（较原计划增加13.4%②），因此2021年支出负增长同样属于回归"常态"。2021年联邦政府计划的日常资产与财务管理类支出较2020年③有大幅度下降，甚至低于疫情前的水平，该项支出计划或过于乐观。

三 未来德国经济政策导向和经济增长趋势

（一）经济政策导向

未来德国经济政策的导向可以简单归纳为三点：

（1）短期导向，克服疫情所带来的危机，重新振兴德国经济；

（2）中期导向，促进经济结构转变，实现环境可承受的持续增长；

（3）长期导向，完善内部制度，维护社会市场经济秩序，立足欧洲、构建自由和公平的国际贸易关系。

就第一点，联邦政府将利用政策性银行贷款（如复兴贷款银行特别计划，KfW-Sonderptrogramm）、经济稳定基金（Wirtschaftsstabilisierungsfonds），提供各类担保，进行风险投资，减免税收，转移支付，冻结社保收费，简化债务和企业财产清理手续，发放企业补贴以及地区性财政补贴等措施，既对受疫情冲击严重的企业、经济部门和地区给予针对性支持，又为复兴和活跃经济创造更为宽松的创业、就业和投资环境。

就第二点，联邦政府将围绕气候保护、能源转型、新型交通、数字化和人工智能、医疗卫生和健康保护等重点任务，通过立法，制定专项财政补

---

① 参见 Bundesministerium für Wirtschaft und Energie, *Jahreswirtschaftsbericht 2019*, Berlin, 2018。

② 参见冯晓《德国经济与公共财政状况述评》，载郑春荣主编《德国发展报告（2020）：转型中的德国》，社会科学文献出版社，2020，第74页。

③ 2020年联邦政府的负债明显增加，利息支出等随之增加，参见 Bundesministerium der Finanzen, *Finanzbericht 2021*, Berlin, 2020。

贴、转移支付、降税、免税、对交通与通信等公共基础设施投资、对研发和教育机构拨款等各种过程性和秩序性政策手段推进以零排放、高效率、可持续和包容性增长为目标的经济转型。

就第三点，联邦政府一方面将在内部继续完善制度建设，包括税收制度，公共部门监督制度，反贪污和反官僚主义机制，竞争秩序尤其是数字化进程中的反垄断秩序，教育、就业和投资促进制度，尤其是以技术变革为背景的职业教育、继续教育和技术移民制度等；另一方面谋求进一步加强欧洲内部的合作，保护和发展欧洲内部市场，加强欧洲内部价值链建设以及对敏感技术领域的保护，同时以世界贸易组织为核心在国际范围内开展多边合作，构建自由的国际贸易秩序，维护公平贸易。

（二）经济增长趋势

2020 年的新冠肺炎疫情给德国经济带来了巨大的冲击，以至于在国民经济核算指标时间序列中出现了明显的断层。为了推测德国经济 2021 年的走势，本文对 2020 年数据进行过滤，并延续以往采用的分析方法，从需求侧推测德国经济的增长趋势。

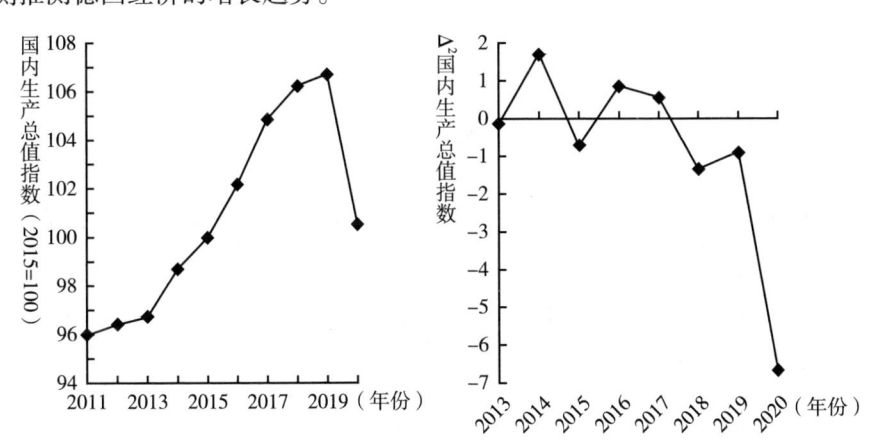

图 14　支出法国内生产总值指数（2015 年为 100）及其增量变化特点

资料来源：（1）同本文图 1；（2）笔者的计算。

德国支出法国内生产总值从2012年至2019年呈上行趋势。对数据序列求两次差分后，可以基本上消除趋势（见图14），但走向略有下行。为了进一步了解进国内生产总值曲线变化的规律，需要进一步分析其构成成分以及各成分的变化特点。

从图15中的曲线中可以发现，家庭消费数据的时间序列总体上符合两阶单整的特点，两阶差分曲线在2016年出现拐点。这说明，2016年以前的家庭消费增速呈上升态，之后增速减缓并且出现负值，预计2021年会延续该趋势。

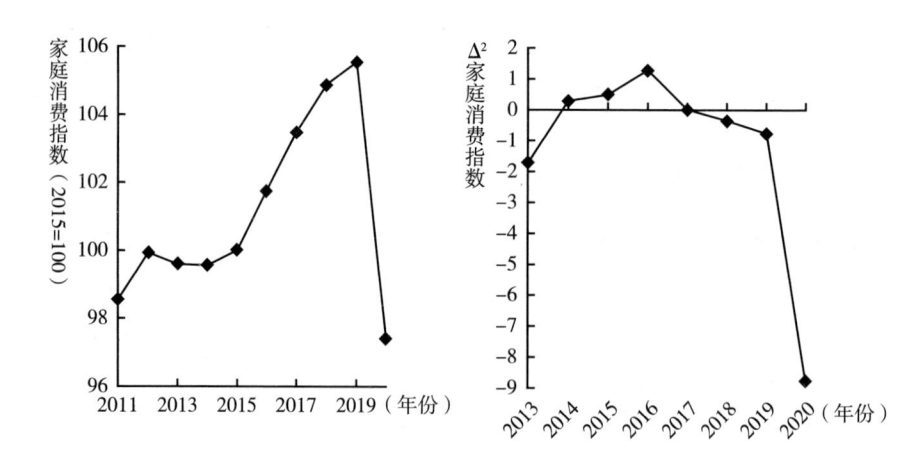

图15　家庭消费指数（2015年为100）及其增量变化特点

资料来源：(1) 同本文图1；(2) 笔者的计算。

图16展示了国家消费的时间序列曲线。对数据序列求两次差分后可以消除趋势，曲线的波动显然和财政政策的反周期特点有关。根据表6中的联邦财政支出计划可以判断，2021年的财政政策亦趋扩张，将从需求侧拉动经济。这一判断构成了预测国家消费走势的基础。

虽然总投资曲线整体上行，但其两次差分曲线除2015~2016年以外下行（见图17）。总投资曲线的加速度为负说明投资增速下降，原因在于实物资本的边际产出随资本积累而递减。由于2021年德国经济将处于恢复阶段，因此判断总投资会有所回升，但实物资本边际产出递减的趋势短期不会改变。

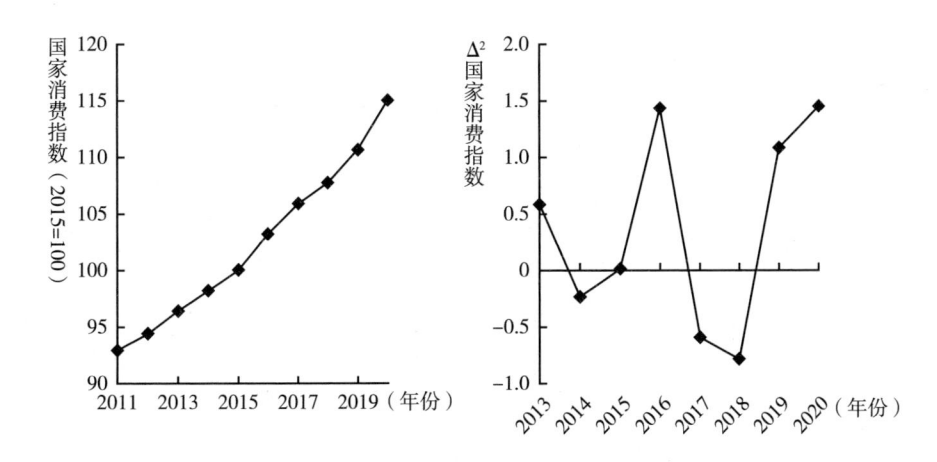

图 16　国家消费指数（2015 年为 100）及其增量变化特点

资料来源：（1）同本文图 1；（2）笔者的计算。

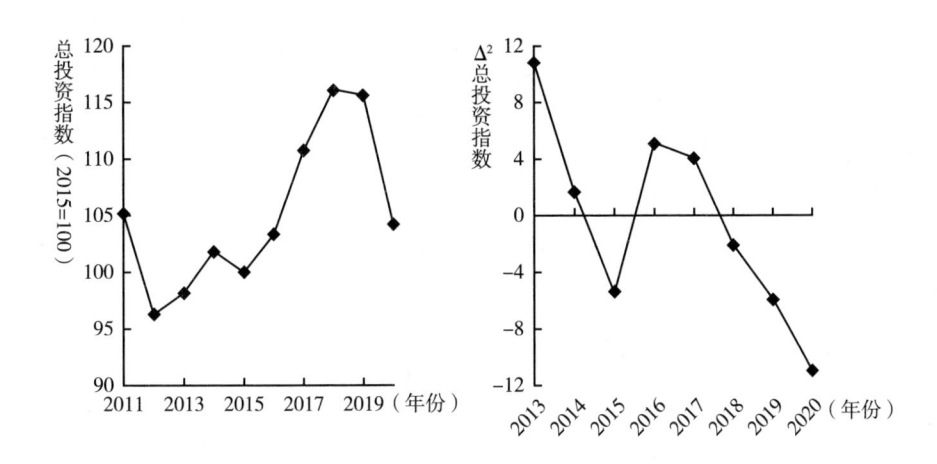

图 17　总投资指数（2015 年为 100）及其增量变化特点

资料来源：（1）同本文图 1；（2）笔者的计算。

净出口时间序列的特点是在 2015 年以前上行，自 2016 年以来下行；两次差分曲线自 2016 年以来波动上行（见图 18）。这表明在经过若干年负增长以后，进出口的增速将回到零水平以上。欧洲与美国关系的恢复将对德国出口产生积极影响。

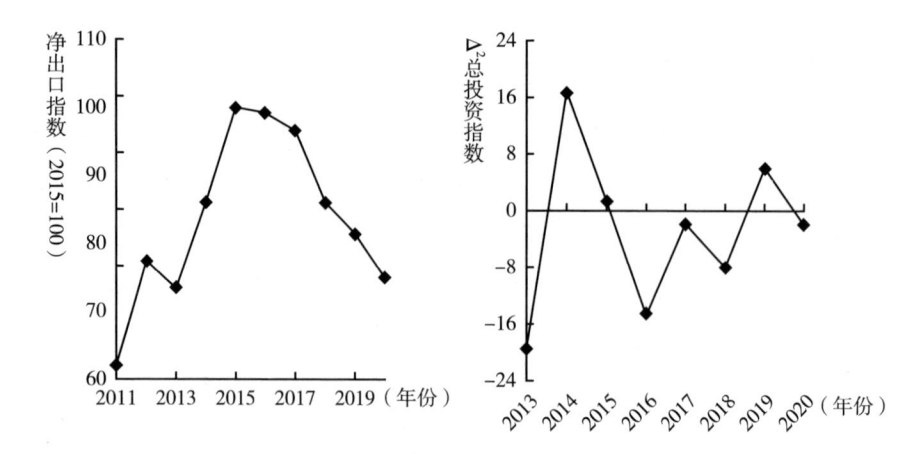

图 18　净出口指数（2015 年为 100）及其增量变化特点

资料来源：（1）同本文图 1；（2）笔者的计算。

综上所述，本文对 2021 年德国国内生产总值增长率的乐观估计为 4.5%，保守估计为 2.0%，取均值后为 3.3%，高于联邦经济与能源部 3.0%的预测。德国经济的中期走向取决于数字化进程能否给实体经济带来增长活力和提高全要素生产率。预计 2021 年以后德国的经济增长率将会介于 2.0%~3.0%。

四　结语

2020 年新冠肺炎疫情对德国经济产生了大面积的冲击，国内生产总值下滑明显。但得益于过往若干年公共财政的盈余积累，政府的财政性救灾措施对稳定劳动力市场和经济运行发挥了不可忽略的作用。预计新冠肺炎疫情对德国经济的负面影响将会在 2021 年得到缓解，2022 年后经济将恢复常态。为了使德国经济恢复活力，联邦政府在其政策设计中做了短期、中期和长期考虑。从中长期角度看，德国经济顺利实现结构转变，在追求零排放目标的同时利用数字化、网络化和智能化技术加强德国制造业的竞争力、提高实物资本边际产出和全要素生产率，将是决定德国经济未来走向的关键因素。预计 2021 年德国国内生产总值的增长率约为 3.3%，2021 年以后的平均增长率约为 2.5%。

B.4
德国外交政策述评

〔德〕芮悟峰*

摘　要： 2020年，新冠肺炎疫情给德国的外交政策带来"混乱"。很多日程被迫延期，其中包括德中政府磋商和欧中"全家福峰会"。在德国担任欧盟轮值主席国期间，联邦总理默克尔取得了显著成绩：欧盟第一次共同举债以推出一揽子援助计划，与中国完成全面投资协定的谈判，与英国就其脱欧后同欧盟的关系达成一致。德法两国为达成新冠援助计划紧密合作，与此相对的是美国对于欧洲安全的作用在下降。拜登赢得了美国总统选举，这让德国及欧盟共同期盼与美国建立更紧密的关系。然而，德欧双方都必须注意在与美国合作的时候维护好自身利益。在对俄政策上，德国继续兼顾波兰的安全关切以及马克龙对俄缓和的姿态。德国在对华政策上，努力将其巨大的经济利益与不同的政治观点区分开来。有关德国是否需要推行更加积极有为的外交政策的辩论仍在继续。尽管政治精英们普遍致力于更积极和具前瞻性、更具远景的外交政策，但更多的德国人仍旧主张克制而不是干预。

关键词： 德国　外交政策　欧盟轮值主席国　对欧政策　对美政策

---

* 〔德〕芮悟峰（Wolfgang Röhr），法学博士，同济大学德国研究中心特聘教授，德国驻沪前总领事，主要研究领域为德国外交、中德关系、中欧关系。

回顾2020年，新型冠状病毒全球大流行，这场大流行会因其对国际形势的决定性影响而留存在人们的记忆中。新冠肺炎疫情也对德国的外交政策产生了重大影响：大量国际会议取消或者在线上进行，国事访问和其他高层互访不能举行。近年来，德中关系中的默克尔总理每年例行访华也未能成行，政府磋商延期至2021年。由所有欧盟国家元首和政府首脑以及习近平主席出席的欧中"全家福峰会"，也未能如默克尔所愿在德国担任欧盟轮值主席国期间于9月在莱比锡举办。

同样在这一年，德国外交还面对不少其他重要事件：2020年是德国担任联合国安理会非常任理事国两年任期中的第二年。1月底英国不再是欧盟成员国，12月底过渡期结束，在此之前英国仍留在欧盟关税同盟和单一市场中。2020年也大概率是默克尔担任联邦总理的最后一年。

长达15余年的总理任期行将结束，这预示着某种重大的转折。默克尔在2020年的开局不算好。在问卷调查中，基民盟的支持率降到了30%以下。安妮格雷特·克兰普－卡伦鲍尔（Annegret Kramp-Karrenbauer）越发被证明不能胜任她的工作，这位默克尔亲自选定的基民盟主席和联邦总理的继任者在2月宣布辞去党主席一职。德国内政面临重重困难，基民盟党内围绕党主席一职展开激烈竞争，在此背景之下，默克尔越发投入到外交政策之中。然后，疫情全球大流行开始了。默克尔敦促德国人认真对待疫情，大部分人也这样做了。默克尔的个人支持率上升到70%以上，她所属的基民盟的支持率也一度接近40%。

一　对欧政策

尽管默克尔从未承认这一点，但德国在2020年下半年担任欧盟轮值主席国应该是她塑造外交形象的最后一次绝佳机会。在2007年上半年德国担任欧盟轮值主席国期间，当时在任上还年轻的默克尔总理成功地为《里斯本条约》的通过打下重要基础，从而为自己赢得了很高的声誉。默克尔为其任内德国第二次担任欧盟轮值主席国设定了四大目标：与英国就其脱欧后同欧盟的关系达成协议，完成中欧投资协定谈判，通过欧盟 2021~2027 年七年期预算，以及就欧盟同波兰、匈牙利在法治国家行为上的争议提出解决方案。此外还新增了一项意料之外的任务：为减缓新冠肺炎疫情全球大流行造成的经济影响出台欧盟经济刺激方案。

默克尔及其外交政策在上述几乎所有任务中都取得了成功。其中最引人注目的是她在欧盟共同举债问题上的态度发生了 180 度的转变。数十年来，德国在欧盟中一直扮演着"支付冠军"的角色，其居然在异乎寻常的疫情下赞成它一直反对的欧盟共同举债。更令人惊讶的是，为欧盟国家在信贷市场筹措的 7500 亿欧元不仅以贷款的形式发放，而且其中一部分是无偿拨款。同样值得注意的是，默克尔总理成功地在没有引发巨大内政争议的情况下实现了这一政策转变。

在一整年中，英国和欧盟互不相让，竭尽所能地以强硬的姿态就脱欧后的关系进行谈判。一些人甚至都不相信它们在圣诞节如期达成了协议。英国继续留在关税同盟内，但离开了欧盟单一市场。北爱尔兰则留在内部市场，由此，它被如同爱尔兰王国的一部分那样对待，这让北爱尔兰的正统联邦主义者如鲠在喉。此外，英吉利海峡两岸的渔民都抱怨渔业问题的解决方案，但这可能也表明该方案是相当公平的。英欧双方还就环境和劳动保护标准的协调以及争端调解等问题达成了妥协。

默克尔总理推动波兰和匈牙利政府遵循法治国家标准的努力失败了，但似乎没有人注意到这点。最后达成的法治国家机制虽被视为成功，但在现实中至多是对有序使用欧盟资金的保证。波兰和匈牙利在涉及国内规则的问题上还是可以继续为所欲为，从而无视其他欧盟国家所认同的法治国家基本准则。

默克尔筹划已久的、应由欧盟所有成员国国家元首与政府首脑以及中国国家主席习近平出席的中欧"全家福峰会"，旨在达成中欧投资协定，却因为疫情未能举办。但在 2020 年就要过去之前，默克尔、欧盟委员会主席冯德莱恩、欧洲理事会主席米歇尔以及法国总统马克龙与中国国家主席习近平在一次视频会议上就已谈判七年之久的投资协定达成共识。中欧达成投资协定的时机引发关注，因为这是在拜登正式就任美国总统三周前。人们普遍担心，在拜登总统就任后，可能会迫使欧洲方面对华采取强硬立场，从而使得投资协定的达成不再可能。中方也意识到，短期内再也不会有一个国家在担任欧盟轮值主席国期间，像德国这样如此尽心地推动谈判完成。

欧盟在达成疫后复苏计划之余还同时达成了七年期预算，但后者在前者面前几乎显得微不足道。德国担任轮值主席国对默克尔个人、对德国而言都是巨大的成功，因为与英国、中国的协定确保了德国可以通达重要市场。这对于德国汽车业尤其重要，因为中国是德国在全球最大的市场（比德国本国的市场还大），而英国市场的回报同样很可观。复苏计划对于默克尔和德国来说也是成功的。德国虽然是该计划的最大净出资国，但很大一部分资金会以购买德国出口产品的形式重新流回到德国。与波兰和匈牙利达成的妥协终究没有让欧盟与这两个重要的维谢格拉德集团国家的关系变得更紧张，默克尔还成功地将这一不完善的规定兜售为法治国家的胜利。这样一来，默克尔在其总理任期结束的前一年完成了几乎不可能的任务，达成了一个对欧盟适宜、受成员国欢迎，同时有益于德国经济的好结果。德国前外长加布里尔将之称为"欧洲二战后伟大的政治成就之一"。①

然而，2020年德国的对欧政策并不总是像其担任轮值主席国设定的目标那样成功。疫情在欧洲暴发伊始，包括德国在内的欧盟成员国表现得如惊弓之鸟。欧盟单一市场和旅行自由由于出口禁令和边境关闭而中止，欧盟内部壁垒高筑、关卡林立。与此同时，欧盟与美国之间，甚至欧盟成员国内部就紧缺的医疗防护设备展开了争夺。

这些政客们未曾预料到，他们在仅仅几个月后可能就又太讲求欧盟团结了。欧盟委员会受欧盟各国委托，统一采购疫苗，以便事先扫清一些国家，

---

① Sigmar Gabriel, "Europa nach dem Brexit", *Project Syndicate*, 06.01.2021, https://www.project-syndicate.org/commentary/eu-after-brexit-needs-strategic-autonomy-and-transatlanticism-by-sigmar-gabriel-2021-01/german? barrier=accesspaylog.

特别是富裕国家，牺牲别国利益从而取得疫苗接种上的领先的嫌疑。欧盟委员会虽然在经年累月的自由贸易和投资协定谈判中有着丰富经验，但要在市场中大量抢购疫苗这种稀缺资源就显得力有不逮了。何况东欧国家还敦促欧盟不要花费太多。德国也完全信任欧盟方面的采购者。这一政策的结果是灾难性的：英国（由经济界的一支团队采购疫苗）在年底尽管也只有一小部分人注射了疫苗（1.48%），但德国（0.22%）和欧盟（0.09%）的疫苗接种率却是低得可以忽略不计。①

2020年，德国在对欧政策的其他一些更基本的问题上也没有进展：既未能在欧盟外交事务上向多数表决机制更进一步，也未能推进"欧洲军"的组建。欧盟内部平衡的问题也悬而未决：随着英国脱欧，欧盟失去了一位主张自由贸易、稳固的财政政策和限制国家对经济的影响以及秉持尤其亲美的外交与安全政策的重要成员。德国之前在与法国和南欧国家的利益冲突中，经常可以依靠英国的支持，现如今不复存在。这对于欧盟未来的影响还未可知。但英国脱欧很可能也使欧盟出台一些措施变得更简单。人们不难猜到：如果奉行保守财政政策的英国还在欧盟内的话，法国和德国不可能这么快地推动达成新冠一揽子援助计划。

目前显现出的迹象是，除了在诸如与美国特朗普政府就伊核协议争论等某些政治行动上与德国、法国合作之外，英国约翰逊政府推行更加独立自主的外交政策，或者是更倾向于与"五眼联盟"的其他成员——美国、加拿大、澳大利亚和新西兰进行合作。英国时任首相梅2018年宣称，英国会与欧盟在外交事务上并肩协作，这在2020年几乎察觉不到。欧洲外交关系面临重新洗牌，德国也必须对此做好准备。

在欧盟法优先于成员国法方面甚至出现了倒退。② 事情的起因是，一些

---

① Our World in Data, "Coronavirus（COVID - 19）Vaccinations", https：//ourworldindata.org/covid - vaccinations.
② Bundesverfassungsgericht, "Urteil vom 5. Mai 2020, - 2 BvR 859/15", https：//www.bundesverfassungsgericht.de/SharedDocs/Entscheidungen/DE/2020/05/rs20200505 _ 2bvr085915.html；jsessionid = DFD57AB379C7729E7ED181F20027AC8C.2_ cid377.

德国人对2015年欧洲中央银行的公共部门债券购买计划（PSPP）提起了诉讼，根据该计划，欧洲中央银行可以在二级市场购买欧元区国家国债。德国联邦宪法法院将该诉讼提交给欧洲法院，而后者在2018年确认了该购买计划的有效性。根据欧盟的规则，最后还得由成员国法院，即德国联邦宪法法院做出裁决。但德国联邦宪法法院不仅没有执行欧洲法院的判决，还称欧洲法院的判决是"不合理的""专断的"，因而是没有约束力的。在德国联邦宪法法院看来，欧洲法院没有认识到，欧洲中央银行破坏了比例适当性原则。如此一来，两大法院由来已久的分歧爆发：德国联邦宪法法院当然有权决定是否将一项权能以民主合法的形式让渡给欧盟；但欧洲法院也坚持其对涉及欧盟法律问题的最后裁决权。① 2020年年底，欧洲法院就这一问题再次发声。该法院的一位总检察长解释道，欧盟条约没有允许成员国的法院对欧洲法院的判决置之不理，德国联邦宪法法院的阐述"并非完全无懈可击"。② 这场管辖权之争依然悬而未决，随时可能重新被点燃。

在德法关系方面，2020年原本要开启新纪元。1月，一年前签署的《亚琛条约》正式生效。相应的就有一系列程序化的日程，其中包括在7月举行的"德法未来研究所"（Deutsch-Französisches Zukunftswerk）成立大会，该机构的任务在于就两国的未来发展建言献策。

5月，德法带头发起应对疫情全球大流行的欧盟方案，这是迄今为止两国最重要的政治联合行动。该行动是履行《亚琛条约》中"只要有可能，就共同行动"这一规定的成功案例。德法双驾马车就这样坐到了欧盟的领导位置，却没有像往常那样被欧盟小国当作它们所惧怕的"盛气凌人指挥者"。这与上文提到的德国政策180度的转变有关，德国容许欧盟举债，从而迎合了南欧和东欧成员国的愿望。欧盟采纳通过德法提出的疫情

---

① 参见 Wolfgang Röhr, "Ein 'Erdbeben' in Europa", *People's Daily Online*, 03. 07. 2020, http：//german. people. com. cn/n3/2020/0703/c209052 – 9706680. html。

② "Schlussantrag des Generalanwalts des EuGH Evgeni Tanchev vom 17. Dezember 2020", http：//curia. europa. eu/juris/document/document. jsf? text = &docid = 235732&pageIndex = 0&doclang = de&mode = lst&dir = &occ = first&part = 1&cid = 18423459。

应对方案,是两国2020年最大的共同外交成果。然而,针对此举德法有不同的见解:对于德方而言共同举债只是一次性的紧急措施,以便战胜尤其艰难的危机,但法国视之为未来欧盟共同财政秩序的起点,马克龙明确使用在德国备受贬损的"转移支付联盟"(Transferunion)一词来形容这一秩序。①

除此之外,德法一起取得的成果十分稀少。共同的军备项目进展缓慢。由德国、法国和西班牙联合运营的欧洲未来战斗空中系统(FCAS)耗资高达1000亿欧元,是迄今为止欧盟最昂贵的防务项目,它引起了人们的不满,例如,针对这个由法国负责的项目的知识产权问题。此外,法国人很难理解,德国联邦议院要定期对项目进展进行审核。德国主导、德法共同开发的武装坦克项目也面临实际困难。毕竟在德国大联合政府里,关于是否应对待研发的欧盟无人机进行武装还在争论不休。目前在社民党内部,关于此事的争执暂时被搁置了,人们同意应继续就已研发多年的无人机的武装问题进行全面的讨论。这意味着,这个问题一直到2021年9月的联邦议院选举时都将悬而未决。而2020年亚美尼亚和阿塞拜疆之间的短暂战争,恰恰比以往任何时候都更清楚地证明了武装无人机的军事意义。

法国方面丝毫不能理解德国这样的犹豫,包括对德国在萨赫勒地区军事行动上的克制态度。马克龙想在2022年法国总统大选前宣布减少在该地区法国驻军的数量,因此希望德国加大在那里的行动参与力度。德法在由东地中海油气勘探引发的争端中也展现出不同的立场。当土耳其总统埃尔多安向希腊和塞浦路斯主张的区域派去一艘侦察舰时,法国旗帜鲜明地站到了欧盟伙伴的一边,并派出了法国海军舰队。与之相对的是,德国持居中调解的立场,这也是因为德国顾及欧盟与土耳其签署的难民协议,根据该协议,土耳其接收叙利亚难民,从而阻止他们继续前往欧盟国家,尤其是德国。

---

① "La doctrine Macron: une conversation avec le Président français", *Le Grand Continent*, 16. 11. 2020, https://legrandcontinent.eu/fr/2020/11/16/macron/.

德法两国在对利比亚的政策上也相差甚远：欧盟和德国支持在国际上被承认的黎波里政府，马克龙则支持军阀哈利法·哈夫塔尔（Khalifa Haftar）。2020年1月，默克尔最终通过召集利比亚问题柏林会议来打破僵局。结果，会议达成的停战协议和武器禁运均未实现。

为德国供应俄罗斯天然气的"北溪2号"项目，一再受到法国的干扰。德国方面猜测，法国此举也是为了制衡德国在欧盟内在经济上的主导地位。法国对天然气的需求量只有德国的一半，其70%的能源供应来自核电，而德国将在2022年年底之前关闭国内所有的核电站。

德法间最严重的分歧是在对欧盟和北约战略形势的判断上。2019年年底，马克龙在接受英国杂志《经济学人》采访时给北约下了"脑死亡"的诊断书。这一言论马上遭到了德国总理默克尔的反驳：欧洲必须将其命运更多地掌握在自己手里，但跨大西洋联盟也是必不可少的。2020年年底，这一争论再次凸显：在美国总统选举前夕，国防部部长、时任基民盟主席克兰普－卡伦鲍尔在一篇题为《欧洲一如既往需要美国》的杂志文章中解释道，"欧洲战略自主的幻想"必须结束，欧洲人没有能力取代美国的决定性作用，因此，欧洲在可预见的未来都会保持对美"依赖"。[1] 两周后，马克龙在一个杂志采访中针锋相对，要求欧洲更加独立自主。在他看来，克兰普－卡伦鲍尔存在"对历史的曲解"，他们间有"重大的意见分歧"。马克龙觉得默克尔幸好与其国防部部长的意见是相左的，但事实上并非如此。马克龙认为，只有欧洲自重并在防务上保持自主，那么美国才会把欧洲当成真正的盟友。[2] 次日，克兰普－卡伦鲍尔在一次讲话中反驳马克龙。她首先是赞同他的观点：只有当欧洲认真对待自身安全，美国才会同样认真对待。但随后她引用联邦总统施泰因迈尔的话表示，人们不能仅仅依靠欧盟：欧洲将会继

---

[1] Annegret Kramp-Karrenbauer, "Europe still needs America", Politico, 02.11.2020, https://www.politico.eu/article/europe-still-needs-america/.

[2] "Schlussantrag des Generalanwalts des EuGH Evgeni Tanchev vom 17. Dezember 2020", http://curia.europa.eu/juris/document/document.jsf?text=&docid=235732&pageIndex=0&doclang=de&mode=lst&dir=&occ=first&part=1&cid=18423459.

续需要其最强大的北约伙伴，欧洲在安全方面仍然依赖美国，没有美国的核武器和常规军事力量，德国和欧洲就无法自保。① 说到底，马克龙可能还担心，随着拜登执掌白宫，德国会重回以前的模式，即主要依赖美国来保障欧洲安全，并收紧自身的国防努力。其后，德法之间的上述冲突暂时停歇，但随时可能再次爆发。

德波关系继续恶化。波兰自1991年与德国、法国组成"魏玛三角"，一直是德国方面的紧密伙伴。德国是波兰最重要的贸易伙伴，且比其他国家都重要得多，有超过200万波兰移民背景的人生活在德国。2020年，自2015年起在波兰执政的法律与公正党（PiS）对德国持极端批判的态度。该党认为德国有追求霸权的嫌疑，波兰尤其在安全政策上依仗美国，并认为波兰受到近邻俄罗斯的威胁。这一政党对德国在欧盟的统治地位心存芥蒂，所以对德法两国主张的欧洲防务建设颇为指责。当特朗普宣布会从德国撤军时，该党立即表示希望至少有一部分美军可以迁往波兰。

波兰政府担心德俄如同1939年的"希特勒－斯大林条约"（《苏德互不侵犯条约》）那样越过波兰达成交易，因而其也是"北溪2号"项目的最大反对者之一。2020年，波兰再次要求德国就其在二战中犯下的罪行进行赔偿。然而，德国坚持认为这一问题已经得到最终解决。② 此外，波兰执政的民族保守主义政府要求将居住在德国的波兰裔认定为少数民族，联邦政府对此予以拒绝。

2020年夏天，当波兰法律与公正党支持的现任总统杜达在总统选举中以微弱优势连任后，德国显露出失望情绪，因为德国本指望杜达的竞争对手获胜，其采取更加开明的对欧政策。波兰政府在选前指责德国媒体试图干预选举，并将一名德国外交官召见至外交部，这对两国关系造成了压力。波兰

---

① Annegret Kramp-Karrenbauer, "Zweite Grundsatzrede der Verteidigungsministerin", 17. 11. 2020, https://www.bmvg.de/de/aktuelles/zweite-grundsatzrede-verteidigungsministerin-akk-4482110.

② 〔德〕芮悟峰：《"面对过去"：德国面临的新挑战》，倪晓姗译，载郑春荣主编《德国发展报告（2018）：默克尔4.0时期的德国何去何从》，社会科学文献出版社，2018，第174～187页。

为阻止新冠援助计划和财政预算与法治国家原则相挂钩,试图和匈牙利一起否决欧盟的上述计划,这也对德波关系产生了不利影响。在此背景下,德国联邦议院为了释放积极信号,于2020年决定在柏林为波兰纳粹受害者建立纪念馆。这一决议在波兰法律与公正党那里也得到了支持,但马上遭到来自乌克兰的批评,批评者认为,乌克兰受害者也应得到相应的纪念。

二 对美政策

2020年,德美关系跌至二战后的最低点。除了例行公事,德国政界几乎完全放弃了与特朗普政府寻求建设性合作的努力。相反,德国尝试与美国的联邦州和城市建立联系。德国寄希望于,美国选民在11月3日的大选中让特朗普下台。对于坚定的跨大西洋主义者而言,不管德美关系是否在个别情况下符合德国利益,他们都视良好的跨大西洋关系为重要价值。因此,他们对4月进行的一项问卷调查的结果感到恐慌,当时有36%的德国人认为德国与中国而不是美国保持更紧密的关系更重要,只有37%的受访者认为德国与美国的关系比与中国的关系更重要。① 然而这仅仅是一时的民意。9月进行民调时,有56%的德国人认为与美国建立更紧密的关系比与中国建立更重要,是认为与中国建立更紧密关系更重要的受访者所占比例(27%)的2倍多。② 但与此同时,仅有10%的美国人视德国为最重要的外交伙伴,选择中国的则为14%。③

长期以来,德国人认为美国不可能对与伊朗有贸易往来的和参与"北

---

① Körber-Stiftung, "The Berlin Pulse 2020 Special Edition", Mai 2020, pp. 7, 21, https://www.koerber-stiftung.de/fileadmin/user_upload/koerber-stiftung/redaktion/the-berlin-pulse/pdf/2020/Koerber_TheBerlinPulse_Sonderausgabe_Doppelseiten_20200518.pdf.

② Körber-Stiftung, "The Berlin Pulse 2020/21", November 2020, pp. 23, 36, https://www.koerber-stiftung.de/fileadmin/user_upload/koerber-stiftung/redaktion/the-berlin-pulse/pdf/2020/The-Berlin-Pulse_2020-21.pdf.

③ Pew Research Center, "Americans and Germans Head Into 2021 with Divergent Opinions on Transatlantic Alliance", 23.11.2020, https://www.pewresearch.org/global/2020/11/23/americans-and-germans-head-into-2021-with-divergent-opinions-on-transatlantic-alliance/.

溪 2 号"项目的德国企业实施制裁。然而，这件事情在 2020 年发生了。而联邦政府在秋季又遭遇一记耳光，德国从《华尔街日报》才获悉白宫想要从德国撤军。计划撤军的数量接近 10000 人，这相当于驻德美军人数的近三分之一。人们对于特朗普是否还继续受《北大西洋公约》第五条的约束愈发存疑。根据该条款，一旦北约成员国遭到武装攻击，所有成员国将立即进行军事援助。

德国公众也不能理解特朗普政府失败的抗疫表现。2020 年秋季的一份问卷调查表明，在重要的西方国家中没有哪个国家像德国那样有众多的受访者（88%）认为，美国抗疫"做得不好"。① 有关美国总统选举和特朗普亮相竞选活动的新闻报道导致德国人进一步疏离美国。

当拜登和哈里斯赢得选举这一事实逐渐清晰之后，德国松了一口气。在谋求连任失败后，特朗普拒绝承认自己失利，这让德国人目瞪口呆。人们期盼在拜登成为白宫主人后可以很快恢复与美国的正常关系。但有些人预感，重回奥巴马时期并没有那么容易，事实上，那时的德美关系只是现如今人们在回首时将其美化为毫无问题，这意味着人们继续选择无视奥巴马政府对联邦总理默克尔的手机监听。与 2016 年相比，2020 年的民主党人对俄罗斯更为不满，而且他们仍然坚持要求北约其他成员分担更多的责任。他们是"北溪 2 号"项目的反对者。作为拜登"买美国货"（Buy American）计划的拥趸，他们绝不是自由贸易政策的支持者。同样令人忧心的是，有 7400 万美国选民把票投给了特朗普，这占到所有选票的近 47%。很多德国人对 2022 年美国参议院和众议院选举以及 2024 年总统选举心存疑问：人们是否能够确保，在 2024 年不是特朗普或者一个持有相同立场的政客赢得选举？

特朗普四年的执政也在德国公众心中留下深深的印记。在 2020 年年底的一项民意测验中，更多受访者（53%）表示，在 2020 年美国总统选举之

---

① Pew Research Center, "Unfavorable Views of China Reach Historic Highs in Many Countries", 06.10.2020, https://www.pewresearch.org/global/2020/10/06/unfavorable-views-of-china-reach-historic-highs-in-many-countries/.

后对美国人不再抱有信任了。71%的人认为美国的制度完全或是部分失灵了。只有少数人（48%）相信美国有能力应对诸如气候变化的全球难题，处理好中东危机和与中国的关系，以及维护好欧洲的安全。有60%的人甚至认为德国的防务不能再完全依靠美国了。超过一半的人（56%）预计中国在未来十年内会比美国更强大。只有约四分之一的人（24%）认为美国仍会保持领先。三分之二的人（66%）赞成德国在美国和中国发生意见分歧之时保持中立。① 在拜登大选获胜后进行的一次民意调查中，甚至有82%的受访者认为如果美中之间发生新冷战，德国应该保持中立。②

三　对俄政策

没有哪个外交问题像与俄罗斯的关系那样让欧盟各国各执己见、争吵不休。尤其是波兰和波罗的海国家强调来自莫斯科方面的威胁，这些国家认为，俄罗斯对仅存的几个军备控制协议也进行了系统的破坏。

政治光谱的另一边是法国总统马克龙，在他看来，拥有核武器的俄罗斯是如此强大的一个邻国，以至于不能与其长期对抗下去。事实上，俄罗斯正在寻找可以依靠的合作伙伴。他认为，欧洲必须向莫斯科伸出橄榄枝。欧盟如果接受美国的立场就是错误的，欧洲不应主要依靠制裁手段。这种制裁首先伤害到的是俄罗斯的邻居欧洲，然而在大西洋彼岸的美国却几乎不用承受任何负面影响。

德国联邦政府主要考虑到德俄紧密的经济关系，因而采取的是中间立

---

① Ivan Krastev and Mike Leonard, "The Crisis of American Power: How Europeans See Biden's America", European Council on Foreign Relations, 19.01.2021, https://ecfr.eu/publication/the-crisis-of-american-power-how-europeans-see-bidens-america/#country-de. 参见 Wolfgang Röhr, "Europas Interessen beachten", China.Table, 22.02.2021, https://table.media/china/2021/02/22/europas-interessen-beachten/。

② 参见 Körber-Stiftung, "The Berlin Pulse 2020 Special Edition", Mai 2020, p.41, https://www.koerber-stiftung.de/fileadmin/user_upload/koerber-stiftung/redaktion/the-berlin-pulse/pdf/2020/Koerber_TheBerlinPulse_Sonderausgabe_Doppelseiten_20200518.pdf。

场。德国是俄罗斯除中国以外最重要的贸易伙伴,为俄罗斯的工业化提供机器和运输设备,而德国从俄罗斯获得能源供应所需的石油和天然气。另外,在俄罗斯有4200家德资企业。德国的历史责任也依然在德俄关系中起重要作用,因为没有第二个国家像苏联那样在二战中足足有2000万人丧生。

在俄罗斯进入克里米亚后,欧盟对俄发起了有限制裁,德国也参与其中。"北溪2号"项目建设协议其实是在2015年,也就是俄罗斯进入克里米亚之后达成的。2020年,德国联邦政府面对批评,特别是来自美国、波兰和乌克兰的批评,仍然坚定地捍卫该天然气管道项目。德国联邦政府不认为欧洲会因此在能源供应上过分依赖俄罗斯,因为即使在冷战时期,苏联也一直是可靠的经济伙伴。

涉及与俄罗斯的关系,德国舆论出现了明显的东西部差异。在2020年的一份民意调查中,德国东部有近四分之一(23%)的受访者对俄罗斯总统普京抱有很大的信任,在德国西部这一比例仅为9%。[1] 72%的德国东部受访者赞成与俄罗斯和解,在德国西部这一比例仅为54%。在老联邦州,只有不到三分之一的受访者认为对俄制裁是错误的,而在新联邦州有超过一半的人持这一观点。[2] 新联邦州州政府对现行制裁持批判态度,并完全拒绝新的制裁,其中有几个州与俄罗斯经济联系尤为紧密。

"北溪2号"项目的花费已高达约100亿欧元,然而德国各党派仍对其各执一词。虽然在基民盟中有很多人坚定支持这一天然气管道项目,但是党内的跨大西洋主义者致力于购买美国的液化石油气。在社民党内部,亲俄罗斯的议会党团仍占据主导地位,它们视对话为首要工具,并希望避免对俄罗斯施压。社民党的这一态度也因为联邦前总理施罗德(社民党)担任了"北溪2号"项目的管理委员会主席。左翼党甚至明确表示欢迎该管道项

---

[1] "Umfrage-Deutsche vertrauen Xi und Putin mehr als Trump",*Reuters*,27.02.2020,https://www.reuters.com/article/deutschland-umfrage-russland-idDEKCN20L13Y.

[2] "Deutschland und Russland-eine Freundschaft in Zahlen",*mdr*,29.12.2020,https://www.mdr.de/nachrichten/osteuropa/land-leute/russland-deutschland-freundschaft-100.html.

目,该党着重指出德国的能源政策不应依赖于美国。德国另类选择党也支持该项目,因为这对于德国退出核能后的能源安全是必要的。然而对于绿党,任何天然气都是"魔鬼",无论它是从俄罗斯经管道运送而来,还是(以对环境有害的页岩油气的形式)从美国用邮轮运输而来。自民党最终也给出了一个模棱两可的答案:作为亲经济的政党,该党一方面反对由于项目中断而造成的"投资废墟",另一方面却要求暂停继续施工。

有两大事件发挥了举足轻重的影响。一个是所谓的"蒂尔加滕谋杀"事件。2019年,一名在德国寻求庇护的车臣裔叛军领导人在柏林的蒂尔加滕被枪杀。一名犯罪嫌疑人随即被逮捕,对他的审判在2020年开始。德国执法机构断定,这一谋杀是俄罗斯领导层下达的命令。该案就发生在德国的首都,但联邦政府在外交上刻意淡化了此事。另一个是克里姆林宫批评人士阿列克谢·纳瓦利内(Alexej Nawalnij)中毒事件。这件事与德国没有关系,但联邦政府在2020年夏天却展现出更强硬的态度,这着实让人惊讶。纳瓦利内是俄罗斯公民,在俄罗斯被投毒,却在柏林的夏里特医院接受治疗。联邦国防军和总部设在海牙的禁止化学武器组织(OPCW)发现,投毒所使用的是诺维乔克小组研制的化学神经毒剂,与2018年在英国对前俄罗斯双面间谍使用的毒剂是同一种。联邦总理默克尔自己第一次将纳瓦利内事件和"北溪2号"项目联系在了一起,此前她一直坚持要将政治议题和经济议题分开处理。但联邦政府最终还是坚持实施该天然气管道工程。

2020年夏天举行的白俄罗斯总统选举引发了长达数月成千上万民众的游行示威,他们反对自1994年起执政的总统卢卡申科。欧盟普遍认为卢卡申科连任的选举结果是伪造的,但普京对白俄罗斯的态度在德国和欧盟看来一点也不难预料。然而,这还是促使德欧与俄罗斯进一步疏远。

对于德国和欧盟而言,没有哪个外交问题比与俄罗斯的关系更重要。一方面,俄罗斯是一个军事强国和拥核国;另一方面,欧盟的体量相对于俄罗斯也很显著。即使是在英国脱欧之后,欧盟人口也仍有4.5亿,是俄罗斯(近1.5亿)的3倍。欧盟的国内生产总值是俄罗斯的9倍。欧盟国家的国防开支几乎是俄罗斯的3倍。

一些例行活动继续进行：2020 年年底，德国-俄罗斯经济与可持续发展年（2020~2022）开幕，该活动隶属较长时间以来旨在促进人文交流合作的双边主题年。尽管做出了这些值得称赞的努力，但德国和欧盟与莫斯科在 2020 年所爆发的矛盾的激烈程度是许久不曾有过的。欧盟各国的判断继续不一致，问题能否解决以及如何解决都不得而知。欧盟依旧没有连贯的对俄政策，德国联邦政府仍在强调合作的必要性。

四 对华政策

2020 年，德国对华政策的特点同样是利益驱动和价值导向的分离。① 近年来良好的经济关系在疫情全球大流行的混乱中变得更加紧密：中国连续五年成为德国最大的贸易伙伴；而德国在过去数十年一直是中国在欧最大的贸易伙伴。2020 年，中国与欧盟的货物贸易总额高达 5860 亿欧元，超过了美国的 5550 亿欧元，成为欧盟最大的贸易伙伴。但如果将服务贸易算在内，那么美国仍然领先于中国。②

中国对于德国，尤其对于德国的汽车业而言是最重要的伙伴，这也因为中国是 2020 年世界主要经济体中唯一能保持正增长的国家。大众、宝马和戴姆勒在中国的销售额占其总营收的比例分别为 41.4%、33.4% 和 30.6%。一项 2020 年年底针对在华德企的问卷调查表明，有约四分之三的受访企业（73%）认为中国持续增长的消费会带来更多的市场机会，因而有 72% 的企业想在未来两年内在中国追加投资。相比之下，只有 1% 的企业想撤出中

---

① 参见 Zheng Chunrong, "Why Germany Can Confidently Balance US and China Relations", *Global Times*, 01.12.2020, https://www.globaltimes.cn/content/1208660.shtml; Matthew Karnitschnig, "How Germany Opened the Door to China-and Threw Away the Key", *Politico*, 10.09.2020, https://www.politico.eu/article/germany–china–economy–business–technology–industry–trade–security/; Erika Solomon and Guy Chazan, "We Need a Real Policy for China: Germany Ponders Post–Merkel Shift", *Financial Times*, 05.01.2021, https://www.ft.com/content/0de447eb–999d–452f–a1c9–d235cc5ea6d9.

② Eurostat, https://ec.europa.eu/eurostat/web/balance–of–payments/data/database.

国，3%的企业在评估这一可能性。70%的企业表示在市场准入方面没有受到限制，64%的企业认为其受到与中国企业同等甚至更好的待遇。① 德国经济界还未完全领会习近平主席在2020年5月提出的"双循环"政策，但他们认为该政策不会给他们在中国的市场机遇带来大的改变。

2020年年底，中欧投资协定谈判历经七年如期完成，这对于中欧经济关系而言是一个巨大的成功。欧盟委员会表示，该协定让欧盟企业能够更容易地进入中国市场，为欧洲投资者创造了更好的"公平竞争环境"(level playing field)，并禁止强制性的技术转让。谈判能在2020年行将结束之时全面完成，是很多人始料未及的。拜登政府未来的国家安全顾问呼吁欧盟等到美国新政府执政后再行动，不过，欧盟方面有意忽略了这一信号。

中欧投资协定被默克尔和欧盟委员会视作成功，却在事先便招致了批评，尤其是来自欧洲智库的批评。这些智库代表认为，在拜登就任三周前与中国缔结这样一项全面的协定，无疑是给未来美国政府的一记耳光；中国是否会履行在协定中所做出的承诺，尤其是签署国际劳工组织（ILO）公约的有关条款，还不确定。而协定的支持者指出，欧盟的做法与一年前美国与中国谈判完成第一阶段经贸协议无异。他们还认为，该协定是欧洲采取独立自主政策，将命运握在自己手里的成功典范。但很多批评者表示，只有也跟美国的目标保持一致，他们才会欣赏这样自主的欧洲政策。

德国公众对于中国经济和政治重要性评估的差异越发明显。在2020年年底的一项问卷调查中，55%的受访者视中国为世界领先的经济体，只有17%的人选择了美国。与此同时，对中国政治持批评态度的德国人继续增加：71%的受访者对中国持有负面印象，这是前所未有之高的，2019年这一比例还是56%，而在默克尔作为联邦总理首次访华的2006年，这一比例仅为33%。78%的受访者认为中国没有在国际政治中采取正确的做法，

---

① Deutsche Handelskammer in China,"Business Confidence Survey 2020/2021", https://china.ahk.de/market-info/economic-data-surveys/business-confidence-survey.

2019年这一比例仅为61%。① 在默克尔所属的基民盟内部已经出现了杂音：三位党主席候选者中有两位试图脱离默克尔总理对中国过于友好的路线。但默克尔对她的批评者反驳说，即使是在困难时期，对话也总比互相不说话要更好。

默克尔总理的影响力在其他的议题上也在消减。2020年12月，联邦政府提交了旨在提高信息技术系统安全的法律草案。很多人就此推断，德国将出于安全原因把中国供应商，尤其是华为公司，排除在其5G网络建设之外。毕竟英国、法国和瑞典已经或明或暗地这样做了。但是，该法律草案还没有最终通过。公司参股申请需要经过重要部委的批准，包括外交部和经常被视为对华友好的经济部。只有在30天内所有的部委都反对该参股，企业的申请才会不予通过。该草案在德国国内屡次遭到批评，因为它让欧盟2020年1月发布的"5G工具箱"至少部分失效，工具箱为所有成员国推荐了协调一致的处理方法。该法律草案的立法程序预计持续到2021年秋季。在此之前，德国的网络运营商可自行决定是否继续采用华为的零部件，他们也可以选择"生米煮成熟饭"，使用华为零部件，但这要冒风险。

默克尔总理在投资控制领域设立了规则，乍一看该规则使非欧盟国家（首先是中国，但也包括美国）更难购得德企，但实际上不构成真正的投资障碍。自2016年中国美的集团收购工业机器人制造商KUKA以来，德国《对外经济条例》一直在收紧。该法律规定，在某些特定情况下，类似KUKA收购案的投资需要经过政府审批。2020年10月，整个欧盟都引入了针对这类投资的报告义务。但在德国，该规定其实仅有一次导致了收购禁令。2020年年末，中国航天工业集团被禁止收购移动和卫星通信技术研究所（IMST），前者也活跃在国防领域，后者是一家专门研究卫星和雷达技术的小企业。不过，早在2018年，就曾有一位中国投资者赶在德国政府发布禁令之前，撤回了收购一家德国企业的要约。

---

① 参见 Ivan Krastev and Mike Leonard, "The Crisis of American Power: How Europeans See Biden's America", European Council on Foreign Relations, 19.01.2021, https: //ecfr.eu/publication/the - crisis - of - american - power - how - europeans - see - bidens - america/#country - de。

在法国于2019年提出"包容的印太"①战略之后，德国也在2020年9月出台了《印太指导方针》②，荷兰在11月同样发布了相应的"指南"③。三份文件都是在为欧盟的印太战略文件做准备，德国和荷兰明确地表达了这一目的。所有三份文件都建议把目光从中国更多地转向日本、印度、印度尼西亚、韩国、澳大利亚和新西兰等国家。但这些文件有不同的侧重点：法国将自己视为印太国家，这是针对其在这一区域的领地而言，因为法国在全球93%的专属经济区位于印太地区。德国尤其看重其企业进入该区域进行投资和贸易的自由。荷兰除了自由贸易，出乎意料地强调了军事维度。

令人尴尬的是，德版印太战略只是在隐蔽的地方指出，中国对全球经济增长的贡献达三分之一，而且德国在印太地区近一半的外贸往来是与中国发生的。法国一开始便在其战略中指出显而易见的事实，即中国是该区域至关重要的伙伴。出台印太战略文件对于德国、法国及荷兰而言有三重目的。它可以被理解为向北京方面展示，它们不是只依赖中国，还能与其他亚洲伙伴合作；同时也借此向印太地区与中国为邻的国家表明，它们重视这些国家的利益，并做好了投资和深化经贸关系的准备。但具体如何运作还未可知。德版印太战略的出台也有国内政治的考量，至少表明德国也关注其他亚洲伙伴。

五 联合国、军控以及与南方国家的关系

2020年是德国担任联合国安理会非常任理事国两年任期中的第二年，

---

① "Stratégie française dans l'Indo-Pacifique", https：//www.diplomatie.gouv.fr/fr/dossiers-pays/asie-oceanie/la-zone-indopacifique-une-priorite-pour-la-france/.
② "Leitlinien zum Indo-Pazifik", https：//www.auswaertiges-amt.de/blob/2380500/33f978a9d4f511942c241eb4602086c1/200901-indo-pazifik-leitlinien-1-data.pdf.
③ "Indo-Pacific：een leidraad voor versterking van de Nederlandse en EU-samenwerking met partners in Azië", https：//www.rijksoverheid.nl/documenten/publicaties/2020/11/13/indo-pacific-een-leidraad-voor-versterking-van-de-nederlandse-en-eu-samenwerking-met-partners-in-azie.

这是德国第六次担任非常任理事国。德国在任期中的一大中心主题是保护冲突中性暴力的受害者。尽管德国强调该关切的紧迫性，但对于其他很多国家而言这可能只是个边缘议题。德国政府在2019年就致力于推动第2467号决议，该决议聚焦在冲突中幸存的受害者，将在未来加大对肇事者的问责力度。在2018年第五次德中政府磋商达成的共同声明中，德国和中国重申加强在联合国安理会的合作，但在实践中这一情况并不常见。

2020年年末，外交部部长马斯表示，希望德国在六年后的下次申请机会中不再需要竭力争取非常任理事国的席位，而是经由联合国或安理会改革成为常任理事国。① 德国为这一目标已奋斗了数十年。就在2020年，德国、巴西、印度和日本还一起开会，这一所谓的"四国集团"谋求抱团"入常"。德国重申，自1945年联合国成立以来，当今世界发生了深刻的变化，有142个国家新加入联合国。安理会如今的组成已不再能反映这一变化的世界，其中尤其是非洲的代表不足。德国指明，德国是继美国、中国和日本之后的联合国第四大出资国，对预算的贡献超过6%。如果将自愿出资和定期捐款计算在内，德国近年来甚至是第二大出资国。但鉴于包括联合国安理会常任理事国在内的很多国家态度冷淡，安理会组成不太可能发生较快变化，而德国成为安理会常任理事国的前景黯淡。

在2020年1月举行的利比亚问题柏林会议上，联邦总理默克尔和联合国秘书长古特雷斯共同将冲突各方召集到一起。会议的目的是减少外部影响，启动针对冲突各方的政治解决进程。德国作为制裁委员会主席，在审查对利比亚武器禁运上也发挥了作用。年中，一项决议在德国支持下得以更新，确保了在利比亚冲突中的人道主义援助。同样在2020年夏天，德国与联合国秘书长主办了旨在提供政治和经济援助的苏丹伙伴关系会议。德国在上述所有领域都取得了一些进展，但没能实现重大突破。

在2020年之前的数年里，裁军、军控领域便已发生显著倒退，德国对

---

① Interview mit Außenminister Heiko Maas, "So, wie der Sicherheitsrat in den beiden Jahren agiert hat, ist er allenfalls noch bedingt handlungsfähig", 30. 12. 2020, https：//www.auswaertiges-amt.de/de/newsroom/maas-un-sicherheitsrat/2431206.

此感到遗憾。2020年这一趋势仍在延续。2018年，美国退出了伊核协议。2019年，美国以俄罗斯长期违约为由，退出了《中导条约》。2020年春天，美国又以同样的理由退出了《开放天空条约》。《不扩散核武器条约》的审议会议最终因为疫情不得不由2020年推迟至2021年。德国政界原本担心《新削减战略武器条约》（New START）会在2021年2月到期，但拜登新政府上台后，两个缔约国美国和俄罗斯马上将其延至了2026年。

面对不明朗的军控前景，2020年伊始，德国在所谓的"斯德哥尔摩核裁军倡议"的框架之下，与来自五大洲的其他15个成员国共同致力于重振核裁军。这些国家是瑞典、荷兰、芬兰、西班牙、瑞士、挪威、加拿大、日本、韩国、新西兰、阿根廷、印度尼西亚、约旦、哈萨克斯坦和埃塞俄比亚。该倡议的成员呼吁有核国家提高武器库的透明度，并推进核裁军，尤其是要执行《不扩散核武器条约》的所有规定。它们提出的22条建议有一部分意义深远，主要是针对没有加入《新削减战略武器条约》的有核国家，即英国、法国和中国，以及不是《不扩散核武器条约》缔结方的拥核国家。①

但在德国看来，这是对将于2021年1月生效的《禁止核武器条约》的预先反应。德国和其他所有北约伙伴一道拒绝签署该条约，因为德国暂时仍想坚持核威慑，而且没有一个拥有核武器的国家签署这项条约。欧盟成员国奥地利（重要的条约发起方之一）、爱尔兰和马耳他已经批准了该条约。德国方面声称，该条约可能会削弱《不扩散核武器条约》，以此辩解其拒绝签署的做法，然而这一说法并不令人信服。②

德国外交的一大成功是，2020年12月，欧盟在德国担任轮值主席国期间与东盟（ASEAN）结成战略伙伴关系。该伙伴关系涵盖37个国家的11亿人口，以及全球国内生产总值的23%。外交部部长马斯将欧盟与东盟达

---

① "The NPT at 50, Advancing Nuclear Disarmament, Securing Our Future", https://www.auswaertiges-amt.de/en/newsroom/news/npt-50/2310112.

② Deutscher Bundestag, "Wissenschaftlicher Dienst, Zum rechtlichen Verhältnis zwischen Atomwaffenverbotsvertrag und Nichtverbreitungsvertrag", 19.01.2021, pp. 36 ff., https://www.bundestag.de/resource/blob/814856/28b27e2d04faabd4a4bc0bfd0579658c/WD-2-111-20-pdf-data.pdf.

成伙伴关系与联邦政府的《印太指导方针》联系起来，这尤为引人注目。在德国担任轮值主席国期间，欧盟与东盟成员国越南的自由贸易协定正式生效。同样在2020年12月，欧盟与非洲-加勒比海-太平洋地区国家集团（79国，简称"非加太集团"，OAKPS）达成了一项新的合作伙伴协议，该协议将取代2000年的《科托努协定》。新的协议涉及可持续发展与增长、人权、移民、流动以及和平与安全。欧盟和非加太集团国家占联合国会员国数量的一半以上，其总人口超过15亿。

由外交部部长马斯发起的"多边主义者联盟"是为应对特朗普政府的单边主义而成立的，旨在抵御对自由国际秩序的侵蚀。德国外交部称，已有60个国家支持这一联盟。可是显见的成果并没有。另外，德国与不丹就建交达成协议。不丹只与50余个国家有外交关系，而且有七年没达成类似协议了。

六　德国外交政策走向展望

自2014年德国总统、外交部部长和国防部部长提出所谓的"慕尼黑共识"以来，有关德国外交和安全政策角色的讨论一直延续到2020年。2014年，时任联邦总统高克和时任外交部部长施泰因迈尔在慕尼黑安全会议上一致要求，德国必须对安全挑战采取"更早、更坚决和更具实质性的应对"。2020年，自成立以来一直壮大的欧盟，因为英国脱欧，其规模首次变小。直至11月，德国及欧盟仍担心特朗普可以成功连任，这一担忧支配着各种讨论。与此同时，人们愈发意识到，即使是在特朗普任期结束后，美国也不打算继续作为"善意霸权"无限制地扮演国际秩序维护者的角色。2020年春季，欧盟内部边境关闭和医疗防护设备的出口禁令再次展示了，即使是在剩余的27个成员国中，1992年《马斯特里赫特条约》里建设更加紧密的欧盟的目标也无法轻易实现。

在此背景之下，有关德国在欧盟中的角色和欧盟在世界上的角色的辩论愈演愈烈。政治精英们不仅在春季举行的题为"西方缺失"（Westlessness）

的慕尼黑安全会议上，还在慕尼黑安全会议于秋季面世的一份综合报告①中，要求德国必须在应对全球政治挑战中发挥更显著的作用。毕竟德国是欧盟人口最多的国家，是全球第四大经济体、第三大商品和服务出口国，而且是第四大武器出口国。一份2020年发布的、针对130余个国家和地区公民的民意调查为对德国提出要求提供了支撑。根据该调查，2019年，德国在全球领导力排名上获得44%的支持率，连续三年领先于美国（33%）、中国（32%）和俄罗斯（30%）。② 在欧洲，德国领导角色的支持率在2020年甚至高达65%。③

因此，很多政客和专家呼吁德国实行更积极和具前瞻性，更具远景和更欧洲化的外交政策。德国在国际政治中的行动力必须达到人们的期待，德国也必须更清楚地认识到，这只有在欧盟和北约的框架之下，借助二者才能实现。德国在欧盟新冠援助计划中放弃预算政策上的克制立场，这表明，德国在其他问题上也亟须坚定的决心。同时，德国必须学习与欧盟伙伴更紧密地协调其国内决策，比如能源政策和移民政策。

然而，所有这些善意的建议都面临一大难题，即德国人对于德国承担更多的外交或者防务责任仍然持谨慎态度。多年来，一项问卷调查一直对德国人提出同一个问题，即德国应更多地参与到国际危机中还是表现出克制。在2020年9月的一次调查中，再度有49%的人支持克制，只有44%的人赞同加大参与力度，2019年这一比例为43%。④ 要想让更多的德国人支持像美

---

① Munich Security Conference, "Zeitenwende ǀ Wendezeiten", Oktober 2020, https://securityconference.org/publikationen/msr－special－editions/germany－2020/.
② Gallup, "Rating World Leaders, The U. S. vs. Germany, China and Russia", 2020, pp. 2－3, https://www.gallup.com/analytics/315803/rating－world－leaders－2020.aspx.
③ Deutscher Bundestag, "Wissenschaftlicher Dienst, Zum rechtlichen Verhältnis zwischen Atomwaffenverbotsvertrag und Nichtverbreitungsvertrag", 19.01.2021, p. 173, https://www.bundestag.de/resource/blob/814856/28b27e2d04faabd4a4bc0bfd0579658c/WD－2－111－20－pdf－data.pdf.
④ Körber-Stiftung, "The Berlin Pulse 2020 Special Edition", Mai 2020, p. 33, https://www.koerber－stiftung.de/fileadmin/user_upload/koerber－stiftung/redaktion/the－berlin－pulse/pdf/2020/Koerber_TheBerlinPulse_Sonderausgabe_Doppelseiten_20200518.pdf.

国、法国或是英国那样积极的外交政策，还要很长时间，也可能根本等不到。因此，在2021年9月将要举行的联邦议院选举中，外交和安全政策议题也只有较小的影响力，肯定不会起到决定选举胜负的作用。

但这场选举仍会对德国的外交政策产生影响。联盟党很可能再次成为联邦议院中的最大党，其总理候选人很可能最终出任总理。第二大党可能是绿党。如果出现联盟党和绿党的黑绿组阁形式，那么传统上是由绿党人士担任外交部部长。2020年，大部分德国媒体和一些智库期待随着默克尔离开政治舞台，德国对华政策会出现新变化。他们表示，在"后默克尔时代"，必须结束对经济合作的过分重视，德国将奉行更加以价值观为导向的政策。这样的期待源于两名基民盟主席候选人默茨和吕特根对中国的批评态度。随着2021年年初北莱茵-威斯特法伦州州长拉舍特当选基民盟主席，同时，巴伐利亚州州长索德尔也展现出成为联盟党总理候选人的想法，这些期待有所降温。作为大联邦州州长，拉舍特和索德尔奉行亲经济的政策，无意于惹恼中国。但如果绿党是执政联盟伙伴，尤其还主管外交，那么对华政策肯定会更加以人权为导向。社民党、左翼党和绿党的红红绿组阁形式是极不可能的，但如果出现，左翼党的参与会使外交政策明显更加小心翼翼且可能更加自相矛盾。

由于各国对新冠肺炎疫情全球大流行的不同应对，中国是2020年世界上唯一实现正增长的主要经济体，但欧盟和美国、日本、印度、巴西等有可能面临明显的经济倒退。因此，按汇率计算，中国甚至在2030年之前就会为全球最大的经济体。在此背景之下，欧盟及德国不得不回答21世纪头20年全球外交的中心问题：欧洲如何在美国和中国的关系中站位？

预计直到2022年上半年法国担任欧盟轮值主席国，欧盟都会就是否批准欧中投资协定争论不休。人们期望，欧洲人出于经济利益行事，正如美国在2020年1月与中国达成第一阶段经贸协议那样。2020年11月，亚洲国家签署的《区域全面经济伙伴关系协定》（RCEP）也将中国纳入其中，协定签署之前亚洲那些与欧洲"志同道合的国家"甚至都没跟欧盟商量。反对欧中投资协定的人士可能会指出，中国仅仅是批准在协定中承诺的国际劳工组织公约还不够。

在欧美关系中极其容易忽视一个事实，即拜登首先是美国的总统，他会优先考虑美国的而不是欧洲的利益。欧洲人对拜登当选松了一口气，他们很容易经不起诱惑，在美国利益与他们的利益不一致的时候，他们会牺牲自己的利益，尤其是经济利益。欧盟外交与安全政策高级代表博雷利在美国总统选举几天后的言论就说明了这点，他表示，欧盟准备好与美国一起应对中国这一"挑战"。外交部部长马斯和他的法国同事勒德里昂在《时代周刊》、《世界报》和《华盛顿邮报》上表达了类似观点，欧洲和美国需要一个跨大西洋新政来应对越发自信的中国。①

安全领域的很多欧洲政治家似乎根本没注意到，拜登在其担任副总统末期的某次露面时表明了对首先使用核武器的反对态度，② 在美国民主党2020年的竞选纲领③中也可以找到类似内容。这完全背离了北约现行的核政策，如果拜登的这一立场得以贯彻，那么德国和欧洲在防务方面必须做出比现在还要广泛得多的努力。

近年来，中国在国际会议上、双边声明中以及领导人的演讲里一再重申对全球化、市场经济、人权和基于联合国的国际秩序的承诺，这与特朗普政府形成鲜明对比。2020年年末，中国与欧盟完成了意义深远的投资协定的谈判。在未来，中国也能继续扩大与欧盟和德国本就卓有成效的合作，但应尽量避免让欧洲人误以为中国无意履行这些承诺。可以预计，中国并不愿意看到欧盟在拜登上台后又与美国携手并肩一起针对中国。

（吴永德译）

---

① Heiko Maas and Jean-Yves Le Drian, "Es gibt keinen besseren Partner", *Zeit Online*, 16.11.2020, https：//www.zeit.de/politik/2020 - 11/transatlantische - beziehungen - usa - europa - nato - sicherheit - demokratie - rechtsstaat? utm _ referrer = https% 3A% 2F% 2Fwww.google.com.

② The White House, "Remarks by the Vice President on Nuclear Security", 11.01.2017, https：//obamawhitehouse.archives.gov/the - press - office/2017/01/12/remarks - vice - president - nuclear - security.

③ 2020 Democratic Party Platform, 18.08.2020, p.81, https：//democrats.org/wp - content/uploads/sites/2/2020/08/2020 - Democratic - Party - Platform.pdf.

政治专题篇
Politics

B.5
"默克尔4.0政府"第三年：
新冠肺炎疫情考验下的危机管理

王广成*

摘　要：　"默克尔4.0政府"运行第三年与新冠肺炎疫情不期而遇。一开始，面对这一百年未有之重大公共卫生事件，联邦政府的危机管理体系运作正常，应对得当，加之民众在封禁期间遵章守纪，积极配合，德国得以顺利拿出了亮丽的抗疫成绩单。入夏之后，全社会对疫情防控有所松懈。尤其在第二波疫情于秋季袭来时，联邦政府因对其严重性估计不足，曾力求避免采取重度封禁措施，致使病毒肆虐，威胁人民的生命和健康。疫苗接种和病毒检测启动的不顺，加剧了各界对执政者危机管理能力的质疑。民众对政府的满意度从疫情之初的最高值持续大幅下跌，并由此产生抗疫疲劳和懈怠心态。联邦政府的危机管理面

---

* 王广成，上海市现代管理研究中心资深翻译，主要研究领域为德国政治、社会市场经济。

临新的挑战，默克尔能否如愿走出其从政生涯的最后一次危机，"后默克尔时代"将如何开启，值得关注。

关键词： 新冠肺炎疫情 危机管理 默克尔 危机总理

进入2020年不久，德国首个由新型冠状病毒感染的新冠肺炎病例便在巴伐利亚州被确诊。因病例数少且诊治顺利，加之官方"对国人威胁很小"及"政府已做充分应对"的保证，故全国上下对疫情的重视程度较为有限。数周后，确诊病例大量出现，显示疫情恶化趋势明显。政府工作随之转入危机模式，危机管理遂成"默克尔4.0政府"第三年的工作主轴。得益于以默克尔总理为首的联邦政府的危机管理体系的有效运作，加之全国上下的高度重视和积极配合，德国较快抑制了新冠病毒的进一步蔓延，拿出了令其他发达经济体羡慕的抗疫成绩单。然而，这一成功却未能在抗击第二波疫情中得以再现。致使新冠病毒于秋冬季肆虐，威胁人民生命和健康的主要原因，在于政府对疫情的复杂性和不确定性的估计严重不足，在于其因担心重度封禁措施对经济复苏和社会生活的影响而表现出的思想犹豫和动作迟缓。而联邦制的结构性矛盾带来的负面效应同样不应忽视。在此背景下，民众对执政者的满意度大幅下跌，联邦政府面临新的挑战。对一年多来德国抗疫的坎坷历程，"危机总理"默克尔能否如愿走出其最后一次危机，以及大选后的德国如何转入"后默克尔时代"等关注点，笔者在此进行回顾、评析与展望。

一 德国抗疫举措的演进阶段

1. 抗击第一波疫情的成功

自2020年2月下旬起，德国多地均有大量新冠肺炎患者被确诊的报告，表明疫情已呈快速恶化之势。2月27日，联邦政府在第一时间内组建由内政部与卫生部联手的危机应对机构。不久，又组成了类似于"战时内阁"

的所谓"抗疫内阁"。该机构除由联邦总理亲自挂帅外，仅有财政、内政、国防、外交、卫生五位部长及总理府主任参与其中。作为统领全国抗疫斗争的最高决策机构，"抗疫内阁"的精干便于其及时推出应对疫情快速变化的政策举措。而内政部与卫生部联合组成的危机应对机构则在某种程度上相当于"联合参谋部"，主要负责为"抗疫内阁"的决策制定实施方案。至此，联邦政府的运行正式切换至危机模式。

2020年3月11日，联邦总理默克尔首次就新冠肺炎疫情召开新闻发布会，承诺将动用联邦财政资金以缓解新冠肺炎疫情对相关领域造成的影响。同日起，即有数个联邦州宣布停办1000人以上的大型活动。鉴于此时感染人数已呈日增千人的飙升，负责全联邦疾病预防与控制事宜的官方机构罗伯特·科赫研究所（RKI）于17日将疫情对德国的影响列为高风险级，对风险人群的影响则是极高风险级，并指出若无法严格落实联邦政府的防控措施，德国可能出现数百万新冠肺炎感染者。一时全国上下的气氛为之大变。18日，默克尔总理发表电视讲话，介绍疫情的发展及防控措施的必要性。她说，国家面临着二战结束以来的最大挑战，局势相当严峻，每个人都须严肃对待。同时指出，联邦与联邦州两级政府决定采取的一系列措施对民众的限制确是联邦德国史上从未有过的，但其在减缓病毒的传播和挽救人的生命过程中将发挥不可替代的作用。为此，她呼吁全国民众严格遵守相关规定，人人参与，各尽所能，团结互助，共同完成这一历史性重任。① 不足13分钟的讲话甫一结束，好评如潮，包括不少国外媒体对此也是赞誉甚多。人们认为，默克尔的这次讲话既体现出其惯有的稳重严谨，又带有战前动员式的激昂，且不失直击心扉的循循善诱，达到了与民沟通的预定目标，产生了动员全国民众的明显效应，堪称其联邦总理十余年任期内的"杰作"，也可视为默克尔本人乃至整个联邦政府疫情初期危机沟通管理中的成功一例。

由于政府其时将减少社交接触、保持社交距离和勤洗手视为切断病毒传

---

① "Fernsehansprache von Bundeskanzlerin Angela Merkel"，18.03.2020，https://www.bundeskanzlerin.de/bkin-de/aktuelles/fernsehansprache-von-bundeskanzlerin-angela-merkel-1732134.

播的手段，德国公共生活的大部分随即进入停顿状态。多地援引《传染病防治法》的有关精神，颁布了学校和幼托机构关门、包括餐饮在内的多数实体商店停业、文体设施谢客及宗教和社团活动停办等行政法规。3月22日，根据联邦总理与16位州长会商的结果，第一轮全国性的更为严格的封禁措施开始实施。其中规定原则上禁止非家庭成员的两人以上的聚集，有的联邦州对公共场所的违反禁令者则亮出高额罚单。

25日和27日，联邦议院和联邦参议院以异乎寻常的工作节奏分别通过了多部对抗疫斗争具有重要指导意义的法律。其中主要包括：帮助企业、医疗机构和职工解决新冠肺炎疫情造成的经济困难的总额达156亿欧元的联邦德国史上最大的纾困计划（即《2020年度联邦补充预算法》），以及在疫情防控中充当重要法律依据的《传染病防治法》。《传染病防治法》订立于2000年，自2001年起生效。针对本次疫情，联邦政府决定对其进行相应修订，尤其是引入"全国范围进入疫情状态"的新概念，并明确一旦处于该状态中，政府可被授予与疫情防控相关的特别权限，即无须经过议会程序，政府便可根据防疫抗疫的需要，出台各种冠名以行政法规的相关决定。显然，是否进入疫情状态为政府被授予上述特别权限的必要条件，故联邦卫生部在草拟修订文本时，将判定进入疫情状态的权限也归于联邦政府。好在这一"自我授权"的设计在联邦卫生部部长延斯·施潘（Jens Spahn）与反对党的事先沟通中已被纠正，3月25日正式提交的修正案终于明确疫情状态的判定权仅属联邦议院。① 3月28日，联邦议院根据新修订的《传染病防治法》第5条判定并宣布德国全国范围处于疫情状态，联邦政府则因此拥有时长一年的特别权限。2021年3月联邦议院又将疫情状态延续至6月末，而联邦政府的特别权限也做了相应延长。必须指出的是，此处的疫情状态及相关的特别权限是以专门的立法为依据的，而前述的政府运行切换至危机模式则属行政行为。

德国新冠病毒感染者确诊数虽于2020年4月4日突破10万，但从4月

---

① "Mit heißer Nadel", *Der Spiegel*, Nr. 14, 28.3.2020, p. 28.

中旬开始新确诊病例明显减少。疫情的这一走势应能验证上述防控政策的必要性和有效性。在罗伯特·科赫研究所报告新冠病毒再生繁殖率（R）已降至1.0之下的同时，默克尔总理于4月15日宣布了联邦与各州关于逐步放松封禁措施的计划：社交接触限制令至少持续至5月3日，社交距离不小于1.5米的规定继续执行；5月3日后学校与幼托机构则分步骤渐次开放，大型活动禁令维持至8月31日；提供具有人员接触追溯功能的手机App；等等。鉴于联邦州层级围绕如何解禁已有各自的设想，默克尔于4月中旬召集16位州长进行协调以期达成共识，显然是出于对防控努力因各行其是而前功尽弃的担心。

与其他欧美国家相似，德国科学界对口罩在疫情防控中的作用的认识也曾严重不足。直至4月底，在公交车辆和商业设施等人员密集场所必须佩戴口罩的规定方由16个联邦州先后颁布。这一亡羊补牢之举，也确实为逐步走入解禁的新阶段创造了条件。根据有关新规，长达7周的全国性封禁于5月4日终告结束。在此后的数月间，除北莱茵-威斯特法伦州两县因暴发重大聚集性感染被宣布为热点地区外，其他各地疫情总体处于稳定可控状态，给人新冠病毒似乎已从德国消退且不可能重来的乐观印象。封禁措施虽未完全取消，但度假消夏已成民众的关注点。

截止到2020年6月中旬，拥有8300多万人口的德国在第一波疫情中共确诊新冠肺炎患者约19万例，病亡者约为9000例。除抗疫物资曾出现短缺而不得不向中国求援外，该国包括重症救护在内的卫生系统运行始终正常，甚至还收治过邻国的患者。毋庸置疑，广大民众的理解和配合对第一阶段成功的贡献也是不可或缺的，没有他们对政府的信任和对规则的遵守，防控政策贯彻落实的效果势必大打折扣。同样不可否认的是，鉴于政府对疫情的危机管理必然涵盖经济与社会政策领域，故抗疫斗争的一个重点亦即难点便是，考验决策者对于国民健康、法定权利与经济社会发展等诸要素的多维度权衡能力及决策后的执行与调整效率。德国的良好表现确实令不少其他欧美国家相形见绌。自2020年春夏至入秋，社会舆论，尤其是境外媒体对德国抗疫表现的正面评价明显占据上风，"优等生""奇迹之国"似乎已成标准用语。应该说，默克尔已将抗疫第一阶段演绎成其4.0内阁的"高光时刻"。

2. 第二波疫情：当断未断，必受其乱

然而，这一时刻相当短暂。相较4月的峰值，夏季的统计数据被不少人视为理应乐观的资本，例如：4月的确诊数和病亡数分别超88000例和6000例，而7月仅分别为14000例和130多例。但藏身在这一乐观背后的是松懈与疏忽。早在6月下旬，病毒学家克里斯蒂安·德罗斯滕（Christian Drosten）即表示，他对疫情的发展并不乐观，如果不继续开启全部的"感应报警装置"，两个月后，德国将会有麻烦。① 进入7月后，尤其是8月上旬，新确诊病例以每天超过1000例的数量创3个月来的新高后，各界对下一波疫情的担忧渐趋强烈。然而，对于第二波疫情此刻是否已侵袭德国这一民众关注度最高的热点问题，专家们却观点迥异，罗伯特·科赫研究所则以相关定义尚不明确为由未能发出有针对性的警讯。

8月17日，默克尔总理终于做了如下表态：病例的快速上升虽令人担忧，但局面仍是可控的。8月27日，默克尔在与16州的州长会商后，总算决定对原有的防控规定进行调整：执行期届满的大型聚集式活动禁令延续至年末；对拒绝在公共场所戴口罩者的罚款统一至50欧元；从境外风险地区返回人员可在隔离5天后进行核酸检测，阴性者据此可提前解除隔离。9月29日，联邦与州的抗疫峰会又颁布了若干新规，其中将公共场所允许聚集人数的上限根据疫情分为两档，对餐厅酒吧消费者未能如实填写个人信息者则可罚款50欧元。默克尔在会后强调，必须全力避免再次推出大规模的封禁举措，因为政府的最高目标是保持经济的运行和学校与幼托机构的开放。考虑到令人不安的秋冬疫情，所以继续严格执行防疫规定仍是至关重要的。②

然而，事与愿违。10月的疫情更趋严重，下旬的日新增确诊病患更是

---

① "Virologe Christian Drosten warnt vor zweiter-Corona-Welle：Ich bin nicht optimistisch"，23. 06. 2020，https：//www. fr. de/panorama/coronavirus – christian – drosten – zweite – welle – ausbrueche – berlin – berlin – nordrhein – westfalen – zr – 13719027. html.

② "Corona-Gipfel Bußgelder und Obergrenzen"，29. 09. 2020，https：//www. tagesschau. de/inland/corona – gipfel – 103. html.

"默克尔4.0政府"第三年：新冠肺炎疫情考验下的危机管理

超10000例。10月28日，联邦总理与16州的州长不得不对防疫措施做出调整，自11月2日重启大规模封禁，因针对学校与幼托机构的做法与春季不同，故加"轻度"二字。本轮封禁主要规定如下：公共场所的人员聚集仅限两户10人；餐饮业只允许提供外卖；除超市药房外的零售商店谢客；旅游住宿业务停止；休闲、体育和文化类大型活动禁止举办；学校与幼托机构则继续开放。此外，将对受封禁措施影响的企业提供纾困援助。政府期待通过大幅度减少人员接触，达到遏制病毒蔓延，从而实现将平均每10万人7天累计确诊数降至50例以下。但此轮封禁实施后不久，疫情的发展曲线便呈陡升之势，其中重症监护室收治数和病亡数的增速更是令人揪心。11月25日和12月2日，两级政府的抗疫峰会于是又先后做出了严格部分相关规定及将此轮封禁期延长至2021年1月10日的决定。

2020年12月9日，联邦议院就2021年预算进行总辩论时，默克尔总理围绕政府工作的主轴抗疫做了发言。她指出，目前疫情尚未出现拐点，这说明现行防控举措的力度仍显不足。如果人们在节前依旧持续与其他人员过多接触的话，那么与祖父母共度圣诞节的机会可能只有最后一次了。为此，她呼吁民众认真听取德国国家科学院的最新警示，进一步减少人员接触频次，而每个人负责任的举止恰是战胜疫情的最关键所在。[①] 与3月18日一样，默克尔打的还是感情牌，但她两眼含泪热切求人们遵章守纪的镜头显露出其心情远比疫情早期来得复杂。12月16日，德国被迫将封禁措施升级至"重度"，除对"轻度"的相关规定予以加码（例如将口罩升至医用级）外，还规定：禁止举办圣诞新年的节庆活动；学校与幼托机构原则上关门；企业和其他单位于2020年12月16日至2021年1月10日尽可能安排放假或居家办公；等等。

遗憾的是，继续恶化的疫情表明，默克尔总理此次的危机沟通管理及随后跟进的政府"重度"封禁举措的效果与期盼值相差甚远。2021年1月5

[①] "Wichtigster Schlüssel ist das verantwortliche Verhalten jedes Einzelnen", 09.12.2020, https://www.bundeskanzlerin.de/bkin-de/aktuelles/generaldebatte-bundestag-1826296.

日两级政府又决定将封禁延长至月底。但此时病毒的蔓延速度更快,2020年12月下半月和2021年1月前三周,每天的新确诊病例和病亡例均创疫情暴发以来之峰值。其中前者有数天超出31000例/天,而后者最高则达1200多例/天。仅用50天时间,新冠病毒感染人数便增加100万。尽管这一险情从1月底起有所缓解,但几乎在同一时间德国多地检出病毒变异株B.1.1.7,而大多数人更关注的却是何时有望放松封禁。鉴于病毒变异株的传染性更强、致死率更高,两级政府决定继续实施封禁措施至2021年3月7日。而2021年1月下旬至2月上旬的多个民调结果均表明,此时所谓的"新冠疲劳症"已在普通百姓中蔓延,民众对政府危机管理的满意度快速下降,围绕防控措施是非曲直的评价也有明显变化。例如:2021年1月下旬的调查数据显示,认为政界领导人面对抗疫这一重任已力不从心者为54%,2020年夏季持同样观点的受访者仅占40%。① 2月4日"ARD-德国趋势"的调查数据显示,民众对于联邦与州两级政府危机管理的满意度已降至42%,② 而仅两周前该满意度尚为46%。③

在上述困难而复杂的局面下,默克尔总理并未迎合民意而是坚持做出延长重度封禁的决策,其勇气固然可嘉,但各方能否携手配合显然更为重要。在2月11日的政府声明中,她以存在变异病毒的现实风险为其延长封禁的决策辩护,并特别指出必须汲取不久前因反应过慢且决心不足导致疫情急剧失控的教训。在承担上述责任的同时,她再次强调唯举全国之力方能战胜疫情走出灾难。应该说,默克尔态度之真诚和心情之迫切是不容置疑的,但能否赢得所期待的民众理解与支持,更取决于民众对政府决策及其实施效果的评价。

3. 困难与希望并存

进入秋冬季节以来,联邦政府先后推出风险人群口罩免费发放和优惠购

---

① "Unterstützung für Corona-Politik kippt", 04.02.2021, https://www.tagesspiegel.de/politik/die-aengste-der-deutschen-unterstuetzung-fuer-corona-politik-kippt/26882738.html.

② "Mehrheit gegen die Erleichterungen für Geimpfte", 04.02.2021, https://www.tagesschau.de/inland/deutschlandtrend/deutschlandtrend-2503.html.

③ "Zunehmend belastend, zunehmend unzufrieden", 21.01.2021, https://www.tagesschau.de/inland/deutschlandtrend/deutschlandtrend-2489.html.

置行动、大规模检测战略和疫苗接种战役三大举措。然而，或因决策失误，或因组织失序，三大举措的实施均饱受诟病，疫情自然也未能如各方所愿得以明显好转，故民众的不满随之而生，对政府信任度的持续下跌已成定势。2021年又恰逢超级选举年，除联邦议院的大选，还将举行6个联邦州州议会的选举。在此背景下，对于选民希望"松绑"的愿望政界更是不敢视而不见，况且石勒苏益格-荷尔斯泰因州、梅克伦堡-前波莫瑞州和下萨克森州三州2021年1月下旬即有走出封禁的具体设想。2月10日召开的抗疫峰会故而顺势而为以让各界有所期盼，并明确放开封禁的条件为"35例新确诊病例/7天/10万人口"以下。

受2021年2月疫情向好走势的鼓舞，各界对"松绑"的议论更趋热烈。2月下旬，默克尔总理的强硬立场终于显现松动，公开表示在快速测试全面铺开的前提下可考虑在3月内实施开放战略。联邦经济与能源部部长彼得·阿尔特迈尔（Peter Altmaier）则竭力为经济界呼吁，认为即使所在地的平均每10万人7天累计新增确诊数超出50例时也应允许为数不少的行业开门营业。3月3日，默克尔总理与16位州长召开新一轮抗疫峰会，通过长时间的激烈交锋，在决定将封禁继续延长至3月28日的同时，也推出了分步骤开放的举措。而开放条件的设置成为本轮峰会反复博弈的焦点。总理府提出的规定是：凡平均每10万人7天累计新增确诊数少于35例时，可在防疫要求从宽的情况下开放，新确诊病例35~100例时，则须收紧防疫要求。州长们认为35例的前置条件严重脱离现实，且令各地徒生努力无望感，故应将该数值改为50。重压之下的默克尔虽被迫做出妥协，但又要求增设新确诊病例超出100例时的所谓"紧急制动机制"，以便及时应对疫情的反复。

同时必须指出的是，德国在迄今为止的抗疫防疫中始终将平均每10万人7天累计新增确诊数列为封禁措施推出与否的"金指标"，社会各界则将其视为能否恢复正常生活的"希望值"。但该数值从50被改为35，后又改回50，如今的"紧急制动机制"却又与100挂钩。政府方面对此固然有其相应的考虑，但在民众心目中留下的则多为"朝令夕改"的印象，也让他

们产生"无法配合"的抱怨。因为危机沟通管理不及时、不到位，所以广大社会成员对执政者决策不理解、不信任乃至不配合，从而难以形成必要的合力，这种现象亟须联邦和联邦州两级政府予以重视并加以改进。

对本轮决策的质疑主要集中在以下两个方面。其一，开放举措的落地与否取决于所谓接种战役和检测战略能否顺利推进。疫苗峰会后政府虽在药材采购、接种组织和民众沟通等方面有所改进，如迅速与相关企业签订购置合同，以保证本国的疫苗供货不因欧盟的计划不周而受影响。但总体效果仍未尽如人意，若采用接种率这一指标衡量，目前德国在欧盟国家尚属居中。而针对抗原快速检测，本轮峰会虽已做出每人每周一次的安排，并明确相关费用由联邦承担，但民众的检测意愿仍待提高。另外，抗原自我检测虽更易被人接受，但解决检测试剂货源紧缺问题尚需时日。其二，鉴于舆论的期待和执政者的需求，峰会后各州包括各县市之间的"开放竞赛"呼之欲出，而其中相关层级政府危机管理水平之高下及其属地居民遵章守纪意识之强弱成为能否实现民众健康与经济运行双赢的关键因素。况且期盼已久的开放计划启动伊始，第三波疫情几乎同时向德国袭来，致使防控形势更趋复杂。各地政府虽有新近颁布的"紧急制动机制"可供应对，但如何落实默克尔的上述制度设计，各方尚未形成统一的认知，也未制定相应的操作规范。由此可见，对于各级执政者而言，如何真正在健康与经济二者间取得平衡，从而达到走出封禁状态回归正常生活的目标，无疑又是一次重大考验。

二 默克尔：从政生涯中的最后一次危机

一年多来，"默克尔4.0政府"的工作主轴始终围绕着新冠肺炎疫情的防控，而身为联邦总理，其本人在全过程中发挥着不可或缺的核心作用。从研判疫情、分析利弊、谈判交锋到拍板决策，直至危机沟通，无不亲力亲为，表现出强烈的责任心，也取得了不可否认的政绩。尤其在抗疫的第一阶段，德国的表现可圈可点之处颇多。就该阶段的危机管理表现而言，默克尔挂帅的联邦政府无论在总体上还是在各细分领域均交出了不俗的成绩单。联

"默克尔4.0政府"第三年：新冠肺炎疫情考验下的危机管理

邦内政部部长霍斯特·泽霍费尔（Horst Seehofer）曾是联盟党及联邦政府中默克尔难民政策的最强烈抨击者，这次却称，"大家足以为之高兴的是，在如此危局中有这样一位联邦总理领导着我们的国家"，并透露经常有人提议默克尔改变主意准备第5个总理任期。① 历来长于收获民众满意度的默克尔总理，此时借助危机期间的"执政者红利"，确实使其个人威望又上了一大台阶。而国外对默克尔该阶段危机管理的评价之高更属罕见，有人称其自执掌德国最高权力以来虽遭遇多重危机，但总能战而胜之，可见危机管理经验卓群的"危机总理"方为德国取得优异成绩的真正的"神奇武器"。②

然而，这次疫情的传播速度和严重程度都为百年来所仅见，故其应对之难也远超人们想象。默克尔尽管在2020年上半年领导德国较为顺利地赢得了第一阶段的胜利，但在其后漫长的秋冬两季中，却未能重现之前的成功。相反，人们看到的更多的却是一个在危机管理上有失原有水准的政府首脑。例如：9月与10月间，第二波新冠肺炎疫情已冲击德国，且因季节等不利因素，其发展趋势不难预判。默克尔总理却迟迟未能下决心推出有针对性的强力举措。9月末，她给出的理由是必须全力避免再次实施大规模封禁，因为政府的最高目标是保持经济的运行和学校与幼托机构的开放。此后日益严重的疫情迫使其在一个月后又不得不施行所谓的"轻度"封禁。然而这套被讥讽为"半心半意"的措施根本未能奏效，"抢救圣诞节"的承诺自然也告兑现无望，致使两级政府最终于12月中旬宣布加大封禁力度。在上述时间段内，默克尔犹豫过久，未能及时推出断然举措，因"本年度这一最大的政治误判"，德国错失了可望在某种程度上遏制病毒蔓延的关键时机。③对此，媒体和政界有诸如"犹豫的秋季"、"拱手相让的十一月"、"危机管

---

① "Seehofer: Merkel führt stark durch die Krise", 03.05.2020, https://www.zdf.de/nachrichten/politik/coronavirus-seehofer-merkel-lockdown-bundesliga-100.html.

② "Ausland sucht die deutsche Corona-Wunderwaffe: Es findet Merkel und ein Klischee", 21.10.2020, https://www.focus.de/politik/deutschland/deutschland-wird-bewundert-das-ausland-sucht-die-deutsche-covid-wunderwaffe-und-findet-angela-merkel_id_12562596.html.

③ "Der Shutdown-Flop", *Der Spiegel*, Nr. 51, 12.12.2020, p.16.

理失灵"和"疫苗接种启动失序"等很多指责。

进入2021年后,民众对政府危机管理的信任度抵近发生逆转的临界点。默克尔显然也意识到她必须增加亲自出场的频次,除召集疫苗峰会外,她还应以危机沟通管理为抓手,"以正视听",对政府以及其个人的形象予以及时补救,以重新赢得百姓的理解与信任。2021年2月2日,默克尔在公开接受电视采访时,对各界诟病最多的疫苗采购与接种工作反驳道,该战役迄今为止"在总体上未有任何偏差"。① 此种危机沟通根本无法平息各界的不满,效果可想而知。数天后,绿党籍的巴登－符腾堡州州长温弗里德·克雷奇曼(Winfried Kretschmann)提议在疫情过后组建联邦议院专门调查委员会,要毫不留情地对涵盖接种、封禁和数据保护等诸多领域的失误进行调查分析,同属联邦议院反对派的自民党和左翼党也表态予以支持。② 与此同时,对政府危机管理抱有信心者已成少数。处于空前压力之下的默克尔终于在2月11日的政府声明中公开承认了上一年的重大失误,即"虽有第二波疫情的迹象显现与学界的数次警示,却未能及早和坚决地推出再次停止公共生活运行的举措",从而酿成后续的困难局面。③

必须看到的是,鉴于新冠肺炎疫情的不确定性(尤其是新冠病毒变异株的难以预判),检测和接种计划的进展不顺及医疗救护系统的负荷已接近其能承受的临界点,再加上联邦与联邦州之间协调行动的日渐困难,本国民众对于联邦政府危机管理满意度的持续下跌导致其配合意愿转弱等诸多困难因素,2021年的抗疫斗争必然仍是一场硬仗。而9月26日的联邦议院大选这一重大不确定因素更是平添了打赢此仗的难度。默克尔能否如其所愿,战

---

① "Im Großen und Ganzen nichts schief gelaufen", 02.02.2021, https://www.tagesspiegel.de/politik/merkel-verteidigt-impfstart-im-grossen-und-ganzen-nichts-schief-gelaufen/26877326-html.

② "Kretschmann fordert schonungslose Fehleranalyse", 06.02.2021, https://www.tagesspiegel.de/politik/impfprobleme-datenschutz-lockdown-strategie-kretschmann-fordert-schonungslose-corona-fehleranalyse/26890268.html.

③ "Regierungserklärung von Kanzlerin Merkel", 11.02.2021, https://www.bundeskanzlerin.de/bklin-de/aktuelles/regierungserklaerung-von-bundeskanzlerin-merkel-1853346.

胜自己从政生涯中的最后一次危机，外界并不看好。然而可以预见的是，不轻言放弃的默克尔定将竭尽全力继续发挥其核心作用，以期在"4.0内阁"最后半年的运行期内力争这场抗疫斗争的阶段性成果。毕竟，疫情防控如何是衡量危机管理效果的"金标准"。她深信，若非如此，德国人民对其治国理政留下的最新记忆将是糟糕的，即使自己的辉煌政绩不可能被最后一次危机中差强人意的表现完全掩盖，但其16年政府首脑任内的功过得失乃至三十余年政治遗产的历史评价势必失分不少，甚至连近期的优雅转身告别政坛也恐成奢望。

三 施潘：成败皆因新冠

至2020年年初，未满40周岁的延斯·施潘（Jens Spahn）执掌联邦卫生部虽仅区区两年，但得益于此前已有联邦议院卫生委员会及联盟党议会党团卫生政策发言人两个相关岗位的长达10年的历练，故对卫生系统现状了解颇深，这一切使其推出的护理改革和医疗系统数字化等举措赢得了相当程度的社会反响。但相较内阁核心成员，卫生部部长的重要性和影响力毕竟有限。

然而，这场不期而遇的新冠肺炎疫情却使施潘一夜间成为本届内阁的"焦点成员"。一周数次的公开亮相非但没能难倒这位专业知识储备充足的最年轻部长，甚至还使其成为自己树立良好形象的绝佳机会。例如：施潘对疫情及其防控措施的答疑解惑便在很大程度上满足了民众对权威信息的迫切需求，"年轻"、"聪慧"、"稳健"和"专业"很快成为多数百姓对他的评价。在党争不断的政界，施潘同样收获满满，那些直至不久前仍在指责卫生部部长的反对党人如今也不吝言辞，对其褒扬有加。这一变化显然是由多重因素促成的，除了抗击疫情保护民众健康属于跨党派共识外，危机时期的"执政者红利"的作用也不容忽视。如前所述，一旦联邦议院依据新修订的《传染病防治法》宣布全国处于疫情状态后，政府便被授予抗疫的特别权限，这也意味着执政者在推出围绕防控的相关决策时可获得更

大的施展空间。

2020年上半年施潘虽在保证医护人员口罩等防护物资配备等问题上存在明显失误，但因其时德国的疫情防控工作明显好于其他欧美发达国家，人们未做深究。进入秋冬季后，其可指摘之处更多，但似乎也未改变人们对他的正面印象。据"ARD-德国趋势"的民调，施潘从2020年3月初次登上执政满意度仅次于默克尔的第二位后，其排序直至年末始终稳居第二或第三的高位，即使政绩与口碑俱佳的副总理兼财长的奥拉夫·朔尔茨（Olaf Scholz）在大多数月份中也只能排于其后。① 在坎塔尔（Kantar）12月下旬的民调中，此人的拥戴度竟超越默克尔。有人甚至认为该阶段卫生部部长的表现业已显示出联邦总理的水准。② 在此类"劝进"和其固有的权力欲的双重作用下，施潘确曾权衡过在基民盟拉舍特（Armin Laschet）与基社盟索德尔（Markus Söder）争执不下之际，参与联盟党总理候选人竞争的利弊得失。

然而，形势比人强。自岁末年初疫情疯狂肆虐德国，人们疲于抗疫时，身为卫生部部长的施潘也变为各界问责联邦政府防控失职的头号对象。这场问责来势凶猛，且持续至今。其矛头主要指向如下几方面。

其一，疫苗接种进展不顺的责任。德国早在2020年6月已开始筹划采购事宜，但受制于国内外的多方因素，直至12月下旬方才正式启动接种，而在数天后即有3个州报告疫苗数量不足。2021年1月3日，社民党据此提出24个问题48个小点交予施潘，另由副总理兼财长朔尔茨在"抗疫内阁"会议上对其当面问责，联邦议院社民党议员甚至要求组建专门调查委员会。反对党此前刚提出德国疫苗接种开局不利谁之责的问题，执政伙伴社民党此举显然对辩论起到了火上浇油的作用。尽管事实表明，采购程序冗长复杂及订货量严重不足主要是欧盟的责任，而接种组织则由各联邦州分工负

---

① "Der Corona-Krisenmanager", 12.03.2020, https：//www.tagesschau.de/inland/spahn-krisenmanagement-corona-101.html.
② "Jetzt ist Jens Spahn beliebter als die Kanzlerin", 27.12.2020, https：//www.rp-online.de/politik/deutschland/jens-spahn-laut-umfrage-beliebter-als-kanzlerin-angela-merkel_aid-55386893.

责，但按主流舆论的导向，承担主要责任者非联邦卫生部部长莫属。

其二，风险人群口罩分发行动中的责任。2020年12月，联邦卫生部宣布自当月15日起凡60岁以上的年长者及患有基础疾病者可先免费领取后再以优惠价购买FFP2级口罩共15个。各界在欢迎这一惠及约2700万风险人群计划的同时，纷纷质疑该举措为何不能提前数周推出。因第二波疫情的蔓延已有多日，再者口罩此时也非紧俏商品。同样，采用排长队在药房领取这种增加老人感染概率的形式也难免招致社会的吐槽。而不久后陆续披露的"天价"运作成本则更使针对施潘的抨击急剧升级。2021年3月，联邦卫生部在答复自民党议会党团质询时称，这一免费优惠举措总耗资预计为25亿欧元。① 而通过政府组织发放的口罩最终折合的单价在5欧元以上，高出连锁超市2021年2~3月零售价的数倍，这俨然成为整个"口罩事件"留给普通民众最深的印象。这一"天价"形成的主因在于卫生部的官僚主义方案设计缺陷，这导致程序复杂和环节众多。鉴于印刷、邮递、医保和药品零售等部门均属联邦卫生部牵头的口罩行动参与者，造成了"受益方"过多及"收益"过高的现象。若选择其他方案，可望显著降低财政资金的支出。施潘身为口罩分发行动的最高领导人，对其相关的决策与实施环节进行追责显然理所应当。

其三，大规模检测战略承诺落空的责任。2021年2月16日，施潘宣布自3月1日起将提供每人每周一次的免费抗原快速检测服务。在疫苗接种颇为不顺之际，若能尽快展开全民检测仍不失为先设法走出封禁，再过渡至全民接种的现实选择，因此各界对这一安排均持欢迎态度并抱较高期待。然而，由于联邦与联邦州之间缺乏沟通，双方对如何落实检测服务认识不一，以致包括检测试剂由谁买单等重要问题均未明确。直至2月末，地方层级的组织准备工作进展迟缓。3月3日，联邦总理与16州州长峰会将检测行动提升至国家战略，其启动则推迟至3月8日。同时，明确试剂采购由联邦州

---

① "Kostenlose Masken kosten 2,5 Milliarden Euro", 04.03.2021, https://www.n-tv.de/politil/Kostenlose-Masken-kosten-2-5-Milliarden-Euro-article22401469.html.

各自操办，相关费用则由联邦承担，并规定联邦卫生部与联邦交通部共同负责检测试剂的物流保障事宜。

因无法兑现就重要时间节点所做的承诺，抗疫斗争在全民检测这一关键环节未能如期推进，身为卫生部部长的施潘再度成为抨击目标。不仅反对党，执政联盟内部对其的不满也急剧上升。社民党方面嘲讽其为只做空洞承诺，未有具体行动的"预告部长"。连基民盟的姊妹党基社盟的总书记马库斯·布鲁默（Markus Blume）也就检测决策太晚、组织实施太慢及检测试剂太少向联邦卫生部部长公开发难。尽管默克尔总理力挺这位当前仍属不可或缺的阁员，施潘也以"从未有过联邦负责试剂采购的约定"进行紧急危机公关，但都已于事无补。① 其本人必须对大规模检测无法按时启动这一新冠危机管理中的重大失误承担主要责任，似成各界共识。

如同一年前有关施潘的舆情在短时间内的陡然上升，现在它的下跌也相当疾迅。据2021年3月YouGov民调的结果，对施潘危机管理表示满意的受访者已降至24%，而不满意者则高达69%。② 更有甚者，不仅媒体和反对党，甚至包括社民党内都出现要求卫生部部长下台的呼声。③ 从赢得各界赞誉的仅次于联邦总理的第二位的危机管理者，到饱受多方责难的全国范围内疫情防控不力的主要责任人，其成败皆因新冠危机，且时隔不足一年，令人唏嘘。

四　海尔：围绕居家办公的努力

在新冠肺炎疫情防控中，联邦劳动与社会事务部部长胡伯图斯·海尔（Hubertus Heil）曾将居家办公立法列为其施政目标。居家办公（亦称移动

---

① "Kostenlose Masken kosten 2,5 Milliarden Euro", 04.03.2021, https：//www.n-tv.de/politil/Kostenlose-Masken-kosten-2-5-Milliarden-Euro-article22401469.html.

② "Fast zwei Drittel unzufrieden mit Corona-Krisenmanagement", 22.03.2021, https：//www.zeit.de/news/2021-03/22/fast-zwei-drittel-unzufrieden-mit-corona-krisenmanagement.

③ "Es reicht!", *Der Spiegel*, Nr.10, 06.03.2021, p.6.

办公或远程办公）虽已提出多年，但始终仅在个别行业或特定就业群体中推行。据联邦统计局的相关数据，2019年实施居家形式办公者在所有就业者中的占比为12.9%，其中每天或至少一半时间可居家办公者仅有5.5%，而真正具有雇员身份者仅占其中的9.6%。①

居家办公大规模广覆盖的推行始于新冠病毒肆虐之后。

2020年春季，当联邦及各州政府面对突如其来的新冠肺炎疫情而颁布相关应对措施时，特别强调减少人员聚集以防止病毒在人与人之间传播蔓延的必要性和可能性。据此，不少企事业单位，包括部分政府机构根据各自的具体情况开始引进居家办公这一形式。德国曼海姆大学的研究报告《新冠肺炎疫情报告》表明，3月下旬，居家办公者的占比已超26%，其后的一个多月中，该比例仍在20%以上。②德国数个其他机构发表的调查结果也显示，4月全国范围内居家办公者的占比接近1/4。

尽管这一工作形式的覆盖面尚待大力拓展，但其本身已受到社会舆论的广泛关注。从各界的反映来看，人们就居家办公可避免在工作单位及往返途中的人员聚集，从而有助于降低感染风险业已形成相当高的共识。至于居家办公者可否在工作的同时兼顾家庭，则是仁者见仁，智者见智。尤其是那些必须照看无法送入幼托机构或居家上课的子女的父母，真正能如愿兼顾两头者并不多，然而该群体总体上对这一措施持欢迎态度。学界对居家办公的评价也以正面为主，不少调研报告均强调应在各行各业发掘潜力，加大推广力度。相较之下，联邦劳动与社会事务部部长、社民党人海尔则走得更远，他早在4月下旬便已对外披露，自己正考虑以立法的形式固化居家办公这一举措。今后凡是愿意采用该方式且工作岗位适合者，均应享有居家办公权，即使疫情过后，同样如此。

---

① "Erwerbstätige, die von zu Hause aus arbeiten", Statistisches Bundesamt 2021, https://www.destatis.de/DE/Themen/Arbeit/Arbeitsmarkt/Qualitaet - Arbeit/Dimension - 3/home - office.html.

② "Die Mannheimer Corona-Studie: Schwerpunktbericht zur Nutzung und Akzeptanz von Homeoffice in Deutschland während des Corona-Lockdowns", 09.07.2020, https://www.uni - mannheim.de/media/Einrichtungen/gip/Corona_ Studie/MannheimerCoronaStudie_ Homeoffice_ 2020 - 07 - 09.pdf.

10月上旬，海尔拿出的《移动工作法》草案赋予雇员每年至少24天的居家办公权，雇主若欲拒绝，则必须提出本单位或某雇员岗位性质不适合居家办公的理由。代表员工利益的企业职工委员会拥有单位是否实施及如何实施居家办公的参与决策权。海尔同时指出，2018年3月本届联邦政府开张前夕签订的《联合执政协议》中已有促进和便利"移动工作"的表述，因此如今已到"为正在变化中的工作环境构建一个现代的秩序框架"的时刻了。①

上述法律草案一经提出即招致多方面的批评。作为联合执政伙伴的基民盟/基社盟声称，联盟党虽不拒绝采用这一办公形式，但反对通过法律确立所谓的居家办公权。至于各单位是否引进及如何实施应由那里的劳资双方商定，而不必在社会层面上兴师动众进行立法。该党中小企业委员会则提醒道，不该忘记为数众多的中小企业的当务之急是解决生存问题。自民党除指出海尔的立法计划存在若干核心问题悬而未决外，还视其为社民党选战攻势的一部分。德国工会联合会则批评该草案所规定的居家办公天数仅相当于每两周一天，提出这个天数理应增加。

经济界的反弹更为激烈。德国雇主协会联邦联合会认为，法定24天居家办公权的提出，明显与现实脱节，纯属凭空臆想。德国中小企业联合会则强调，尽管居家办公已在疫情中得以验证，但后疫情阶段的经济复苏不应再被上升的用工成本和加码的官僚主义所羁绊，因而必须对这一法律诉求说不。

更令海尔不快的是，从联邦总理府竟传出该法律草案"不宜"送至各部进一步讨论的说法。对此，他直截了当地公开回复道："本届联合政府也曾就其他议题进行过有争议的讨论，且最终总能找到解决方案，为此我寄希望于就此启动建设性的对话"。联盟党方面显然不愿看到不久前海尔成功上调养老金的一幕再次上演，其联邦议院议会党团主席拉尔夫·布林克豪斯（Ralph Brinkhaus）直截了当地表示，不需要法定的居家办公权，不需要加码的官僚主义。基民盟籍的总理府部长黑尔格·布劳恩（Helge Braun）则指出海尔所

---

① "Warum Heils Homeoffice-Plan auf Kritik stößt"，05.10.2020，https：//www.tagesschau.de/inland/homeoffice-faq-101.html.

要求的法定权利与《联合执政协议》并不相符，并强调此举将导致新的争议。与居家办公关联度最高的该党籍联邦经济与能源部部长阿尔特迈尔也两次对上述草案表明自己的拒绝态度。11月中旬，阿尔特迈尔称，能从居家办公措施中受益的仅为少数员工，因此"本人毫不同情这一法律诉求"，"况且疫情只是一种例外"。12月初，他又告诫记者说，因不存在立法的需求，所以"不必继续关注相关的讨论"。更重要的是，联邦总理默克尔也先后于10月上旬和11月下旬，两次批评试图将居家办公上升至法定权利的做法。从议会党团主席、总理府部长到经济部部长，直至政府首脑，联盟党方面最高层级的表态显示其无意如社民党所愿，对后者提出的立法计划进行共同磋商。

但就在不久以后，形势再度恶化。联邦与各州虽已被迫于11月2日起实施第二轮封禁措施，以应对第二波疫情的蔓延。但数周后其效果并未显现，新确诊病例反而升至日均1万例以上，远超第一波疫情高峰期的3～4月。12月16日，不得不又将已实施6周的轻度封禁改为重度封禁。在局势依然未见起色的同时，传染性更强的首发于英国和首发于南非的变异病毒开始入侵德国。减少接触，降低感染，成为相当广泛的社会共识。2021年1月15日，联邦总统弗兰克-瓦尔特·施泰因迈尔与德国雇主协会联邦联合会主席和德国工会联合会主席共同呼吁，雇主与雇员应充分挖潜，尽快创造更多的居家办公的条件，以限制接触和减少出行的具体行动为防控疫情做贡献。①

抓住这一机会，海尔在2021年1月19日联邦与16州商讨如何进一步强化包括限制接触在内的相关封禁措施时，提出了出台疫情期间居家办公规定的必要性。在争得联邦总理和经济部部长的赞同后，其连夜形成文字，并于次日上午终获内阁会议通过。

该规定的法律基础为《劳动保护法》，故名《SARS-COV-2-劳动保护条例》。除了对单位人均办公面积、工作环境的通风条件和员工佩戴口罩等提出具体要求外，该条例的核心内容便是居家办公，特别强调的是雇主有

---

① "Appell zur stärkeren Nutzung des Homeoffice", 15.01.2021, https://www.bundespraesident.de/SharedDocs/Berichte/DE/Frank-Walter-Steinmeier/2021/01/210115-Statement-Appell-Homeoffice.html.

义务尽可能地为岗位适合的员工创造居家办公的条件，而雇员可自行决定居家与否。雇主凡不能或不愿满足雇员居家办公要求的，均须提出具体理由。双方无法达成一致时，可由企业职工委员会介入。而当分歧在单位内部无法解决时，则可诉请至劳动保护监管部门。必要时，劳动保护监管部门有权对雇主开具最高金额达3万欧元的罚单。按最初规定，该条例的实施期为1月27日至3月15日，后又延长至4月30日。

就法律与条例在层级和效力上的区别而言，应该承认最终的结果与海尔原先的立法计划确实相差较远。然而，不仅海尔所在的社民党，而且包括持反对立场的联盟党在内，都将上述有效期仅限于疫情期间的条例的通过视为海尔的胜利。毫不夸张地说，这位联邦劳动与社会事务部部长一年来已是连战连捷。从提高过低养老金，到解决屠宰行业外借人员的工资待遇，从为哈茨Ⅳ（Hartz-Ⅳ）社会救济金领取者发放购买FFP2口罩的补贴款，到此次推出居家办公条例，无一不具有相当的社会影响。同时，海尔敢说敢做，不达目的决不罢休的行事风格也表露无遗。加之此人还擅于择机而动，每每抓住恰当的时机突然抛出自己的建议，致使基民盟/基社盟执政伙伴难以招架，由此也被对手称为"烦心的家伙"。① 总之，海尔无愧为"默克尔4.0内阁"中进取心强且政绩可观的一员。

五 联邦制与抗疫

联邦制属于构成现当代德国的基本制度之一，相较其他基本制度，其拥有更悠久的历史渊源和更深厚的文化传统。回望联邦德国迄今为止的发展进程，围绕着该制度的权益之争虽持续至今，但社会各界对其总体评价尚可。鉴于本次因疫情肆虐而引发的全面危机为二战后所仅见，联邦制须履行的使命及经受的考验必然是前所未有的。

---

① "Keine Angst vor Krach"，27.01.2021，https：//www.tagesschau.de/inland/innenpolitik/hubertus-heil-portraet-101.html.

"默克尔4.0政府"第三年：新冠肺炎疫情考验下的危机管理

面对德国在抗击第一波新冠肺炎疫情中拿出的颇为亮丽的成绩单，人们在关注和赞誉之余，更有意找出其成功的"密码"。传媒界、学界和政界在肯定政府决策果断及时、民众自觉遵守封禁制度和医疗卫生体系完善这三大因素的同时，强调德国式联邦制在其中发挥结构性关键作用者不在少数。有媒体甚至直接将其比作战胜瘟疫的"魔咒"。①

相关评论的要点如下：由于地方层级拥有必要的权限和相应的设施，因而便于更迅速地就地发现和判断病毒的传播状况，从而可针对本地疫情及时做出决策并予以精准处置。因新冠病毒具有传播快、分布广及不同区域间疫情差异大等特点，故能否在较短的时间内成功阻遏病毒的扩散，进而显著减少新确诊病例，显然取决于地方政府的决策水平及医疗卫生系统的运作效率。另因其决策实施范围仅限于所辖行政区域，所以即使决策出现偏差，相关影响也只是某一局部。此外，根据既分工又合作的原则，地方层级在其力所不及时仍可求得联邦州或联邦层级的帮助或与其开展合作。

凡事皆有两面性，即使在第一阶段联邦制所收获的也并非只有赞美之辞。例如：对于相邻联邦州的不同防疫规定导致的跨州往来的种种不便，民众便颇有微词。至于足球比赛应如何避免人员聚集问题更成为社会热点，针对2020年3月曾出现北莱茵-威斯特法伦州的俱乐部宣布停赛，而萨克森州的俱乐部照常比赛的情况，前联邦总理格哈德·施罗德（Gerhard Schröder）的解读是"联邦制已走到了它的极限"，并强调必须对此加以改变。②

足球俱乐部因属地不同而行动各异的现象虽能较快得以纠正，但随着防疫抗疫斗争的不断深入，民众很快断定与联邦制存在某种相关度的各种不足乃至弊端不在少数，由此对本国这一基本制度的不解甚或质疑者日渐增多。

---

① "Kampf gegen Corona: Das Zauberwort heißt Föderalismus", 07.05.2020, https://www.br.de/nachrichten/deutschland-welt/kampf-gegen-corona-das-zauberwort-heisst-foederalismus, RyDi2fV.

② "Behindert Föderalismus den Kampf gegen das Coronavirus", 11.03.2020, https://www.tagesspiegel.de/politik/unterschiedliches-vorgehen-in-der-krise-behindert-foederalismus-den-kampf-gegen-das-coronavirus/25634216.html.

人们看到的是，某些联邦州层级的政治人物虽不忘将统一抗疫政策的重要性挂在嘴边，但行动上却热衷于走自己的道路。例如：作为危机阶段最重要决策机制的联邦总理与各州长的会商一年中已举行了十多轮，会上各州长为如何统一行动激烈争辩，会后各州却仍是"参照执行"，且已成常态。巴登-符腾堡州州长克雷奇曼便以"抗疫政策仅为联邦州事务"替自己另搞一套的做法进行辩护；图林根州州长博多·拉梅洛（Bodo Ramelow）则在联邦与各州尚未磋商时，即宣布于6月5日结束全国统一行动后解除本州的封禁措施，面对其他联邦州"如此轻率的决策可能影响全国大局"的强烈不满，拉梅洛摆出的理由是图林根州确诊病例远低于预期的实际状况；而担任巴伐利亚州州长一职的索德尔则一反凸显本州独特性的常态，主张赋予联邦层级更多的权限，相较呼吁统一抗疫政策者此人显然走得更远。他解释道，尽管他属于坚定的联邦主义者，但若能强化联邦的领导对战胜这场危机无疑是"非常有益的"，因为目前的模式，即联邦总理与各州州长先通过磋商取得共识，后由各方分头执行的做法，效果有限。[①] 孰是孰非，至少在疫情初期似乎尚难判断。

当第一波疫情在人们的期盼中明显缓和之际，被封城禁足约束多时的德国人终于得以安排各自的度假计划。鉴于其时诸多境外传统度假地仍属风险地区，本国的北部沿海和南部山区遂成首选。然而各州不同的住宿禁止（限制）令使人望而却步。即使对来自常驻地列入"疫情热点"（平均每10万人7天累计新增确诊数750人）地区的居民的措施，各州的规定也差异明显：石勒苏盖格-荷尔斯泰因州规定"热点"地区的入境者必须先隔离14天，最严格时不仅谢绝非本州的住宿客，甚至对其前来石勒苏盖格-荷尔斯泰因州一日游者也下了禁令。同属波罗的海沿岸的梅克伦堡-前波莫瑞州在实施禁宿令的同时，还对非本州车辆进行检查，乃至劝返。如此动作皆因两地政府担心其新冠肺炎确诊者低于全联邦平均水平的局面可能被外来者破坏。南部的

---

① "Bund-Länder-Absprachen：Föderalismus in der Corona-Krise"，26.05.2020，https：//www.br.de/nachrichten/deutschland-welt/bund-laender-absprachen-foederalismus-in-der-corona-krise，S06YSc0.

巴伐利亚州既是传统的旅游度假首选地，又是本次疫情的高发区。因而，直至 2020 年 7 月下旬，该州仅对非本州的"热点"地区旅客实施禁宿令。10 月初，柏林新冠肺炎病患激增，结果梅克伦堡－前波莫瑞州迅即将首都全域划为风险地区，而在石勒苏盖格－荷尔斯泰因州的风险名单中却只有柏林的四个行政区。对旅客入住期间其常住地宣布为风险地区后的跟进措施，也因旅客所在地的不同而有限期离境和就地隔离之别。休闲度假、旅游出行在德国人日常生活中占据极其重要的地位，民众产生的抱怨之多不难想象。与此同时，新冠肺炎疫情的再次告急也使风险地区及其居民数量快速增加。为此，联邦总理府与 16 个联邦州于 10 月 7 日进行紧急协调，并达成了对来自风险地区者以 48 小时内的检测结果为通行依据的共识。然而，在这一共识的正文后，竟出现 5 个州分别增加各自的"补充说明"的做法，令普通民众惊诧不已。①

　　至于在联邦制体系下，历来被人诟病最多的教育制度，这次依然是社会各界，尤其是学生家长抨击的重点。由于教育属于法定的联邦州事务，对何时须居家上课、到校上课或分批到校上课，如何制定和落实学校和幼托机构的防疫措施等，拥有相关决策权限者为各州政府，不存在全联邦适用的统一标准。虽然默克尔数次试图介入，予以协调，但或因各州立场差异过大，或因联邦层级与联邦州层级的结构性矛盾，往往未能如愿。2020 年 11 月，联邦总理府在草拟的会商简报中曾有规定学校转入分批上课模式和所有年级学生均须戴口罩的内容，不料当即被州长们删除。2021 年 2 月，默克尔曾试图与 16 个州就何时重新开放中小学校和幼托机构取得一致，但同样招致反对。看来各州即使在新冠危机期间也不忘保护教育领域这一"禁脔"。毫无疑问，联邦州层级在特殊时期的坚守反而加剧了民众对教育联邦制的不满。

---

① "Telefonschaltkonferenz des Chefs des bundeskanzleramts mit den Chefinnen und Chefs der Staats- und Senatskanzleien der Länder am 7. Oktober 2020", 07.10.2020, https://www.bundesregierung.de/breg-de/aktuelles/telefonschaltkonferenz-des-chefs-des-bundeskanzleramts-mit-den-chefinnen-und-chefs-der-staats-und-senatskanzleien-der-laender-am-7-oktober-2020-1796770.

平心而论，在防疫抗疫中，尤其是2020年下半年以来，联邦制的诸如"多元化"、"多样化"和"贴近百姓"等特征似乎少有体现，人们感受更强烈的则是掌权者的"各自为政"、疫情防控的"混乱无序"和普通人的"不知所措"。据民调机构Civey 2021年1月下旬对5001名受访者问卷调查的结果：认为联邦制"主要有损于"或"完全有损于"抗疫的占比高达53.1%，持有"既非有损于，也非有助于"抗疫的观点者则为24.8%，而认为"有助于"抗疫的占比仅为19.2%。① 不可否认，此结果与政界和传媒对该制度的批评乃至抨击密切相关，此时认定联邦制在抗击疫情中走到了极限甚至多方面显现失灵的观点确已明显占据上风。还应指出的是，若非数十年未遇的新冠危机及其引发的各种体制机制上的深层次矛盾，德国民众显然不可能对联邦制做出如此负面的评价，主流舆论也不可能发生如此显著的变化。对于身处前所未有的压力测试中的联邦制，总统施泰因迈尔指出："德国人始终将联邦加上16个联邦州视为自己国家的整体，因此，联邦制这一秩序性的制度设计，既是我们政治信仰中不言自明的既定成分，也受到基本法的永久性保护。然而在如今的危机时期，若出现16个州以16种条令应对瘟疫挑战的现象，人们不免将更严厉地审视德国联邦制。"② 联盟党联邦议院议会党团主席布林克豪斯则认为，针对上述国家结构，"我们需要的是一场世纪改革，甚至可能是一次革命"。③

　　相较之下，学界对与联邦制的看法较为多元，正反两方面的评价时常可见。反方指出，如今防疫抗疫规定的庞杂繁复、艰涩难懂皆因联邦制导致的

---

① "Umfrage: Deutsche sehen den Föderalismus in der Corona-Krise kritisch und wünschen mehr Macht für den Bund"25.01.2021，https://www.businessinsider.de/politik/deutschland/mehr-bund-weniger-laender-so-kritisch-sehen-die-deutschen-den-foederalismus-in-der-corona-krise/.

② "Eröffnungsrede der 1000. Sitzung des Bundesrates"，12.02.2021，https://www.bundespraesident.de/SharedDocs/Reden/DE/Frank-Walter-Steinmeier/Reden/2021/02/210212-Bundesrat.html.

③ "Wir brauchen eine Jahrhundertreform – vielleicht sogar eine Revolution"，21.02.2021，https://www.welt.de/politik/deutschland/plus226750141/Ralph-Brinkhaus-Wir-haben-schon-jetzt-Formen-von-Impfbevorteilung.html.

政出多门，联邦、联邦州甚至市县三个层级均可推出各自的法规和条令。加之行政命令颁布不久，即被法院判定"违法"而遭推翻者颇多，行政命令朝令夕改既平添其复杂性又使执行者更加无所适从。该制度的设计虽有历史传承和因地制宜等诸多考量，但随着疫情的反复，联邦制的缺陷不断显现并被放大。因而，身为这一制度执行者的各级政府，其公信力的下降在所难免。在这场论战中为联邦制辩护的观点认为，疫情的发展业已证明，联邦制国家比非联邦制国家运作得更好。批评者多将无法制定或实施统一的相关政策视为联邦制的先天不足，其实各州采取的相关举措相较联邦与16个州会商后的决议仅存细微偏差。而社会舆论对联邦制的否定，其部分原因在于缺乏必要的沟通，尤其是其决策背后的复杂程序更不为人们所了解。①

六 结语

如前所述，本届政府是在新型传染病突发、蔓延，严重威胁人民健康，从而酿成百年未有之公共卫生重大危机的背景下开启其第三年运行的。默克尔总理挂帅的联邦政府较为迅速地建立起危机应对机制，为将政府转入以疫情防控为主轴的运行状态进而争取抗疫斗争阶段性成果创造了必要的基础条件。与此同时，还必须看到2020年春夏季大联合政府领导抗疫斗争的两大有利因素。其一，超高的民众支持率和信任度。对于联邦政府运行的总体状况，特别是其危机管理能力，民众当时曾给出罕见的高分。例如：民调机构 infratest dimap 于2020年3月末4月初的调查的结果显示，民众对默克尔政府对新冠危机管理的满意度达72%，对联邦政府运行的总体满意度则为63%。后者创该机构于1997年设"ARD－德国趋势"专项调查以来的最高值，而一个月前民众对联邦政府的不满意度曾高达65%。不仅身为抗疫总

---

① "Wichtig ist, dass überhaupt diskutiert wird", 19.01.2021, https://www.zdf.de/nachrichten/politik/corona－bund－laender－massnahmen－foederalismus－behnke－100.html.

决策人的联邦总理创出本届内阁任职以来的个人最高民众满意度，与疫情防控直接相关的财政、卫生、经济和内政各部部长也均创本人民众满意度的新高。① 而德国电视二台政治晴雨表（ZDF-Politbarometer）3月下旬的民调数据表明，对联邦政府的危机管理给予好评的比例甚至高达89%。② 实践表明，减缓病毒蔓延的速度、抑制疫情发展的恶化若无民众的理解与参与，皆成空话，而支持与信任又是其理解与参与的必要前提。

其二，黑红大联盟内部基本形成一致抗疫的局面。政府工作转入危机模式后，"默克尔4.0政府"连续两年的"专于内斗、疏于理政"的现象也随之消失。本届政府第一年的内斗由担任基社盟主席的内政部部长泽霍费尔挑起，其曾两度使联盟党或大联合政府濒临解体边缘，第二年的内斗则由联盟党与社民党两大执政伙伴之间的矛盾及社民党退出大联合政府的威胁所引发。这种状况对联邦政府的正常运行造成了极大掣肘，使其公众形象严重受损，从而也显著拉低了社会各界对政府的信任度和评价值。后来，疫情来袭，政界氛围大变。不仅执政联盟中的内斗已告停息，连反对党的行动能力也近乎"瘫痪"。受制于全民携手共同抗疫的广泛社会共识，反对党显然明了，此时将自己完全置于执政联盟的对立面必然激起民众的反感，于是不仅绿党、自民党和左翼党成了合作型反对派，连德国另类选择党也改变了自己的行事方式。应该说，进入第三年的大联合政府虽突然面临由大规模公共卫生事件酿成的世纪危机的严峻考验，但其本身是足以形成合力且被授予特别权限的，与此同时，它还拥有反对党持合作立场和民众高度信任这两项助力其抗击危机的重要外部条件。

2020年春夏，联邦政府令人信服地取得了抗击第一波疫情的胜利。然而，当第二波疫情于秋冬两季疯狂肆虐时，同一政府的表现却判若两

---

① "ARD – DeutschlandTREND April 2020. Studie zur politischen Stimmung im Auftrag der ARD – Tagesthemen und der Tageszeitung DIE WELT", Infratest dimap, 04. 2020, Https：//www. infratest – dimap. de/fileadmin/user_ upload/DT2004_ Bericht. pdf.

② "ZDF-Politbarometer März-ii-2020", 27. 03. 2020, https：//www. presseportal. zdf. de/pressemitteilung/mitteilung/zdf – politbarometer – maerz – ii – 2020/.

人。从任何一项指标衡量，德国的疫情防控情况均与其不久前所获赞誉相差甚远。民众对"默克尔4.0政府"的评价也随之发生逆转。自2021年2月上旬对联邦政府危机管理的不满意者成为多数后，联邦政府的形象持续下跌。3月末，不满意者的占比竟增至79%，与一年前的情况恰好相反。①

本届政府施政的第四年很可能是相当短暂的，然而其仍将面临多方面的严峻挑战。首先是2021年3月开始的第三波新冠肺炎疫情。尽管疫苗接种与病毒检测业已大面积铺开，为避免重蹈第二波疫情最凶险时段的高感染率和高病亡率的覆辙创造了客观条件，但民众能否克服疲劳和倦怠，继续他们在抗击第一波疫情中表现出的遵章守纪和积极配合，同样需要联邦政府开展有针对性的危机沟通工作。

这次前所未有的疫情改变了并正在改变着德国社会的方方面面。从现在起至整个后疫情时代，对治国理政者的一大考验，便是如何消除危机带给各领域的严重后果。若能从危机中看到机遇，变被动应对为主动改变，可能达到既解决诸如经济复苏等当前急难问题，又祛除或至少触及多年累积之顽症痼疾的较为理想的效果。

岁末年初，社民党又以卫生部部长施潘为突破口对联盟党发起攻击。在本届内阁的最后数月中，不排除该党出于选战的需要，抓住某个议题大做文章，以凸显自己与联盟党的不同，并造成黑红执政大联盟的不安宁。但可预见的是，社民党应该不会像以往那样将冲突升级至发出退盟威胁的地步。其原因在于，退出执政联盟对于该党2021年的参选而言显然属于有害无益之举。

与黑红大联盟能否出现重大冲突相反，由谁主持开启"后默克尔时代"则不仅是2021年9月大选的最大看点，而且也是影响德国未来若干年发展的最大不确定因素。

---

① "ARD – DeutschlandTREND April 2020. Studie zur politischen Stimmung im Auftrag der ARD – Tagesthemen und der Tageszeitung DIE WELT", Infratest dimap, 04. 2020, Https://www. infratest – dimap. de/fileadmin/user_ upload/DT2104_ Bericht. pdf.

索德尔自2017年3月和2019年1月先后接任泽霍费尔的巴伐利亚州州长和基社盟主席的职务以来，声誉日隆。当默克尔数度重申其去意已决后，应由索德尔代表联盟党竞逐联邦总理的呼声一年多来未曾停息，其民调值也明显高于党内外的其他竞争者。而任职北莱茵-威斯特法伦州州长的拉舍特于2021年1月击败弗里德里希·默茨（Friedrich Merz）和诺贝特·吕特根（Norbert Röttgen）赢得基民盟主席一职后，也认为自己业已具备领导德国第一大州和得票率最高政党的双重身份，出任联盟党的总理候选人顺理成章。由此引发的谁上谁下问题，不仅是联盟党内部，也是社会各界连续多月的热议话题。鉴于绿党已于2018年崛起为德国政坛的第二大力量，自然构成联盟党2021年实现连选连胜的最大障碍。至2021年3月，绿党也尚未明确其总理候选人。各种民调结果无一例外地表明，若由索德尔对决绿党共同主席罗伯特·哈贝克（Robert Habeck）和安娜莱娜·贝尔伯克（Annalena Baerbock）中的任何一人，其均有望取胜，换拉舍特出马则胜算全无。然而，拉舍特及其党内支持者依仗自己人多势众和"地盘大"，是绝不可能因此而拱手让出竞逐总理宝座机会的。

由此不得不严肃面对的重大问题是，由拉舍特挂帅的联盟党能否通过选战延续其"默克尔时代"的德国最大政治力量的地位。近期披露的基民盟/基社盟议员的"口罩佣金"丑闻对该党的破坏力如何，尚难定论，但对联盟党选民的影响不可避免。若败在风头正劲的绿党手下，对联盟党而言无疑将陷入一场极其严重的危机。考虑到默克尔个人以往对选战胜负的巨大影响，针对"后默克尔时代"各种不确定因素该党高层理应已有完备预案，否则很难实现顺利过渡。

B.6
德国反防疫抗议运动：背景、特征与影响

玄 理*

摘 要： 随着新冠肺炎疫情在德国的蔓延，疫情危机迅速从公众卫生威胁演化为激烈的社会震荡，这集中体现为德国反防疫措施抗议运动的爆发。反防疫措施抗议运动爆发的背景与德国社会问题密切相关，疫情所导致的不平等现象的加剧以及民众的"防疫疲劳症"都为抗议运动的爆发埋下了种子。与传统抗议运动相比，此次德国反防疫措施抗议运动规模更大、持续周期更长，主要原因在于抗议运动所体现出的新特征：一是，抗议参与者的多元化；二是，社交媒体推动的阴谋论与虚假信息的迅速传播。虽然抗议运动增大了德国疫情防控的难度，造成一定程度上的社会动荡，但是，在德国对围绕新冠肺炎疫情的虚假信息传播的有效遏制以及民众民粹主义价值观退潮等因素的影响下，民众对政府抗疫举措的信任依然是德国主流民意的大势所趋。尽管如此，伴随着疫情走势的不确定性和民粹主义思潮复归的风险，未来德国的社会形势仍有可能出现波动。如何在推行防疫政策的同时，维护社会稳定、团结和公平，依然是摆在德国联邦政府面前的棘手问题。

关键词： 新冠肺炎疫情 反防疫措施抗议运动 德国社会问题

---

* 玄理，法学博士，同济大学德国问题研究所/欧盟研究所博士后，主要研究领域为欧洲政党政治、民粹主义。

近年来，在欧盟遭遇多重危机的背景下，大规模抗议运动的频发乃至泛滥已经成为德国社会的常态化现象。新冠肺炎疫情的暴发为德国的抗议文化写下了新的注脚。越来越多的德国民众通过游行抗议的方式，表达对政府防疫措施的不满以及他们希望尽快回归正常生活的愿望。尽管欧洲多国都爆发了类似的反防疫措施示威运动，但德国的抗议运动参与人数之多、规模之大和持续周期之长都是欧洲其他国家所罕见的。2020年，整个德国都笼罩在反防疫措施抗议运动的氛围中，这在一定程度上体现了德国社会所面临的困境。本文将对德国在疫情期间的反防疫措施抗议运动的背景、发展过程、特征和影响进行梳理与分析。

一 德国反防疫措施抗议运动的背景：新冠肺炎疫情冲击下的德国社会

2020年1月27日，德国发现第一例新冠肺炎病例后，联邦政府并未给予足够重视，没有立即采取严格的封锁政策。直到3月中旬，随着确诊病例不断增多，联邦政府和各联邦州的防控疫情立场才趋于强硬，在关闭公共设施和大部分商店的同时，还加大了对民众的私人与公共聚会和出行自由的限制力度。在2020年9月起的第二波疫情的冲击下，尽管德国的防疫措施不断加码，却依然没能遏制住新冠肺炎疫情的迅速蔓延。截至2020年12月31日，德国累计确诊病例已超过171万例，死亡人数超过33000人。在短短的数月内，新冠肺炎疫情已经从公共卫生危机演变为一场深远的社会危机。一方面，疫情加深了德国的贫富裂痕；另一方面，面对无限延长并不断加码的防疫措施，一些民众患上"防疫疲劳症"。在这种社会图景下，德国民众对自身境遇和防疫措施的不满情绪进一步爆发，这为反防疫措施的抗议运动提供了滋生的土壤。

（一）不平等现象的加剧

在疫情期间，大部分经济活动和生产经营被迫停止，个人消费萎缩，德国经济受到极大影响。德国联邦统计局公布的初步统计数据显示：德国2020年国内生产总值同比下降了5%[1]，下滑幅度略低于受全球金融危机冲击后的2009年（5.7%），自2010年以来首次出现经济衰退；德国全年平均就业人数同比下降1.1%，失业率从3%升至4%，失业人口增幅为34%[2]，这也是14年来就业人数首次出现下降。

更为严峻的是，疫情进一步加剧了德国的不平等现象。事实上，不平等一直以来都是德国突出的社会问题。随着全球化和欧洲一体化进程的不断深入，德国各社会阶层的收入与利益分配产生了较大分化，作为全球化"输家"的德国社会中下层民众在与社会精英的竞争中彻底落入下风，贫富差距进一步拉大。从2000年到2018年，德国的基尼系数从0.25升至0.31[3]。2020年德国柏林经济研究所（DIW）的研究表明，最富有的前10%的德国人占全德财富总和的67.3%，前5%占财富总和的54.9%，前1%占35.3%[4]。收入的不均衡导致德国社会撕裂程度加剧，代际矛盾和阶层矛盾日益尖锐。在此次新冠肺炎疫情危机中，德国民众面临的社会不平等现象不仅没有得到缓解，而且有愈演愈烈的趋势。从图1的数据可以看出，德国高收入阶层的精英具有较强的抵御疫情和封锁政策风险的能力，他们能在保证社交安全距离的同时免受失业之虞，而低收入民众面临更大的感染和失业风险。经合组织（OECD）的劳工经济学家塞巴斯蒂安·柯尼希斯（Sebastian Königs）指出，在此次疫情危机中，"劳动力市场中的弱势群体——低技能

---

[1] Statistisches Bundesamt, "Gross Domestic Product Down 5.0% in 2020", https://www.destatis.de/EN/Press/2021/01/PE21_020_811.html.
[2] Statistisches Bundesamt, "Annual Indicators for Labour Market", https://www.destatis.de/EN/Themes/Labour/Labour-Market/Employment/Tables/labor-market-key-figures.html; jsessionid = B19701D6E464F75064B1D505D6C0A62B.internet731.
[3] "Gini Coefficient of Equivalised Disposable Income-EU-SILC Survey", https://ec.europa.eu/eurostat/web/products-datasets/-/tessi190.
[4] Carsten Schröder et al., "Millionaires under the Microscope: Data Gap on Top Wealth Holders Closed; Wealth Concentration Higher than Presumed", DIW Weekly Report 30–31, 2020, p. 319.

劳动力和工人——受失业和收入减损的影响最大……这会加剧财富的不平等"。①

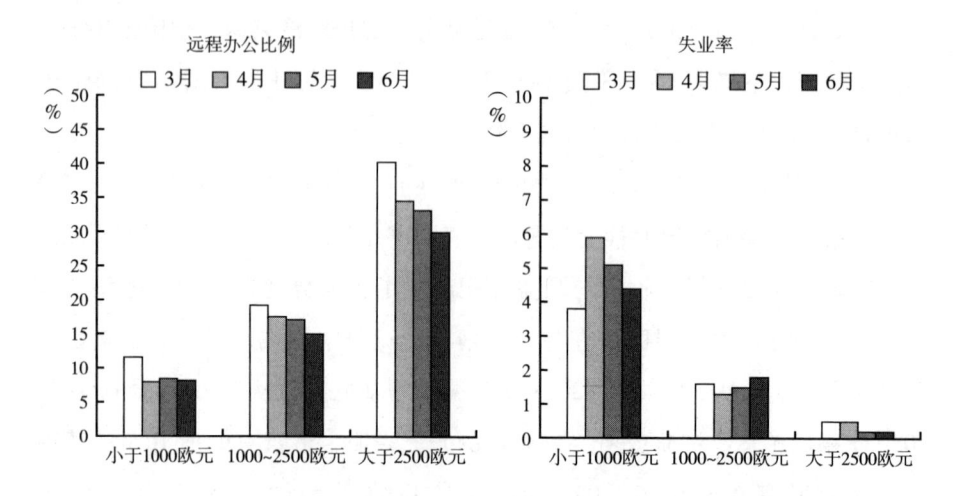

图1　2020年3~6月德国不同收入人群远程办公比例和失业率对比

资料来源：Katja Möhring et al.,"Inequality in Employment during the Corona Lockdown: Evidence from Germany", JESP European Social Policy Blog, 7 October 2020, https://www.uni-mannheim.de/media/Einrichtungen/gip/Corona_Studie/JESP-Blog_Mo__hring_et__al_2020.pdf。

第二波疫情的向东扩散还加深了德国东西部的贫富裂痕。第一波疫情之初，病毒进入德国的主要途径是通过在德国南部滑雪度假和西部长途旅行的民众输入，所以在疫情暴发初期，病例主要集中于相对富足的德国西部和南部地区，而德国东部地区由于人口密度低、人员流动性小、外向型企业少等原因，感染率远低于西部地区。第二波疫情暴发后，东部的新增感染人数迅猛增加，感染率已经反超西部，成为第二波疫情的重灾区。相反，德国西部的社会经济优势逐渐转化为防疫安全优势。截至2020年12月31日，德国东部的萨克森州、图林根州和勃兰登堡州的

---

① "How the Pandemic Is Worsening Inequality", 31 December 2020, https://www.ft.com/content/cd075d91-fafa-47c8-a295-85bbd7a36b50。

平均每10万人7天累计新增确诊数排在全德的前三位①。这对于经济和卫生基础相对薄弱的德国东部而言无疑是雪上加霜。根据2020年12月德国ifo经济研究所的预测，2021年德国东部的经济恢复速度将滞后于德国整体的平均速度②。

（二）民众"防疫疲劳症"的显现

"防疫疲劳症"是疫情冲击下德国社会问题的另一表征。部分民众对愈发严苛且时间无限拉长的防疫措施日显疲态，紧绷的神经"再而衰、三而竭"，对疫情防控的"新常态"产生了麻痹、漠视甚至抵触的情绪。对自身经济困境的担忧导致疫情初期民众为抗疫共同做出牺牲的共识不断消解。根据欧洲晴雨表的民调数据，41%的德国受访者认为政府太过于关注疫情，而非疫情所导致的经济后果③。从图2的数据可以看出，在封锁政策推行之初，联邦政府关闭公共设施、禁止公众聚集和关闭国境等防疫措施得到了多数民众的支持；随着时间的推移，部分德国民众对一些具体防疫举措越来越秉持批评和消极的态度。在第二波疫情中，新冠肺炎确诊人数激增，但死亡率较第一波疫情有了明显下降，越来越多的德国民众因此产生"封锁政策也无法控制疫情"和"染上新冠病毒也并不可怕"的错误认知，他们不再严格遵循限制社交的防疫规定。罗伯特·科赫研究所（RKI）的研究表明，只有将民众的社会接触频率降低60%以上才能有效降低新冠病毒感染率，在2020年春季的第一波疫情中，德国将民众的社会接触频率降低了63%，而在第二波疫情里，民众社会接触频率的降幅只有43%④。

---

① "Coronavirus Disease 2019 (COVID – 19) Daily Situation Report of the Robert Koch Institute, 31/12/2020", https：//www. rki. de/DE/Content/InfAZ/N/Neuartiges_ Coronavirus/Situationsberichte/Dez_ 2020/2020 – 12 – 31 – en. pdf? _ _ blob = publicationFile.

② "ifo Konjunkturprognose Ostdeutschland und Sachsen Winter 2020: Erholung der ostdeutschen Wirtschaft dauert länger als erwartet", 22 Dezember 2020, https：//www. ifo. de/node/60844.

③ Standard Eurobarometer 93, Summer 2020, https：//ec. europa. eu/commfrontoffice/publicopinion/index. cfm/ResultDoc/download/DocumentKy/90880.

④ "Analysis: How Germany Squandered Early COVID – 19 Success", 18 December 2020, https：//www. thelocal. de/20201218/analysis – how – germany – squandered – early – covid – 19 – success.

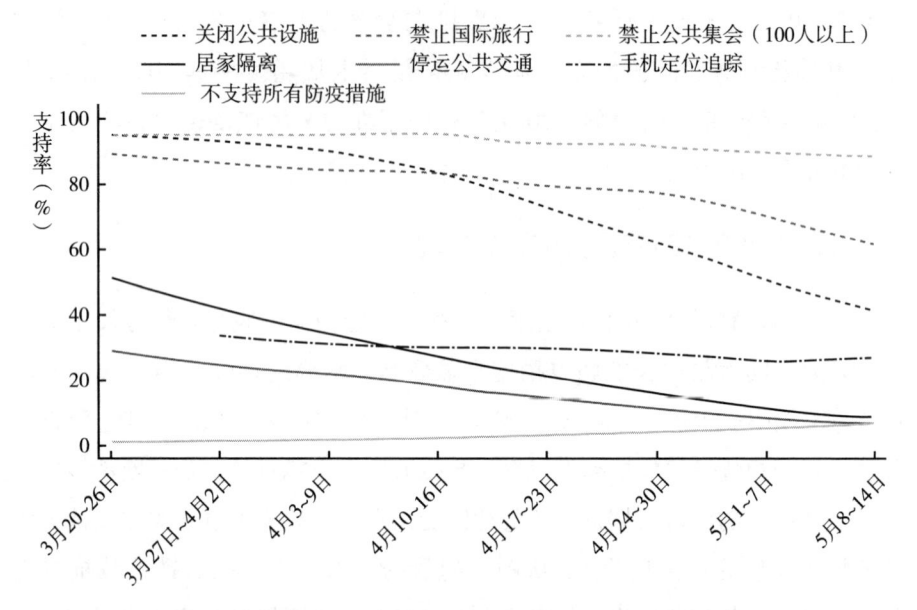

图 2　2020 年 3 月 20 日~5 月 14 日德国民众对政府各项防疫措施的支持率变化

资料来源：Elias Naumann et al., "COVID-19 Policies in Germany and Their Social, Political, and Psychological Consequences", *European Policy Analysis*, Vol. 6, No. 2, 2020, p. 197。

二　德国反防疫措施抗议运动的爆发

截至2020年12月31日，德国反防疫措施抗议运动主要分为三个阶段。

（一）第一阶段（2020年4月~2020年5月）

2020年3月22日，德国各联邦州先后颁布了"封锁令"，主要内容包括禁止两人以上的聚集、关闭餐饮行业的堂食服务、在公开场合保持1.5米以上的距离等。4月底，德国的疫情"封锁令"进一步加码，绝大多数联邦州推出口罩强制令，要求民众在公共交通和商店等场所必须佩戴口罩。自"封锁令"出台后不久，柏林等德国主要城市就出现了零星的抗议运动。然而在疫情暴发初期，德国16个联邦州因疫情防控需要禁止所有大型集会和游行运动，所以抗议运动并未形成足够的规模。随着疫情的相对缓解，各州对集会的限制逐步放松。2020年4月15日，德国联邦宪法法院裁定，两人以上的抗议示威集会并不违反防疫规定，但前提是参与者都必须遵循口罩强制令并保持1.5米的安全距离①。这也就掀起了第一阶段抗议运动的浪潮。

4月25日，德国第一次出现千人规模的反防疫措施抗议运动。大约1000名示威者聚集在柏林人民剧场门口，他们高喊"捍卫公民权利""我想回归正常生活""抵御新威权主义"等口号，指责政府的封锁措施是对人民自由权利的侵犯。由于此次游行运动没有取得相关部门的批准，且大多数参与者没有恪守防疫规定，超过百名示威者被警方逮捕②。

5月2日，在"横向思维"（Querdenken 711）组织的领导下，约5000名的示威者参与了斯图加特的反防疫措施抗议游行运动。自4月中旬起，"横向思维"组织在斯图加特组织了多场抗议示威运动。该组织的创始人是斯图加特IT企业家迈克尔·巴尔维格（Michael Ballweg）。巴尔维格认为，政府没有向民众传达新冠肺炎疫情的真实信息，反而企图推行不恰当的防疫措施，并阻止民众合法的游行抗议，这不仅会妨害经济发展，更是对德国民主、宪法和公民自由权的"粗暴干涉"，所有违反宪法的抗疫举措都应当被即刻废止。值得一提的是，尽管"横向思维"组织多次表示要与极端分子和极右翼势力划清界限③，但是，该组织仍被认为有明显的极右翼和极端主义色彩，因而饱受诟病，多名来自极右翼政党德国另类选择党的议员曾在"横向思维"组织领导的抗议运动中发表演讲。

第一波疫情中，德国所采取的疫情防控措施取得了阶段性的成功，德国在新冠病毒感染率、感染者死亡率以及控制疫情对经济的负面影响等方面都

---

① "Top German Court: Coronavirus Restrictions Not Grounds to Ban All Protests", 16 April 2020, https://www.dw.com/en/top-german-court-coronavirus-restrictions-not-grounds-to-ban-all-protests/a-53153858.

② "'I Want My Life Back': Germans Protest against Lockdown", 26 April 2020, https://www.reuters.com/article/us-health-coronavirus-germany-protests-idUSKCN2270RD.

③ 在"横向思维"的官方网站上有这样一段文字："我们是民主运动。在我们的抗议运动中没有右翼极端主义、左翼极端主义、法西斯主义和不人道思想的立足之地。"

成为欧洲各国的榜样，实现了疫情"软着陆"。民众对政府抗疫效果满意度较高；不仅如此，4月15日，德国政府宣布逐步解除部分疫情防控措施，这进一步缓解了民众的不满情绪。所以在5月中旬至7月，德国几乎没有大型抗议运动出现，偶尔几次抗议运动其参与人数也远远小于报名人数，没有掀起大的风浪，德国第一阶段的反防疫措施抗议运动告一段落。

（二）第二阶段（2020年8月~2020年9月）

尽管多项封禁措施自4月以来逐渐解除，但保持1.5米社交安全距离和口罩强制令等防疫规定的持续生效依然助长部分民众的不满情绪，第二阶段反防疫措施抗议运动的火苗逐渐复燃。与第一阶段的抗议运动不同的是，"横向思维"组织的领导力和影响力从大本营斯图加特"溢出"，其成为全德尤其是柏林地区抗议行动的主要领导和组织者。这主要体现在8月1日和8月29日的柏林大型抗议运动之中。

据官方统计，超过2万名民众参与了2020年8月1日在柏林举行的主题为"结束疫情——自由日"的运动。由于实际参与人数大大超出申报人数，以及大多数参与者没有遵循口罩强制令和保持安全距离，这场游行抗议最终被德国警方中止。在强行疏散抗议人群的过程中，抗议者与警察之间爆发激烈冲突，部分示威者挑衅并袭击警察，造成数十名警察受伤[1]。

为应对夏末的第二波疫情反弹，德国总理默克尔在8月27日与各联邦州州长达成协议，决定进一步收紧防疫措施以控制疫情蔓延，如禁止举办体育赛事和大型活动，对违反强制口罩令者进行罚款等，此举进一步激发了民众的愤怒情绪。8月29日，大约4万名德国民众聚集在柏林。示威者高举"结束恐慌！新冠肺炎疫情是谎言""我们是第二波疫情""推翻新冠独裁""扔掉口罩"等具有激进和反智色彩的标语。甚

---

[1] "Protests in Germany: 45 Officers Injured at Berlin Rally against Coronavirus Curbs", 2 August 2020, https://www.dw.com/en/protests-in-germany-45-officers-injured-at-berlin-rally-against-coronavirus-curbs/a-54402885.

至有极端抗议者一度冲击德国国会大厦。抗议运动最终被警方强制驱散，并逮捕约 300 名抗议者①。可见，第二阶段的抗议运动有走向激进化和暴力化的趋势。

（三）第三阶段（2020年11月～2020年12月）

自 2020 年 9 月起，德国遭受了第二波新冠肺炎疫情的猛烈冲击。面对愈发严峻的防疫形势，德国政府宣布，自 11 月 2 日起全国实施为期一个月的"封城令"，包括关闭大部分公共设施、体育、餐饮和娱乐场所以及限制个人的出行和社会接触等措施。此外，在 11 月 18 日，德国联邦议院通过《传染病防治法》修正案，此项修正案为各州政府紧急推动必要的防疫措施进一步奠定了法律基础。

新"封城令"的出台和《传染病防治法》修正案的颁布将德国的反防疫措施抗议运动推向了新一阶段的高潮。11 月 7 日，至少 2 万名示威者聚集于莱比锡的奥古斯广场，抗议新"封锁令"的出台。由于绝大多数参与者依旧没能恪守防疫规定，抗议运动被警方要求提前解散。起初和平的抗议运动即刻升级为暴力冲突，部分极端分子向警察投掷石块和烟火爆炸物，并与在场记者发生多次肢体冲突②。

11 月 18 日，在德国议会通过《传染病防治法》修正案的当天，超过 1 万名抗议者聚集在德国联邦议院附近，他们高唱国歌，高举"我们是人民""《传染病防治法》等于独裁"的标语。在抗议者看来，修正案是以"抗疫"之名，行"独裁"之实，严重践踏公民的权利与自由。一些右翼民粹主义者和极端主义者甚至将《传染病防治法》修正案与 1933 年为纳粹政权

---

① "Fast 40. 000 Menschen bei Corona-Demos-Sperren am Reichstag durchbrochen", 29 August 2020, https://www.rbb24.de/politik/thema/2020/coronavirus/beitraege_neu/2020/08/demonstrationen-samstag-corona-querdenken-gegendemos.html.

② "Leipzig Protests: Police Attacked with Projectiles and Fireworks", 8 November 2020, https://www.dw.com/en/leipzig-protests-police-attacked-with-projectiles-and-fireworks/a-55533111.

奠定法律基础的《授权法案》相提并论①。在此次抗议运动中，愤怒的抗议民众不仅对防疫规定置若罔闻，还与警察发生了严重的暴力冲突。即使警方出动了大批警力严加防范极端主义者，依然有部分抗议民众试图冲破警方的封锁线，向帝国议会大厦进发以中断立法进程。此外，抗议现场再次出现了燃烧弹和自制炸弹等攻击性武器。警察在多次通过高音喇叭呼吁民众保持安全距离和佩戴口罩无果后，只得利用水枪驱散人群。此次抗议导致接近80名警察受伤，数百名抗议民众被逮捕②。

可见，第三阶段抗议运动的暴力化倾向越来越难以抑制，抗议运动造成的受伤人数也远高于前两个阶段。图林根州宪法保卫局局长斯蒂芬·克拉默（Stephan Kramer）指出："我们注意到最近的抗议运动已经有了暴力化和右翼极端主义倾向……看起来不同群体的抗议者互相接受，并将彼此视为合作伙伴，这是非常危险的。"③

在三个阶段中，抗议运动始终伴随着司法纠纷，德国各州政府和行政法院也努力在控制疫情与维护公民自由权利间保持平衡。然而，由于德国疫情形势愈发严峻、大多数抗议运动实际参与人数远高于申请人数、抗议者频繁违反防疫规定以及抗议运动逐渐走向暴力化与极端化等，司法天平逐渐向控制疫情倾斜。考虑到近期由"横向思维"所组织的抗议游行造成的负面影响，萨克森州宣布自11月13日起进一步收紧对抗议运动的限制，将大型集会的参与人数限制在1000人之内④。除萨克森州以外，不来梅州、黑森州等高等行

---

① 这种抗议话语走向激进化和极端化的趋势，还可以从11月21日由"横向思维"在汉诺威组织的抗议运动中得到体现。其间，一名反对政府抗疫举措的年轻女性在演说中将自己比作二战时期德国反纳粹英雄苏菲·绍尔（Sophie Scholl），在德国引发轩然大波。

② "Police Break up Large Berlin Protests as Germany Passes Tougher Coronavirus Laws", 18 November 2020, https：//www.dw.com/en/police-break-up-large-berlin-protests-as-germany-passes-tougher-coronavirus-laws/a-55644706.

③ "Germany's Protests against Coronavirus Restrictions Are Becoming Increasingly Radical", 13 November 2020, https：//www.washingtonpost.com/world/europe/germany-coronavirus-lockdown-protests/2020/11/12/3e9879ea-2422-11eb-9c4a-0dc6242c4814_story.html.

④ "Sachsen verschärft Corona-Regeln nach Querdenken-Demo", 10 November 2020, https：//www.zeit.de/politik/deutschland/2020-11/corona-regeln-querdenken-demo-leipzig-sachsen-massnahmen-versammlungen？utm_referrer=https%3A%2F%2Fwww.google.com%2F.

政法院也先后禁止当地的大型集会运动。不来梅州内政部部长乌尔里希·毛雷尔（Ulrich Mäurer）认为："当你考虑到有多少人因为遵守社交距离和卫生防疫政策而限制自身的社会接触时，我们不可能容忍那些拒绝戴口罩而威胁他人健康的人。"[1]"横向思维"的领导人巴尔维格本希望组织12月30日的跨年抗议运动，但游行申请被柏林高等行政法院再次否决。巴尔维格只得呼吁民众接受法院的裁定，并宣布在这个冬天不再组织任何抗议运动[2]。

表1 德国主要反防疫措施抗议运动（参与人数大于1000人）的基本情况

阶段	时间	地点	参与人数（约数）	特点
第一阶段	2020年4月25日	柏林	1000	抗议运动参与人数较少；暴力化和组织化程度低
	2020年5月2日	斯图加特	5000	
	2020年5月9日	慕尼黑	3000	
第二阶段	2020年8月1日	柏林	20000	抗议运动参与人数增多；出现暴力化倾向；"横向思维"组织的领导力和影响力凸显
	2020年8月29日	柏林	38000	
	2020年9月12日	慕尼黑	10000	
	2020年9月20日	杜塞尔多夫	10000	
第三阶段	2020年11月7日	莱比锡	20000	抗议运动激进化与暴力化程度加剧；抗议运动受到更多的司法限制
	2020年11月18日	柏林	10000	

资料来源：笔者自制。

三 德国反防疫措施抗议运动的新特征

与德国传统反政府抗议运动相比，此次反防疫措施抗议运动吸引了更多民众的参与，规模空前，持续时间长，激进化和暴力化程度也有所增强，其主要原因在于反防疫措施抗议运动具有两个新特征。首先，抗议者人员构成

---

[1] "German Constitutional Court Upholds Ban on Anti-lockdown Protest"，5 December 2020，https：//www.dw.com/en/german-constitutional-court-upholds-ban-on-anti-lockdown-protest/a-55831516.

[2] "'Querdenken'-Initiator Ballweg：Demo-Verbot Akzeptieren"，25 Dezember 2020，https：//www.zeit.de/news/2020-12/24/querdenken-initiator-ballweg-demo-verbot-akzeptieren.

的多元化，左翼和右翼势力与普通民众在抗议中形成联合；其次，社交平台推动疫情相关的阴谋论和虚假信息的传播，这在一定程度上增强了抗议运动的动员能力和吸引力。

（一）抗议运动参与者的多元化

一般而言，社会运动的参与者都具有相似的政治偏好、政治纲领、集体认同和政治目的[①]，他们的政治诉求也具有鲜明的"左""右"界分，这也体现在德国传统的抗议运动之中。比如，主要由德国左翼势力组成的"封锁占领联盟"（Blockupy）自2013年起在法兰克福组织多场示威运动，抗议全球化以及欧盟在欧债危机后的紧缩政策对底层民众的负面影响；2014年，在德国东部城市德雷斯顿爆发了富有极右翼色彩的"欧洲爱国者反西方伊斯兰化运动"（简称Pegida运动），参与者主要反对伊斯兰文化对德国民族认同和基督教文化传统的侵蚀，该主张具有浓厚的右翼色彩。

然而，此次反防疫措施抗议运动像一个大熔炉一样，融合了政治光谱中来自不同政治和社会背景的行为体，这主要体现在左翼和右翼阵营罕见地在抗议中联合起来。右翼阵营涵盖了如Pegida运动、不承认德意志联邦共和国主权和合法性的极右翼团体"帝国公民"（Reichsbürger）、阴谋论组织以及来自激进右翼的德国另类选择党等；左翼阵营主要包括新纳粹主义者、知识分子、环保主义者和同性恋群体等组织。虽然在抗议运动中左翼和右翼力量暂时形成合力，然而它们的具体诉求并不具有一致性。

右翼诉求主要包括批评政府的抗疫措施对公众生活的限制、否定新冠病毒的威胁性、指责移民传播病毒和反对欧盟的复苏基金计划等。以德国另类选择党为例，该党批评"威权主义"政府的封锁政策是对公民自由权（尤其是结社自由权）不可接受的侵犯，并进一步加剧了收入不平等现象。德国另类选择党议员塞巴斯蒂安·明岑迈尔（Sebastian Münzenmaier）催促政府立刻开放饭店、旅馆、商店、剧场和其他公共场所："给为我们国家辛苦

[①] Mario Diani, "The Concept of Social Movement", *The Sociological Review*, Vol. 40, No. 1, 1992, p. 8.

工作的人民一点希望吧。"① 德国另类选择党联合主席蒂诺·克鲁帕拉（Tino Chrupalla）也表示了对人民走上街头捍卫他们的基本权利和公民自由权的支持②。此外，德国另类选择党坚决抵制欧盟的经济复苏计划，其联邦议院的议会党团主席爱丽丝·魏德尔（Alice Weidel）认为现在没有时间去考虑所谓的欧洲团结："我们没有数十亿欧元帮助别人，我们不得不先自助。"③ 此外，德国另类选择党借助民众一直以来对移民和边境开放的恐惧，宣扬病毒的传播与边界的开放有直接的联系。

相对于右翼群体，左翼民众批评的对象相对单一，其诉求依然体现了劳资关系的二元对立。他们将疫情与资本主义制度紧密联系在一起，认为这场疫情危机揭示了深层次的资本主义危机：在资本主义国家中，以逐利为导向的国家医疗体系无法在疫情危机中保护人民，疫情所导致的次生经济和社会后果只能由底层民众来承担。作为资方的代表，建制派精英也受到左翼势力的猛烈抨击。一方面，他们认为政府制定的疫情防控政策只是在控制病毒的外衣下对民众自由权的践踏；另一方面，所谓的经济复苏计划被视为精英维护新自由主义统治，使富人进一步得利以及剥削人民利益的方式。因此，人民成为疫情危机的唯一受害者。

除了左翼和右翼政治团体之外，此次抗议运动的最主要参与者是许多没有任何政治归属、之前政治活跃度不高的普通民众，他们的日常生活完全被疫情扰乱，或者受疫情和封锁政策的影响失去了自己的生计，这远比病毒本身更令人担忧。一名德国抗议民众的话也许最能代表那些普通民众的心声："他们（政府精英）告诉我们这个病毒十分危险，所以我们不得不放弃我们的民主自由，但是我们不是傻瓜：医院已经康复了一半的病人。我不害怕这

---

① "Europe's Far Right Knows How to Waste a Good Crisis", 27 April 2020, https：//www. politico. eu/article/europe – far – right – coronavirus – pandemic – struggles/.

② "Berlin Protests against Coronavirus Rules Divide German Leaders", 3 August 2020, https：// www. theguardian. com/world/2020/aug/03/berlin – protests – against – coronavirus – rules – divide – german – leaders.

③ "Germany Finds New Coronavirus Generosity ahead of EU Summit", 16 July 2020, https：// www. dw. com/en/angela – merkel – eu – summit – coronavirus/a – 54201731.

个病毒，我只是害怕经济衰退。"①

由此可见，此次抗议运动的成员构成复杂、诉求多元，抗议者的唯一共同点是表达了对政府和政治精英应对新冠肺炎疫情的抗疫措施的不满和愤怒，反对限制政策对民众自由权的损害，要求重新开放社会。在不同抗议群体的共同推动之下，政府的抗疫政策在公众和政治议程中的显著性和争议性明显提升，新冠肺炎疫情也从一种单纯的科学问题演变为高度政治化的政治议题。

（二）社交平台推动虚假信息和阴谋论的泛滥

与传统抗议运动不同的是，在此次德国反防疫措施抗议运动中，充斥着以虚假信息和阴谋论为特征的"信息瘟疫"（infodemic）色彩。新冠肺炎疫情制造了一种来源于陌生、未知的恐惧感，严格的封锁政策又使民众的不安全感和失控感进一步加剧。阴谋论恰好为现阶段复杂的疫情危机和政治社会发展形势提供了简明直接的叙事：新冠病毒是不存在的，权贵精英意欲通过创造疫情危机来限制人民的自由权利。尽管这种识别"替罪羊"的叙事方式完全偏离事实、不经推敲，但在危机期间非常有吸引力，成为伸向深陷无助、恐惧和迷茫情绪的民众的一根救命稻草，重新赋予他们亟须的掌控感、使命感和群体认同感，也吸引了越来越多的民众走上街头加入抗议队伍中。

以社交媒体为代表的新媒体技术的发展更让虚假信息和阴谋论的传播如鱼得水。在新媒体技术兴起前，主流媒体在政治信息的监管、传播和分配方面占据着绝对主导地位，它们和主流政党共同担当着抵御虚假信息的守门人和过滤器的角色，这使得阴谋论很难有大规模传播的温床。以社交媒体为代表的新媒体技术的发展为虚假信息和阴谋论的传播提供了机会，因为社交平台的一个重要特点是以民众为中心，他们可以在网络上自由分享自己对政治议题的看法。不仅如此，民众的担忧、恐惧和不满等负面情绪在社交媒体的评论、点赞和转发等交互过程中不断被放大，这也推动了阴谋论的乘虚而

---

① "Germany's Coronavirus Protests: Anti-Vaxxers, Anticapitalists, Neo-Nazis", 18 May 2020, https://www.nytimes.com/2020/05/18/world/europe/coronavirus-germany-far-right.html.

入。因此，社交媒体迅速成为抗议组织者进行阴谋论宣传和政治动员的重要平台，虚假信息的传播力和影响力达到了前所未有的程度。

在德国，手机即时通信软件 Telegram 成为疫情期间阴谋论的主要传播地之一。该软件由俄罗斯人帕维尔·杜罗夫（Pavel Durov）研发，起初目的是为了绕过政府监管实现"加密通信"和"安全通信"。这种端对端的加密社交方式使得阴谋论可以更有效地绕过开守门人的监督，让民众没有任何顾虑地支持与分享政见与观点，这也为阴谋论组织的滋生和相关阴谋论信息的传播提供了丰厚的土壤。自新冠肺炎疫情暴发以来，Telegram 平均日增新用户达到了 150 万人次[1]，成为世界第五大社交平台，其德国用户数量也迅猛增加，日常活跃用户已经达到了德国总活跃人数的 10%[2]。

"匿名者 Q"（QAnon）是德国网络平台中最有代表性的阴谋论组织，其在德国最大的 Telegram 频道的关注人数在疫情发生后已累计增长 10 万余人，增幅达到 560%[3]，Youtube 上有关"匿名者 Q"的德语频道的点击量超过 1700 万次。"匿名者 Q"是于 2017 年 10 月成立的美国著名阴谋论组织。其阴谋论的主要论点是精英在幕后操纵美国政治，比如，美国总统唐纳德·特朗普面临由民主党和其他国际精英所构成的"暗深势力团伙"（deep state）的围剿；同时，他们认为精英参与到拐卖和虐待儿童的犯罪运动中。在疫情危机的驱动下，"匿名者 Q"迅速从美国传播到了欧洲，在德国聚集起大批拥趸，支持者数量仅次于美国排在全球第二位。在德国反防疫措施抗议游行中，很多抗议者是"匿名者 Q"组织的信徒，他们身穿"拯救儿童"的 T 恤衫，挥舞着"匿名者 Q"的旗帜，认为在德国同样存在"暗深势力团伙"制造虚假的疫情危机夺走民众的自由权利，呼吁彻底改变政治生态，将人民从精英

---

[1] "Germany Is Losing the Fight Against QAnon", 2 September 2020, https：//foreignpolicy.com/2020/09/02/germany – is – losing – the – fight – against – qano/.

[2] "Bundesnetzagentur：Nutzung von OTT-Kommunikationsdiensten in Deutschland Bericht 2020", https：//www.bundesnetzagentur.de/SharedDocs/Mediathek/ Berichte/2020/OTT.pdf?＿＿blob = publicationFile（2020）.

[3] Jakob Guhl and Lea Gerster, *Crisis and Loss of Control German – Language Digital Extremism in the Context of the COVID – 19 Pandemic*, Institute for Strategic Dialogue（ISD）, 2020, p. 8.

的枷锁中解脱出来。由于微软创始人比尔·盖茨在疫情期间多次推动疫苗的研发工作,他也成为"匿名者 Q"组织的主要针对对象,在"匿名者 Q"的 Telegram 德语频道中,盖茨多次被描绘为企图操纵疫情危机而成为凌驾于国家政府之上的独裁者,盖茨会通过疫苗将电脑芯片植入到人体内,达到控制德国人民的目的,而德国政府如牵线木偶一样甘受他的摆布①。

社交媒体不仅在一定程度上为阴谋论的正常化与主流化起到了推波助澜的作用,而且甚至可能成为通向极端主义的大门。2020 年 3~9 月,Telegram 中最大的几个德语极端右翼组织频道的关注人数已经从 4 万人增长到 14 万人。同期,德语右翼极端主义组织在脸书(Facebook)、推特(Twitter)和 YouTube 等社交平台的关注人数增加了 18%②。

四 德国反防疫措施抗议运动的影响

德国反防疫措施抗议运动的最危险之处在于极端主义者对抗议运动的"劫持"。在一些抗议运动中,民众抗议的最初目的——反对政府的抗疫举措,回归正常生活——反而被极端诉求和阴谋论观点挤向边缘化的位置。极端主义者把抗议运动作为宣扬自身极端意识形态和政见的场地,利用了人们在居家隔离期间信息沟通不畅以及渴望保护自己的本能,蓄意制造恐慌,颠覆了他们对科学的认知途径。"横向思维"领袖巴尔维格曾在一次抗议演说中放言:"当人民决定疫情结束时,疫情就结束了。"③ 如果这种偏离事实的政治话语大行其道,就更可能诱使人们采用"常识"和"直觉"而非理性的思维方式。柏林州内政部部长安德烈亚斯·盖泽尔(Andreas Geisel)指

---

① Jakob Guhl and Lea Gerster, *Crisis and Loss of Control German-Language Digital Extremism in the Context of the COVID-19 Pandemic*, Institute for Strategic Dialogue (ISD), 2020, p. 22.
② Jakob Guhl and Lea Gerster, *Crisis and Loss of Control German-Language Digital Extremism in the Context of the COVID-19 Pandemic*, Institute for Strategic Dialogue (ISD), 2020, pp. 13-14.
③ https://querdenken-711.de/inhalte, cited from: Ulrike Vieten, "The 'New Normal' and 'Pandemic Populism': The COVID-19 Crisis and Anti-Hygienic Mobilisation of the Far-Right", *Social Sciences*, Vol. 9, No. 9, 2020, p. 165.

出，此次抗议运动最令人担忧的地方，是那些坚信德国民主和宪法的普通民众会受到极端组织的影响和蛊惑，加入传播阴谋论的队伍中①。在极端主义分子的影响下，在一些民众眼中，新冠肺炎疫情的起源、传播途径、病理等科学知识反而成为精英和秘密组织窃取人民利益的阴谋。根据2020年莱比锡大学威权主义报告的民调数据，超过30%的德国民众认为自己的生活由秘密组织策划的阴谋所主导②，约有三成德国受访者同意"政府刻意夸大疫情以推动自己的计划"的说法③。在这种情况下，对政府精英和防疫专家的消极认知更易被民众接受，从而削弱权威信息的公信力，促使部分民众对抗疫举措和医疗专家的预防建议置若罔闻，进一步妨害德国的抗疫大局。

尽管德国的反防疫措施抗议运动声势浩大，在一定程度上加剧了社会分化以及社会舆情和价值观的激进化趋势，但对政府抗疫的广泛支持依然是目前德国主流民意的大势所趋。一方面，联邦政府严格的抗疫举措受到多数民众的信任和理解。根据欧洲晴雨表的民调数据，81%的德国民众对本国的抗疫措施表示满意，有58%的受访者认为政府在疫情期间对公众自由权的限制是正当的，而认为完全不正当的受访者仅占4%④。另一方面，德国民众普遍对反防疫措施抗议运动秉持较为负面的看法。福尔萨（Forsa）民意研究所公布的一项调查显示，91%的受访者对反防疫措施抗议游行表示反对，87%的受访者则认为抗议者无法代表德国的主流民意⑤。此次抗议运动难以

---

① "Protests in Germany See Fringe Mix with the Mainstream", 5 May 2020, https://www.spiegel.de/international/germany/the-corona-conspiracy-theorists-protests-in-germany-see-fringe-mix-with-the-mainstream-a-8a9d5822-8944-407a-980a-d58e9d6b4aec.
② Oliver Decker and Elmar Brähler (ed.), *Autoritäre Dynamiken, Neue Radikalität-alte Ressentiments, Leipziger Autoritarismus Studie 2020*, Gießen, Psychosozial-Verlag, 2020, p. 201.
③ Laura-Kristine Krause, Jérémie Gagné and Gesine Höltmann, *Vertrauen, Demokratie, Zusammenhalt: wie unterschiedlich Menschen in Deutschland die Corona-Pandemie erleben*, More in Common Deutschland, 2020, p. 26.
④ Standard Eurobarometer 93, Summer 2020, https://ec.europa.eu/commfrontoffice/publicopinion/index.cfm/ResultDoc/download/DocumentKy/90880.
⑤ "RTL/ntv Trendbarometer/ Forsa-Aktuell 91 Prozent der Bundesbürger lehnen Anti-Corona-Proteste ab-Die meisten AfD-Anhänger begrüßen die Demonstrationen", 8 August 2020, https://www.presseportal.de/pm/72183/4674140.

撼动德国主流民意的原因主要有以下两点。

第一，德国采取有效措施力保打赢"疫情信息战"。

前文提到，虚假信息和阴谋论的大肆传播是抗议运动的主要特征，也是抗议运动塑造舆论和吸引民众的重要途径之一，这会对疫情防控大局造成极为负面的影响。对虚假信息和阴谋论正本清源，建立一个健康的、基于科学事实的疫情信息生态系统，对于抵御抗议运动的负面影响和吸引力具有重要意义。对此，德国采取多种措施对虚假信息和阴谋论"围追堵截"，力图赢得这场"疫情信息战"。

一方面，德国加大了对网络平台虚假信息传播的遏制力度。德国对于网络平台违法信息的法律制约由来已久。德国联邦议院于2017年6月通过了《网络执行法》[1]，为打击网络虚假信息和仇恨言论提供了法律依据。尽管如此，鉴于德国宪法对言论自由的保障，社交平台往往难以把握言论自由与虚假信息的界限，政府监管和社交平台之间关于责任的扯皮依然存在。2020年，联邦政府颁布《网络执行法》的修正草案，进一步加强了对互联网平台信息的管控力度。新修正草案规定，网络平台有义务将相关违法内容以及违法者的IP地址直接报告给联邦刑事警察局[2]。此举在一定程度上提高了散播虚假信息的违法成本，加大了对违法者和社交平台的追责力度，起到了对犯罪的震慑作用。此外，新修正草案还要求社交平台中用户的举报渠道更加便捷[3]，这就使虚假信息能够得到更加迅速有效的处理。与此同时，德国卫生权威机构和主流媒体也与各大网络平台展开合作，提高信息来源的可靠性。比如Youtube和推特等社交平台在首页醒目处都放置了世卫组织等权威

---

[1] 《网络执行法》中的一项重要内容，是敦促社交媒体平台在用户投诉的24小时内删除或屏蔽违法信息，若未能及时删除相关信息，德国联邦司法局可以对社交平台处最高5000万欧元的罚款。

[2] "Gesetz gegen Rechtsextremismus und Hasskriminalität beschlossen", https：//www.bundestag.de/dokumente/textarchiv/2020/kw25－de－rechtsextremismus－701104.

[3] "Entwurf eines Gesetzes zur Änderung des Netzwerkdurchsetzungsge-setzes", https：//www.bmjv.de/SharedDocs/Gesetzgebungsverfahren/Dokumente/RegE_ Aenderung_ NetzDG.pdf? _ _blob = publicationFile&v = 2.

机构的链接以及相关权威信息；脸书向德意志新闻社和专业从事事实核查的非营利机构 Correctiv 提供了一份虚假信息内部清单，一旦有用户在脸书转发清单中的虚假信息，在该信息之下就会出现来自权威机构或 Correctiv 的正确信息以正视听。2020 年 9 月 1 日，德国联邦卫生部牵头建立"德国国家卫生门户网站"，该网站将新冠病毒的定义、传播途径、症状、预防、治疗方式等基本知识以易于理解的方式向民众进行普及，提高民众辨别新冠肺炎疫情虚假信息的能力。

另一方面，自第一阶段的反防疫措施抗议运动爆发以来，极端抗议者、"横向思维"组织以及抗议中散播的阴谋论与虚假信息频频遭到主流政界在公开场合的声讨，这也对民众起到了警示的作用，提醒他们切勿落入阴谋论蛊惑的陷阱之中。默克尔在 2021 年的新年致辞中特意强调了阴谋论的危害："阴谋论不仅是错误和危险的，而且是极端自私和残忍的。"① 德国主要负责安全情报工作的联邦宪法保卫局局长托马斯·哈尔登旺（Thomas Haldenwang）批判极端右翼分子用阴谋论和极右翼观点"武装化"抗议运动②。2020 年 12 月，巴登－符腾堡州宪法保卫局宣布将"横向思维"组织定性为"被观察的对象"，这意味着宪法保卫局可以动用监听等侦查手段，审查该组织是否有与极端主义组织相勾结的情况。此举立即受到其他联邦州的支持。巴伐利亚州州长索德尔（Markus Söder）也建议本州宪法保卫局对"横向思维"组织进行审查，因为该组织已经成为右翼极端主义、反犹太主义和阴谋论主义者的结合体。

第二，新冠肺炎疫情背景下德国民众民粹主义价值观的退潮。

进入 21 世纪以来，民粹主义思潮的兴起已经成为欧洲社会的重要特征。近年来，在多重危机肆虐下，欧洲各国政治极化和社会撕裂程度加

---

① "Angela Merkel's New Year's Speech: 'Toughest Year' of Chancellorship", 30 December 2020, https://www.dw.com/en/angela-merkels-new-years-speech-toughest-year-of-chancellorship/a-56100760.
② "Germany's Coronavirus Protests: Anti-Vaxxers, Anticapitalists, Neo-Nazis", 18 May 2020, https://www.nytimes.com/2020/05/18/world/europe/coronavirus-germany-far-right.htm.

剧，民粹主义政府的涌现和英国脱欧等政治现象无不标志着民粹主义思潮迎来了新一轮的勃兴，民众的民粹主义价值观——对政治建制派精英的反感以及对外来移民的恐惧——也达到了前所未有的程度，这也给西方的自由民主政治带来极大挑战。德国另类选择党的崛起与Pegida运动的长期盛行是德国右翼民粹主义思潮的重要体现。这些民粹主义势力擅长利用德国民众面临危机时的恐惧和不安情绪，并用煽动性的政治话语凸显精英的无能和移民的威胁。

然而，新冠肺炎疫情危机推动德国民众的民粹主义价值观的退潮。根据图3中"舆观——剑桥全球主义项目"的民调数据，德国受访者对于移民和精英的负面态度较疫情前有了明显缓和。德国"民粹主义晴雨表"的测量数据也证明了民粹主义思潮走低的趋势：2020年仅有20.9%的德国民众持民粹主义观念，这个数字比2018年下降了11.8个百分点；目前47.1%的德国民众是非民粹主义者，较2018年提升了15.7个百分点①。

疫情期间德国民众的民粹主义情绪迅速冷却的原因在于，面对来势汹涌的新冠肺炎疫情，政治讨论和民众关注的重点不是寻找"替罪羊"，而是切实有效的解决方案。德国联邦政府在这一层面起到了决定性的领导作用。第一波新冠肺炎疫情中，在检测覆盖面广、强大的医疗救护能力和管控措施不断收紧的前提下，德国政府交出了一份较为出色的抗疫答卷，成为欧盟抗疫最成功的国家之一。对比以科学事实为依据应对疫情的默克尔，不负责任的反智言论与民粹主义者制造民族认同和民众与精英间对立的政治策略，根本无法有效应对公共卫生与经济危机，只会让大多数德国民众徒生反感。

民粹主义价值观的退潮直接导致德国另类选择党在疫情期间民调支持率的下滑。前文提到，作为反防疫措施抗议运动背后的重要推手之一，德国另类选择党希望利用新冠肺炎疫情和抗议运动的契机进一步宣扬其反建制和反移民的立场，塑造自身是人民利益唯一守护者的形象，以图在选举市场中展

---

① Robert Vehrkamp and Wolfgang Merkel, "Populism Barometer 2020, Populist Attitudes among Voters and Non-Voters in Germany 2020", Bertelsmann Stiftung, 2020, p.7.

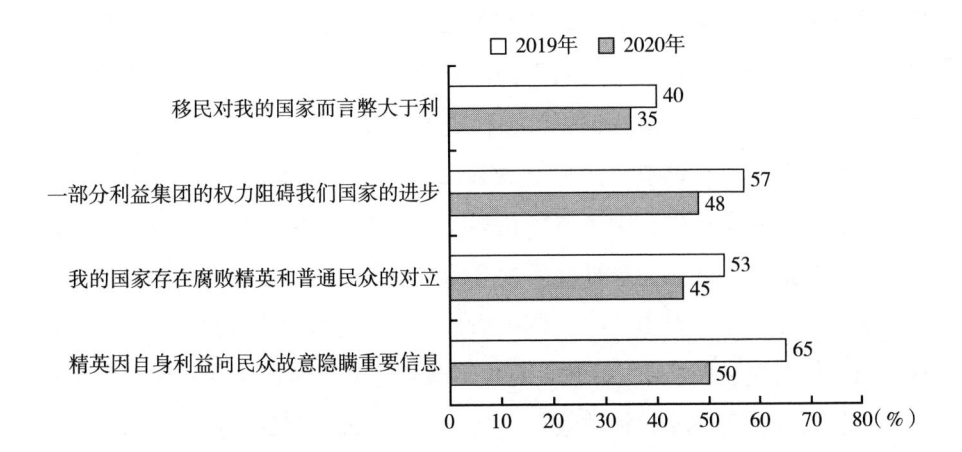

```
                                          □ 2019年   ■ 2020年
移民对我的国家而言弊大于利              ━━━━━━━━━━━━ 40
                                        ━━━━━━━━━━ 35
一部分利益集团的权力阻碍我们国家的进步  ━━━━━━━━━━━━━━━━━ 57
                                        ━━━━━━━━━━━━━━ 48
我的国家存在腐败精英和普通民众的对立    ━━━━━━━━━━━━━━━ 53
                                        ━━━━━━━━━━━━ 45
精英因自身利益向民众故意隐瞒重要信息    ━━━━━━━━━━━━━━━━━━━ 65
                                        ━━━━━━━━━━━━━━ 50
                                        0  10  20  30  40  50  60  70  80(%)
```

图3　2019年与2020年德国民众民粹主义价值观的变化对比

资料来源：笔者整理自YouGov-Cambridge Globalism Project，"Globalism 2020 Guardian Populism Annual Comparison"，https://docs.cdn.yougov.com/04ld9273ze/Globalism2020%20Guardian%20Populism%20Annual%20Comparison.pdf。

现自身的特异性与优势。然而，德国另类选择党的民调支持率在疫情期间一路走低，从疫情前（2020年1月）的14%下降至目前（2020年12月）的9%，且与联盟党的支持率差距日益拉大[①]。

尽管此次反防疫措施抗议运动无法直接归类于民粹主义运动，但是抗议参与者所表现出的以人民为中心的反精英和反建制诉求，以及他们愿意与极端主义者和民粹主义者共同抗争的意愿，进一步显示了这场抗议运动的民粹主义倾向。而民粹主义价值观的退潮使得此次抗议运动中的阴谋论与民粹主义诉求对大部分德国民众难以形成足够的吸引力。

五　结语

新冠肺炎疫情是德国一个世纪以来所面临的最严重的公共卫生危机。在疫情席卷德国的同时，这场危机触发了德国从经济衰退到社会动荡的连锁反

---

① Politico Poll of Polls, https://www.politico.eu/europe-poll-of-polls/germany/.

应。裹挟着"信息瘟疫"的反防疫措施抗议运动不断走向激进化和暴力化，进一步模糊了合法政治表达与妨害公共安全行为之间的边界，促使社会不宽容情绪的进一步加剧，成为德国社会稳定的严峻挑战。更令人担忧的是，新冠肺炎疫情和抗议运动放大了原有的社会问题——在收入不平等的背景下，德国社会撕裂现象严重，中下层民众不仅生活条件和社会地位明显下降，他们在社会中的不安全感、被社会所抛弃的被剥夺感和对政府的不信任感也急剧增加。根据皮尤研究中心的民调数据，54%的受访者认为德国的社会分裂现象较疫情前更加明显[①]。因此，此次德国反防疫措施抗议运动的频发和蔓延，不仅是疫情和防疫封锁政策背景之下民众负面情绪的表达，更是德国社会困境的集中体现和进一步发展。

由此可见，民粹主义思潮的潜在驱动力并没有因为这场疫情而彻底消失，民粹主义势力在未来仍会围绕民众对自身经济困境和精英的不满与怨恨进行社会动员。此外，目前德国抗疫形势依然十分严峻，在可预见的未来内，各项硬性疫情防控措施将一直持续下去。德国民众对于联邦政府防疫措施的"宽容性共识"还能否延续，依然充满了未知数。德国社会依然存在再次动荡的风险。

2021年是德国的大选之年，除了9月的联邦议院大选外，还将举行6个联邦州的州议会选举。声势浩大的抗议运动表明，疫情防控及疫情后的社会公平问题，势必将成为大选之年政党竞争和未来新一届联邦政府任内的核心议题。如何在保证人民自由权利与遏制病毒蔓延的夹缝中寻找出一条平衡的抗疫之路，如何应对随时可能复发的民粹主义思潮，如何将民众多元化的政治诉求转化为社会共识和危机下民众的团结、责任感与凝聚力，这些问题需要新一届政府付出更多的政治智慧。可以确定的是，只有在严格把控防疫政策的同时，让经济复苏计划真正惠及德国中下层低收入群体，安抚他们的恐惧与愤怒情绪，才能真正重新塑造德国社会公平和稳定之根基。

---

① "Most Approve of National Response to COVID – 19 in 14 Advanced Economies", 27 August 2020, https：//www.pewresearch.org/global/2020/08/27/most – approve – of – national – response – to – covid – 19 – in – 14 – advanced – economies/.

B.7
新冠肺炎疫情下的德国公共卫生治理机制与措施

郭婧 巫琪*

摘 要： 为了应对新冠肺炎疫情带来的全方位挑战，德国政府迅速响应，从法律体系、应急决策与工作体系、医疗服务体系等多方面完善其公共卫生治理机制，并采取了一系列公共卫生治理措施，如发布旅行警告、切断境外输入性感染源、实施接触限制或封锁政策，推出口罩强制令、"AHA"防疫公式与新冠预警App，增加医疗物资战略储备，加大新冠疫苗研发投入等。在疫情初期德国显示出良好的应对效果，然而随着2020年下半年疫情不断升级蔓延，德国公共卫生治理机制亦显示出其问题和局限性。

关键词： 新冠肺炎疫情 德国 公共卫生治理

2020年，新冠肺炎疫情蔓延全球，成为近百年来影响范围最广的全球性公共卫生危机。疫情给德国也带来了前所未有的挑战，人民生命健康受到严重威胁，医疗卫生系统面临极限压力，社会经济发展遭受巨大损失。截至2020年12月31日，德国累计新冠肺炎确诊人数达1719737人，死亡人数约为33071人。① 新冠

---

* 郭婧，文学博士，同济大学德国问题研究所/欧盟研究所讲师，主要研究领域为德国教育与文化政策；巫琪，同济大学外国语学院国别与区域研究方向硕士研究生。
① Robert Koch-Institut, "Täglicher Lagebericht des RKI zur Coronavirus-Krankheit-2019（COVID - 19） - 31. 12. 2020 - Aktualisierter Stand für Deutschland", 31. Okt. 2020, https：//www. rki. de/DE/Content/InfAZ/N/Neuartiges_ Coronavirus/Situationsberichte/Dez_ 2020/2020 - 12 - 31 - de. pdf? _ _ blob = publicationFile.

肺炎疫情凸显出公共卫生治理机制的重要性。德国拥有成熟的医疗服务体系和应急服务体系，在疫情初期显示出良好的应对效果，然而2020年下半年随着疫情不断升级蔓延，德国公共卫生治理机制亦显示出其局限性。

在新冠肺炎疫情下，德国形成了怎样的公共卫生治理机制？面对疫情发展的不同阶段，德国政府采取了哪些应对措施？在具体实施过程中，德国公共卫生治理机制与措施又显示出哪些局限？本文将围绕以上问题展开讨论。

一 德国新冠肺炎疫情发展的四个阶段

2020年1月27日，德国南部巴伐利亚州出现首个新冠肺炎感染病例。自此，疫情逐步在德国蔓延开来。按照确诊病例人数变化情况，德国2020年新冠肺炎疫情大致可分为四个发展阶段，即零星确诊阶段、疫情首次大规模蔓延阶段、确诊病例增速相对平缓阶段以及第二波疫情阶段。（见图1）

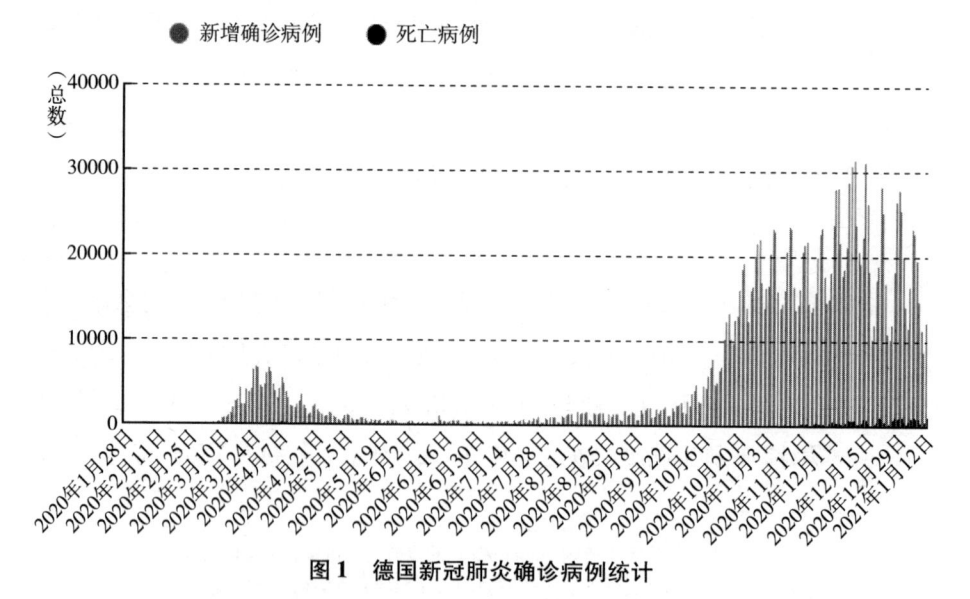

图1 德国新冠肺炎确诊病例统计

资料来源：Statista, "Täglich gemeldete Neuinfektionen und Todesfälle mit dem Coronavirus (COVID-19) in Deutschland seit Januar 2020", 15.01.2021, https://de.statista.com/statistik/daten/studie/1100739/umfrage/entwicklung-der-taeglichen-fallzahl-des-coronavirus-in-deutschland/, accessed on February 10, 2021。

（一）第一阶段（1月27日～2月24日）：零星确诊，传染链单一

2020年1月27日，德国巴伐利亚州慕尼黑市施塔恩贝格县发现首例新冠肺炎确诊病例。被感染者为德国汽车零部件制造商韦巴斯特（Webasto）总部的一名员工。当地疫情防控部门立即采取行动，对患者及其密切接触者采取治疗或集中隔离措施，实行"精准防控"；涉及企业韦巴斯特也采取了居家办公等相关措施，积极配合疫情防控。最终确诊人数总计16人。由于传染链相对单一、涉及人数较少，零星出现的确诊病例迅速得到控制，确诊病人也很快被治愈，没有出现死亡病例。

不过，零星出现的确诊病例和及时控制的疫情并没有唤起民众对新冠病毒的防护意识。随着"玫瑰星期一"狂欢节、柏林电影节等大型活动的如期举办，大量民众在没有任何防护措施的情况下长时间聚集，[1] 这也为疫情在3月加速扩散埋下伏笔。

（二）第二阶段（2月25日～4月30日）：疫情首次大规模蔓延

新冠肺炎疫情在德国的第一次大规模蔓延的起点源自北莱茵－威斯特法伦州海因斯贝格县（Heinsberg）。2020年2月25日，该地区首次出现确诊病例，该病例曾在过去两周内多次参加聚集活动，包括2月24日当地举行的"玫瑰星期一"狂欢节集会。尽管此前意大利北部已出现小规模疫情暴发，并出现欧洲首例新冠肺炎死亡病例，[2] 但显然普通民众对新冠病毒传染性强和病死率高的特性尚未引起足够的重视。随后短短几日内，德国确诊病

---

[1] 吴妍：《德国新型冠状病毒性肺炎疫情形势及防控举措分析》，《国别与区域研究》2020年第2期，第144页。
[2] "Ein Jahr Corona: Als das Virus im Januar 2020 nach Bayern kam", *BR 24*, 25. Jan. 2021 https://www.br.de/nachrichten/bayern/corona-rueckblick-als-das-virus-nach-bayern-kam, S5ZnOha.

例破百；至3月5日确诊病例已达到400例，单日新增病例138例；① 至3月31日确诊病例达到61913例，单日新增病例4615例。②

鉴于疫情形势日益严峻，自3月22日起，德国联邦政府及各级地方政府逐步收紧防疫政策，"大型活动禁令""社交禁令""停工停学"等措施相继出台。通过1个月较为严格的限制性举措，至4月下旬德国感染人数增速明显放缓，防疫举措成效初显。值得一提的是，在本阶段里，德国新冠肺炎死亡率一直处于较低水平：至2020年3月31日，德国新冠肺炎死亡人数为583人，死亡率为0.9%；至4月30日，死亡人数为6288人，死亡率为4%，③ 远低于美国、英国、法国、意大利等其他西方国家。

（三）第三阶段（5月1日~8月31日）：确诊病例增速相对平缓

随着治愈患者不断增加，且每日新增确诊人数趋于稳定，一些专家认为德国疫情形势已经趋向好转。哥廷根马克斯·普朗克动力学与自组织研究所的科学家皮泽曼（Viola Prosemann）甚至在媒体采访时表示疫情的拐点已经到来，"社交禁令"取得了一定效果。④ 在经历了一个月的限制后，社会各界纷纷呼吁相关部门放松疫情管控，甚至要求取消这些措施。

---

① Robert Koch-Institut, "Täglicher Lagebericht des RKI zur Coronavirus-Krankheit – 2019 (COVID – 19) – 05.03.2020 – Aktualisierter Stand für Deutschland", 05. Mär. 2020, https：//www.rki.de/DE/Content/InfAZ/N/Neuartiges_Coronavirus/Situationsberichte/2020 – 03 – 05 – de. pdf?__blob = publicationFile.

② Robert Koch-Institut, "Täglicher Lagebericht des RKI zur Coronavirus-Krankheit – 2019 (COVID – 19) – 31.03.2020 – Aktualisierter Stand für Deutschland", 31. Mär. 2020, https：//www.rki.de/DE/Content/InfAZ/N/Neuartiges_Coronavirus/Situationsberichte/2020 – 03 – 31 – de. pdf?__blob = publicationFile.

③ Robert Koch-Institut, "Täglicher Lagebericht des RKI zur Coronavirus-Krankheit – 2019 (COVID – 19) – 30.04.2020 – Aktualisierter Stand für Deutschland", 30. Apr. 2020, https：//www.rki.de/DE/Content/InfAZ/N/Neuartiges_Coronavirus/Situationsberichte/2020 – 04 – 30 – de. pdf?__blob = publicationFile.

④ "Göttinger Forscher machen MutCorona-Wende geschafft: Grafik zeigt, warum Deutschland stolz auf sich sein kann", *Focus Online*, 12. Apr. 2020, https：//www.focus.de/gesundheit/news/wende – in – der – pandemie – forscher – vom – max – planck – institut – machen – mut_id_11865988.html.

5月31日，德国确诊病例累计181482例，单日新增病例286例，死亡人数为8500人，死亡率4.7%。① 直到6月15日前，单日新增病例基本维持在500例以内。随着疫情转好势头出现和民众呼声不断，联邦政府暂停实施"停摆政策"，取消了餐饮服务业的开放限制和边境管控。但疫情发展"好转"持续时间并不长，放松管理立刻导致确诊病例数再次上涨。自5月底开始，德国多地相继发生大规模聚集性感染事件，导致上千人感染。此外，各地也爆发了反防疫封锁的游行，示威者要求维护自身基本权利，回归正常生活。7月下旬，德国新冠肺炎确诊人数出现大幅度反弹。7月24日和25日的疫情日报显示，德国单日新增确诊病例分别为815例和781例，大幅超过先前保持的日增500例的水平。在短暂的松动政策过后，德国联邦及各州相关部门不得不重新加码疫情防控措施。此外，德国人热衷的每年8月的夏季旅行无疑为疫情的反弹火上浇油，更为严重的第二波疫情浪潮很快再次席卷德国。

（四）第四阶段（9月1日~12月31日）：持久的第二波疫情

德国民众尚未从上半年的新冠肺炎疫情的影响中恢复，第二波疫情已扑面而来，而且来势更加凶猛，时间更加持久。自2020年9月起，德国新增确诊人数增速逐步加快，至10月下旬，德国单日新增确诊人数甚至超过1万人，日新增最高超过3万人。10月31日，德国累计新冠肺炎确诊人数为518753人，累计死亡10452人。②

面对居高不下的新增确诊人数，德国总理默克尔多次与各州州长会晤，最终在收紧防疫政策方面达成一致：从2020年11月1日起全面实施严格的

---

① Robert Koch-Institut, "Täglicher Lagebericht des RKI zur Coronavirus – Krankheit – 2019（COVID – 19）– 31.05.2020 – Aktualisierter Stand für Deutschland"，31. Mai 2020，https：//www.rki.de/DE/Content/InfAZ/N/Neuartiges_ Coronavirus/Situationsberichte/2020 – 05 – 31 – de.pdf？_ _ blob = publicationFile.

② Robert Koch-Institut, "Täglicher Lagebericht des RKI zur Coronavirus-Krankheit – 2019（COVID – 19）– 31.10.2020 – Aktualisierter Stand für Deutschland"，31. Okt. 2020，https：//www.rki.de/DE/Content/InfAZ/N/Neuartiges_ Coronavirus/Situationsberichte/Okt_ 2020/2020 – 10 – 31 – de.pdf？_ _ blob = publicationFile.

停摆和封锁政策。通过关闭餐饮、娱乐等公共场所，限制社交接触，降低感染风险。然而，停摆政策并没有起到预想的效果，实施一个月后，每日新增确诊人数仍然保持在1万人以上，且每日新增死亡人数屡破纪录，12月10日单日死亡人数达590人。德国政府不得不将该政策从原定的一个月期限延长至圣诞节假期后。默克尔总理也再度呼吁全德实行"硬封锁"，以切断病毒的感染链。直到2020年年底，德国仍没能控制住第四阶段的反弹疫情，大部分联邦州和地区的7天感染率（平均每10万人7日累计新增确诊数）远高于联邦政府希望的数值，联邦政府希望7天中每10万居民中新增感染人数不超过50人。而仅看12月24日数据，全德平均7天感染率为202人，感染率最高的萨克森州鲍岑恩地区7天感染率高达585人。[1]

二 德国应对新冠肺炎疫情的公共卫生治理机制

德国拥有较为完备的应对疾病大流行的计划与方案，已从法律体系、应急决策与工作体系、医疗服务体系等多个方面做好提前部署，以更好地应对大范围的传染性流行病。早在2005年，德国卫生部就在世界卫生组织倡议下制定了《国家大流行病计划》（Nationaler Pandemieplan für Deutschland，以下简称"NPP"），为德国联邦与各州的大流行病防治工作提供行动指南和对策参考。[2] 2020年，面对突如其来的新冠肺炎疫情，德国政府在已有体系的基础上形成了专门的公共卫生治理机制，具体包括以下几个方面。

（一）修订、完善应对新冠肺炎疫情的法律框架

新冠肺炎疫情期间，卫生部针对新冠肺炎疫情推出了NPP特别版本

---

[1] Robert Koch-Institut, "Täglicher Lagebericht des RKI zur Coronavirus-Krankheit – 2019（COVID – 19） – 24.12.2020 – Aktualisierter Stand für Deutschland", 24. Dez. 2020, https：//www.rki.de/DE/Content/InfAZ/N/Neuartiges_Coronavirus/Situationsberichte/Dez_2020/2020 – 12 – 24 – de.pdf?__blob = publicationFile.

[2] 陆娇娇、贾文键：《新冠肺炎疫情中的德国公众沟通研究》，《德国研究》2020年第4期，第137页。

(2020年3月4日发布），内容主要包括防疫首要目标、疫情发展不同阶段应对准则、对特定人群的措施、风险判断、诊所管理（Klinisches Management）等有关规定。[1] 作为流行病时期重要的决策指南，NPP特别版本在此后疫情发展的每一步都对联邦和各州疫情防控举措的制定起到了重要指导作用。

NPP的制定以德国立法机关通过的一系列预防和控制传染病的法律和条例为基础。其中，最为重要的法律依据是德国的《传染病防治法》（Infektionsschutzgesetz，全称：*Gesetz zur Verhütung und Bekämpfung von Infektionskrankheiten beim Menschen*），该法案对传染病暴发的情况下必须和应该采取的措施做出了规定。为了推行德国政府的新冠病毒防疫措施，德国在2020年内三次修订该法案。3月27日，德国首次通过《发生全国性重大疫情时的人口保护法》（*Gesetz zum Schutz der Bevölkerung bei einer epidemischen Lage von nationaler Tragweite*），该法内容主要为对已有的《传染病防治法》的不同条款进行修订，赋予联邦政府特别是联邦卫生部额外权力应对疫情，如对跨境旅客引入健康申报义务、有权采取措施，确保药品、防护设备和实验室诊断的基本供应，对医疗和护理机构进行更灵活的管理等。[2] 随着疫情的不断深入，德国联邦议院在5月15日和11月18日分别推出了《传染病防治法》的第二版和第三版，进一步扩大联邦卫生部的权力范围。其中，第二版对加大检测力度并增加检测次数、增加医疗人员补贴、加强对公共卫生服务的支持、提升相关行政部门决策灵活性等领域做了相关法律修订；[3] 第三版则为联邦实施更为严厉的防疫和个人限制政策提供了法律基础，包括

---

[1] Robert Koch-Institut, "Ergänzung zum Nationalen Pandemieplan – COVID – 19 – neuartige Coronaviruserkrankung", 04. Mär. 2020, https：//www.rki.de/DE/Content/InfAZ/N/Neuartiges_Coronavirus/Ergaenzung_Pandemieplan_Covid.pdf?__blob=publicationFile.

[2] Bundesministerium für Gesundheit, "Bundesrat stimmt Gesetzespaketen zur Unterstützung des Gesundheitswesens bei der Bewältigung der Corona-Epidemie zu", 27. Mär. 2020, https：//www.bundesgesundheitsministerium.de/presse/pressemitteilungen/2020/1 – quartal/corona – gesetzespaket – im – bundesrat.html.

[3] Bundesministerium für Gesundheit, "Zweites Gesetz zum Schutz der Bevölkerung bei einer epidemischen Lage von nationaler Tragweite", 23. Mai. 2020, https：//www.bundesgesundheitsministerium.de/covid – 19 – bevoelkerungsschutz – 2.html.

明确了社交距离限制、口罩强制令、公共场所的卫生消毒措施等防控新冠肺炎疫情的必要措施。① 此外,第三版《传染病防治法》进一步限制了联邦州政府的权力,例如各州必须规定防疫政策的期限,延期须有正当理由等。②

NPP特别版本的推出和《传染病防治法》的多次修订都为德国政府应对新冠肺炎疫情的具体举措提供了合法性和法律依据。

(二)成立危机应对决策团体和工作团队

与其他国家相类似,德国参与应对疫情的行为体主要包括科学行为体和政治行为体。科学行为体负责为相关防疫政策提供科学依据,而政治行为体则负责向公众做好政治动员,共同应对疫情。(见图2)

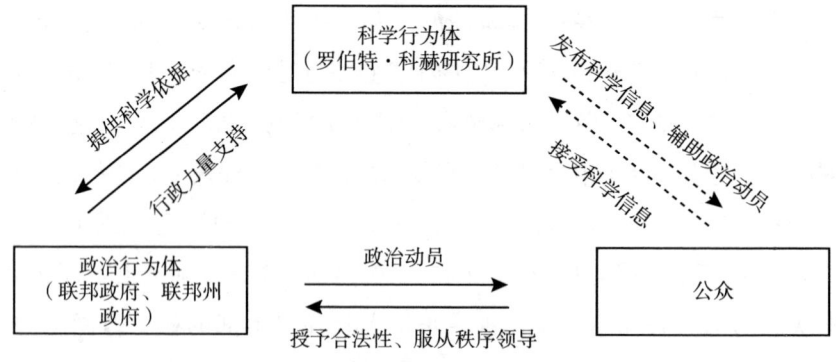

图2 德国应对新冠肺炎疫情过程中行为体互动模型

资料来源:笔者参考华亚溪等的"安全化进程中的安全行为体互动"模型自制。参见华亚溪、郑先武《安全化理论视角下的新冠肺炎疫情演进及其多层次治理》,《太平洋学报》2020年第11期,第94页。

其中,罗伯特·科赫研究所(Robert Koch-Institut,以下简称"RKI")作为国家公共卫生领域的核心机构,是应对新冠肺炎疫情过程中最主要的科

---

① "Gesetz zur Verhütung und Bekämpfung von Infektionskrankheiten beim Menschen (Infektionsschutzgesetz-IfSG)", 20.07.2020, https://www.gesetze-im-internet.de/ifsg/IfSG.pdf.
② "Infektionsschutzgesetz beschlossen", *Tagesschau*, 18. Nov. 2020, https://www.tagesschau.de/inland/infektionsschutzgesetz-verabschiedet-101.html.

学行为体。它作为科学行为体负责评估、分析和研究，提供有关新冠病毒的全方位专业信息，并报告每日感染者的数量。RKI 还面向公众和医务人员提供疫情的传播、流行病学以及与诊断、预防和控制相关的数据信息。①

参与应对新冠肺炎疫情的政治行为体较为多样，除了联邦政府外，还包括 16 个联邦州政府。在具体防疫过程中，地方政府也具有不可忽视的作用。

在联邦层面，默克尔总理自 2 月起成立"抗疫内阁"（Corona-Kabinett），总理府负责人、财政部部长、外交部部长、内政部部长、卫生部部长和国防部部长都参与其中；每周一召开小范围圆桌会议，商讨当前疫情发展形势，为应对疫情后续工作做好必要的政治准备；每周四召开扩大会议，邀请更多相关部长参加。

由于德国是联邦制国家，联邦州在卫生防疫领域享有自治权，联邦政府只能根据 RKI 的专业意见和建议提出相应的防疫措施建议，各联邦州在具体实施过程中拥有较大的话语权。为了在各联邦州之间制定相对统一的应对新冠肺炎疫情的措施，联邦政府与联邦州之间的协调机制十分必要。2020 年 3 月 22 日，默克尔总理与 16 位联邦州州长定期举行"新冠峰会"（Corona-Gipfel），商讨全德范围内的防疫政策与措施。此外，联邦卫生部和内政部于 2 月 27 日成立了联合应对危机工作组（Krisenstab），其他部委代表、各联邦州卫生部代表也参与其中。工作组每周二和周四召开会议，负责执行决策层的决议。②

地方卫生部门负责实施居家隔离或关闭学校等具体措施。其背后的逻辑是：地方政府更了解什么是该地区最合适的防疫措施，能够根据各地的疫情发展情况和当地居民的实际需求对防疫措施进行具体实施。③

---

① Bundeministerium für Gesundheit, "Robert Koch-Institut (RKI)", 08. Jul. 2016, https://www.bundesgesundheitsministerium.de/service-benutzerhinweise/behoerden-im-geschaeftsbereich/robert-koch-institut.html.
② Bundesamt für Bevölkerungsschutz und Katastrophenhilfe, "Maßnahmen der Bundesregierung", 16. Nov. 2020, https://warnung.bund.de/corona.
③ Bundesamt für Bevölkerungsschutz und Katastrophenhilfe, "Maßnahmen der Bundesländer", 28. Okt. 2020, https://warnung.bund.de/corona.

（三）建立层次清晰的检测和诊疗体系

德国拥有成熟的医疗服务体系，门诊由独立的开业医师及社区医院负责，住院则由综合型医院或专科医院承担，出院后观察及康复治疗仍由社区医院等负责。① 这种门诊、住院服务分离的分层式诊疗体系在疫情之下，尤其在德国疫情前三个阶段，有效避免了病患在大医院的"挤兑"。

针对没有并发症风险的轻症患者，政府建议其在家接受治疗，直到完全康复，前提是要得到开业医生或家庭医生的定期电话或面对面指导。② 这一方面避免了轻症患者在就医途中传染他人的风险，另一方面也缓解了医院接诊压力。

重症监护室（ICU）是医治危重患者的重要阵地，在及时治疗新冠肺炎确诊患者、降低死亡率方面起着重要作用。长期以来，德国拥有充足的医院资源和医疗床位，德国每10万名居民的重症监护病床数量远高于其他西方国家（见图3）。但是随着确诊病例的增多，可用的重症监护病房的床位逐渐减少。为了尽可能保障床位充足，自2020年5月起，医院护理实现"新常态"，即每个诊所或医院应当有25%～30%的重症监护床位为新冠肺炎重症患者保留。③ 不过，随着下半年第二波疫情的到来，确诊人数的爆炸性增长还是让德国的医疗系统超负荷运转。据德国《世界报》报道，全德在第二波疫情中的重症人数比第一波增加了40%，在萨克森州等联邦州，重症

---

① 梁朝金、胡志等：《德国分级诊疗实践和经验及对我国的启示》，《中国医院管理》2016年第8期，第76页。
② "Corona: Wann zu Hause kurieren, wann in der Klinik?", NRD, 17. Nov. 2020, https://www.ndr.de/ratgeber/gesundheit/Corona-Wann-zu-Hause-kurieren-wann-in-der-Klinik,coronavirus3650.html.
③ Bundesministerium für Gesundheit, "Coronavirus SARS-CoV-2: Chronik der bisherigen Maßnahmen", 15. Jan. 2021, https://www.bundesgesundheitsministerium.de/coronavirus/chronik-coronavirus.html.

确诊患者人数是 2020 年 4 月的 5 倍。① 在与疫情斗争的持久战中，德国各类门诊和医院的承载能力逐渐达到极限。

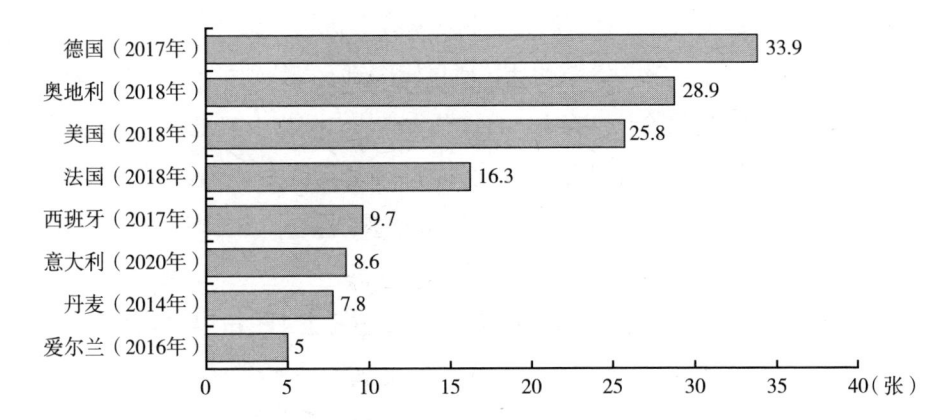

图3　部分西方国家平均每 10 万名居民的重症监护病床数量（至 2020 年）

国家	数量（张）
德国（2017年）	33.9
奥地利（2018年）	28.9
美国（2018年）	25.8
法国（2018年）	16.3
西班牙（2017年）	9.7
意大利（2020年）	8.6
丹麦（2014年）	7.8
爱尔兰（2016年）	5

资料来源：Statista, "Durchschnittliche Anzahl von Intensivbetten in Krankenhäusern ausgewählter Länder bis 2020", 23. Apr. 2020, https：//de.statista.com/statistik/daten/studie/1111057/umfrage/intensivbetten-je-einwohner-in-ausgewaehlten-laendern/。

准确检测新冠病毒是诊治病患防控疫情的重点。核酸检测作为病原学依据，为确认新冠病毒感染提供关键支持性证据。德国利用其遍布全国的病毒检测实验室，尤其是高校实验室，从疫情初期就开始进行大规模的病毒检测。德国在疫情前期的低死亡率在很大程度上便得益于此。不少城市的火车站、机场也设有临时的检测点，为从危险地区进入德国者提供免费快速检测。此外，德国政府对有感染新冠肺炎的急性症状者、确诊病人的接触者或同社区居民以及就诊病人和入住养老院的老人提供免费检测。② 截至 2020 年 5 月 12 日共有 3147771 人次完成新冠病毒检测，其中 197101 人次检测结果为阳性，

---

① Anja Ettel, "Deutschlands Kliniken droht Überlastung", *Die Welt*, 06. Dez. 2020. https：//www.welt.de/wirtschaft/article221873352/40-Prozent-mehr-Covid-19-Patienten-auf-Intensivstation-als-im-Fruehjahr.html.

② Rainer Woratschka, "Wer kann sich wo testen lassen-und wer nicht?", *Tagesspiegel*, 05. Okt. 2020, https：//www.tagesspiegel.de/politik/hausarzt-teststellen-oder-krankenhaus-wer-kann-sich-wo-testen-lassen-und-wer-nicht/26245104.html.

占 6.3%。①随着新增感染人数越来越多，使核酸检测速度跟上疫情蔓延成为联邦和各州政府要解决的重要难题。研发快速检测试剂，并将其尽快投入市场成为提升检测能力的突破点。德国联邦药物与医疗器械管理局（BfArM）于 2021 年 2 月 24 日宣布，将首次对 3 款快速抗原自检试剂予以特别批准②，获批检测试剂产品标有"CE"安全认证标志，将在各大商店、超市上架出售。与此前的快速病毒抗原检测不同的是，医疗人员之外的非专业人员也能轻松掌握这 3 款检测试剂的检测方法完成自检，德国联邦政府检测效率将进一步提高。

三 德国应对新冠肺炎疫情的公共卫生治理措施

为了应对新冠肺炎疫情、降低感染率、减少疫情对经济社会产生的消极影响，德国联邦政府与各州政府采取了一系列公共卫生治理措施，具体包括以下几个方面。

（一）发布旅行警告，切断境外输入性感染源

在新冠肺炎疫情在全球暴发之初，德国境内仅零星出现了一些感染者，且感染链较为清晰。当时德国的防疫政策主要以"外防输入"为主，切断境外输入性感染源。在此阶段，德国联邦政府首先组织安排了滞留在疫情重点地区的侨民归国；此外，相关部门加强了对从重点地区来德的各类人群的及时检测和报告。在意大利疫情暴发后，德国联邦卫生部、内政部以及外交部等部门协同合作，密切追踪全球疫情形势。所有发现疑似病例的航班，必须在特定城市机场降落，以便工作人员对入境人员进行排查。③

---

① Robert Koch-Institut, "Erfassung der SARS-CoV-2-Testzahlen in Deutschland", 14. Apr. 2020, https://www.rki.de/DE/Content/Infekt/EpidBull/Archiv/2020/Ausgaben/20_20.pdf?__blob=publicationFile.

② "Erste Sonderzulassungen für Corona-Selbsttests", *Faz net*, 24. Feb. 2021, https://www.faz.net/aktuell/wirtschaft/corona-selbsttest-erste-produkte-fuer-zu-hause-zugelassen-17213862.html.

③ 吴妍：《德国新型冠状病毒性肺炎疫情形势及防控举措分析》，《国别与区域研究》2020 年第 2 期，第 148 页。

2020年3月，当第一波疫情在欧洲各国蔓延之时，德国成为较早关闭边境的国家之一。3月15日晚间，德国内政部部长泽霍夫（Horst Seehofer）宣布从16日起向奥地利、瑞士、法国、卢森堡和丹麦等五个邻国实施边境管控，限制除必要的通勤和货运外所有进出境行为。在3月17日召开的欧盟成员国领导人视频峰会上，德国与其他欧盟国家达成一致，共同宣布对欧盟以外人员前往欧盟国家的"非必要旅行"进行限制，[①] 加强边境管控和入境限制，以切断境外输入传染源。

随着疫情不断在全球蔓延，德国联邦和各州政府根据全球各国疫情的发展，在第一波疫情蔓延阶段和第二波疫情阶段两次对国民发出前往特定地区的旅行警告，进行旅行限制。旅行警告的基本原则包括三条：首先，不建议前往任何被联邦政府列为风险地区的国家进行不必要的旅行；其次，不建议前往有入境限制的国家进行非必要旅行；最后，原则上对前往感染人数较少并且入境无限制的国家和地区不做旅行限制，不过希望民众做好防护措施。[②] 值得一提的是，自新冠病毒变异株及感染病例出现以来，旅行警告中也特别提出了不建议前往有变异病毒病例的地区进行非必要旅行。

（二）根据疫情发展情况实施接触限制或封锁政策

由于新冠肺炎疫情主要通过飞沫或接触传播，在确诊人数不断增加的情况下，减少人与人之间的接触能在很大程度上降低感染率。在第一波疫情中，德国联邦和各州政府达成一致，从2020年3月23日开始实施"接触限制"（Kontaktbeschränkungen）。尽管各州采取的具体措施及其严厉程度有所不同，但大致看都包括以下四个方面的"接触限制"：居民需尽可能待在家

[①] European Council, "Conclusions by the President of the European Council Following the Video Conference with Members of the European Council on COVID‐19", 17. Mär. 2020 https：// www. consilium. europa. eu/en/press/press‐releases/2020/03/17/conclusions‐by‐the‐president‐of‐the‐european‐council‐following‐the‐video‐conference‐with‐members‐of‐the‐european‐council‐on‐covid‐19/.

[②] Auswärtiges Amt, "Reisewarnungen anlässlich der COVID‐19‐Pandemie", 26. Jan. 2021, https：//www. auswaertiges‐amt. de/de/ReiseUndSicherheit/covid‐19/2296762.

里，人与人之间保持安全距离，每户限制外出人数，部分商店关门停业。

从 2020 年 5 月开始，每个地区的 7 天感染率成为防疫过程中最关键指数。联邦州和地方政府根据当地的 7 天感染率及时评估，并决定放松还是收紧新冠应对措施。

第一波疫情中采取的接触限制措施在新增病例数量增速减缓后放松，而这未能阻止更为严重的第二波疫情的来临。在第二波疫情来袭后，德国联邦和各州政府采取的封锁和限制政策则经历了从"轻度封锁"到"硬封锁"两个阶段。2020 年 10 月 14 日，德国联邦和各州政府在关于新冠肺炎疫情形势的例行视频会议中达成一致，从 11 月 2 日起实施"轻度封锁"措施。在此次"轻度封锁"规定中，剧院、电影院、博物馆、餐馆、酒吧、健身房等公共场所必须关闭，其他商店继续营业；学校和日托中心正常开放。① 至 11 月末，德国感染人数依旧持续上升，"轻度封锁"政策收效甚微，而即将到来的圣诞节假期也让更严厉措施的推行显得更加棘手。在此情况下，默克尔总理在新一轮"新冠峰会"上宣布从 12 月 16 日开始实施新一轮"硬封锁"。相比"轻度封锁"，此轮封锁增加了更为严厉的新规定：例如大部分零售商店需关门；私人聚会最多允许来自 2 户家庭的 5 人参加，14 岁以下儿童不计入在内，圣诞节和新年假期期间适当放宽，但每户家庭只能再另外邀请 4 个属于"最亲密"家庭圈子的家庭成员聚会；全国禁止集会，包括圣诞节和新年假期期间；所有学校和日托中心关闭，停止面授课程；等等。② 由于第二波疫情每日新增确诊人数居高不下，"硬封锁"至 2021 年年初依旧没有结束。

（三）推出口罩强制令、"AHA"防疫公式与新冠预警 App

随着新冠肺炎疫情的发展，德国联邦政府及相关机构对公众佩戴口罩的

---

① Die Bundesregierung, "Bund-Länder – Beschluss zur Corona – Pandemie. 'Wir müssen handeln- und zwar jetzt'", 28. Okt. 2020, https：//www.bundesregierung.de/breg-de/aktuelles/bund-laender-beschluss-1804936.

② "Das sind die Corona-Regeln", *Tagesschau*, 13. Dez. 2020, https：//www.tagesschau.de/inland/corona-regeln-lockdown-101.html.

态度也从"没必要"到"强烈推荐",最后出台口罩强制令。在第一波疫情蔓延之初,联邦层面和大部分州政府官员认为没有必要实行口罩强制令,甚至许多医学界专家学者对在公众场所戴口罩的重要性普遍认识不足;而彼时德国新冠肺炎疫情已经进入新的传播阶段,新增确诊人数猛增,聚集性疫情接二连三地出现,德国东部图林根州耶拿市首先决定引入口罩强制令,并逐步推行,首先在公共交通工具和商店实施强制佩戴口罩的要求。① 当第一波疫情发展未能得到控制时,RKI和部分病毒学家改变了原本对佩戴口罩的看法。随着耶拿市口罩强制令取得明显成效,其他联邦州纷纷效仿,至3月29日所有联邦州均颁布了在公共场所需要强制佩戴口罩的指令。8月27日,联邦政府和各州达成一致,对未按要求佩戴口罩者进行罚款。至2021年年初,全德范围内的口罩强制令依旧生效,而且部分联邦州实施的佩戴口罩规定更为严格,即在公共交通工具和商店里,必须佩戴医用外科口罩、KN95/N95口罩或FFP2标准的口鼻罩。②

为了让接触限制、佩戴口罩等防疫规定得到顺利推广,德国联邦卫生部将防疫步骤总结成"AHA"防疫公式(AHA-Formel),"AHA"是根据德国防疫规则推导出的首字母缩写词,即保持至少1.5米的安全距离(A = Abstand halten)、勤洗手并注意卫生(H = Hygiene beachten)、佩戴口罩(A = Alltagsmasken tragen)。值得一提的是,联邦卫生部部长施潘(Jens Spahn)也非常重视这一防疫公式的宣传工作。据德国《明镜周刊》报道,截至2020年8月14日,"AHA"的宣传工作就已花费了德国联邦卫生部上千万欧元,印有"AHA"防疫公式的海报被张贴在370个加油站,在将近6万家电器商店、理发店或餐厅的电子屏幕中展示这一防疫公式。③ 以简洁明了的缩写形式宣传防疫规定,在一定程度上唤起民

---

① Gudrun Mallwitz, "Corona: Erste Kommunen führen die Maskenpflicht ein", *Kommunal*, 01. Apr. 2020, https: //kommunal. de/maskenpflicht - corona - krise.
② "Darauf haben sich Bund und Länder geeinigt", *ZDF*, 19. Jan. 2021, https: //www. zdf. de/nachrichten/politik/corona - massnahmen - shutdown - februar - 100. html.
③ Jörg Bleich, Antje Blinda et al., "Tuch und Segen", *Der Spiegel*, Nr. 34/14. 08. 2020, p. 13.

众对在疫情中防护的重视。不过，宣传花费过多也使卫生部防疫决策质量受到一定程度的质疑。

2020年6月16日，德国政府推出的新冠预警应用软件（Corona Warn App）正式上线。该应用主要依靠手机蓝牙功能，让用户在第一时间得知14天内附近人群的感染情况，及时中断感染链，提醒用户进行核酸检测。不过，由于民众可以自主选择是否使用该应用软件，许多人对该应用软件的隐私保护情况持怀疑态度，因此，疫情前几个阶段的软件注册和使用情况并不乐观，实际效果远不如预期。随着疫情的发展和政府的大力宣传推广，截至2020年12月18日，已有约2420万人下载了该软件，预警效果有所提升。

（四）提高防护物资的产量和进口数量，增加医疗物资战略储备

德国政府通过多渠道提高口罩、防护服等物资的储备量。口罩作为医护人员救治和大众日常防护过程中的重要卫生物资，其储备量充足与否和疫情防控效果息息相关。不过，如前所述，德国政府、专家和民众是在疫情发展过程中逐渐认识到口罩的重要性的。当第一波疫情在德国蔓延开来，多地出现聚集性感染病例，新冠肺炎新增确诊人数成倍增加，德国联邦政府才开始认识到公众佩戴口罩的重要性，有意识地呼吁群众佩戴口罩，并通过进口提高口罩、防护服等物资的储备量。3月3日，联合应对危机工作组在第三次会议上通过决议，禁止将防护面罩、手套、防护服等医疗防护设备出口到国外。卫生部部长施潘还约见了德国医药相关制造商，商讨如何更加高效地生产口罩和防护物资，以满足医院、诊所等医疗机构的需求。同时，联邦经济与能源部成立专门的工作小组，以监督德国内部相关医疗物资的产量和供应情况；卫生部则负责将这些防护物资以政府名义进行采购和分发。[1] 除了提高产量，德国联邦政府还试图通过国际市场采购相关物资。2020年4月9

---

[1] Bundesministerium für Gesundheit, "Coronavirus SARS-CoV-2: Chronik der bisherigen Maßnahmen", 15. Jan. 2021, https://www.bundesgesundheitsministerium.de/coronavirus/chronik-coronavirus.html.

日，德国联邦内阁通过条例，同意政府委托相关企业在国际市场上采购医疗器械和个人防护设备投放市场。[①]

（五）加大新冠疫苗研发投入，推进新冠疫苗接种工作

在意识到新冠肺炎有极高的传染性之后，德国联邦政府认识到开发疫苗的重要性。在德国卫生部的一份官方文件中，疫苗被比作"游戏规则的改变者"（game changer），因此德国政府支持各种科研机构进行疫苗产品的研发，以便尽早引入疫苗，从根本上控制疫情。[②] 卫生部还为此列出了具体工作内容。第一，卫生部将联合联邦教育与研究部，共同资助新冠肺炎疫苗研发工作。在国际合作方面，德国联邦政府将向国际疫苗研究协会（CEPI）捐款约6500万欧元，并将为疫苗后续的研发工作准备1.4亿欧元资金。此外，联邦政府也对部分医药企业的疫苗研发予以资助，其中 BioNTech 公司和 CureVac 公司分别获得3.75亿欧元和2.52亿欧元。第二，卫生部下属的保罗－埃利希研究所（PEI）负责对疫苗的研制、准入和广泛应用全过程进行跟进，给相关开发研究人员和企业就生产、临床前研究和临床试验提出建议，对企业和研发中心的临床试验进行授权和评估等。在一种疫苗引入德国市场后，PEI还需对其的应用情况进行深入研究和后续监控。第三，德国卫生部与欧盟委员会一起为欧盟成员国引入疫苗和相关企业进行谈判。在谈判顺利的情况下，企业疫苗得以引入欧盟，企业获得预购协议（APAs），德国政府也会按照协议上的价格向企业购买疫苗。[③]

---

① Bundesministerium für Gesundheit, "Verordnung zur Beschaffung von Medizinprodukten und persönlicher Schutzausrüstung bei der durch das Coronavirus SARS－CoV－2 verursachten Epidemie", 09. Apr. 2020, https：//www.bundesgesundheitsministerium.de/service/gesetze－und－verordnungen/guv－19－lp/mp－psa－beschaffungsvo.html.

② Bundesministerium für Gesundheit, "Impfen als Lösung", 14. Aug. 2020, https：//www.bundesgesundheitsministerium.de/fileadmin/Dateien/3_Downloads/C/Coronavirus/Faktenpapier_Impfen.pdf.

③ Bundesministerium für Gesundheit, "Impfen als Lösung", 14. Aug. 2020, https：//www.bundesgesundheitsministerium.de/fileadmin/Dateien/3_Downloads/C/Coronavirus/Faktenpapier_Impfen.pdf.

在欧洲药品局对欧盟引入疫苗进行批准后，德国开始新冠疫苗注册。不过，疫苗的成功上市之路也并不平坦。此前，欧盟坚持按照常规流程对疫苗进行检验，而迫于疫情压力的德国政府曾对欧盟方面进行施压，敦促欧盟加快对疫苗的审批速度。关于接种疫苗目标人群的先后次序，德国政府也有相关规定：80岁以上的老年人、疗养院或养老院住户、重症患者首先接种；其次是70岁以上的老年人、医生和护士；再次是60岁以上的老人、警察、消防员、教育工作者、救援机构工作人员。① 在接种地点方面，养老院等中的老年人及老年人的家人将有专人上门提供接种服务；其他人员可以到接种中心进行接种，全德总共设立了440个接种中心。同时，疫苗接种费用无须公民承担。② 12月27日，德国开始分发由辉瑞和BioNTech联合开发的新冠疫苗，率先为生活在养老院的老年人接种。然而，由于疫苗产量不足，截至2021年2月28日，共接种疫苗6132414支，其中完成首针的接种者4050848人，完成两针的接种者2081566人，③ 新冠疫苗接种完成率低于2.5%。

四　德国应对新冠肺炎疫情的机制与措施的局限

尽管德国政府采取了一系列措施以应对疫情，这些政策在疫情初期取得了较好的效果，但是随着疫情的不断蔓延，德国应对新冠肺炎疫情的机制与措施也显示出不少问题和局限性，主要包括以下几个方面。

---

① Die Bundesregierung, "Diese Reihenfolge gilt bei der Impfung", 20. Feb. 2021, https://www.bundesregierung.de/breg-de/themen/corona-informationen-impfung/corona-impfverordnung-1829940.

② "Impfungen gegen Corona: wichtige Fragen und Antworten", 15. Feb. 2021, https://www.verbraucherzentrale.de/faq/gesundheit-pflege/aerzte-und-kliniken/impfungen-gegen-corona-wichtige-fragen-und-antworten-54467.

③ Robert Koch-Institut, "Tabelle mit den gemeldeten Impfungen bundesweit und nach Bundesland sowie nach STIKO-Indikation", 01. Mär. 2021, https://www.rki.de/DE/Content/InfAZ/N/Neuartiges_Coronavirus/Daten/Impfquotenmonitoring.xlsx?__blob=publicationFile.

（一）联邦政府与联邦州政府难统一，各州之间防疫政策差异明显

尽管根据基本法和德国联邦制的规定，医疗和卫生事务属于联邦州的权责范围。在疫情防控过程中，联邦政府负责制定政策，具体的执行则由联邦州负责。在具体实施过程中，部分联邦州存在种种问题，导致防疫效果不甚理想。具体包括以下几个方面。第一，各联邦州对联邦政府出台政策的响应和执行程度不同。例如，在德国卫生部3月提出建议取消逾千人大型活动后，曼海姆、汉堡等地均出现举办999人集会活动的"擦边球"行为；在RKI将意大利评估确定为疫情重点国家、外交部明确建议民众取消赴意旅行后，仍有学校组织学生集体赴意游学。① 第二，各州公共卫生治理和应对疫情的能力不同。意大利疫情暴发初期，数千名德国人前往意大利北部滑雪，将新冠病毒带回德国各州。其中巴伐利亚州是第一个因滑雪者受到疫情感染的联邦州之一，该州政府迅速反应，率先宣布该州进入"灾难状态"，并率先实施"禁足令"。巴伐利亚州州长索德尔（Markus Söder）也因其雷厉风行的铁腕政策赢得了不少选民的支持。相比之下，其他联邦州，尤其是当时疫情最为严重的北莱茵－威斯特法伦州，出台的防疫政策显得有些"疲软"。第三，联邦州之间的政策差异为民众提供了"钻空子"的可能。例如，巴伐利亚州的居民在与亲友聚会时，可能为了免受行政处罚，越过边境进入巴登－符腾堡州阿尔高地区，因为该州允许远足和野餐。② 从5月起，德国各地区制定防疫政策均以7天感染率数值为主要依据，由于感染率各不相同，各地区防疫政策的差异也愈发明显。第四，多层级的决策和实施机制增加了大量的协调工作。联邦政府、联邦州、地方政府，各层级、各部委之间时时刻刻都处于商讨、协调、博弈的状态之中，这造成了资源浪费，同时

---

① 吴妍：《德国新型冠状病毒性肺炎疫情形势及防控举措分析》，《国别与区域研究》2020年第2期，第161页。
② Nathalie Behnke, "Föderalismus in der (Corona-) Krise? Föderale Funktionen, Kompetenzen und Entscheidungsprozesse", 21. Aug. 2020, Bundeszentrale für politische Bildung, https://www.bpb.de/apuz/314343/foederalismus-in-der-corona-krise。

也无法及时响应疫情发展。相比之下，在疫情初期将联邦州范围的权责较大程度地让渡给联邦政府的瑞士，则在防疫过程中显示出更高的效率。

（二）德国民众的价值观和生活方式给防疫措施的执行带来困难

从第二阶段疫情蔓延开始，德国推出了一系列限制措施，其根本目的是切断传播链，降低感染的概率和风险。然而，由于民众长期固有的价值观和生活方式等，这些措施在落实过程中面临诸多问题。第一，对新冠病毒重视不足，将新冠肺炎疫情"流感化"。与大多数西方国家一样，在疫情暴发的初期，德国民众对新冠病毒的致死率存疑，认为其毒性与流感类似。在3月德国政府首次制定了对居民工作和生活的限制性措施后，反对、质疑、不满的声音便随之而来。面对民众的"不理解""不配合"，德国总理默克尔、总统施泰因迈尔先后发表讲话，呼吁民众提高对新冠病毒的认识，保持耐心，遵守防控措施，做好自身防护。第二，"对自由的追求"阻碍德国民众遵守疫情应对措施。在疫情相对平稳的第三阶段，德国多个城市举行反对防疫限制措施的抗议游行。8月29日，超3万人走上柏林街头，抗议"社交限制令"和"口罩强制令"，高呼"新冠肺炎疫情是骗局"。《传染病防治法》修订版出台后，也有不少反对声，反对者认为其侵犯了公民的基本权利。第三，对隐私的重视限制了对确诊病例的流行病学调查和行动轨迹的追踪。地方卫生部门在进行核酸检测时，出于隐私保护限制，仅可获悉相关医务人员信息，检测结果常常无法迅速直接通知到个人。[①] 新冠预警应用软件在德国联邦政府推出很长时间里使用情况都不理想，民众出于隐私保护的考虑，不愿使用该软件，同时政府也无权强制民众使用。

（三）疫情防控措施的贯彻与德国经济社会利益发生矛盾

德国在此次疫情中遭受的经济社会打击不仅来源于病毒对民众身体健康

[①] 吴妍：《德国新型冠状病毒性肺炎疫情形势及防控举措分析》，《国别与区域研究》2020年第2期，第161页。

的侵袭，还来源于疫情防控措施的执行。第一，由于封锁措施的推行，许多商店被迫关门，中小企业危在旦夕，大型企业的盈利也受到重创，直接导致德国2020年度经济下行。第二，随着疫情发展，口罩强制令、居家隔离令的推行激起了许多民众的不满，众多抗议者走上街头抗议，使防控疫情传播措施的效果大打折扣，一些右翼极端分子甚至利用抗议者对经济下行、失业率居高的不满，加入游行队伍，宣传右翼民粹主义思想，激发社会矛盾。[①]第三，社会各界对疫情防控措施的排斥心理，也让德国疫情防控打成了令全国上下疲惫不堪的"持久战"。在第一波疫情防控初见成效、新增确诊病例增速降低、死亡率下降之时，社会各界就呼吁放松疫情防控管制，政府也为迎合民意，重新开放餐厅等公众场所，取消居家隔离，而忽视了新增确诊病例人数仍然每天都在增加的事实。

（四）在边境管控、防疫物资等诸多方面与其他欧盟成员国缺乏协调，影响疫情防控效果

德国位于欧洲的中央，加之欧盟内部的高度流动性，使德国在应对新冠肺炎疫情方面难以独善其身。然而，欧盟各成员国面对突如其来的新冠肺炎疫情，在多方面缺乏沟通和协调，最终导致疫情在欧洲各国全面暴发，暴露出欧盟在卫生防疫领域的多重问题。第一，各成员国各自抗疫，相互之间缺乏互助和协调。欧洲疫情最初的大规模暴发发生在意大利，然而，各国不但没有安排医护人员驰援意大利，反而纷纷出台政策限制意大利人入境。随着在意大利旅行的本国人将病毒带回各国，疫情逐步在欧洲各国蔓延开来，各成员国仍缺乏协调，选择各自关闭国门。与德国接壤的丹麦、波兰和捷克率先关闭了与德国的边境，随后德国也单方面宣布向多个邻国关闭边境。第

---

① BR24, "Corona-Proteste in Berlin: Politiker kritisieren Demonstranten", 31. Aug. 2020, https: // www. br. de/nachrichten/deutschland – welt/corona – proteste – in – berlin – politiker – kritisieren – demonstranten, S97PGWO.

二，疫情初期防疫物资的缺失引发欧盟成员国之间的矛盾。① 与德国一样，欧盟各国在疫情暴发初期未能对新冠病毒引起足够重视，前期防疫物资储备明显不足。多个国家扣留或截取他国过境运输的口罩，德国还曾与其他欧盟国家上演相互争夺口罩物资的闹剧。新冠肺炎疫情在欧洲全面快速蔓延，无疑使本就面临多重危机的欧盟雪上加霜。

五 结语

至今，德国新冠肺炎疫情的拐点尚未显现，德国政府已经开始按照7天感染率的未来可能走向制定不同的应对举措，更准确地说，德国政府已经开始制定放松限制政策。但这似乎只是德国政府的美好愿望。第二波疫情尚未得到控制，德国医学专家已经预测由新冠变异病毒引起的第三波疫情很快就会来临。

完善的医疗体系和公共卫生防疫机制让德国在疫情初期能够按部就班地防疫，并取得了较好的防疫效果，但随着疫情不断蔓延，民众对长期防疫的疲惫和厌倦最终使疫情在德国难以控制，也显示出德国公共卫生治理机制和举措的一些问题和局限，而且德国至今也未能找到走出疫情困境的有效解决方案。

此外，这场旷日持久的防疫战对德国政治、经济、社会等多方面造成了巨大影响。在政治方面，执政党基民盟/基社盟从疫情初期防疫有效中获得的红利，在第二波疫情中逐渐被消磨殆尽，能否继续获得大部分选民的信任成为2021年即将举行的联邦议会选举中的最大悬念。在经济方面，虽然德国政府推出二战以来数额最大的企业救助计划，通过税收、租金优惠等政策帮扶企业渡过难关，但中小企业破产倒闭的比例居高不下，德国经济"大伤元气"，恐怕短期内都难以复原。在社会方面，新冠肺炎疫情也进一步加

---

① 参见张磊《欧盟应对新冠肺炎疫情机制及其局限》，《国际论坛》2020年第4期，第130页。

速了德国社会的撕裂，必须靠短时工维持生活的人群明显扩大，失业率进一步提升，疫情风险、社交限制等造成有心理问题的人的数量明显增多，社会动荡加剧。

与其他西方国家一样，德国也将实现疫苗的全民接种视为应对疫情的最终解决之策。然而至今为止德国的接种率远低于预期，由于疫苗生产、许可等多方面限制，能否在 2021 年夏季实现全民接种仍是未知数。即使疫情最终获得控制，德国政治、经济、社会等多方面的问题又如何以及何时得以解决，将是德国在后疫情时代必须面对的"考题"。

经济专题篇
Economy

B.8 疫情对德国数字化转型进展的影响

俞宙明[*]

摘 要： 21世纪前20年里，德国在数字领域的发展相对迟缓，不仅与美国、亚洲诸国的差距继续拉大，而且在欧盟也仅居于中流。2020年突如其来的新冠肺炎疫情，给德国的数字化转型带来了新的挑战和机遇。社交隔离提出的远程和虚拟交流需求促进了远程工作、教育、医疗及社交、购物等的发展，对企业的数字化进程起到了巨大的推动作用，数字化手段在疫情防控中起到了非常重要的作用，而社会对于数字化的接受度也随之提高。但同时疫情也暴露出德国数字基础设施薄弱、监管偏严等问题，数字医疗潜力未能得到充分发挥，数字主权问题进一步凸显。德国政府将数字化视为应对疫情及疫后恢复的重要途径，2020年以来出台的

---

[*] 俞宙明，哲学博士，同济大学德国问题研究所/欧盟研究所讲师、德国研究中心研究人员，主要研究领域为德国科教政策、数字化转型以及中德人文交流。

一系列数字政策和措施，依循数字化转型发展的既定道路，但更多地考虑到了疫情的影响和所带来的现实需求。2021年是德国大选之年，政府换届后预计德国的数字政策将呈现出较强的延续性。

关键词： 德国　数字化转型　新冠肺炎疫情

　　经济和社会的数字化正在带来人类生产生活方式的深刻变革。德国在数字化方面起步早，但后续发展迟滞，在全球竞争中渐渐落后于美国和亚洲国家。面对数字化各领域的巨大挑战，德国于2010年将数字化纳入其"高科技战略"，成为其中的重点领域之一，并于2014年出台《数字议程2014～2017》。2016年联邦经济与能源部提出了《数字战略2025》及具体的"数字化行动计划"，以提高生活质量、发展经济和社会事业、挖掘经济和生态潜力及确保社会凝聚力为目标，在促进经济社会数字化方面的思路逐渐清晰。①

　　2018年德国组成新一届联邦政府，在联盟党和社民党联合组阁签订的《联合执政协议》②中，"数字化"一词出现近百次。该协议提出要发动"数字化攻势"，推动数字教育与研究，促进数字基础设施建设，挖掘创新潜力。新一届联邦政府较为注重数字政策的部门间协调，致力于发挥协同效应，组建了"数字化内阁委员会"、信息化委员会（IT-Rat）、数据伦理委员会、竞争法4.0委员会、跨越式创新促进局等相关机构。同年11月，德国又出台了数字化的具体"实施战略"（该项战略在2019年3月更新）以及

---

① 关于德国这段时间的数字化转型进程及相关政策，可参见俞宙明《德国"数字议程"与数字化转型进程》，载郑春荣主编《德国发展报告（2017）：大选背景下的德国》，社会科学文献出版社，2017。

② *Ein neuer Aufbruch für Europa. Eine neue Dynamik für Deutschland Ein neuer Zusammenhalt für unser Land. Koalitionsvertrag zwischen CDU, CSU und SPD 19. Legislaturperiode*，https：//www.bundesregierung.de/breg-de/themen/koalitionsvertrag-zwischen-cdu-csu-und-spd-195906.

《人工智能战略》，人工智能更成为2019年德国科学年的主题。

然而21世纪前20年里，德国在数字化领域总的发展并不尽如人意，虽然在工业互联网、数据保护、安全与规制等方面拥有一定优势，但在基础设施、人工智能、公共服务等方面的短板也很明显。从国际比较看，德国不仅与美国、亚洲诸国的差距继续拉大，而且在欧盟也仅居于中流，与德国作为欧盟最大经济体的地位极不相符。

2020年初起，突如其来的新冠肺炎疫情席卷全球，其高度危害性以及传播和变异速度令包括德国在内的发达国家亦疲于应对，堪称冷战以来最严重的突发性全球危机。疫情的影响远远超出了其本身，给经济、政治、社会各方面都带来巨大挑战和造成深刻改变，而数字化在其中扮演了特殊的角色。数字化在疫情期间既面对严峻挑战，也迎来巨大的发展机遇，更是被视为解决疫情期间各方面问题以及疫后经济复苏、社会重建的一剂良药。

德国的疫情在2020年经历数轮起伏，至今形势仍然严峻，本文仅基于现有数据和资料，讨论疫情对德国数字化进程的影响。本文将在总结德国疫情前数字化进程状况的基础上，分析疫情给德国数字化进程带来的机遇和挑战，梳理疫情对德国数字化转型带来的影响以及联邦政府的数字化应对，预判未来发展，并对中德数字领域合作提出展望。

一 疫情前期德国数字化转型的进展

从欧盟发布的数字经济与社会指数（DESI）中，可以了解德国社会经济数字化转型的概貌。从2018~2020年的该指数变化情况看，德国疫情前的数字化程度在稳步上升，略高于欧盟平均水平，在28个成员国中排名第12位（见表1）。[①]

---

① "Index für die digitale Wirtschaft und Gesellschaft（DESI）2020", European Commission, Deutschland, https：//ec.europa.eu/newsroom/dae/document.cfm?doc_id=66943.

表1 2018~2020年德国在欧盟数字经济与社会指数（DESI）中的表现

	德国排名	德国得分	欧盟平均分
DESI 2020	12	56.1	52.6
DESI 2019	13	51.2	49.4
DESI 2018	14	47.9	46.5

资料来源：European Commission,"Index für die digitale Wirtschaft und Gesellschaft（DESI）2020, Deutschland", https：//ec.europa.eu/newsroom/dae/document.cfm?doc_id=66943。

在DESI所关注的互通性、人力资本、互联网应用、数字技术集成和数字化公共服务五个维度上，德国多数表现良好。在互通性方面，德国为5G做好了准备，固定宽带连接的比例也在欧盟居于前列，但超大容量网络（VHCN）覆盖率仅排名第21位，低于欧盟平均水平，而欧盟的这一方面在全球本就处于落后水平。在人力资本方面，德国在基本数字技能和基本软件技能方面表现尚佳，居于第5位，德国企业在社交媒体应用方面进展较好。互联网应用方面德国排名第9位，只有5%的德国人从未使用过互联网，84%的人在网上购物。但在数字化公共服务方面德国表现最差，排名第21位，而电子政务服务方面排名甚至仅为第26位。[1]

对于德国的数字经济社会各方面的发展状况，德国政府及各机构也已开发出一系列调研手段及测评工具进行监测与评估。以下基于此类评估数据并参考欧洲及全球层面的一系列指数、排名与报告，对德国数字化转型各个领域在疫情前期的发展状况做一梳理。

（一）数字基础设施及连通性

德国政府一直非常重视并致力于推进宽带网络的建设，本届政府《联合执政协议》中也提出到2025年要把千兆网络铺设到德国所有地区。德国交通与数字基础设施部每年发布关于德国宽带接通情况的报告。近年来德国

---

[1] "Index für die digitale Wirtschaft und Gesellschaft（DESI）2020", European Commission, Deutschland, https：//ec.europa.eu/newsroom/dae/document.cfm?doc_id=66943.

宽带覆盖率持续上升，到 2020 年年中，德国 16 兆网络的城乡覆盖率达 96.3%，但千兆网络的城乡覆盖率仅为约 55.9%，其中最大的问题在于城乡分布不均，宽带速率越高，城乡差距就越大（参见表2）①。

表 2 德国城乡宽带覆盖率（2020 年 6 月）

单位：%

带宽	城市地区	半城市地区	农村地区
≥ 16 Mbit/s	99.1	95.0	85.4
≥ 30 Mbit/s	98.3	93.0	81.6
≥ 50 Mbit/s	97.8	90.9	77.1
≥ 100 Mbit/s	94.5	79.6	58.3
≥ 200 Mbit/s	90.9	67.3	37.6
≥ 400 Mbit/s	85.5	53.0	21.8
≥ 1000 Mbit/s	74.6	37.0	16.7

资料来源：BMVI, "Aktuelle Breitbandverfügbarkeit in Deutschland (Stand Mitte 2020)", https://www.bmvi.de/SharedDocs/DE/Publikationen/DG/breitband-verfuegbarkeit-mitte-2020.pdf?__blob=publicationFile。

事实上，数字基础设施一直是德国数字化转型中的一个较为薄弱的环节。据经合组织在 2018 年 12 月发布的数据，德国的固定宽带接入中只有 3.2% 采用玻璃光纤，大大低于经合组织的平均值（30.3%）。②在世界经济论坛《2019 年全球竞争力报告》中，在"光纤互联网接入"这一项，德国在 141 个国家中仅排名第 72 位③，与 2018 年（第 66 位）相比甚至还下降了 6 位。这也足以说明德国宽带设施建设总体上仍显薄弱，尤其是农村地区的宽带覆盖问题是个很大的挑战。

---

① BMVI, "Aktuelle Breitbandverfügbarkeit in Deutschland (Stand Mitte 2020)", https://www.bmvi.de/SharedDocs/DE/Publikationen/DG/breitband-verfuegbarkeit-mitte-2020.pdf?__blob=publicationFile.

② Mathias Brandt, "Breitbandausbau: Kaun Glasfaser in Deutschland", 10.07.2019, https://de.statista.com/infografik/7912/breitband-ausbau-im-laendervergleich/.

③ World Economic Forum, *The Global Competitiveness Report 2019*, p.240, https://www.weforum.org.

（二）数字经济

信息和通信技术部门在德国经济中具有极大的重要性。据德国联邦经济与能源部发布的相关数据，2019年，该行业拥有约128万名员工，企业超过10万家，营业额连续6年增长，达到近2810亿欧元，其中信息通信技术服务提供商的营业额占65%，硬件制造商占35%。同年该行业创造的增加值首次超过1200亿欧元大关，投资超过200亿欧元。同时该行业在创新创业方面也在德国处于领先地位。2017~2019年有重要创新行为的企业在该行业占到85%，领先于电气、机械和汽车等行业；创业公司的比例达到6.1%，仅次于旅游业。[1]

在工业数字化领域，德国自2015年"工业4.0"平台建立以来，"工业4.0"至今已经获得较好的发展。在2019年德国信息技术、通信和新媒体协会（Bitkom）进行的一项调查中，有55%的被访企业表示已经引入某一类"工业4.0"应用。到2020年，德国工业界每年在"工业4.0"上的投入达400亿欧元，实现的增加值达到1530亿欧元，83%的企业预计在2020年其价值链的数字化程度还将进一步提高。[2] 彭博社新能源财经BNEF从2019年开始发布全球十大工业数字化国家排名，德国在2019年名列第一，2020年名列第三，仅次于韩国和新加坡，优于美国和亚洲其他国家。[3]

在数据价值化方面，德国仍处于较为保守的阶段，对于数据的广泛利用与共享，在经济界尚缺少普遍共识。德国经济研究所最新的调查显示，德国85%的企业拒绝德国政府的"数据战略"考虑引入的数据共享义务，即使

---

[1] BMWi, *IKT-Branchenbild: Volkswirtschaftliche Kennzahlen, Innovations - und Gründungsgeschehen 2020*, https://www.de.digital/DIGITAL/Redaktion/DE/Digitalisierungsindex/Publikationen/publikation - download - branchenbilder.pdf?__blob=publicationFile&v=5.

[2] BMWi, "Digitale Transformation in der Industrie", https://www.bmwi.de/Redaktion/DE/Dossier/industrie - 40.html.

[3] Bloomberg NEF, "South Korea, Singapore, Germany Lead BNEF Ranking of Top Digitalization Markets", September 24, 2020, https://about.bnef.com/blog/south - korea - singapore - germany - lead - bnef - ranking - of - top - digitalization - markets/.

是数字企业,对此表示支持的比例也只有18%。德国首倡的泛欧联网数据框架盖亚-X(Gaia-X)项目在企业中的知晓率甚至只有6.5%。①

(三)人工智能

人工智能在德国发展趋势向好。据德国数字经济协会《2020年人工智能监测报告》,② 2020年德国的人工智能指数为107.85(以2019年为基数100,增长近8%),其中经济领域贡献6.39点的增长,社会领域贡献1.85点的增长。框架条件方面拉低指数0.39点,这主要是因为数字基础设施建设的滞后给人工智能的普遍应用带来了阻碍。

在经济界,约有60%的企业对人工智能持积极态度,这个比例在中小型企业中更是超过70%。已应用人工智能的企业的比例从2019年的10.1%上升到2020年的12.9%。在社会领域,人工智能在社会上的知晓率从2019年的52%上升到2020年的61%。人工智能领域的学术出版和专利申请也在显著增长。2018年德国人工智能方面的学术论文为5653篇,在全部学术论文中占比为3.78%;2019年则增长到6748篇,占比4.16%。2016年德国人工智能专利申请量为228件,占德国全部专利的比例为0.58%;2017年为354件,占比升至0.90%。

(四)数字社会

德国"D21倡议行动"组织的《2020年数字社会年度报告》发布的19/20 D21数字指数③保持了数年以来的缓慢增长趋势,综合指数较一年前再升3点,达到58点(满分为100点)。德国民众多数对数字化带来的变化持积极态度,期

---

① IW, *Datenwirtschat in Deutschland. Wo stehen die Unternehmen in der Datennutzung und was sind ihre größten Hemmnisse?* 2021, https://www.iwkoeln.de/fileadmin/user_upload/Studien/Gutachten/PDF/2021/Hemmnisse_der_Datenwirtschaft_Studie_final.pdf.
② BVDW, *KI-Monitor. Status quo der Künstlichen Intelligenz in Deutschland. Gutachten*, 2020, http://www.bvdw.org.
③ Initiative D21, *D21 Digital Index 19/20. Jährliches Lagebild zur Digitalen Gesellschaft*, 2020, https://initiatived21.de/app/uploads/2020/02/d21_index2019_2020.pdf.

待未来数字化可在消费、医疗、生产、教育和交通出行等领域带来巨大变化，但他们也担心自身的数据安全。在该指数的四个分维度中，网络接入上升最快，目前德国网民比例已达到86%，主要是通过移动设备接入互联网。数字能力的重要性日益上升，有28%的参与调查者表示曾经在医疗、交通等服务行业遇到只能通过数字途径进行的情况，但数字鸿沟现象也随之露头，高学历者及白领的数字化水平越来越高于低学历和职场地位较低者或无业者（见图1）。

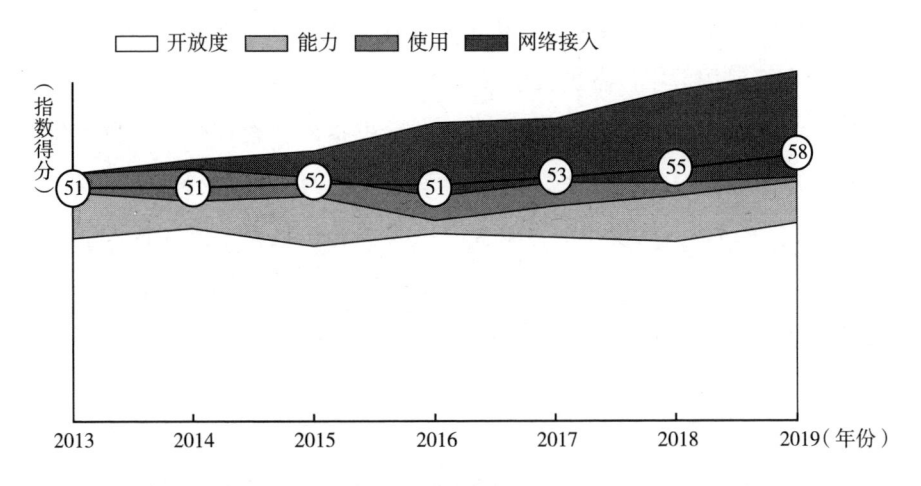

图1　D21数字指数的四个维度和综合指数历年发展趋势

资料来源：Initiative D21，*D21 Digital Index 19/20. Jährliches Lagebild zur Digitalen Gesellschaft*，2020，https：//initiatived21. de/app/uploads/2020/02/d21_ index2019_ 2020. pdf。

（五）数字教育

2013年，德国在第一次国际计算机与信息素养调查（ICILS）中的表现令人失望，联邦政府在《数字议程2014～2017》中首次提出数字"教育攻势"，各州文教部长联席会又在2016年底发布"数字战略"，将数字能力列为重要的教育目标。2019年联邦政府经修宪授权后启动"中小学校数字公约"（Digitalpakt Schule）计划，斥资50亿欧元支持各州学校数字基础设施建设。然而，这些措施暂时还未能带来显著的改善。2018年的ICILS调查中，德国总体上仍处于中游。德国教师在课堂上使用数字媒体的频率有所提高，每周至少使用一次数字媒体的教师达到60%，每天使用数字媒体教学的教师达到23.2%，均比2013年增长超过1倍。但这个水平与其他国家相比，仍然相当落后。而学生的数字技能更是几乎没有改善。德国的学生在测试项目中仅获486分，低于500分的均值（最高分为韩国，536分；丹麦527分；最低分为卢森堡，460分）。与五年前一样，仍有三分之一的学生计算机及信息能力处于中下水平。同时，德国学校数字设备配比等指标也处于国际平均线以下。只有4%的学生表示在课堂上使用了数字设备，德国学生也很少自行使用数字设备进行学习。[1]

联邦教研部发布的《2020年教育报告》也指出，教育机构的数字化进展已经落后于数字社会的发展，2018年学生以学习为目的利用数字媒体的比例在校内为23%，在校外则为42%。大量教育机构仍未能在技术上为数字化转型做好准备，例如，德国中等学校在2018年有32%未接通无线网，45%没有数字教学管理系统，71%没有基于互联网的协同工作应用。[2]

（六）电子政务与电子医疗

如前文DESI指数显示，德国数字化公共服务较为薄弱，虽然联邦政府早已认识到这方面的重要性，早在2017年就提出要建立公共服务门户网站，并推出《在线访问法》（OZG），规定德国联邦、州和地方政府有义务在2022年年底前通过行政门户网站提供数字化的行政服务，但事实上进展甚慢。据D21电子政务监测报告[3]，2019年德国数字行政服务的使用率为48%，虽然比2018年的40%提升了8个百分点，但其实前几年总的趋势是

---

[1] Florentine Anders, "ICILS 2018. Wo steht Deutschland in der digitalen Bildung?", 2019, https://deutsches–schulportal.de/bildungswesen/icils2018–wo–steht–deutschland–in–der–digitalen–bildung/.

[2] Autorengruppe Bildungsberichterstattung, *Bildung in Deutschland 2020. Ein indikatorengestützter Bericht mit einer Analyse zu Bildung in einer digitalisierten Welt*, 2020, p.299, https://www.bildungsbericht.de/de/bildungsberichte–seit–2006/bildungsbericht–2020/pdf–dateien–2020/kapitel–h–2020.pdf.

[3] "Egovernment Monitor 2020", https://initiatived21.de/egovernment–monitor/.

先降后升，实际上与2012年的45%相差无几。政府服务的数字识别选项尚未成为日常生活的一部分，在数字报税等领域，德国的电子政务服务使用率低于奥地利和瑞士。

医疗方面，近年来数字化已经成为医疗政策的一大关注点，但由于进程缓慢，德国医疗体系数字化仍落后于欧洲其他国家。贝塔斯曼基金会2018年的数字健康指数德国为30，在17个欧美国家中排名倒数第二，大大低于排名第一的爱沙尼亚（81.9），甚至与排名第十三的比利时（54.7）都有巨大差距，其中指标"移动医疗和移动应用在医疗领域的常规应用"的评价等级为最低级，即"尚无"。[①] 麦肯锡《2020电子医疗监测报告》则显示德国的电子医疗有了一定的发展，前述问题有了一定的改善，但医疗机构仍然主要以模拟形式交换医疗数据，93%的医生仍然以纸质形式与医院沟通，使用电子健康记录等工具的医疗机构占比不到一半（44%），2019年有59%的诊所没有提供任何数字服务。[②] 认识到自身的落后状况后，德国近年来通过了一系列试行法案，以为数字医疗战略奠定基础。2019年11月8日，《数字供应法》获得议会通过，就数字医疗应用程序、电子处方、患者数据等方面做出了规定。这也是德国多年来扩大医疗服务数字化的首次实际行动。

（七）云计算

云计算提供的服务仍然处于增长的道路上。Bitkom调查显示，2019年，每四家公司中就有三家（76%）使用了来自云计算的计算服务——相比之下，上一年为73%，2017年只有66%。还有19%的企业正在计划或讨论云

[①] Bertelsmann Stiftung（Hrsg.）, *SPOTLIGHT Gesundheit*：*#SmartHealthSystems. Digitalisierung braucht effektive Strategie, politische Führung und eine koordinierende nationale Institution*, 2018, https：//www.bertelsmann-stiftung.de/de/unsere-projekte/der-digitale-patient/projektthemen/smarthealthsystems/digital-health-index.

[②] McKinsey & Company, *eHealth Monitor 2020. Deutschlands Weg in die digitale Gesundheitsversorgung-Status quo und Perspektiven*, 2020, https：//www.mckinsey.de/~/media/mckinsey/locations/europe%20and%20middle%20east/deutschland/news/presse/2020/2020-11-12%20ehealth%20monitor/ehealth%20monitor%202020.pdf.

计算部署。云应用已经在整个经济领域建立,成为数字化的核心技术。超过四分之三的云用户(77%)认为,云的部署为整个公司的数字化做出了重大贡献。另有69%的人认为云的部署大大促进了其内部流程的数字化,五分之二(38%)的人表示云计算对新商业模式的发展有很大的贡献。①

(八)信息安全与数字监管

德国十分重视网络信息安全治理。2011年德国首次推出《网络安全战略》,2015年通过了《德国网络安全法》,为关键基础设施的安全运行规定了必要条件,并确立了网络安全报告制度。但近几年,德国信息技术安全形势仍然严峻。联邦信息技术安全局发布的《2020年德国信息技术安全状况》报告指出,利用恶意软件进行的大规模网络攻击、个人数据外流、硬件与软件漏洞等问题与前几年相比并未改善,有些甚至更为严重。至2020年年中,报告有1.17亿种恶意程序(2019年为1.14亿种),平均每天出现32.2万种;电子邮件中垃圾邮件占比76%,也高于2019年的69%;个人数据外泄的问题也较为严重,医疗系统亦未能幸免,估计有2430万份病人数据在互联网上遭到泄露。

在数字经济的监管方面,德国政府在落地欧盟《通用数据保护条例》的同时,2019年,启动了《反对限制竞争法》的第十次修订,该法案于2020年2月进入联邦政府审议环节。该法加强了对大型数字平台的竞争行为的监管,尤其是阻止了大型企业对"数据入口"的垄断,具有一定的创新性,也有望为欧盟境内甚至全球的数字经济监管树立一个典范。

二 疫情给德国数字化转型带来的挑战和机遇

2020年年初,新冠肺炎疫情突如其来并迅速在欧洲蔓延,对欧洲经济社

---

① KMPG, " Drei von vier Unternehmen nutzen Cloud – Computing ", KMPG, 23. Juni 2020, https://home.kpmg/de/de/home/media/press-releases/2020/06/drei-von-vier-unternehmen-nutzen-cloud-computing.html.

会各层面造成严重影响。由于新冠病毒的长潜伏期和高传染性,隔离与封锁成为重要的防疫手段,从而使建立在人员、物资和信息全球化流动和交换之上的现代社会面临巨大挑战,社会经济生产生活的模式被迫随之改变,以尽可能减轻疫情及各种抗疫措施带来的不利后果。而数字化则成为新冠危机中少见的一个亮点。疫情被喻为"数字化的推动者",数字化又被称为"疫苗"或"疫情中的赢家"。但有需求也就意味着有欠缺,在发展不平衡的情况下,疫情为德国的数字化转型进程带来的既有机遇,也有挑战,既促进了发展,也暴露出瓶颈。

(一)疫情带来的新机遇

1. 社交隔离催生远程解决方案

疫情为数字化进程带来新机遇,首先体现在社交隔离提出的远程和虚拟交流需求上。远程办公、远程教育、远程医疗、远程社交以及远程购物、娱乐等经济社会生活的新方式、新生态,各种在以前往往被认为执行起来十分困难的措施,在疫情中因为别无选择,得以迅速落地并受到广泛认可。由此,疫情促进了原有技术的发展,也催生了新的技术,并使疫情前一些偶发性、非主流的数字生产生活方式常态化、日常化。

据 D21 数字指数的调查数据,2020 年,使用远程工作、居家工作或移动工作的职场人士是上一年的 2 倍,占比达到 32%。在办公室工作群体中这一比例甚至达到了 60% 左右,同样比上一年翻了一番。在所有居家工作的人里,有 34% 是因疫情所限而第一次尝试使用这种工作方式;而在此前有过居家工作经验的人中,则有 38% 的人表示疫情期间增加了居家工作的时间。59% 的人已经习惯了这种工作方式并表示居家工作的效率更高,64% 的人表示自己在这方面得到了雇主的充分支持。另有超过三分之一的人表示希望疫情过后仍能继续居家工作。这些数字都足以说明,新冠肺炎疫情及相关抗疫措施极大地改变了职场工作的面貌,推进了职场的数字化转向。[1]

---

[1] Initivative D21, *Home Office in Zeiten von Corona*, https://initiatived21.de/deutlicher-corona-effekt-beim-digitalen-arbeiten-mehr-homeoffice-gewuenscht-ausser-von-den-fuehrungskraeften/.

受到疫情严重影响的另一个方面是学校教育。在2020年3月疫情形势严峻的情况下,各州政府纷纷发出限制出行和聚集的建议,德国大中小学校园亦陆续关闭或仅有限开放,在线教学成为各级各类教学的重要手段。据2020年4月初德国学校晴雨表就新冠肺炎疫情影响所做的教师调查,在中小学校关闭时,虽然多数教师仍采用较为传统的作业表等模拟形式进行远程教学,但也常常加入数字手段,有37%的受访者使用讲解视频,17%的受访者使用数字演示文档,14%的教师通过视频会议上课。疫情期间教师与学生的沟通方式,最常见的是通过电子邮件(79%),其次是电话(46%)、数字教学平台(45%)、学校网页(31%)和社交媒体与即时通信软件(28%)。虽然多数学校在各方面对疫情并没有足够的准备,但在问及对未来的展望时,多数教师都认为疫情将会成为学校数字化的一个促进因素。有59%的被访者表示,如果没有疫情导致的学校关闭,一些用于课堂教学或师生交流的数字手段可能不会这么早投入使用,或者根本不会被考虑。有49%的被访者认为,教师、家长和学生之间的交流沟通,今后可能会更多地通过数字方式进行。另有47%的被访者认为,即使在疫情缓解、学校重新开放之后,数字教学手段也会比疫前更多的在课堂上得到应用。[①]

远程医疗同样在疫情中得到推进,手机、电脑等数字通信手段成为医患沟通的重要方式。2020年3月,德国医师协会和医保基金达成协议,允许医生通过电话问诊为轻度感冒患者远程开具病假证明,该协议最初有效期为四周,后因疫情持续和民众的高接受度,又一再延长。同期视频医疗咨询也大量增长,在Bitkom于2020年7月结束的一项调查中,有13%的被访者表示曾以视频方式向医生进行过咨询,比一年前的5%增加了近2倍。调查显示,数字医疗产业的业内人士也普遍认为新冠危机对数字化医疗产业起到了促进作用,这种作用主要体现在以下几个方面:数字化诊疗接受度的提高(53%)、用户的增长(26%)、规则的改善(42%),以及投资(17%)和

---

① Das Deutsche Schulportal, "Lehrer-Umfrage: Erstmals repräsentative Daten zum Fernunterricht", https://deutsches-schulportal.de/unterricht/das-deutsche-schulbarometer-spezial-corona-krise/.

营业额（14%）的增长等，只有4%的被访者认为没有什么促进作用。①

同时，疫情也影响并改变了民众的出行和消费等行为，数字媒体在日常生活中得到更广泛的使用，如视频会议、网上购物、网上娱乐等的需求大大增加，2020年年中的数据流量比疫情以前增长了10%左右，其中在线游戏增长30%，视频会议增长达120%，在线交易量增长60%，同时也促进了无现金支付的发展。②

2. 企业数字化进程得到推进

疫情对企业的数字化进程起到了巨大的推动作用。研究发现，在疫情限制中面临停工停产的威胁之时，三个因素对于企业保持活力至关重要：其一是对产品需求的波动做出灵活反应的能力，其二是在生产和物流中保持非接触距离的能力，其三是在封锁下仍与（潜在）客户和合作伙伴保持交流沟通和可见度的能力。而这些能力都与企业的数字化程度密切相关。③ 可以说，企业的数字化定位越高，对危机的抵抗力就越好。基于这一认识，德国企业纷纷推进自身的数字化建设。调查显示，在拥有百名以上员工的大型企业中有75%在疫情期间增加了对数字设备、技术和应用方面的投入。④ 中小型企业同样视数字化为应对疫情影响的重要手段，有46%的企业在疫情期间以数字化手段对其经营模式、产品或服务进行了紧急调整以适应新的条件；本身数字化发展处于领先地位的企业，有77%拿出了快速灵活应对危机的数字化解决方案，而这个比例在数字化发展水平一般的企业中则只有36%。⑤

---

① "Positive Auswirkungen der Corona-Krise auf die Digital Health-Industrie 2020", https://de.statista.com/statistik/daten/studie/1185645/umfrage/auswirkungen-der-corona-krise-auf-die-digital-health-industrie/.

② EY/Wuppertal Institut, *Zwischenbilanz COVID-19: Umweltpolitik und Digitalisierung*, 2020, https://www.bmu.de/fileadmin/Daten_BMU/Download_PDF/Digitalisierung/zwischenbilanz_covid19_bf.pdf.

③ Irene Bertschek, "Digitalisierung-der Corona-Impfstoff für die Wirtschaft", *Wirtschaftsdienst*, 100. Jahrgang, 2020, Heft 9, p. 652.

④ Studie von TCS, "Corona-Pandemie beschleunigt Digitalisierung in größeren Unternehmen", 29. August 2020, https://industrie.de/arbeitswelt/corona-pandemie-beschleunigt-digitalisierung-in-groesseren-unternehmen/.

⑤ "Der digitale Status Quo des Mittelstands", https://www.digitalisierungsindex.de/studie/gesamtbericht-2021/.

3. 数字化手段助力疫情防控

数字化手段在疫情防控中起到了非常重要的作用，其中既包括疫情追踪预警方面的 App 应用，也包括以数字化手段进行疫情相关领域的合作研究。德国的官方新冠肺炎疫情预警 App 应用由 SAP 和德国电信开发，于 2020 年 6 月 16 日由罗伯特·科赫研究所发布，以完全去中心化和匿名化为特点，通过追踪接触者来提醒用户感染风险。该应用自 2020 年 7 月后陆续推出 20 多种语言的版本，在欧洲实现了跨境追踪。除了这一官方应用外，德国还有十几种抗疫应用，最早的在 2020 年 3 月即已推出。同时，在抗疫药物研发和策略制定上，数字通信手段和大数据利用也起到了不可或缺的作用，例如在德国政府的"医疗信息学"倡议行动中，各所大学建立了数据集成中心，为许多抗击新冠肺炎疫情的研究项目完成初步的数据收集工作。

4. 社会对数字化开放程度提高

疫情在一定程度上改变了人们的固有思维方式，提高了社会对于数字化的接受度。在安永的疫情中期调查中，2020 年 4 月有 57% 的被访者视数字化为机遇，高于 2018 年的 44%。[①] 例如，Bitkom 的调查显示：疫情大大提高了社会对远程医疗服务的开放态度，93% 的人赞成扩大数字医疗服务，62% 的人认可医生通过电子邮件、即时通信软件或 App 应用等数字方式开具病假单；超过半数的人（53%）认为数字技术的使用可为新冠肺炎疫情期间的危机管理提供助力，更有 84% 的人相信数字技术可在抗疫防疫相关科研中发挥作用；人们对医学领域人工智能应用的认同度也有很大提高，有 45% 的人认为医生原则上应借助人工智能来进行诊断，这个比例在 2019 年仅为 39%。[②] 类似的情况也出现在教育、经济、行政等其他数字化

---

① EY/Wuppertal Institut, *Zwischenbilanz COVID - 19: Umweltpolitik und Digitalisierung*, 2020, https://www.bmu.de/fileadmin/Daten_BMU/Download_PDF/Digitalisierung/zwischenbilanz_covid19_bf.pdf.

② "Corona-Pandemie beschleunigt E-Health in Deutschland", 2020 - 7 - 16, https://medizin - und - technik.industrie.de/markt/coronavirus/corona - pandemie - beschleunigt - e - health - in - deutschland/.

转型的重要领域。2020 年 8 月数字经济联邦联合会举行的在线调查显示，有 81% 的消费者和 94% 的业内人士认为"数字化将极大地影响和推动德国经济社会的重启"，有 67% 的消费者和 81% 的业内人士赞同"数字化有助于保护面临疫情威胁的工作岗位"，有 54% 的消费者和 70% 的业内人士相信"数字化将使德国迎来新的经济奇迹"，并表示"我对数字经济的信心增加了"。①

（二）疫情暴露的问题和提出的挑战

疫情虽然为德国的数字化转型带来诸多发展机遇，但猝不及防的危机也成为一次压力测试，一些存在已久的问题激化与凸显，体现出德国在数字设施、服务、规制以及公众素养等方面未能为应对危机做好充足的准备。

1. 设施薄弱造成发展瓶颈

设施薄弱成为疫情中的一个瓶颈。德国数字基础设施建设水平较低，高速宽带仍未能做到全覆盖且存在巨大的城乡差距，难以满足疫情期间急剧增长的网络和通信需求。

在教育领域，虽然德国此前推出了"数字教育战略"和"中小学校数字公约"，为数字教育基础设施的建设奠定了基础，但进展缓慢。本计划到 2024 年要投入 55.5 亿欧元用于德国学校的数字基础设施建设的，但调查显示，这笔钱到疫情初期仅仅批准使用了约 1.25 亿欧元，占总计划投入的 2.25%。在疫情导致长期停课的情况下，数字设备的不足造成了大量混乱局面。德国仍然有很多学校和家庭没有为日常数字课程做好教学或技术方面的准备。原因之一是德国高速网络建设的严重滞后。德国政府计划为教室接入带宽小于 30 兆比特/秒的学校提供资助，以改善网络连接设施。截至 2020 年 8 月底，根据上述标准需要改扩建网络的学校仍有约 9500 所。2020 年 12 月对学生家长的问卷调查显示，有超过三分之二（68.2%）的家长回应称，

---

① BVDW, "DIGITALISIERUNG 2020. Was Deutschland jetzt braucht!", https://www.bvdw.org/fileadmin/bvdw/upload/studien/200923_ Ergebnispraesentation_ DMEXCO_ 2020_ fin. pdf.

自疫情暴发以来，数字化学习和教学机会仅有轻微改善或根本没有改善。①

德国电子政务扩展也受到宽带扩展的限制。对于数字化管理的成功扩展来说，至关重要的不仅是数字化管理服务本身，还需要足够的数字基础设施为之提供支持和保障。德国电子政务应用程序日益复杂，缺少数据传输速率更高的数字基础架构，已成为其发展的瓶颈。

2. 理念保守导致成效打折

高标准的监管是德国数字政策的一大特色，注重隐私保护是德国社会的广泛共识。但保守理念在应对新冠肺炎疫情这样的大型公共卫生事件时容易体现出其局限性。使用数字化手段进行疫情防控必然需要收集和处理大量敏感的个人数据，过度监管影响其发挥成效，而民众的谨慎则更使其雪上加霜。这方面最典型的例子就是德国的疫情预警应用（Corona Warn App）。该款应用推出于 2020 年 6 月，系自主研发。为严格遵守数据保护的要求，其数据不进行中央存储而是分散化处理，用户自愿安装后还须手动开启蓝牙，方可通过交换匿名 ID 来找出密切接触者并发送预警通知。但即使这样的应用，仍遭遇社会使用意愿过低的问题。据估算，该项 App 需要 15% 人口（在德国为 1250 万人）安装使用才可见效，而要真正达到好的防控效果，则需要有 60% 的人口（即 5000 万人）安装，而到 11 月大约有 2200 万人安装。民调显示，没有安装这一应用的民众中有高达 43% 的人表示担心数据安全。在 11 月 2~8 日的一周中，平均每天只有 2200 人在该应用程序上报告自己确诊，而同一时期官方的确诊人数日均达 18000 人。在该 App 的用户中，也有 40% 的检测阳性者并未报告其检测结果。②

在教育领域，数据保护问题同样成为发展远程教育的绊脚石，很多数字

---

① BVDW, "Von Lockdown zu Lockdown: BVDW-Umfrage zeigt, dass digitale Lernangebote in Schulen nur wenig bis gar nicht verbessert wurden", https://www.bvdw.org/veroeffentlichungen/studien-marktzahlen/detail/artikel/von-lockdown-zu-lockdown-bvdw-umfrage-zeigt-dass-digitale-lernangebote-in-schulen-nur-wenig-bis-ga-1/.

② "Umfrage: Mehr als die Hälfte der Deutschen verweigert Nutzung der Corona Warn App", https://www.welt.de/wirtschaft/article220136718/Umfrage-Mehr-als-die-Haelfte-der-Deutschen-verweigert-Nutzung-der-Corona-Warn-App.html.

手段仅因民众在这方面的担心被放弃使用。而这种观念在德国可谓根深蒂固。2020年8月的一次民调显示，仅有19%的被访者认为，要更好地实现数字化转型就需要放宽数据保护限制。①

3. 数字医疗尚待充分挖潜

数字医疗的潜力还没有充分挖掘。目前，德国医疗领域的数字技术主要用于行政工作。首先是数字病历，有四分之三的受访者使用数字病历。该技术还带来了预期的好处：78%的人认为该技术有利于提高工作效率、改善患者护理。其他被广泛使用的技术是数字化排班（52%）和针对医院员工的具体应用（44%）。远程医疗，即通过电话和视频聊天对病人进行护理的技术，则出现了鲜明的对比。只有30%的医务人员说他们使用远程医疗。然而，超过2倍的受访者（64%）认为它在病人护理方面有优势。目前备受关注的人工智能（AI）和虚拟现实（VR）等技术，在欧洲各地的应用却非常零散。在德国医疗行业，7%的医务人员使用人工智能，4%使用VR。在很多受访者看来，医疗机构要实现全面数字化，还有很长的路要走。超过半数的受访者表示，最多需要5年时间（54%）。很多人表示，时间跨度更可能是8~10年（38%）。②

4. 数字主权问题再度凸显

疫情也使数字主权的问题得到进一步凸显。21世纪以来，德国与欧洲在数字经济领域渐渐落后，本土科技公司竞争力不及美国及亚洲诸国，在信息技术、互联网科技领域与美国及亚洲诸国的差距巨大，德国与欧洲缺少世界级数字平台，在数字技术市场上不占有主导地位，进而影响到整个产业链的发展。疫情一方面暴露了供应链的脆弱性，另一方面体现出德国与欧洲在数字领域对外部服务的严重依赖。仍以德国的疫情预警应用为例，因为该应用必须由用户在手机、平板等移动设备上安装使用，而这些移动设备

---

① BVDW, "DIGITALISIERUNG 2020. Was Deutschland jetzt braucht!", https：//www.bvdw.org/fileadmin/bvdw/upload/studien/200923_ Ergebnispraesentation_ DMEXCO_ 2020_ fin. pdf.

② "Neue Studie. Wie das Coronavirus die Digitalisierung im Gesundheitswesen beschleunigt", https：//medizin – und – technik.industrie.de/top – news/wie – das – coronavirus – die – digitalisierung – im – gesundheitswesen – beschleunigt/.

绝大多数采用安卓或苹果系统，使得该应用从开发阶段到投入使用都受其制约。

三 2020年以来德国政府的数字政策与措施

面对疫情带来的机遇和挑战，德国政府将数字化视为应对疫情及疫后恢复的重要途径。2020年以来，德国政府出台了一系列数字政策和措施，虽然也依循数字化转型发展的既定道路，但更多地考虑到了疫情的影响和所带来的现实需求，也有一系列应对疫情的紧急措施，如新冠预警程序的开发和推广；推出新的中小企业数字化投资补助计划，以提高数字能力为目标之一；同时联邦教育与研究部等教育部门也在积极弥补教育体系暴露出的数字化缺陷，改善远程教育的条件。2020年6月，德国出台了总额达1300亿欧元的经济刺激计划，以应对疫情及其后果，其中500亿欧元投入"未来一揽子计划"，"绿色"和"数字"成为该计划的两大支柱。德国政府计划在数字基础设施建设（5G网络建设及网络全覆盖）、加强创新保障数字主权、人工智能以及量子技术等领域追加资金，各投入数十亿欧元。德国不仅希望通过该计划走出疫情导致的经济衰退，还希望以此在绿色技术和数字领域提高国际竞争力、保障德国和欧洲的数字主权。2020年德国在数字化方面主要采取了如下举措。

（1）医疗卫生领域，联邦政府非常重视应对疫情的数字解决方案。为改善疫情挑战下的医疗卫生和护理状况，加快医院数字化进程以提高其应对能力，德国于2020年9月出台了《医院未来法——医院数字化》（KHZG），投资计划总额达43亿欧元。在科研方面，德国联邦教育与研究部拟投入2000万欧元实施"以创新医疗技术预防和治疗流行性传染病"资助项目，加强应用研究与开发。这些计划都旨在解决资金不足这一医疗数字化面临的最大难题，获得了良好的反响，被视为数字化的重要机遇。

（2）经济领域，2020年9月，联邦经济与能源部推出一系列措施支持中小型企业，帮助德国中小型企业克服数字化挑战。这些措施包括名为

"Digital Jetzt"的资助计划和名为"de：hub-Journey"的学习计划。前者为中小型企业提供补贴或低息贷款以促进其在数字技术方面的投资；后者则是为期两天的参观活动，让中小企业有机会深入了解"数字枢纽计划"的数字中心，参观测试实验室与研究设施，通过具体的应用案例了解数字化，了解初创企业和潜在的合作伙伴。

（3）教育领域，为努力确保学校在疫情期间的运转，联邦教育与研究部于2020年4月向学校拨专款5亿欧元用于为师生购买教学所需的数字设备。9月21日，德国总理默克尔在与各联邦州教育部长会面时强调加速推进学校数字化进程，除上述购置数字设备的资金外，还投入5亿欧元用于促进学校数字化管理及人员培训。同时决定建立一个全国性的教育平台和数字能力中心。12月15日，德国各州文教部长联席会议达成州协议，重申推进学校数字化，包括提高教师数字化教学能力、建设数字教学内容和材料，并解决数字教学的一些技术问题。

（4）社会与公共管理领域，2020年7月，德国联邦政府信息技术顾问兼联邦内政部国务秘书马库斯·里希特（Markus Richter）发布了《建设数字德国的九点计划》，总结了当前和未来德国社会领域数字化转型中的九个重点，并制定了具体的实施与监督方案，具体包括以下几方面。①

（5）立法监管方面，2020年9月，联邦政府批准了联邦经济与能源部提交的《数字化竞争法》草案。该法案对主导市场的大型数字公司加以更严格的监管，为平台制定更严格的游戏规则，以促进数字化产业的公平与创新。新冠肺炎疫情带来的挑战亦成为该法案通过的一个推动力，正如联邦经济与能源部部长阿尔特迈尔（Peter Altmaier）所言，新冠肺炎疫情再一次展示了数字商业模式的重要性，德国必须通过《GWB数字化法案》做出反应。该法案已于2021年1月正式生效。

---

① Der Beauftragte der Bundesregierung für Informationstechnik，*9-Punkte-Plan für ein digitales Deutschland．Schwerpunkte des Bundes – CIO Dr．Markus Richter*，https：//www.cio.bund.de/SharedDocs/Kurzmeldungen/DE/2020/20200715_9-punkte-plan.pdf?__blob=publicationFile．

● 制定数据政策：提出一项开放数据战略，并通过第二部《开放数据法》，作为行政和社会文化变革以及公民数字主权的重要信号。

● 在欧盟层面上加强合作：为新技术创立国际国内的网络安全标准；为基于价值观的欧洲特色数字化转型道路奠定基础；增进欧洲层面的合作，并加强德国在各个相关国际组织和标准委员会中的存在和影响。

● 建立电子身份识别系统，数字证件可在手机上使用。

● 推进《改善在线获取行政服务法》（OZG），加大投入促进行政管理中的数字化创新，搭建数字平台方便民众与行政机构沟通。

● 行政管理和内部行政服务现代化：提高行政管理流程的效率，创新工作方法，引入电子文件和联邦云服务。

● 把电子政务部门打造成联邦行政部门的数字创新与转型枢纽：促进联邦行政部门与经济界、市民社会和科研界在创新方面的合作与联网，促进创新解决方案的形成。

● 提高数字能力：加强对公共管理从业人员的数字技能培训，促使行政管理文化变革，迎接数字化时代到来。

● 保障德国和欧洲的数字主权：通过模块化和标准化，尤其是通过开源软件确保供应商的独立性，保障数字产品和服务的供应链，在联邦、州和地方以及欧盟层面打造盖亚－X等云结构，确立IT秘密保护以保障联邦政府的数字主权，为行政部门开发物联网、自动汽车和AI等技术。

● 加强德国的网络安全架构：评估并进一步发展《2016网络安全战略》，制定公共行政管理的网络基础设施安全战略，打击网络犯罪。

（6）数据战略。2019年11月，德国政府公布了一份德国数据战略的要点文件，并于2020年年初进行了专家听证会和公众咨询，最终于2021年1月正式推出《数据战略》。战略包括240项措施，并确定4个主要行动领域，包括改善数据基础设施，推进量子和高性能计算项目以及盖亚－X云项目建设；以创新方式、负责任地应用数据，促进数据共享并防范数据滥用；在社会上广泛培育数据文化，大幅提高公众、企业和学界的数据素养；改善公共数据服务。

（7）欧盟层面。2020年6月27日，德国在即将担任欧盟理事会轮值主席国前，总理默克尔提出了"共同让欧洲再次强大"的口号，表示战胜新冠肺炎疫情是德国担任轮值主席国期间的核心任务。特别值得一提的是，默克尔强调了欧洲数字主权问题，表示"很多事实表明，数字化极大地便利了日常生活，但也明确告诉我们，欧洲在这个领域非常依赖他人"。2020年下半年担任欧盟理事会轮值主席国期间，德国将"独立、包容、创新"确立为欧洲数字化目标，具体包括：建设欧洲数字经济区，减少对他国数字技术和市场的依赖；开展国际合作，打击网络犯罪；制定欧洲数据规则，兼顾数据安全与共享；促进社会生活的数字化转型。德国在担任轮值主席国期间推动的欧盟在数字领域的进展包括：《数字服务法》和《数字市场法》的出台，欧盟十三国组成的欧洲微电子联盟的成立，盖亚-X项目的实施等。

四 总结与展望

2020年9月，德国发布了《数字化实施战略》的第五版。该份战略厚达240页，分为"数字能力"、"数字基础设施与设备"、"创新与数字化转型"、"数字化变革中的社会"和"现代化国家"五个部分，每个部分均列出重点、具体实施领域、责任部门、目标群体，以及具体项目的目标和步骤，覆盖数字化相关项目145个，包括步骤节点663个。"安全"与"公平"两点则贯穿于全部五个部分之中。[①]在此基础上，"数字政策仪表盘"（Dashboard Digitalpolitik）[②] 于2020年10月启动。该工具把《数字化实施战略》的落实情况进行了量化，使之得到直观呈现。根据这一"仪表盘"的数据，到2020年9月，该战略中包含的项目已完成33%（2019年为23%），尚有48%的项目在进行中（2019年为47%），13%在规划中（2019

---

① Bundesregierung, *Digitalisierung gestalten. Umsetzungsstrategie der Bundesregierung*, September 2020, 5. Überarbeitete Auflage, https://www.digital-made-in.de/dmide.

② "Dashboard Digitalpolitik", https://www.digital-made-in.de/dmide.

年为22%），6%尚未落实（2019年为8%）。可以看到，德国的数字化进程虽进展仍然有限，但在稳步推进中。正如前文所述，在2020年德国数字化的进展中，疫情成为一个重要的推动因素，而这种影响，即使在疫情过去后，也仍将持续。疫情催生的数字新业态，仍有巨大的成长空间。

另外，数字化在新冠肺炎疫情危机中的作用主要体现在两点上。首先，它有助于缓解危机带来的负面影响；其次，数字化也以其蕴含的巨大创新潜能，推动着经济社会的转型与变革。也正因如此，德国将数字化视为走出疫情影响、加速经济恢复的重要支柱。在数字化发展上，德国的优势在于工业数字化和数字监管与立法，德国也拥有富于前瞻性的顶层设计，且数字战略和实施方案也在不断更新完善中。但同时，德国的短板也非常明显：数字基础设施建设滞后，创业融资环境不佳，市场碎片化而缺少应用场景导致创新产品规模化推广与应用困难。而如何在监管保护和数据利用之间找到平衡，降低其对企业发展创新和数据流通利用的影响，让技术更好地服务于社会经济发展，也是德国在数字化进程中必须解决的一个问题。

2021年是德国的超级选举年，9月德国将迎来联邦议院选举，从当前德国各主要政党支持率的变化趋势看，下一届德国的政党格局存在很大的变数，联盟党和社民党组成的大联合政府可能被其他政党组合取代，绿党、自民党、左翼党也都有参与组阁的可能，从而影响新政府政策的走向。但无论新政府组成如何，在数字政策方面应当不会有大的改变。一方面，推进数字化转型符合德国的利益，也是德国应对疫情危机、走出疫情阴影、维持自身竞争力的希望所在；另一方面，德国的数字政策呈现较强的连续性，2020年9月的《数字化实施战略》第五版，也仍是2014年《数字议程2014～2017》和2016年《数字战略2025》的延续、更新和细化。根据2020年6月的"未来一揽子计划"，未来的数字政策重点仍然放在数字基础设施建设、促进创新、人工智能以及量子技术等领域。

数字化转型是中德共同面对的经济和社会转型的重要进程，中德双方存在巨大的互补性和广阔的合作空间，深化双方在数字经济领域的合作，有利于两国尽快走出疫情影响，加速恢复经济。疫情发生以来，中德双方密切沟通、协调政策，中德经贸关系不断深化，在数字领域的合作虽然遭遇一定的阻力，但仍然不断向前推进。2020年9月，在德国主导下，作为中欧领导人视频会晤的重要成果之一，中欧决定建立中欧数字领域高层对话，打造中欧绿色伙伴、中欧数字合作伙伴。未来双方在人工智能、自动驾驶、数字经济等领域的合作潜力还将不断释放。

B.9 疫情下德国对欧洲绿色新政的回应：举措、影响及挑战

朱苗苗*

摘　要： 欧盟在公布绿色新政后得到德国政府和社会的积极回应。德国政府、社会和大部分产业在去碳化经济发展的范式上达成共识。2020年新冠肺炎疫情对欧洲和全球能源系统产生剧烈和长期的影响，在极为艰难的新冠危机时期，德国针对绿色新政仍然有显见举措。制定了与"欧洲绿色新政"挂钩的大规模经济刺激计划，并且出台了一系列与气候保护、去碳化相关的政策法规，实施了绿色项目。由于疫情尚未结束，其长期影响无法准确判断，德国所采取的措施面临较大挑战。德国即将选出新一届联邦政府，预计有绿党参与联合执政的新政府将加快气候中和和去碳化的步伐。

关键词： 欧洲绿色新政　气候中和　可再生能源　能源政策　氢能战略

2019年12月12日，新上任的欧盟委员会主席冯德莱恩（Ursula von der Leyen）在布鲁塞尔公布应对气候变化新政——《欧洲绿色协议》（European Green Deal）。① 以该协议为指导的"欧洲绿色新政"旨在到2050年，欧洲

---

* 朱苗苗，哲学博士，同济大学德国问题研究所/欧盟研究所副教授，主要研究领域为德国绿党、德国环境、能源与气候政策。

① 文件原文请见："The European Green Deal"，11 December 2019，https：//eur - lex. europa. eu/legal - content/EN/TXT/？qid = 1576150542719&uri = COM%3A2019%3A640%3AFIN。

在全球范围内率先实现"碳中和",成为第一个气候中和的大陆。欧盟委员会还为此制定了路线图,涉及领域有气候、能源、工业、建筑、交通、粮食、生态和环境,并且确定了近50项必要措施,其中包括扩大可再生能源利用、扩大碳排放交易制度的应用、保护国内工业的二氧化碳限额补偿制度、促进"绿色钢铁"生产以及对欧盟预算进行气候友好型结构调整等。

"欧洲绿色新政"发布后不久,几乎贯穿2020年一整年的新冠肺炎疫情给全球经济带来巨大打击,欧盟和德国到目前依然深陷疫情,经济与社会恢复常态还遥遥无期。

德国作为欧盟政治和经济发展的领头羊,以及能源转型的先锋,在动荡和危机四起的全球疫情之年如何对"欧洲绿色新政"做出回应,具体可分为以下几个问题:德国国家层面回应"欧洲绿色新政"聚焦的核心领域有哪些,在这些核心领域已经或将要制定、采取哪些契合"欧洲绿色新政"方向的政策措施,这些措施或面临哪些挑战,又会带来怎样的影响?本文试图回答以上问题。

一 "欧洲绿色新政"以及德国在相关核心领域的发展现状

2020年2月底,新冠病毒开始在德国快速传播,3月中旬联邦政府做出全国封锁的决定。3~4月,德国经济部分停摆。6月初,联邦政府放开了大部分封锁政策。9月,第二波疫情抬头。11月初,联邦政府再次做出封锁决定。

尽管疫情下经济和社会大幅度停摆,疫情导致德国国内生产总值缩水5%[1],但是德国往"欧洲绿色新政"主旨方向采取举措的脚步没有停滞,配合"欧洲绿色新政",德国于2020年调整了2050年的国家减排目标。德

---

[1] "Deutsche Wirtschaft:Überraschendes Mini-Plus zum Jahresende", Tagesschau. de, 29. Januar 2021, https://www.tagesschau.de/wirtschaft/konjunktur/bip-deutsche-wirtschaft-101.html.

国重要研究机构和智库制定的研究报告显示，德国分步实现2050年气候中和目标具有可行性。①

（一）"欧洲绿色新政"的内涵

欧盟委员会在其公布的《欧洲绿色协议》中表示，欧盟制定的是"一个新的增长战略，旨在将欧盟转变为一个公平和繁荣的社会，建立现代化的、资源节约型的、有竞争力的经济，在2050年实现温室气体净零排放、经济增长与资源使用脱钩"。②

首先，"欧洲绿色新政"的具体目标是气候中和。基于原有的2020年、2030年减排目标进展迟缓的现状，欧盟委员会将2030年欧盟减排目标从原有的比1990年水平至少减排40%提高到减排55%，到2050年实现气候中和。

其次，"欧洲绿色新政"是一套"深度转型"政策，将可持续性纳入所有欧盟政策，将绿色和经济放在统一而不是对立的位置。《欧洲绿色协议》从气候、能源、工业、建筑、交通、粮食、生态和环境八个方面规划了行动路线图，并呼吁各国共同努力。

也就是说，"欧洲绿色新政"是以气候中和为目标，以绿色产业、可持续发展为新增长战略的经济、生态和社会全方位的转型与改革。

2019年年底，欧盟在《欧洲绿色协议》的发布会上没有提出具体的立法举措。除了《欧盟气候法》和新《欧盟电池指令》两个例外，所有的立法提案要到2021年才会实现。③

---

① 参见 Prognos, Öko-Institut, Wuppertal-Institut, *Klimaneutrales Deutschland, Zusammenfassung im Auftrag von Agora Energiewende, Agora Verkehrswende und Stiftung Klimaneutralität*, Berlin, November 2020. https://www.agora-energiewende.de/veroeffentlichungen/klimaneutrales-deutschland-zusammenfassung/。

② 文件的英文原文请见："The European Green Deal"，11 December 2019，https://eur-lex.europa.eu/legal-content/EN/TXT/? qid=1576150542719&uri=COM%3A2019%3A640%3AFIN。

③ 参见2020年10月19日，欧盟委员会发布的2021年工作计划："Arbeitsprogramm der Kommission für 2021"，19. Oktober 2020，https://eur-lex.europa.eu/resource.html? uri=cellar:91ce5c0f-12b6-11eb-9a54-01aa75ed71a1.0003.02/DOC_1&format=PDF。

2020年年底,距"欧洲绿色新政"发布一年整,欧盟和全球都经历了影响深远的新冠肺炎疫情。回顾这一年,欧盟针对"欧洲绿色新政"采取了以下政策措施(表1)。

表1 2020年"欧洲绿色新政"的政策措施

时间	政策措施
1月14日	欧盟委员会首次提出具体资金数额,到2030年动员1万亿欧元用于"欧洲绿色新政";这笔资金来自欧洲投资银行,其融资项目的一半将用于气候保护
3月4日	"欧洲绿色新政"框架下第一个立法提案《欧盟气候法》进行第一轮谈判
3月10日	欧盟委员会提出新的欧盟产业战略和启动氢能联盟
3月11日	发布《循环经济行动计划》,旨在结束欧洲的"抛弃型社会"
5月20日	提出生物多样性战略和"从农场到餐桌"战略,战略重点是农业和食品生产
5月28日	欧盟委员会推出7500亿欧元经济振兴计划,其中大约30%用于气候保护
7月8日	发布《欧盟氢能战略》和《能源系统一体化方案》,概述未来能源世界,这两个计划相互嵌套
9月17日	对减排的中期目标提出具体建议,将2030年减排目标提高到55% 收紧和扩大碳排放交易体系(ETS),将建筑和运输部门也纳入排放交易体系 计划2021年收紧对乘用车碳排放的限制,到2030年实现每公里碳排放量减少约50%的目标,此前目标为37.5%
10月14日	提出关于建筑节能翻新的三个战略:建筑翻新浪潮(Renovation Wave)、化学品转型和减少温室气体甲烷的排放
11月19日	公布《可再生离岸能源战略》,大幅增加海上风电发电量,十年内增加5倍,所有欧盟沿海地区都将被考虑在内。该战略到2050年需投资8000亿欧元用于海上风力发电和其他可再生能源
12月9日	公布《可持续与智慧交通战略》,将其作为零排放交通方案,力争2050年交通运输业减少90%的排放
12月10日	提交新《欧盟电池指令》草案,这是欧盟委员会发布"欧洲绿色新政"以来的第二项具体立法建议,旨在制定电池强制性可持续标准

资料来源:笔者自制。

疫情下,面对经济和社会双重危机,尽管有反对的声音,但欧盟仍然将"欧洲绿色新政"放在政策优先地位,欧盟委员会执行副主席兼气候保护专员弗朗斯·蒂默曼斯(Frans Timmermanns)强调:在新冠危机期间不能放弃"欧洲绿色新政",因为欧盟疫情后的经济复苏恰恰要依靠"欧洲绿色新政"作为经济战略。世界不可能回到疫情前,欧盟重振经济必须大量投资到可持续的经济而不是旧经济模式中。①

"欧洲绿色新政"虽然已经获得了大部分欧盟成员国的支持,但是要真正落实绿色新政,必须要成员国批准和配合相关的新法律政策的制定及执行,例如作为新政核心内容的《欧盟气候法》。根据2018年12月24日生效的欧盟《能源联盟与气候行动治理条例》,成员国有义务提交《国家能源与气候计划》(NECP)接受欧盟委员会审查。成员国在2023年更新其《国家能源与气候计划》时,应当在其中体现新的气候雄心。此外,只有成员国自身制定了本国以"欧洲绿色新政"的主旨为目标的绿色转型方面的法律政策,方能保证实现"欧洲绿色新政"目标。

(二)德国的绿色核心领域

"欧洲绿色新政"出台之后,德国政府和相关行业领域都有相应回应。2020年7月1日,德国开始担任为期半年的欧盟理事会轮值主席国,其任务之一便是推动"欧洲绿色新政"。德国国内关于"欧洲绿色新政"的讨论和政策研究也非常深入。

对应"欧洲绿色新政",德国在国家层面首先关注的也是气候目标,同时围绕气候目标推动整个经济向气候中和方向进行绿色转型。德国一直以来的能源转型和气候政策的目标与"欧洲绿色新政"的方向契合度较高。

关于德国气候减排目标,总理默克尔在2020年10月的欧盟会议上表示,德国支持欧盟委员会提出的2030年将温室气体排放比1990年至少减少55%的建议,这是雄心勃勃的目标,有了"欧洲绿色新政"就有了方向。

由于"欧洲绿色新政"涉及所有欧盟政策领域的战略性政策,因此观察和分析德国如何回应"欧洲绿色新政"以实现本国的气候中和目标要聚焦对于德国而言处于核心地位的领域。

---

① "Übersteht der 'Green Deal' die Krise?", *tagesschau. de*, 28. Juni 2020, EU-Klimaschutzpläne: Übersteht der "Green Deal" die Krise?丨tagesschau. de.

德国政府旗下的 Agora 能源转型智库委托德国三大研究机构撰写了一部题为《气候中和的德国》的综合性研究报告①，为德国 2050 年实现气候中和制定可行性方案。在该报告中，专家总结了德国绿色转型的三大支柱。

支柱一：提高能源效率、减少能源需求。减少能源需求主要指减少一次能源的消费。通过提高能源效率、减少能源转换损耗来减少整体的能源消费。主要驱动力是建筑节能改造、更高效的照明、低能耗电器，以及通过日益增长的电气化来显著提高交通效率。

支柱二：可再生能源发电和电气化。电力的重要性不断提高，特别是在运输和供暖市场，电力比内燃机和锅炉优势明显。使可再生能源发电不受气候影响，以及电力系统更加灵活。

支柱三：氢能作为能源载体和原材料。氢能将与电力一起发挥非常重要的作用，未来德国大部分氢能将用于发电，并且大部分氢能需要进口。

由于德国国民经济高度依赖强实力的工业，因此，"欧洲绿色新政"的经济脱碳转型主要依靠工业的脱碳转型。来自如巴斯夫集团、拜耳集团、蒂森克虏伯集团、西门子能源公司等 17 家德国重要工业企业的专家参加了 2020 年 9~12 月举行的四次研讨会，会议主题为："2050 年气候中和：工业界现在需要政策制定者做什么？"。在 Agora 能源转型智库、罗兰贝格咨询公司和基金会 Stiftung 2°根据研讨会内容共同撰写的同名政策报告中，专家列举了德国产业结构绿色转型的五大支柱。②

支柱一：可再生能源。增加可再生能源发电和扩建电网是实现气候中和的最重要的基本要求之一。这是基于电气化带来的日益增长的电力需求、生

---

① Prognos, Öko-Institut, Wuppertal-Institut, *Klimaneutrales Deutschland, Zusammenfassung im Auftrag von Agora Energiewende, Agora Verkehrswende und Stiftung Klimaneutralität*, Berlin, November 2020, https://www.agora-energiewende.de/veroeffentlichungen/klimaneutrales-deutschland-zusammenfassung/.

② Agora Energiewende, Stiftung 2°, Roland Berger, *Klimaneutralität 2050: Was die Industrie jetzt von der Politik braucht. Ergebnis eines Dialogs mit Industrieunternnehmen*, Berlin, Februar 2021, pp. 11 - 12, https://www.agora-energiewende.de/veroeffentlichungen/klimaneutralitaet-2050-was-industrie-jetzt-von-politik-braucht/.

产绿色氢能的额外电力需求，以及对未来几年内因"退出核电"和"退出煤电"政策而关闭的核电站和燃煤发电厂的电力补偿。

支柱二：电气化和提高能效。电气化不仅在运输和建筑部门，而且在工业部门也将是根本性的。特别是以电力为基础的供热和蒸汽生产、高温热泵的使用以及可预见的大量工业生产过程的电气化，都是推动电力需求上升的因素。为了应对这一问题，进一步提高传统工厂和新工厂的能源效率至关重要。

支柱三：氢能。许多工业过程只有通过使用氢能才能实现气候友好。需要利用可再生能源生产氢能，需要同欧洲和国际合作，以此发展氢经济，生产、运输和使用氢能。

支柱四：碳捕获、碳存储以及负排放。对于目前或将来不具备气候中和关键技术的工业过程，必须确保通过碳捕获、碳存储清除二氧化碳。为了使德国在2050年之前实现完全气候中和，还需要利用生物能源与碳捕获和储存（BECCS）技术以及直接空气碳捕获和储存（DACCS）技术的负排放，来补偿农业和垃圾废物处理中不可避免的剩余排放。

支柱五：循环经济。增加回收利用较高比例的次要原料可使二氧化碳大幅减少，因此对实现气候目标具有重要意义。

以上五个支柱是德国产业结构进行绿色转型需要聚焦的领域，针对整体的气候中和和绿色转型，本文主要聚焦上述三个核心领域，并将其作为梳理基本数据及现状的出发点。

（三）疫情下德国绿色核心领域的基本现状

整体而言，2020年德国在气候、能源的基本数据和现状体现出明显的"疫情效应"（见图1），各项数据均受到疫情影响，因此不能将其视为常态。如果一切照旧，不加以更严厉的控制，2021年预计德国碳排放将重新增加，因为2020年下半年，碳排放已经呈现"反弹效应"，排放量明显增加。[①]

---

① Agora Energiewende, *Die Energiewende im Corona-Jahr. Stand der Dinge 2020*, Berlin, Januar 2021, p.9, https://www.agora-energiewende.de/veroeffentlichungen/die-energiewende-im-corona-jahr-stand-der-dinge-2020/.

从气候保护角度来看，2020 年疫情下，全球、欧洲和德国的温室气体排放量与上一年相比，减少量创造了历史纪录：全球总排放量减少了 7% 左右；德国减少了 10% 左右，大约 8000 万吨二氧化碳当量，比 1990 年排放水平低 42.3%。也就是说，德国出乎意料地实现了 2020 年排放量低于 1990 年 40% 的既定气候目标，一反疫情前德国政府和专业智库的评估结果，其中减排量的三分之二都归因于疫情和疫情引发的经济危机。①（见图 1）

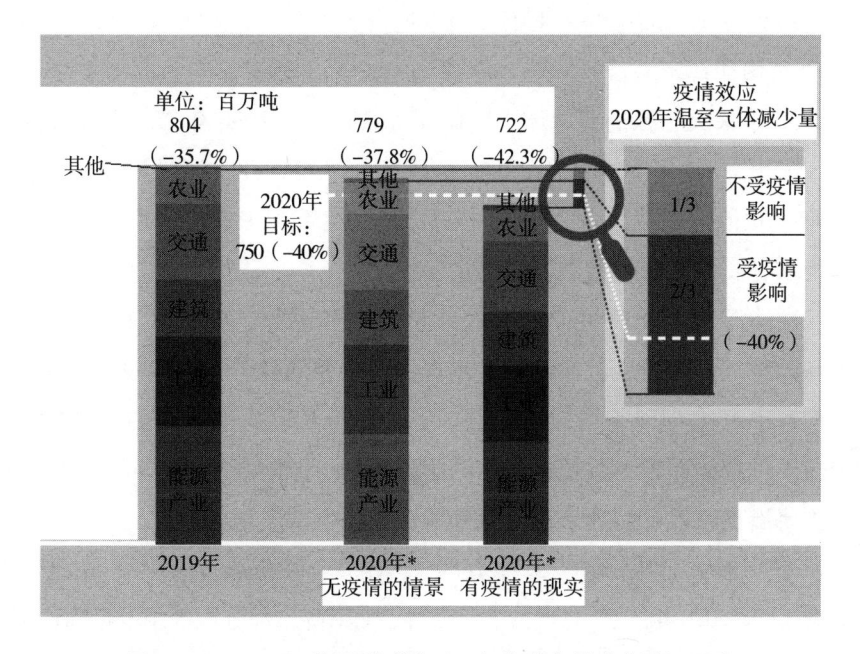

图 1　2019～2020 德国碳减排（二氧化碳当量减少量）示意

注：括号内数据为二氧化碳当量相比 1990 年减少的比例。＊2020 年为暂时数据；其中 2020 年"有疫情的现实"的预估数为 72200 万吨，而 2021 年 8 月的实际数据为 73900 万吨，比预估数高出 1700 万吨。

资料来源：Agora Energiewende, *Die Energiewende im Corona-Jahr. Stand der Dinge 2020*, Berlin, Januar 2021, p. 11, https：//www.agora – energiewende.de/veroeffentlichungen/die – energiewende – im – corona – jahr – stand – der – dinge – 2020/。

---

① Agora Energiewende, *Die Energiewende im Corona-Jahr. Stand der Dinge 2020*, Berlin, Januar 2021, p. 11, https：//www.agora – energiewende.de/veroeffentlichungen/die – energiewende – im – corona – jahr – stand – der – dinge – 2020/.

根据德国 Agora 能源转型智库的年度评估报告,德国 2020 年减少的排放量中有三分之二与疫情相关,主要原因是抗击疫情措施以及疫情引发的经济危机造成能源需求降低,工业生产下降,交通运输需求明显下滑。疫情之外的原因是欧盟碳排放交易中二氧化碳价格较高以及冬季气候温和。①

汽油、柴油、取暖油、天然气的价格随着疫情封锁而降低,到 2020 年底仍低于疫情暴发前的水平。2020 年可再生能源占比进一步提高,据统计,可再生能源占比增加量的一半都归因于疫情。②

1. 德国能源消费现状

2020 年一次能源消费总体上下降了 8.7%,是 1990 年以来降幅最大的一次,大于 2008 年全球金融危机时的降幅。尽管如此,还是没有实现相比 2008 年一次能源消费减少 20% 的中间目标。建筑和工业的一次能源需求的降幅也没有实现联邦政府制定的既定目标。

一次能源消费受疫情冲击最大的是褐煤和硬煤,各下跌 18%。核能、石油和天然气的消费也减少。唯一出现消费增长的是可再生能源,从在一次能源消费中占比 14.9% 增加到 16.8%,由此可见可再生能源的重要性继续增加。不过总体而言,其比例仍然处于低水平,原因之一是,可再生能源的增长主要出现在发电行业,在其他领域的使用仅微弱增长。

2020 年电力消费略低于 551 太瓦时,与上一年相比减少 3.5%,达 2000 年以来最低点。2020 年 3~8 月电力消费因封锁而下降,部分地区用电量同比下降 8% 以上。电力需求减少直接导致发电量减少,特别是燃煤发电跌至 1990 年以来新低。2020 年仅硬煤的发电量就下降了四分之一以上,褐煤的发电量下降了五分之一左右。由于二氧化碳价格增加和天然气采购价格偏低,燃气发电相比燃煤发电越来越有竞争优势,呈现明显的燃气发电排挤燃煤发电的趋势。根据

---

① Agora Energiewende, *Die Energiewende im Corona-Jahr. Stand der Dinge 2020*, Berlin, Januar 2021, p. 3, https://www.agora-energiewende.de/veroeffentlichungen/die-energiewende-im-corona-jahr-stand-der-dinge-2020/.
② Agora Energiewende, *Die Energiewende im Corona-Jahr. Stand der Dinge 2020*, Berlin, Januar 2021, p. 5, https://www.agora-energiewende.de/veroeffentlichungen/die-energiewende-im-corona-jahr-stand-der-dinge-2020/.。

《退出核电法》，容量约为1400兆瓦的菲利普斯堡二号核电站（位于巴登－符腾堡州）于2019年年底停运。因此，德国2020年核电的发电量减少了14%。

2019年相比2018年，德国国内生产总值的一次能源强度减少3.2%，国内生产总值终端能源强度增加0.5%。2019年除了国内生产总值一次能源强度和人均一次能源强度（－2.8%）呈现减少趋势，其他能源强度数据相比2018年均增长，也就是说2019年德国的工业能效、家庭用户能效、住宅能效和交通能效都没有提高的趋势。①

2. 德国可再生能源发电和电气化

2020年可再生能源在电力消费中的占比为45%，达到新高（见图2），与2019年相比增加了12.3太瓦时。2020年，仅风能对电力结构的贡献就超过了褐煤和硬煤的总和。然而，可再生能源电力消费的高份额主要是因为疫情造成的总能源消费量降低，德国陆上风电场的发展仍然缓慢。

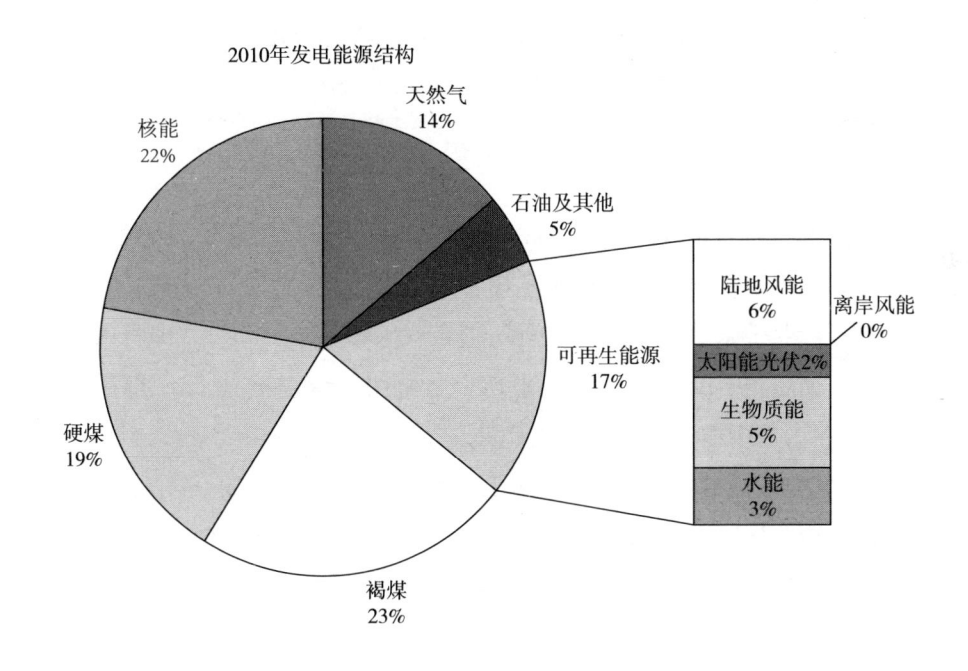

2010年发电能源结构

- 天然气 14%
- 核能 22%
- 石油及其他 5%
- 可再生能源 17%
  - 陆地风能 6%
  - 离岸风能 0%
  - 太阳能光伏 2%
  - 生物质能 5%
  - 水能 3%
- 硬煤 19%
- 褐煤 23%

---

① Arbeitsgemeinschaft Energiebilanzen e. V, *Auswertungstabellen zur Energiebilanz Deutschland: Daten für die Jahre von 1990 bis 2019*, Stand September 2020, p. 28, https://www.ag-energiebilanzen.de.

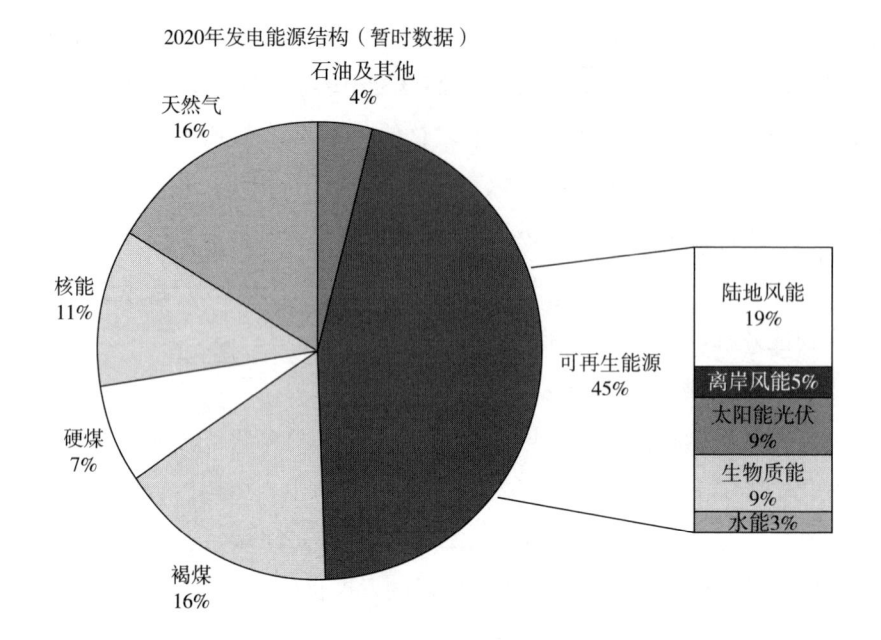

2020年发电能源结构（暂时数据）
石油及其他 4%
天然气 16%
核能 11%
硬煤 7%
褐煤 16%
可再生能源 45%
陆地风能 19%
离岸风能 5%
太阳能光伏 9%
生物质能 9%
水能 3%

图2　德国2010年与2020年发电能源结构

资料来源：Agora Energiewende, *10 Jahre nach Fukushima: Welche Folgen hat der Atomausstieg für die Energiewende?* Berlin, März 2021, p. 3, https://static.agora-verkehrswende.de/fileadmin/user_upload/10_Jahre_Fukushima_Agora_v4.pdf。

在建筑和运输领域，可再生能源仍未取得任何可持续进展。而这些行业的电气化脱碳转型，是德国完成其2050年气候和能源目标的重要一环，也会对这些产业带来革命性影响。行业耦合（Sektorkoppelung），即将所有能耗部门，如建筑、交通运输和工业等，与电力供能整合进行"行业电气化"，被视为德国能源转型的重要手段。

德国政府提出的到2020年将可再生能源用于建筑供暖和制冷终端能源消耗的比例比1990年提高14%的目标已经实现。然而，该比例几乎停滞了数年。[①]

增加可再生能源在建筑业中的份额的两个关键战略是使用由可再生电力驱动的热泵和使用可再生能源进行区域供暖。到目前为止，实施效果还不够

---

① Arbeitsgemeinschaft Energiebilanzen e. V, *Auswertungstabellen zur Energiebilanz Deutschland: Daten für die Jahre von 1990 bis 2019*, Stand September 2020, p. 38, https://www.ag-energiebilanzen.de.

好，据统计，当前电和热泵供暖系统仅占新建住宅建筑的 34%。

可再生能源在运输部门的使用缓慢增加。在德国联邦机动车辆管理局列出的 34 个品牌中，与 2019 年前十个月相比，只有特斯拉电动汽车这一个品牌的销量出现增长。就电动车整体而言，德国新车注册量比上一年同期增长 130%，增长了 1 倍多，而内燃机汽车的销量有所下降。不过，电动车占新注册总量的比例刚刚超过 5%；混合动力型车的需求量更大，占比达到 16%；在乘用车中，纯电动汽车的比例不到 0.3%。[①]

从气候保护的角度看，能源和电力消费的总体平衡仍不理想。尽管可再生能源在一次能源消费中的比重增加，但能源转型仍然需落脚电力化。到 2020 年，能源部门的电气化进程还是没有达到所要求的程度。

3. 德国氢能

联邦政府很早就已经认识到了氢能技术的发展前途，因此，在国家创新计划氢能和燃料电池技术的框架下，从 2006 年至 2016 年批准了约 7 亿欧元的扶持资金。[②]

2020 年 6 月德国政府公布《国家氢能战略》（详见本文第二部分）。根据联邦教育和研究部的数据，目前的氢能消费需求中，只有 7%（约 3.85 太瓦时）是借助电解器生产，因此，目前使用的大部分氢能是"灰色"氢。[③] 由于石油化工中使用的氢能不完全是额外生产的，而是部分作为其他生产过程中的副产品伴随产生，所以德国每年使用的氢能中大约有 55 太瓦时的氢能无法

---

① Agora Energiewende, *Die Energiewende im Corona-Jahr. Stand der Dinge 2020*, Berlin, Januar 2021, p. 19, https：//www.agora-energiewende.de/veroeffentlichungen/die-energiewende-im-corona-jahr-stand-der-dinge-2020/.

② Bundesministerium für Bildung und Forschung (BMBF), *Die Nationale Wasserstoffstrategie*, 10. Juni 2020, p. 25, https：//www.bmwi.de/Redaktion/DE/Publikationen/Energie/die-nationale-wasserstoffstrategie.html.

③ "灰氢"是基于化石碳氢化合物的使用。对"灰氢"生产起决定性作用的是天然气的蒸汽重整，因此"灰氢"制备会产生大量二氧化碳。"绿氢"是通过电解方式从水中制备而成，所用电能完全来自可再生能源。这种方式的氢能生产为零碳。Bundesministerium für Bildung und Forschung (BMBF), *Die Nationale Wasserstoffstrategie*, 10. Juni 2020, p. 25, https：//www.bmwi.de/Redaktion/DE/Publikationen/Energie/die-nationale-wasserstoffstrategie.html.

完全由"绿氢"替代。2020年上半年，进一步发展绿色制氢的试验工厂已投入运行，产能为25兆瓦。

英国市场研究机构 Aurora Energy Research 的分析师认为，在欧洲市场的国家中，德国既有最雄心勃勃和详细的路线图，又有现成的氢能供应链，认为德国是迄今为止最具吸引力的氢能市场。①

二 疫情下德国回应"欧洲绿色新政"的举措

2020年7月，欧盟领导人就"下一代欧盟"复苏计划（NGEU）和"2021~2027年多年期财政框架"（MFF）达成一致，它们被称为欧盟史上最大规模的财政援助案，涉及资金规模1.8万亿欧元。复苏计划资金规模高达7500亿欧元，其中援助款3900亿欧元，贷款3600亿欧元，计划中最大一部分是所谓的"复苏与韧性基金"（RRF），为6725亿欧元（3125亿欧元赠款，3600亿欧元贷款）。9月，欧盟制定了欧盟国家使用RRF的战略指导，基金旨在新冠肺炎疫情后帮助复苏欧盟经济，同时帮助加快欧盟的绿色和数字化转型。因此，基金优先使用的领域包括"面向未来的清洁技术"、提高能效、可持续交通、数字化等7个领域。② 欧盟各国若要获得此项基金的款项，必须制定符合要求的国家复苏与韧性计划，然后由欧盟委员会对计划进行评估。评估标准之一是，国家计划中37%的款项必须用于和气候相关的投资和改革，20%用于数字化转型。③

在2020年德国关于"欧洲绿色新政"的回应中，最突出的一点是，在

---

① "Wie Deutschland mit Wasserstoff klimaneutral werden will", dw. de, 11. November 2020, https：//www.dw.com/de/wie-deutschland-mit-wasserstoff-klimaneutral-werden-will/a-55557298.

② NextGenerationEU, *Commission Presents Next Steps for €672.5 Billion Recovery and Resilience Facility in 2021 Annual Sustainable Growth Strategy*, 17. September 2020, https：//ec.europa.eu/commission/presscorner/detail/en/ip_20_1658.

③ "Recovery and Resilience Facility", https：//ec.europa.eu/info/business-economy-euro/recovery-coronavirus/recovery-and-resilience-facility_en.

欧盟框架下，德国政策制定者、专家和经济界基本达成一项共识，国民经济的系统性"绿色转型"是应对疫情带来的巨大经济危机的关键，新冠危机提供了一个实现"绿色现代化"的绝佳机遇。例如，联邦经济与能源部科学咨询委员会认为，公共基础设施、数字化、能源转型和气候保护等领域是经济政策措施的起点。① 联邦环境、自然保护和核安全部的一份研究报告也表示了类似立场，该报告还呼吁振兴经济所需的措施应与促进生态转型和气候中和的结构性变化相一致，经济政策和气候政策必须对接。安永咨询公司、德国外交政策协会（DGAP）和伍珀塔尔气候、环境与能源研究所共同委托对400家德国企业进行的一项调查显示，82%的企业领导者认为在气候保护领域投资有助于应对新冠危机带来的后果。②

因此，德国政府将应对新冠危机的庞大经济刺激计划与"欧洲绿色新政"目标紧密结合起来，以期望实现绿色经济复苏。在这一大背景下，下文从两个维度梳理2020年德国推进契合"欧洲绿色新政"方向的举措。

（一）财政计划维度

为应对疫情给德国经济带来的巨大打击，2020年6月12日，联邦内阁通过了总额达1300亿欧元的"经济振兴与危机克服"一揽子计划，标题为《抗击新冠病毒后果、确保富裕、增强未来能力》。联邦政府共制定了57项措施，实施时间从2020年到2021年。③ 在该一揽子计划中，"面向未来的

---

① 参见 Bundesministerium für Wirtschaft und Energie, *Handlungsempfehlungen des Bündnisses "Zukunft der Industrie" zur Stärkung des Industriestandortes Deutschland und Europa*, Berlin, November 2020, https：//www. bmwi. de/Redaktion/DE/Downloads/G/20201104 - zukunft - der - industrie - handlungsempfehlungen. pdf？ _ _ blob = publicationFile&v = 8。

② EY, DGAP und Wuppertal Insitut für Klima, Umwelt, Energie, *Europ 2020 Die Sicht deutscher Unternehmen*, repäsentative Studie, Oktober 2020, p. 1, https：//www. ey. com/de _ de/ decarbonization/blick - deutscher - unternehmer - auf - europa#accordion - content -02119905043 -0。

③ 参见"Milliardenhilfen beschlossen", *bundesregierung. de*, 03. Juni 2020, https：//www. bundesregierung. de/breg - de/themen/coronavirus/konjunkturpaket - 1757482；朱苗苗：《德国战后最大规模经济振兴计划》，2020年6月30日，https：//german - studies - online. tongji. edu. cn/46/a9/c20a149161/page. htm。

投资和气候技术投资"是一大重点,其金额超过500亿欧元,它囊括了研究、数字化、能源转型和气候保护领域的各项措施和计划,其中与经济脱碳直接相关的有以下决议(见表2)。

表2 2020年德国经济振兴计划内容一览

单位:亿欧元

	援助领域	具体内容	金额
1	实施氢能战略	建造制氢厂;根据碳差价合同办法支持电解厂运作的试点方案;免除可再生能源分摊费;建立对外经济合作伙伴关系等(详见本部分第二小节)	90
2	扩建可再生能源	取消光伏发电上限;提高海上风电扩建目标	未说明
3	可再生能源分摊费补贴	稳定电价,抑制可再生能源分摊费上涨	110
4	二氧化碳建筑翻新计划	➢德国复兴信贷银行(KfW)的二氧化碳建筑翻新计划将在2020~2021年增加10亿~25亿欧元	25
		➢联邦政府还将增加对市政建筑能源现代化的资助,并将启动一项计划,以促进社会机构的气候适应措施	20
5	林木业	可持续的林木业	7
6	交通	➢短途客运交通补贴	25
		➢电动小汽车创新津贴	22
		➢汽车制造商和供应商对未来的投资	20
		➢扩建电动车充电站基础设施和燃料电池生产	25
		➢内燃机车辆更换计划"社会服务与交通"	2
		➢电动巴士和电动卡车	12
		➢现代飞机	10
		➢德国铁路(气候一揽子计划)+移动接收设备	51.5
7	研发的税收优惠	扩大研发的税收优惠	10
8	扩大项目相关的研究	重点是能源系统、数字化和部门耦合	3

资料来源:笔者自制。

2020年年底德国政府制定了"德国复苏和韧性计划"(DARP),这是在欧盟框架下为疫情后经济发展确定了资金扶持的方向,欧盟已经为德国的此项计划拨专款246亿欧元。该计划最终版本于2021年4月提交给欧盟委员会,并由其评审通过。DARP被纳入2021年联邦预算和2024年前的财政规划中。DARP 建议的投资被分配到气候政策和能源转型、经济和基础设施数字化以及教育数字化等优先领域。另一个组成部分是实现氢、微电子/通信技术和云/数据处理领域的未来联合项目（"IPCEI"——欧洲共同利益的重大项目）的倡议。IPCEI 开放给其他欧盟成员国参加。12 月 17 日，"IPCEI 氢能"已经启动。除德国外，还有 21 个欧盟成员国和挪威参加。

（二）政策法规与战略计划维度

疫情之年，国内层面，德国政府出台了与"欧洲绿色新政"相关的非常重要的法律、计划和战略，并且在此基础上开始逐渐落实。这些法律和战略既符和"欧洲绿色新政"的主旨，同时也是德国自身出于对气候保护、绿色转型的关注和需求在原来已有政策法规基础上做出的更新。

1. 新《可再生能源法》及相关法规

2000 年 4 月德国首部《可再生能源法》生效，该法是 20 年来德国成功地大规模建设可再生能源的核心基础。联邦内阁于 2020 年 9 月 23 日通过了该法第五版草案，12 月 17 日，联邦议院通过草案。该法于 2021 年 1 月 1 日生效。新版《可再生能源法》对前一个即 2017 年的版本做了很大修改。该法核心修改内容如下[①]。

（1）新的长期目标是在 2050 年之前实现德国发电和用电的碳中和，2030 年可再生能源发电占比达到 65%，高于《2030 年气候保护计划》（Klimaschutzprogramm 2030）中确定的目标。首次设置年度监控机制，以便对目标的实现过程进行适当调控。

（2）提高地方对可再生能源进一步扩建的接受度。地方今后可以在财政上参与风电扩容，还将改善"租户电力"的激励措施和自家发电的框架条件。

（3）将提高成本效益和创新能力。通过各种单项措施（包括调整招标最高限值、扩大地面光伏系统的面积）降低可再生能源的补贴成本；允许大型

---

① BMWi, "Gesetz zur Änderung des Erneuerbare-Energie-Gesetz und weiterer energierechtlicher Vorschriften", 01. Januar 2021, https：//www.bmwi.de/Redaktion/DE/Artikel/Service/gesetz-zur-aenderung-des-eeg-und-weiterer-energierechtlicher-vorschriften.html.

屋顶光伏设备参与招标，并通过延长和增加创新类招标为创新提供强大动力。

（4）电力成本密集型产业的竞争力将得到保障。调整"特殊补偿规定"，使电力成本密集型产业在未来的可再生能源分摊费减免方面有更多的规划保障。

（5）可再生能源将被进一步整合进电力系统。改善电厂新技术的激励机制，改善电厂的可控性（智能电表网关）。通过陆上风电和生物质能的"南方配额"使可再生能源扩容与电网建设更好地协调。

（6）推进部门耦合。该法规定，生产"绿氢"可以完全免于征收可再生能源分摊费（尚需制定条例），或者制氢厂可以利用"特殊补偿规定"减少缴纳可再生能源分摊费。此条旨在落实国家氢能战略中的核心内容之一。对于远洋船舶来说，将有可能在海港以低成本获得岸上电力，而不是使用柴油发电机。

（7）准备进入"后补贴时代"。发电量低于100千瓦的电厂（风力发电除外）可以在过渡期继续通过直销电力方式运营，也可以将电力提供给电网运营商，获得减去营销成本的市场价值。如果工厂配备了智能测量技术，就可以降低营销成本。鉴于新冠肺炎疫情导致电价下跌，该法规定，补贴期满的陆上风力发电厂如由于区位原因无法重新发电，在2022年12月31日前，可进行招标，以继续获得补贴。在未举行招标前，或未中标的陆上风力发电厂，在2021年12月31日前，将继续获得市场价值补贴，并略加附加费用。

2020年12月10日《海上风电开发与促进法》修订案以及其他配套法规生效。根据此修订案，德国2030年海上风电发展目标从1.5万兆瓦提高到2万兆瓦，2040年提高到4万兆瓦。修订案还增加了一个审查步骤，使海上风电与电网同步扩张。该项规定是为了防止一直以来的弃风情况的发生。

2. 德国《国家能源与气候计划》

2020年6月10日，联邦内阁通过了由联邦经济与能源部提出的《国家能源与气候计划》（NECP）。NECP是欧盟层面上的一个新的规划和监测工具。它向欧盟委员会报告欧盟成员国对欧盟2030年能源目标的目标贡献，以提高能源效率和扩大可再生能源。联邦政府的NECP建立在2010年《能源方案》、《2030年气候保护计划》和2050年《能源效率战略》的目标和措施之上。它包含了联邦政府为实现欧盟2030年的能源目标而制定的以下几点具体目标：

➢提高能源效率，到2030年比2008年减少30%的一次能源消费；

➢到2030年将可再生能源的比例提高到终端能源消费总量的30%；

➢确认了2030年国家温室气体减排目标，即与1990年相比至少减少55%的温室气体排放，还确认了德国政府在2019年秋季联合国气候变化大会上的承诺，即到2050年追求温室气体中和化的长期目标。

根据规定，该计划原本应在2019年年底前提交欧盟委员会，但由于德国政府在2019年秋季公布了《2030年气候保护计划》，并随后在该计划中实施了与NECP有关的措施，因此该计划被推迟了。联邦经济与能源部部长阿尔特迈尔（Peter Altmaier）就NECP表示："通过这种方式，我们正在使欧盟的能源和气候政策更加透明和具有可比性，并与我们的欧洲伙伴一起实现欧盟2030年的能源目标。"①

3. 德国《国家氢能战略》

2020年6月和7月，德国和欧盟分别公布了各自的氢能战略，这两个战略构成了发展氢能经济、促进氢能技术进出口的重要基础。发展氢能也是"欧洲绿色新政"的重要组成部分，是推进"欧洲绿色新政"的核心领域之一。

德国氢能战略的考虑是从德国政府2018年12月启动的"天然气2030对话进程"中演变而来的。②德国对氢能的发展予以了非常重要的地位和优先待遇。早在2019年10月，德国经济与能源部部长阿尔特迈尔就表示：

---

① " Bundeskabinett beschließt den Integrierten Nationalen Energie-und Klimaplan der Bundesregierung", 10. Juni 2020, https：//www.bmwi.de/Redaktion/DE/Pressemitteilungen/2020/20200610 - bundeskabinett - beschliesst - den - integrierten - nationalen - energie - und - klimaplan - der - bundesregierung.html.

② "Dialogprozess Gas 2030 - Erste Bilanz", 09. Oktober 2021, https：//www.bmwi.de/Redaktion/DE/Downloads/C - D/dialogprozess - gas - 2030 - erste - bilanz.html. 德国政府对氢能技术的扶持开始得更早，《国家氢能与燃料电池技术创新计划》（NIP）在2006~2016年补贴资金约7亿欧元，2016~2023年的补贴为3.1亿欧元。

"必须为德国成为氢能技术世界第一来确定方向。"①

德国《国家氢能战略》从德国氢能战略的目标、现状、行动领域和未来市场、国家氢能战略监管以及行动计划等四个方面对德国未来氢能发展的意义和战略部署确定了重要原则和方向。联邦政府已批准90亿欧元用于氢能战略的实施。

结合尚未克服的疫情危机，这样的战略和快速资金投入计划既是为了能源转型、绿色转型，也是为了为危机后的经济复苏做出贡献。德国政府希望借助氢能战略支持建立新的生产链，并向合作的伙伴国家提供技术和定制的解决方案，不仅能在德国和伙伴国产生工作岗位，而且能推动全球合作。

德国氢能战略瞄准的市场有：氢制备、工业脱碳、交通运输（包括确保联盟合作伙伴之间互用的军事应用）、供热市场。配合以上市场，需要重点扶持的领域和方向有：研究、教育和创新；基础设施和供应；欧盟层面的行动；国际氢能市场和对外经济合作伙伴关系。

根据行动计划，德国氢能发展在2023年前为启动市场和推广阶段；2023年后到2030年前进入第二阶段，即巩固已建立的本土市场，同时在欧洲甚至全球范围内增强市场推广力度，为德国经济所用。到2030年将建设总容量达5000兆瓦的氢能发电厂，这相当于德国目前所有仍在运行的核电站产量的三分之二；到2040年，氢能发电厂总容量将翻一番，达到10000兆瓦。

配合以上所述两个氢能发展阶段，《国家氢能战略》中列举了38项具体行动措施，覆盖了从产业到科研、从理论到应用、从国内到国际的广泛领域。

根据《国家氢能战略》，联邦政府决定成立国家氢能委员会。6月10日，国家氢能委员会由来自工业界、科学界、智库和公民社会的26位高级专家组成。② 该委员会的任务是向联邦政府提供咨询意见和支持，提出执行

---

① "Pressemitteilung", 09. Okotber 2019, https://www.bmwi.de/Redaktion/DE/Pressemitteilungen/2019/20191009 – altmaier – deutschland – soll – bei – wasserstofftechnologien – nummer – 1 – in – der – welt – werden.html.

② BMWi, *Mitglieder des Nationalen Wasserstoffrats*, Berlin, 12. Novermber 2020, https://www.bmwi.de/Redaktion/DE/Downloads/M – O/mitglieder – nationaler – wasserstoffrat.pdf?__blob = publicationFile&v = 4.

和进一步发展氢能战略的行动建议。

9月30日由德国联邦经济与能源部牵头成立的氢能研究网络正式启动，氢能研究网络目的是强调在与氢能生产、储存、输送和跨部门使用有关的问题上建立工业、研究和政府统一网络的重要性，以加速氢创新技术向市场的转化。[1]

在《国家氢能战略》的落实和推进方面，德国也表现出一定的速度和决心。在国内层面，2020年有三个由工业界主导的大型绿色氢能项目获得资助，于2021年年初启动。有近100家大公司和30家小公司参与，如西门子、蒂森克虏伯、林德等。[2] 由于德国目前70%以上的一次能源需求依赖进口，因此氢能战略这样的政策导向不可避免地具有国际性。德国在《国家氢能战略》框架下使用"经济振兴与危机克服"一揽子计划资金资助的第一个氢能示范项目是西门子能源公司与智利合作的"Haru Oni"电制X项目，德国给西门子能源公司提供资金832万欧元，此项目利用"德国制造"的现代技术在智利利用其丰富的太阳能和风能来制备绿色氢能。[3]

德国的氢能政策不能脱离欧盟和其他成员国的发展，必须在欧洲范围内设计。德国《国家氢能战略》与欧盟的氢能战略有很多共同点，例如，除能效和电气化之外，还需要氢能作为未来能源系统的第三支柱，两者都认为一个成功的氢能战略不仅从气候政策的角度看很重要，而且希望获得价值数十亿欧元的市场和世界市场的领导地位，这正是现在越来越多的能源和工业企业极为关注之处。

德国和欧盟氢能战略也存在区别。（1）欧盟仍以天然气为基础，结合

---

[1] "Pressemitteilung", 30. September 2020, https://www.bmwi.de/Redaktion/DE/Pressemitteilungen/2020/09/20200930-startschuss-fuer-forschungsnetzwerk-wasserstoff.html.

[2] "Wasserstoff Forschung: Deutschland investiert 700 Millionen Euro", handelsblatt.de, 13. Jan. 2021, https://www.handelsblatt.com/politik/deutschland/energie-der-zukunft-deutschland-investiert-700-millionen-euro-in-wasserstoff-projekte-/26789866.html?ticket=ST-49079-zqOV0LPM3H9KHRxzv6bB-ap5.

[3] "Energiewende Direkt", Dezember 2020. https://www.bmwi-energiewende.de/EWD/Redaktion/Newsletter/2020/11/newsletter_2020-11.html.

碳捕获生产的"蓝氢"① 作为基础进行过渡,这在德国不太可能得到很多人的支持。在德国,"蓝氢"最多只能容忍在目前使用,其大力强调发展的是"绿氢"。(2)欧盟对待电子燃料(eFuels,在绿色氢气基础上生产的合成燃料)的态度更为开放。

三 德国推行绿色新政面临的挑战和可能的影响

从德国政府目前对"欧洲绿色新政"的表态来看,德国走绿色脱碳道路的决心较大。不过,在当前形势下,最大的挑战在于世界包括欧洲在内的新冠肺炎疫情远未结束,它对经济和社会造成的中长期影响还无法清晰预见。德国的经济复苏虽然与绿色新政挂钩,但是面对疫情造成的全球经济大衰退,还无法预见欧盟和德国政府的绿色经济刺激计划能否实现短期经济复苏,以及能否做到短期复苏与长期经济转型之间的协同效应。

欧盟委员会主席冯德莱恩在介绍"欧洲绿色新政"时,声称这是"人在月球的时刻",将"欧洲绿色新政"与人类登月相比。此比喻强调了绿色新政面临的挑战以及其影响的规模是全球性的。

本部分将从国内和国际两个层面分别分析德国推行绿色新政在当前面临的挑战以及对未来可能产生的影响。

(一)国内层面

从目标设定角度看,德国政府面临的压力较大:根据联邦环境、自然保护和核安全部目前的预测报告和联邦经济与能源部2030年气候保护方案的能源预测,目前的政策措施还不足以实现2030年较1990年减排55%的目标。预计离目标的差距为3~4个百分点。如果目前不进行大刀阔斧的改变,到2030年,可再生能源也只能满足约55%的电力需求,如果想要到2030年

---

① "蓝氢"与"灰氢"都是通过蒸汽重整法产生的,两者的区别是生产"蓝氢"所产生的二氧化碳被捕获并储存起来,不释放到大气中。

可再生能源电力达到65%~70%的扩张,那么《可再生能源法》和《海上风电开发与促进法》中计划的年招标量必须增加。与目前的扩容相比,每年必须再增加近1倍,因此到2030年,不是按照目前的规划增加7.6万兆瓦的电力装机容量,而是需要增加来自风力和太阳能发电厂的14万兆瓦左右。2020年默克尔总理的官方表态和《国家能源与气候计划》仅仅将目标暂时设置为55%。根据专家和智库的调研结论,这一目标设定远远不够。

从成本角度看,目前大规模投资新的低碳关键技术并不经济,因为对气候中和产品的需求不足。每吨二氧化碳的减排成本,包括投资成本和相关的运营成本(如电力),往往远远高于欧盟排放交易中当前的二氧化碳价格。在目前的框架下,碳配额的稀缺和因此而增加的碳价格激励措施导致投资企业宁可碳泄漏,也不会对更多气候友好型技术进行的必要投资。因此,政府经济刺激计划要想发挥促进绿色转型作用,必须与总体投资方向保持一致。目前的批评观点是,德国到目前为止的气候和能源政策所付出的经济社会成本过高,国家干预过多,干扰了市场的效率。根据德国经济顾问委员会(SVR)的特别评估报告,德国气候政策受到效益、成本效率、技术开放度和国际分工等方面的质疑,需要进行政策的路线调整。[1]

在德国,缺少促进工业价值链提升的相应措施。绿色新政对工业领域的低碳化提出了非常高的要求。工业低碳化必须保证安全地获得绿色能源、回收可再生原材料以及建设必要的基础设施,这个需要通过长期、安全和有竞争力的价格获得(上游)。同时,还要为气候中和技术和产品创造安全的销售市场(下游)。两难的问题是,大规模将无碳技术推向市场所需的碳价格太高,这同时破坏了转型期仍需要的传统工厂的竞争力。必须制定新的政策框架,通过激励措施和直接补贴(中游)使新工厂的投资和传统工厂的继续运营成为可能。

氢能技术和氢能工业面对的挑战是生产成本和竞争速度。从技术方面看,氢能战略下一步发展的关键是降低生产成本,以使将来能够生产和运输

---

[1] Sachverständigenrat zur Begutachtung der gesamtwirtschaftlichen Entwicklung, *Aufbruch zu einer neuem Klimapolitik*, *Kurzfassung*, Berlin, Juli 2019, https://www.sachverstaendigenrat-wirtschaft.de/sondergutachten-2019.html.

大量氢能。另外，绿色新政要求按绿色生产方式重新分配市场。速度正在成为像钢铁制造商这样的企业的决定性竞争优势，谁最先成功地以有竞争力的价格生产出"绿色钢铁"，谁就能开辟一个全新的市场。继德国和欧盟氢能战略出台后，德国钢铁企业正在与欧洲其他同行进行激烈赛跑。①

德国推进绿色新政从中长期看还要面对民众接受度的挑战。虽然从各种民调中可以看出，即使在疫情期间，德国民众还是对气候保护议题的重要性和优先性肯定度较高，但德国能源转型的接受度却出现下滑。根据德国可持续发展高级研究院（IASS）每年的民调，大多数民众仍然赞同能源转型目标的设定，但是对能源转型政策的实施不满意的民众所占比例明显增加，2019 年 68% 的人对该政策的实施过程表示"不满意或非常不满意"，和过去两年相比，有更多的人认为能源转型政策实施的过程"昂贵"、"混乱"、"不公平"、"精英主义"以及"糟糕"。②

德国政府能源转型专家委员会针对政府最新的《能源转型评估报告》发表了看法，认为德国能源转型在目标达成方面在三个维度具有不确定性，即价格合理、供应安全和民众接受度；并且这三方面的不确定性会随着德国推进 2050 年气候中和的绿色新政"显著增加"，加速的去碳化不仅可能带来更大的经济负担，而且还可能对供应安全和接受能源转型提出新的挑战。③专家认为，如果德国政府不坚决解决电网扩容问题或增加区域灵活性，从长远来看，能源供应安全和可再生能源发电设施的扩容目标将受到威胁。

---

① "Das Rennen um den grünen Stahl：Die Branche steht vor einer Revolution"，*handelsblatt. de*，28. Dezember 2021，https：//www. handelsblatt. com/unternehmen/industrie/industrie – das – rennen – um – den – gruenen – stahl – die – branche – steht – vor – einer – revolution/26727712. html？ticket = ST – 667922 – 9uzDPc1fvg2murAP6PPf – ap5.

② Agora Energiewende，*Die Energiewende im Corona-Jahr. Stand der Dinge 2020*，Berlin，Januar 2021，pp. 66 – 67，https：//www. agora – energiewende. de/veroeffentlichungen/die – energiewende – im – corona – jahr – stand – der – dinge – 2020/.

③ Expertenkommission zum Monitoring-Prozess，"Energie der Zukunft"，*Stellungnahme zum achten Monitoring-Bericht der Bundesregierung für Berichtsjahre 2018 und 2019*，Berlin，Febrar 2021，pp. Z – 5，https：//www. bmwi. de/Redaktion/DE/Downloads/S – T/stellungnahme – der – expertenkommission – zum – achten – monitoring – bericht. html.

而这个问题可谓老生常谈,从十年前能源转型政策实施之初就是德国可再生能源发展和能源转型主要的绊脚石。

"欧洲绿色新政"提出的2050年气候中和的范式对当前就产生了直接影响,因为大多数新的工业工厂的寿命在30年以上。当前不考虑气候中和目标的投资有可能将来成为失败的投资,而当前考虑到气候中和的投资却不能迅速实现商业价值。德国政府将推出适当的框架条件,为了能够在市场经济环境中以经济效率高的方式对气候中和技术进行投资。《欧盟可持续金融分类方案》(EU Taxonomy)为德国制定国家给予投资直接支持时的标准提供了基础。这样的规定使得投资以环境影响评价为导向之一,也为公司和金融市场参与者的投资提供了决策依据,并为发展气候中和的国际价值链创造了前提条件。长期来看,可能形成约束企业和消费者的气候政策框架。如果做不到这一点,疫情后以绿色新政为目标的"绿色复苏"可能效果不佳。

绿色新政将推动德国以二氧化碳定价为基础的能源价格改革。德国"退出煤电"政策将在"欧洲绿色新政"的基础上加以改进,市场化的二氧化碳价格信号可能增强。

绿色新政使德国进一步提高了对氢能的重视程度,有助于促成氢能项目快速上马。德国加大力度促进氢能,特别是"绿氢"的技术研发和实际应用,这将带动全球氢能经济价值链的发展,让德国有非常好的机会在世界市场上占据领先地位。

绿色新政还明显加快了德国汽车生产企业向电动汽车生产转型的步伐。虽然减排目标实现的短板仍然在交通能源消费和可再生能源用于交通这两个领域,但是大规模电气化的趋势会缓慢推动交通领域的转型。氢能的发展也给这一趋势提供了动力和希望。

(二)国际层面

全球疫情让所有人更加意识到,人类不单在经济上而且在物理上也是紧密关联的。全球性危机需要国际合作来应对。但是在抗击全球疫情中,恰恰民族/民粹主义、单边主义以及忽视国际合作的行为不断出现。去碳化的绿色新政的目的之一是应对全球气候危机，因此，国际合作、多边合作必不可少。一边是民粹主义、单边主义抬头，其中穿插着意识形态的对立，一边是必须国际合作。这构成了欧盟和德国推行绿色新政国际层面的挑战之一。

新冠肺炎疫情大流行已经并将继续对欧洲和全球能源系统产生剧烈和长期的影响。全球石油和天然气价格崩溃不仅影响依赖化石燃料出口的经济体的稳定，而且也会影响欧洲能源工业。这是当前受到的直接冲击，疫情可能造成的中期影响还包括：风能和太阳能价值链被破坏，能源部门缺乏投资，关键基础设施和可再生能源发电设施的建设出现延误，消费模式发生深刻变化，各领域尤其是能源部门的数字化步伐快速且不受控制。①

德国在欧盟框架下推进绿色新政，势必会给其能源外交带来挑战，世界各地推行的多种能源转型已经或正在引发深刻的地缘经济与地缘政治的变化。中美之间的竞争影响欧盟内部和与第三国建立的伙伴关系。经济碎片化和技术规范竞争加剧。这些意味着，随着德国推进绿色新政，其能源外交不得不面对国际大环境变化的挑战，必须根据地缘经济与地缘政治的变化来进行调整。

绿色新政带来的根本性转变有一方面来自围绕可再生能源的新的战略技术和价值链，欧盟和德国若想向绿色经济转型，必须建立具有战略意义的气候中和产业价值链，需要通过多样化避免对关键市场和关键技术的依赖性，欧盟和德国一边要加强欧洲市场、国际合作，一边也要保障德国公司的国际竞争力。

德国推进欧洲绿色新政过程中在国际层面可能带来的影响表现在以下几个方面。

德国会同欧盟一起加强其在标准制定方面的地位。因为，国际上正出现越来越多对未来能源系统的愿景，且它们相互具有竞争性，同时还产生了制定成套规则的竞争压力。

---

① "Die EU-Energiediplomatie-Aufwertung und Neuausrichtung für eine neue Ära", in SWP-Aktuell 2020/A 65, Berlin, Juli 2020, p. 2, https://www.swp-berlin.org/10.18449/2020A65/.

疫情下德国对欧洲绿色新政的回应：举措、影响及挑战

德国将绿色新政作为契机，这对正在可再生能源、氢能、低碳和数字技术的市场中成长的德国企业意义重大，是德国加强和改善本国公司在国际市场发展的重要契机。气候友好型技术在全球市场上虽然尚不具备竞争力，但是在地缘经济环境中的竞争日益激烈，这表现在对气候友好型技术市场份额的竞争和对新技术、价值链和供应链的控制上。

德国将不断加强绿色新政的对外传播，推进《巴黎气候协定》下的多边合作机制。另外，德国目前倾向采取切合实际的办法，而不是用意识形态规范与中国等国寻求气候议题的合作。

德国和欧盟将重新确定能源伙伴国家和地区的优先次序，因为全球能源格局出现系统性变化。例如，对于德国而言，乌克兰是传统上天然气过境国，今后也将成为运输氢能的伙伴；印度在规则和规范制定领域具有重要的战略意义；日本可能成为一个具有决定性的全球能源盟友；德国和欧盟正有意识地在非洲寻找锚定伙伴，摩洛哥是氢能有吸引力的市场；德国和欧盟保持与拉丁美洲的对话和接触。[1]

四 结语

欧盟在提出雄心勃勃的绿色新政后得到德国政府和社会的积极回应。可是时隔不到两个月新冠肺炎疫情就在全球暴发。

2020年新冠肺炎疫情造成的这场全球性危机，暴露了当今社会和经济的脆弱性。疫情已经并将继续对欧洲和全球能源系统产生剧烈和长期的影响。欧盟和德国都认识到，由于新冠危机，向可持续和有韧性的经济转型十分迫切和关键。德国在疫情下制定了与"欧洲绿色新政"挂钩的所谓"绿色复苏"的大规模经济刺激计划。由于疫情尚未结束，其中长期影响无法准确判断，所以德国在疫情背景下的绿色新政的具体实施还很难评估。

---

[1] 参见 "Die EU-Energiediplomatie-Aufwertung und Neuausrichtung für eine neue Ära", in SWP-Aktuell 2020/A 65, Berlin, Juli 2020, https：//www.swp-berlin.org/10.18449/2020A65/。

可以肯定的是，德国政府、社会和大部分产业在去碳化经济发展的范式上达成了共识。在极为艰难的新冠危机时期，针对绿色新政仍然有显见举措。对于德国而言，气候中和目标实现的决定性因素不是新冠肺炎疫情导致的短期温室气体排放量的减少，而是对新的气候中和技术的投资。这是实现持久减排的决定性途径。因此，至关重要的是，一方面，要更加密集地使用应对危机的经济援助，大力加强对可再生能源、节能改造、气候友好型交通和气候中和型工业技术的激励。另一方面，必须迅速修订或调整现有的规章制度——如土地使用规划、许可证法、税收（包括机动车税）和收费等方面的规章制度，以刺激对新气候友好型技术的投资。

但是，因为德国能源转型和可持续发展多年存在的短板，如成本高、交通能耗高、能效提高不理想、电网扩建缓慢等，所以，德国绿色新政的推进必定面对很多新旧挑战。由于新冠肺炎疫情导致的能源市场不可预知的突变，加上2018年年底以来二氧化碳价格的上涨，2020年气候目标在数字上得以实现，但这并不会导致所有部门的能源转型目标都得以实现。迅速确定更高的2030年中期目标及具体实施方案是当务之急。

国际上，欧盟和德国都面临复杂的国际局势，中美竞争、中国在全球市场给德国带来的竞争压力、能源安全、氢能战略带来的地缘政治的变化，这些因素让德国在实现2050气候中和的道路上面临更多挑战，不过也给它带来了机遇。在欧盟、中国、英国、加拿大、日本和韩国分别宣布在2050年或2060年之前实现气候中和的背景下，德国有很大的机会成为国际技术的领导者，特别是在设备制造方面。由于疫情，格拉斯哥世界气候大会被推迟到2021年11月举行。届时欧盟和德国由绿色新政带来的能源外交调整会有更明显的体现。

2021年是德国联邦议院大选年。大选结果对德国推行绿色新政将产生较大影响。按照目前的民调和趋势看，联盟党和绿党组合的黑绿联合政府执政的可能性很大。绿党若成为联邦执政党将对德国推行绿色新政带来更为积极的信号。

B.10
新冠肺炎疫情对德国企业全球价值链布局的影响

朱宇方*

摘　要： 德国作为开放经济体已深深嵌入全球价值链网络之中，此次新冠肺炎疫情对德国企业的价值链造成了较为严重的冲击。目前德国企业的价值链分布普遍较为集中，价值链的国外部分也大多位于周边欧盟国家，调查显示，价值链的分散化是德国企业近期与中期的主要策略，但德国呼之欲出的《供应链法》很有可能会阻碍价值链分散策略的实施。

关键词： 新冠肺炎疫情　德国　全球价值链

2020 年，肆虐全球的新冠肺炎疫情普遍对德国企业造成了的负面影响。联邦经济与能源部（BMWi）委托 Kanter 市场与社会研究所于 2020 年 4 月和 6 月分别对 500 家和 1000 家在德国运营的企业进行了问卷调查，两次调查均有四分之三的受访企业表示受到疫情的负面影响。企业面临的最严重问题依次为：需求下降、不得不部分或全部停工、供应链和物流问题。[①] 2020 年 11 月，德国工商总会（DIHK）对德国的 13000 家企业进行了问卷调查，

---

* 朱宇方，文学博士，同济大学德国问题研究所/欧盟研究所讲师，主要研究领域为德国经济与社会政策、德国与欧洲经济史。
① BMWi, *Unternehmen in Deutschland in der Corona-Krise*, https：//www.bmwi.de/Redaktion/DE/Schlaglichter - der - Wirtschaftspolitik/2020/08/kapitel - 1 - 4 - unternehmen - in - deutschland - in - der - coronakrise.html.

只有13%的受访企业表示其业务没有受到任何负面影响，有三分之二的企业预计2020年的营业收入有所下降，在工业、贸易和建筑类企业中有四分之一遭遇供应链上的物流瓶颈。① 2020年夏季，德国工商总会对德国海外商会（AHK）旗下的全球约3300家德国企业、分支机构和子公司以及与德国有密切联系的企业做了一项有关新冠肺炎疫情影响的特别调查（下文简称"AHK报告"）。83%的企业预期出现营收下降，除了订单下降、流动资金恶化等问题之外，供应链运转不畅也是最主要的问题之一。②

其实早在新冠肺炎疫情出现之前的几年里，经济民族主义和贸易保护主义的抬头就已经引发人们对逆全球化趋势的讨论和担忧。此次在新冠肺炎疫情的冲击下，不仅各地的防疫措施使部分工厂停工"掉链子"，而且全球物流也由于航线阻断、运力不足等原因受到扰乱，从而全球价值链在组织上出现相当程度的混乱。"全球价值链是否会因此崩塌"这样的设问因此频繁出现在媒体头条，并进一步引发了有关"全球化是否会走向终结"的讨论。③ 作为高度开放的经济体，德国与全球价值链的关联程度以及德国企业未来在价值链布局上的动向值得我们关注，这对于研判中德未来经贸关系也很有参考意义。

本文将采用"全球价值链"这个更加学术和宽泛的概念来聚焦新冠肺炎疫情对德国企业价值链布局所产生的影响。"价值链"这个概念诞生于企业管理研究中，其意在构建企业战略管理的框架，即将企业的经营分解为一系列具有独立功能的价值创造活动，以此为基础来进行管理和提高企业的竞争

---

① DIHK, *Auswirkungen von COVID–19 auf die deutsche Wirtschaft：5. DIHK-Blitzumfrage November 2020*, November 2020, https：//www.dihk.de/resource/blob/33776/520f2d184cf1abdda6872835f463fe73/blitzumfrage–corona–nr–5–data.pdf.

② DIHK, *AHK World Business Outlook：Sonderumfrage zu den COVID–19 Auswirkungen*, Juli 2020, https：//www.dihk.de/resource/blob/25672/1a0e7354855aa46f3fccceb34f9eff30/ahk–world–business–outlook–2020–corona–sonderbefragung–data.pdf.

③ 参见媒体评论文章，例如："Das Ende der Globalisierung, wie wir sie kennen", https：//www.spiegel.de/wirtschaft/corona–krise–das–ende–der–globalisierung–wie–wir–sie–kennen–a–af9f2dd4–f5ce–4402–903f–c6b4949bd562; "Das Ende der Globalisierung？", https：//www.zeit.de/2020/21/corona–krise–abschottung–nationalismus–globalisierung; "Das Ende der Globalisierung–oder doch noch nicht？", https：//www.faz.net/aktuell/wirtschaft/welche–lehren–unternehmen–aus–der–coronakrise–ziehen–16663765.html。

优势。① 而全球价值链则是指企业将不同的价值创造活动分解到全球范围。按照经合组织的描述，全球价值链把国际生产、贸易和投资组织起来，其不同阶段位于不同的国家。在全球化的推动下，企业通过外包和离岸业务在国际层面对自己的业务结构进行调整。企业试图通过将不同的价值生产阶段（如设计、生产、市场营销、分销等）置于不同地点来对价值生产过程进行优化。全球价值链的发展是经济全球化的重要表征。② 对位于不同国家的价值生产以及地区间物流运输进行有效组织，这是全球价值链顺利运行的关键所在。

具体来说，本文将首先梳理近年来全球价值链的发展和变化，包括新冠肺炎疫情对全球价值链形成的冲击，然后基于全球价值链对德国经济的意义，并基于最新的企业调研报告，观察新冠肺炎疫情下包括德国在内的西方主要工业国家的企业在价值链布局方面的应对方案，最后，还将基于西方企业的看法与计划展望疫情后中国在全球价值链中的角色。

一 新冠肺炎疫情对全球价值链造成的冲击

运输业的集装箱经济革命、冷战的结束、中国通过加入世贸组织融入全球经济，在这一系列的政治经济事件的推动下，20世纪90年代至2008年（金融危机爆发前）成为全球化的黄金时代。而全球价值链的迅速发展正是全球化的一个重要标志，1990~2008年，世界贸易增长的60%是源于全球价值链的发展。③ 在全球价值链的发展过程中，全球经济经历了三个短暂的低迷时期：1997~1998年的亚洲金融危机、2000~2001年互联网泡沫破灭和2008~2009年全球金融危机。其中，只有2008~2009年危机引发了全球性经济衰退（即至少连续两个季度出现国内生产总值负增长），之后全球的

---

① Michael E. Porter, *Competitive Advantage*, 1985, New York: The Free Press, pp. 11 – 15.
② 参见 https://www.oecd.org/industry/ind/global-value-chains.htm。
③ Dalia Marin, *Globalisierung unter Druck*, https://www.spiegel.de/wirtschaft/soziales/corona-wie-die-pandemie-zur-renaissance-der-deutschen-industrie-fuehrt-a-82d65db2-d12b-4879-b25b-cf1e8a206bf7.

经济增长和贸易模式都发生了结构性变化。[①]

2008年危机爆发之前，虽然全球大部分的经济增加值仍源于国内生产和消费，但这一部分的占比呈较为明显的下降趋势，从1995年占全球总产值的85%降至2008年的不足80%。在此期间，不同类型的世界贸易都在增长，但增长最快的是复杂全球价值链。2008~2009年的危机之后，世界贸易在2010年就实现了反弹，但值得注意的是，2011年以后，无论是传统贸易还是全球价值链贸易在全球总产值中的份额均未进一步扩大，处于增长停滞状态，而纯国内生产产值所占份额略有增加（见图1）。尽管如此，在此期间，按价值增加计算，全球价值链贸易（简单和复杂价值链贸易的总和）仍占到全球贸易的60%~67%，这反映出全球价值链的重要性。[②]

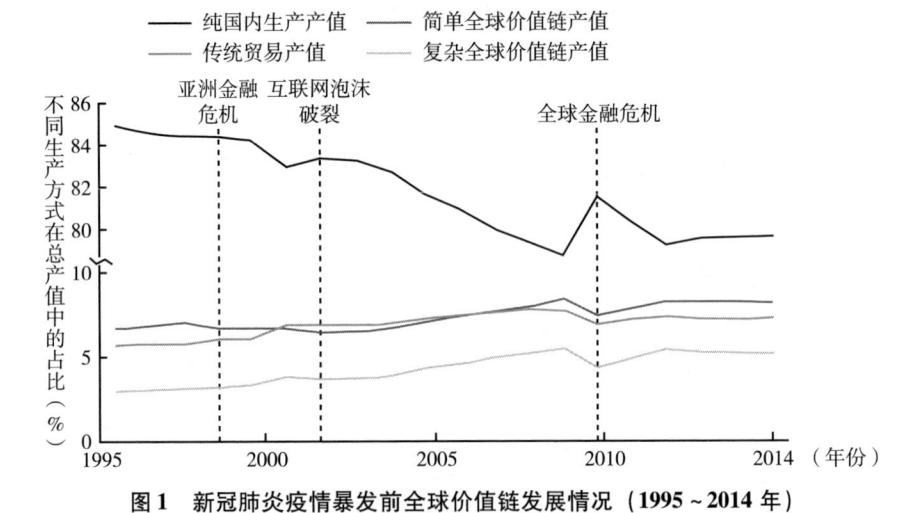

图1 新冠肺炎疫情暴发前全球价值链发展情况（1995~2014年）

注：传统贸易指产成品跨境供最终消费；简单全球价值链指价值生产过程中，中间品跨境一次；复杂全球价值链指价值生产过程中，中间品跨境两次或两次以上。

资料来源：The World Bank，*Global Value Chain Development Report 2017*，p. 2，https：//www.wto.org/english/res_ e/booksp_ e/gvcs_ report_ 2017.pdf.

---

① The World Bank，*Global Value Chain Development Report 2017*，p. 38，https：//www.wto.org/english/res_ e/booksp_ e/gvcs_ report_ 2017.pdf.
② The World Bank，*Global Value Chain Development Report 2017*，p. 2，https：//www.wto.org/english/res_ e/booksp_ e/gvcs_ report_ 2017.pdf.

导致全球价值链增长停滞的因素包括①：全球不确定性的增加，2008~2011年，斯坦福大学研究人员制定的世界不确定性指数增长了200%，而且之后长期保持在高位大幅波动；全球性的经济金融危机之后，保护主义浪潮兴起；在以中国为代表的新兴经济体中，国内生产的中间品投入替代了进口的中间品投入；技术创新和再分配加深了日本和美国等主要发达经济体的国内劳动分工。

2019年年末，新冠肺炎疫情突袭而至，并很快在全球蔓延，防疫封锁造成的生产及物流停滞对全球价值链造成了新的严重冲击，具体可以分为以下两个阶段。②

第一阶段，全球价值链的中国环节瘫痪。这一阶段始于新冠肺炎疫情的突袭而至，新冠肺炎疫情导致经济活动大幅减少。2020年1月和2月，中国的工业产值较上年同期下降13.5%，无论是2002~2003年的SARS（重症急性呼吸综合征）疫情还是2008~2009年的全球金融危机都未曾造成如此严重的冲击。虽然中国从3月就开始逐步复工，但已经对全球价值链造成了严重冲击。中国2020年1月和2月的进口额以美元计算同比下降4%，出口额同比下降17%，3月的出口额同比降幅收窄至6.6%，进口额仅下降0.9%。从商品品类来看，在疫情冲击下，中国的中间产品（例如电子和电气产品以及汽车部件）进出口量均明显下降。这意味着，中国生产活动的停滞不可避免地影响了价值链上游和下游国家的生产者和消费者。

第二阶段，全球价值链的其他环节出现问题。随着新冠肺炎疫情在全球蔓延，越来越多的国家采取了与中国类似的封锁措施以应对疫情，从而对全球价值链进一步产生影响。由于这一阶段新冠肺炎疫情几乎波及全球所有主

---

① 参见"World Uncertainty Index"，https：//worlduncertaintyindex.com/；Dalia Marin，*Globalisierung unter Druck*，https：//www.spiegel.de/wirtschaft/soziales/corona-wie-die-pandemie-zur-renaissance-der-deutschen-industrie-fuehrt-a-82d65db2-d12b-4879-b25b-cf1e8a206bf7；The World Bank，*Global Value Chain Development Report 2017*，pp.37-38，https：//www.wto.org/english/res_e/booksp_e/gvcs_report_2017.pdf。

② 参见 Holger Görg and Saskia Mösle，"Globale Wertschöpfungsketten in Zeiten von（und nach）Covid-19"，*ifo Schnelldienst*，No.5，73. Jahrgang，13. Mai 2020，pp.4-5，https：//www.ifo.de/DocDL/sd-2020-05-goerg-moesle-etal-corona-globale-lieferketten.pdf。

要经济体，而且至今仍余波未平，因此目前并没有完整的统计数据，但可以从供给、需求和投资三个方面对影响的路径做出一个整体性的描述。首先，在供给侧，因为许多为其他生产中间产品的国家停产，中间产品短缺，进而产业链停滞；其次，全球大范围的生产停滞和需求下降对服务业（包括生产服务业和消费服务业）造成冲击，导致工作岗位流失和员工收入下降，而这在需求侧导致了消费品需求的萎缩；最后，生产停滞、营收下降、疫情发展仍具不确定性等因素抑制了企业的投资，进而抑制了对资本货物的需求。

按照全球价值链的理论，将价值链所涉地区按生产停滞风险[1]进行排位，价值链应从风险最高的地区（通常是相对欠发达的发展中国家或新兴工业国家）发端，然后逐级向风险较低地区（发达工业国家）延伸。从理论上看，随着价值生产步骤的递进，中间品价值逐步累积，生产停滞可能带来的损失也逐步增加，因此从高风险到低风险依次排布价值链的各个环节能有效避免损失。而在实践中，这也恰好符合在技术相对落后的国家制造中间品，随后在技术较先进国家对产品进行最终完善的国际分工。[2] 如果在这个理论框架中观察此次疫情所带来的冲击，可以发现，随着疫情的蔓延，一系列的冲击几乎精准地沿着价值链延伸的方向逐级影响价值链上的国家。这也就导致了此次全球价值链的停滞和混乱持续时间特别长，造成的损失特别大。[3]

新冠肺炎疫情仍在持续，目前尚无法准确测算它将对全球价值链造成多大的影响。但有德国学者根据上文提及的全球不确定性指数进行了推算：在2002~2003年SARS暴发期间，该指数上升了70%；英国于2016年全民公

---

[1] 这里泛指一切风险，包括自然、政治、经济、法律、社会等各种因素造成生产停滞的可能性。

[2] 参见 Arnaud Costinot, Jonathan Vogel and Su Wang, "An Elementary Theory of Global Supply Chains", *Review of Economic Studies* 80, 2013, pp. 109-144, https：//economics. mit. edu/files/8877。

[3] Hartmut Egger, "Stehen globale Lieferketten nach der Krise vor einem Rückbau?", *ifo Schnelldienst* 5/2020, 73. Jahrgang, 13. Mai 2020, p. 11, https：//www. ifo. de/DocDL/sd - 2020 - 05 - goerg - moesle - etal - corona - globale - lieferketten. pdf。

投决定退出欧盟之后，它飙升了250%；新冠肺炎疫情则使全球不确定性增加了300%。当不确定性增加时，全球价值链相应地出现萎缩，由此推算出本次疫情可能会使全球价值链活动减少约35%。① 当然这只是非常宏观的测算，价值链布局最终取决于企业的具体决策，这一点将在下文中展开。

二　德国对全球价值链的依赖程度

在德国，早在新冠肺炎疫情危机之前就已经有这样的声音：基于地缘政治和贸易政策考虑，德国是否过度依赖全球价值链？新冠肺炎疫情暴发之后，这个问题再次成为议论的焦点。毕竟没有哪个二十国集团（G20）国家像德国这么深地融入全球价值链。以贸易量（出口与进口之和）与国内生产总值的比值来衡量，2019年德国经济的开放度为88%。2019年德国中间品进口额达6060亿欧元，占德国商品进口总额的55%，在国内生产总值中的占比为17.6%。从图2可以看出，2000年至今，德国中间品进口额增加了1倍以上，尤其是在2009年危机之前，德国中间品进口的增长尤为迅猛，在商品进口总额中的占比从2000年的53.7%升至2008年的61.7%。在经历了2009年危机引发的贸易低迷之后，中间品进口迅速复苏，但自2011年起呈现缓和下降的趋势，这与上文所述的全球价值链发展状况相吻合。在经历了2017~2018年的短暂复苏后，由于美国挑起与欧盟及中国等重要贸易伙伴的贸易摩擦，德国的中间品进口额再次下降。②

在欧盟中进行观察，德国由于贸易量遥遥领先，因此其中间品进口量在欧盟的中间品进口总量中占22.5%，6060亿欧元的进口额也远超分别位居

---

① Kemal Kilic and Dalia Marin, "Wie Covid‐19 Deutschland und die Weltwirtschaft verändert", *ifo Schnelldienst* 5/2020, 73. Jahrgang, 13. Mai 2020, p. 13, https：//www.ifo.de/DocDL/sd‐2020‐05‐goerg‐moesle‐etal‐corona‐globale‐lieferketten.pdf.

② Galina Kolev and Thomas Obst, "Die Abhängigkeit der deutschen Wirtschaft von internationalen Lieferketten", *IW-Report* 16/2020, Institut der deutschen Wirtschaft, April 2020, pp. 4‐5, https：//www.iwkoeln.de/fileadmin/user_upload/Studien/Report/PDF/2020/IW‐Report_2020_Lieferketten.pdf.

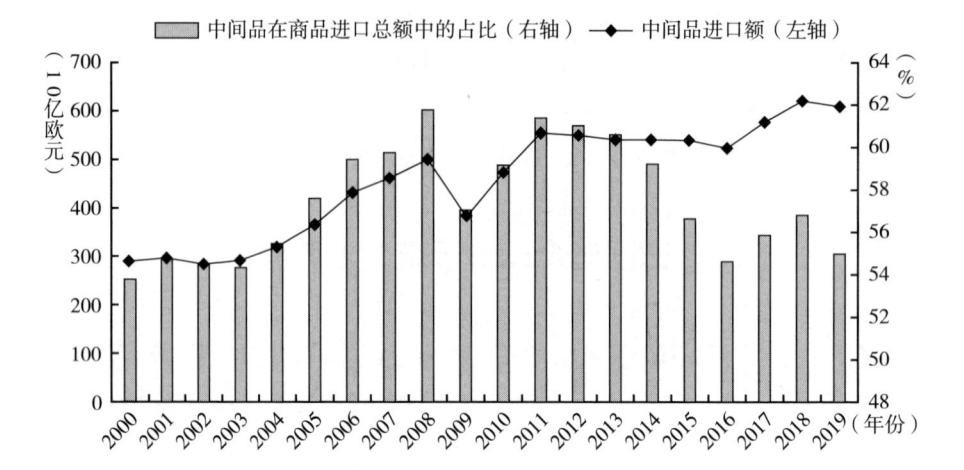

图 2　德国中间品进口额及其在商品进口总额中的占比（2000～2019 年）

资料来源：Galina Kolev and Thomas Obst, "Die Abhängigkeit der deutschen Wirtschaft von internationalen Lieferketten", *IW-Report* 16/2020, Institut der deutschen Wirtschaft, April 2020, p. 5, https：//www. iwkoeln. de/fileadmin/user_ upload/Studien/Report/PDF/2020/IW – Report_ 2020_ Lieferketten. pdf。

第二和第三的荷兰（3040 亿欧元）[1]和法国（3010 亿欧元）。但在欧盟中，德国的中间品进口依赖程度处于中游，其中间品进口量在商品进口总量中的占比与欧盟 27 国的整体水平基本持平。[2]

从行业来看，在德国，最依赖全球价值链的行业为纺织、电气和化学工业，2014 年这三个行业进口中间品在总投入中的占比分别为 76%、56% 和 52%，此外机械和汽车工业也已高度融入全球经济，其进口中间品占比也分别达 29% 和 37%。[3] 德国进口中间品在结构上存在两个特点：第一，更多

---

[1] 作为欧盟重要港口所在地，这里荷兰的统计数字存在一定的虚高。

[2] Galina Kolev and Thomas Obst, "Die Abhängigkeit der deutschen Wirtschaft von internationalen Lieferketten", *IW-Report* 16/2020, Institut der deutschen Wirtschaft, April 2020, p. 6, https：// www. iwkoeln. de/fileadmin/user_ upload/Studien/Report/PDF/2020/IW – Report_ 2020_ Lieferketten. pdf。

[3] Kemal Kilic and Dalia Marin, "Wie Covid – 19 Deutschland und die Weltwirtschaft verändert", *ifo Schnelldienst* 5/2020, 73. Jahrgang, 13. Mai 2020, pp. 14 – 15, https：//www. ifo. de/DocDL/ sd – 2020 – 05 – goerg – moesle – etal – corona – globale – lieferketten. pdf。

进口来自高工资国家；第二，中国所占份额的增长非常显著（汽车工业除外，德国汽车工业的价值链主要布局在东欧国家）。虽然目前尚无法判定，新冠肺炎疫情会引发怎样的变化，但比较2007年和2014年德国主要行业的中间品进口情况可以看出，2008~2009年的金融危机并没有明显改变德国主要工业行业全球价值链的结构（见表1）。

表1 进口中间品在总投入中的占比

单位：%

德国纺织工业

2007年		2014年	
高工资国家			
意大利	17.5	意大利	20.6
法国	5.4	奥地利	4.5
英国	4.7	法国	4.4
奥地利	3.9	西班牙	3.2
比利时	3.8	瑞士	2.6
瑞士	3.7	比利时	2.5
低工资国家			
中国	5.4	中国	12.9
土耳其	4.4	土耳其	11.3
波兰	4.3	波兰	4.4
捷克	3.7	印度	3.8
印度	2.0	捷克	3.6
斯洛伐克	0.8	匈牙利	1.6

德国汽车工业

2007年		2014年	
高工资国家			
法国	4.8	法国	4.9
英国	3.9	奥地利	3.6
奥地利	2.9	意大利	3.1
意大利	2.3	英国	3.0
美国	2.1	美国	2.5
西班牙	1.6	西班牙	2.2

续表

2007 年		2014 年	
低工资国家			
匈牙利	3.3	捷克	4.9
捷克	2.8	匈牙利	4.8
波兰	2.4	波兰	3.8
斯洛伐克	1.4	斯洛伐克	2.2
土耳其	0.5	罗马尼亚	1.2
中国	0.3	土耳其	1.0

德国电气工业

2007 年		2014 年	
高工资国家			
美国	4.8	日本	4.3
日本	4.6	法国	3.5
法国	4.1	瑞士	3.3
韩国	3.1	意大利	3.2
瑞士	3.0	美国	3.2
奥地利	2.8	奥地利	2.7
低工资国家			
中国	7.8	中国	10.8
捷克	3.1	捷克	4.1
匈牙利	2.3	波兰	2.4
波兰	1.8	匈牙利	2.0
罗马尼亚	0.7	罗马尼亚	1.7
斯洛文尼亚	0.4	斯洛伐克	1.0

德国化学工业

2007 年		2014 年	
高工资国家			
荷兰	12.9	荷兰	16.5
比利时	8.0	比利时	10.1
法国	6.1	法国	5.3
英国	5.2	美国	3.6
美国	4.5	瑞士	3.5
瑞士	3.0	意大利	3.1

续表

2007 年		2014 年	
低工资国家			
中国	1.5	俄罗斯	3.5
波兰	1.1	波兰	2.0
捷克	0.7	中国	2.0
俄罗斯	0.7	捷克	1.5
匈牙利	0.5	印度	0.7
印度	0.4	匈牙利	0.5

德国机械工业

2007 年		2014 年	
高工资国家			
意大利	5.0	意大利	6.2
法国	3.9	奥地利	3.4
奥地利	3.0	法国	3.2
美国	2.8	荷兰	2.4
瑞士	2.6	瑞士	2.1
英国	2.4	美国	2.0
低工资国家			
捷克	3.0	中国	3.9
中国	2.1	土耳其	3.0
波兰	2.1	捷克	2.7
土耳其	1.7	波兰	2.1
斯洛伐克	0.9	匈牙利	1.5
匈牙利	0.9	斯洛伐克	1.1

资料来源：世界投入产出数据库，转引自 Kemal Kilic and Dalia Marin, "Wie Covid－19 Deutschland und die Weltwirtschaft verändert", *ifo Schnelldienst* 5/2020, 73. Jahrgang, 13. Mai 2020, pp. 14－15, https：//www. ifo. de/DocDL/sd－2020－05－goerg－moesle－etal－corona－globale－lieferketten. pdf。

从 2019 年中间品的进口来源地看，德国有近三分之二的中间品进口自其他欧盟成员国，而欧盟之外，美国和中国是德国最大的中间品来源国（见图 3）。从 2015 年的统计数据来看，在德国的国内需求中，德国本国生产的价值占 75.5%，欧盟 27 国占 11.8%，非欧盟国家中居前两位的是美国

（2.5%）和中国（2.0%）。在德国的出口中，德国本国生产的价值占79.0%，欧盟27国占10.5%，非欧盟国家中居前两位的仍然是美国（1.9%）和中国（1.6%）。①

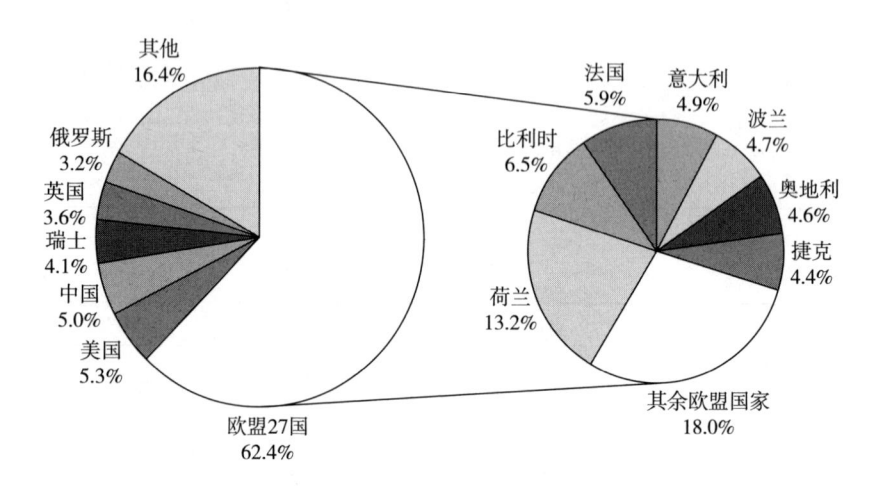

图3 2019年德国中间品进口主要来源国

资料来源：Galina Kolev and Thomas Obst, "Die Abhängigkeit der deutschen Wirtschaft von internationalen Lieferketten", *IW-Report* 16/2020, Institut der deutschen Wirtschaft, April 2020, p. 7, https：//www. iwkoeln. de/fileadmin/user_ upload/Studien/Report/PDF/2020/IW - Report_ 2020_ Lieferketten. pdf。

从以上数据可以看出，德国经济与全球价值链密切关联，但其价值链的布局重点始终在周边的欧盟成员国。可能也是出于这个原因，德国工业的价值链具有相当的弹性，像2008～2009年全球金融危机这样的重大事件虽然会对价值链造成短期冲击，但并不会导致其发生长期的结构性改变。

另外，需要注意的是，价值链的依赖性不是单向的。德国从众多国家和地区大量进口中间品也意味着，这些国家和地区有大量工作岗位依赖德国的经济表现。

---

① Galina Kolev and Thomas Obst, "Die Abhängigkeit der deutschen Wirtschaft von internationalen Lieferketten", *IW-Report* 16/2020, Institut der deutschen Wirtschaft, April 2020, pp. 6 - 11, https：//www. iwkoeln. de/fileadmin/user_ upload/Studien/Report/PDF/2020/IW - Report_ 2020_ Lieferketten. pdf。

三 新冠肺炎疫情下德国企业的应对

在企业层面观察，价值生产的国际分工以即时生产（just-in-time production）与全球外包（global outsourcing）战略的结合为特征。其最极端的方式是完全即时生产加单一外包（single sourcing，即只有一个供应商），其优势在于：即时生产可以降低存储成本；全球外包通过选择世界上最便宜的提供商来降低中间品价格；单一外包使发包企业拥有更大的议价能力，发包企业只需要与一家供应商进行协调，而供应商可以利用规模经济降低生产成本。但这种价值链策略的弱点也显而易见：价值链缺乏弹性，一旦受到冲击将导致生产的全面停顿。因此，企业必须通过不同方式增加价值链的弹性。

改善价值链弹性的方法主要包括：降低即时生产水平，增加中间品库存；将价值链全部或部分回迁（reshoring）或近迁（nearshoring，将其重新布局在地理位置较近的地区）；供应商的分散化和多元化。这些措施显然都可能增加企业的成本。因此在价值链的布局上，企业不得不在效率与弹性之间进行权衡。当价值链受到冲击时，通常意味着整体经济环境恶化，企业面临营收减少、资金短缺等问题，因此作为短期反应，企业往往会不得不以效率为先，[①] 而在进行长期的战略性布局调整时，关键在于企业如何对未来或有的价值链风险进行评估。

2020年年底"安联研究"发布了一份针对新冠肺炎疫情下全球价值链的研究报告（以下简称"安联报告"）。[②] 研究团队在2020年10月中旬至11月初对美国、法国、英国、德国和意大利这5个国家的6大行业（信息

[①] Thieß Petersen, "Globale Lieferketten zwischen Effizienz und Resilienz", *ifo Schnelldienst* 5/2020, 73. Jahrgang, 13. Mai 2020, pp. 7-9, https://www.ifo.de/DocDL/sd-2020-05-goerg-moesle-etal-corona-globale-lieferketten.pdf.

[②] Allianz Research and Euler Hermes Economic Research, *Global Supply Chain Survey: In Search of Post-Covid-19 Resilience*, December 10, 2020, https://www.allianz.com/en/economic_research/publications/specials_fmo/2020_12_10_Supplychainsurvey.html.

技术与电信、机械与设备、化工、能源与公用事业、汽车、农业与食品）1181家企业的高级管理人员进行了调研，询问他们所在企业的价值链在新冠肺炎疫情中受冲击的情况以及应对计划。

几乎所有接受调查的企业（94%）都报告说新冠肺炎疫情导致其价值链在一定程度上被扰乱。面对冲击，大多数企业（52%）采取了应对措施，包括寻找保险理赔、动用库存，以及寻求其他备用的供货途径以便在必要时启动。40%的企业表示已经对供应链进行了或多或少的调整。但若说全球化会因此走向终结，则显然是言重了，毕竟只有不到15%的公司考虑价值链回迁。不过，大约有30%的企业考虑近迁，尤其是迁往与本企业位于同一关税联盟或自由贸易协定区的地区。企业给出的迁移价值链的理由包括：寻找质量更好的供应商、提高营业额和利润率、减少延误、更好地管理库存、创造本国就业机会等。①

相较于其他几个工业国家，德国企业"收拢"价值链的意愿更低，其选择通过"分散"价值链来规避风险：只有6%～10%的德国企业考虑回迁价值链，在德国的受访企业中有28%认为，在与生产地相关的主要风险中，"集中性风险"是最主要的三大风险之一，这一比例远高于法国、美国、英国和意大利的受访企业。当前德国企业的价值链分布状况解释了这一现象：在受访企业中，有76%的德国企业称其海外供应商产值占比不足50%，而其他国家企业的海外供应商产值占比平均值为65%，② 表2的统计数据也基本印证了这一点。而且，如上文所述，德国企业在海外的价值链主要分布在周边的欧盟国家。这说明，当前德国企业价值链的集中程度相对较高，这虽然在一定程度上便于管理，并能降低运输成本，但同时带来集中性风险，一旦德国或欧盟作为生产区位受到冲击，企业的整体生产也将受到相对严重的冲击。

---

① Allianz Research and Euler Hermes Economic Research, *Global Supply Chain Survey: In Search of Post-Covid-19 Resilience*, December 10, 2020, pp. 2 - 3, 6 - 7, https://www.allianz.com/en/economic_research/publications/specials_fmo/2020_12_10_Supplychainsurvey.html.

② Allianz Research and Euler Hermes Economic Research, *Global Supply Chain Survey: In Search of Post-Covid-19 Resilience*, December 10, 2020, p. 12, https://www.allianz.com/en/economic_research/publications/specials_fmo/2020_12_10_Supplychainsurvey.html.

表 2 "安联报告"受访企业价值链国际化程度

单位：%

国家	美国	英国	法国	德国	意大利
海外供应商产值超过25%的企业占比	77.1	77.0	80.5	70.1	71.2
海外供应商产值超过50%的企业占比	35.3	27.8	33.5	19.4	35.6

资料来源：Allianz Research and Euler Hermes Economic Research, *Global Supply Chain Survey: In Search of Post-Covid-19 Resilience*, December 10, 2020, p. 8, https://www.allianz.com/en/economic_research/publications/specials_fmo/2020_12_10_Supplychainsurvey.html。

德国工程师协会（VDI）与agiplan公司2020年5月对169家德国企业决策者进行的问卷调查也显示了类似的结果：有52%的受访者表示计划在疫情后启动针对价值链的项目，48%表示将对中间品供应中断的风险进行分析，44%表示将建立备用供应商体系，只有22%的受访者希望缩短供应链。①

"AHK报告"清晰地展示了德国在海外企业的情况，数据也惊人的类似：40%的受访企业有调整价值链的计划。鉴于目前的新冠危机，有38%的受访企业计划寻找新的供应商，有22%的受访工业企业考虑搬迁（见图4和图5）。②

从图4、图5中可以看出，在海外的德国企业面对疫情冲击，也以分散价值链策略为主，虽然存在一些回迁或近迁的意愿，但并没有出现明显的回迁潮。

从上述几个调查报告所揭示的企业的规划和决策可以看出，全球价值链完全消失的可能性微乎其微。因为这将导致产品价格大幅上涨，甚至使某些产品完全丧失商业价值，因此对企业而言，这是不合理也是不可接受的。但

---

① VDI & agiplan GmbH, *Corona-Restart: Umfrage zur Corona-Krise*, p. 4, https://www.agiplan.de/wp-content/uploads/2020/06/Corona-Restart-Umfrage-2020.pdf.
② DIHK, *AHK World Business Outlook: Sonderumfrage zu den COVID-19 Auswirkungen*, Juli 2020, pp. 7-8, https://www.dihk.de/resource/blob/25672/1a0e7354855aa46f3fccceb34f9eff30/ahk-world-business-outlook-2020-corona-sonderbefragung-data.pdf.

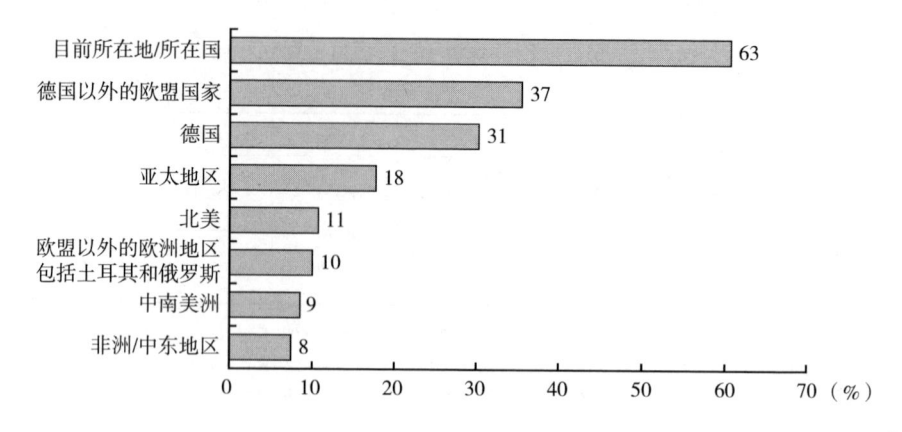

目前所在地/所在国　　　　　　　　　　　　　　63
德国以外的欧盟国家　　　　　　　　37
德国　　　　　　　　　　　31
亚太地区　　　　　　18
北美　　　　　11
欧盟以外的欧洲地区
包括土耳其和俄罗斯　　　10
中南美洲　　　9
非洲/中东地区　　8
0　　10　　20　　30　　40　　50　　60　　70（%）

图4　38%的受访企业寻找新供应商的地点

资料来源：DIHK,"AHK World Business Outlook: Sonderumfrage zu den COVID-19 Auswirkungen", Juli 2020, p.7, https://www.dihk.de/resource/blob/25672/1a0e7354855aa46f3fccceb34f9eff30/ahk-world-business-outlook-2020-corona-sonderbefragung-data.pdf。

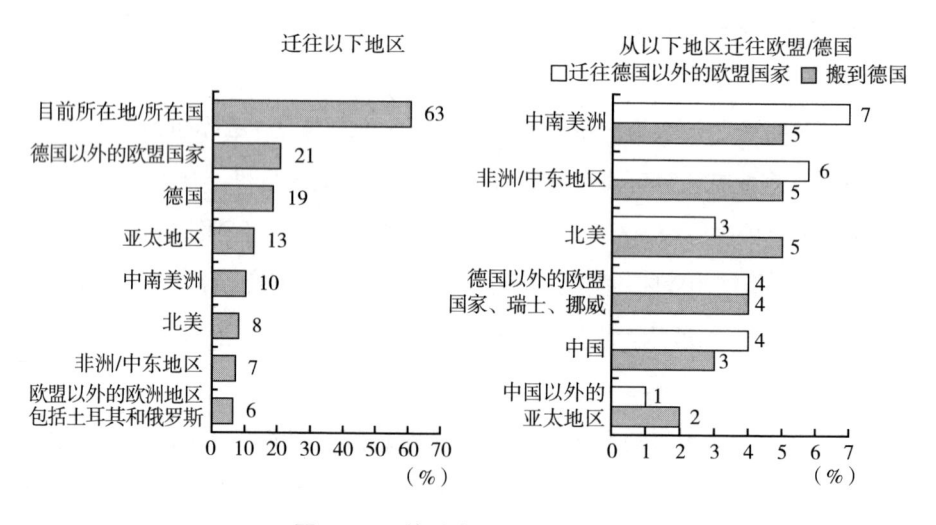

迁往以下地区

目前所在地/所在国　63
德国以外的欧盟国家　21
德国　19
亚太地区　13
中南美洲　10
北美　8
非洲/中东地区　7
欧盟以外的欧洲地区
包括土耳其和俄罗斯　6

从以下地区迁往欧盟/德国
□迁往德国以外的欧盟国家　■搬到德国

中南美洲　5 / 7
非洲/中东地区　5 / 6
北美　3 / 5
德国以外的欧盟国家、瑞士、挪威　4 / 4
中国　3 / 4
中国以外的亚太地区　1 / 2

图5　22%的受访企业的搬迁意愿

资料来源：DIHK,"AHK World Business Outlook: Sonderumfrage zu den COVID-19 Auswirkungen", Juli 2020, p.8, https://www.dihk.de/resource/blob/25672/1a0e7354855aa46f3fccceb34f9eff30/ahk-world-business-outlook-2020-corona-sonderbefragung-data.pdf。

新冠肺炎疫情也的确对企业当前和未来的决策产生了巨大影响。过去，在许多情况下，企业将价值生产环节外包的驱动因素几乎纯粹是优化运营效率，即最小化运营成本、减少库存和提高工厂利用率。而现在，新冠肺炎疫情充分表明，仅仅依据这些经济因素做出关于价值链布局的决策显然是不够的。未来，企业将不得不更充分地考虑像新冠肺炎疫情这样小概率但影响巨大的或有事件，对价值链的效率与弹性进行重新权衡，包括对价值生产环节外迁、回迁及近迁的成本以及中间品的库存规模进行重新评估和权衡，以此对价值链的布局进行调整。就德国企业而言，现有价值链的国外部分更多分布在邻近的欧盟国家，如果以疫情前单纯的优化运营效率的角度考虑，这种分布当然是合理的，但现在如果将类似新冠肺炎疫情这样的风险因素考虑在内，就不得不对价值链环节所在区位的优势与劣势重新进行评判。比如，欧盟成员国地理位置邻近、在法律体系和行政管理上存在共通之处，这些原本的优势因素现在反而可能成为风险因素——价值链的所有环节在同一轮疫情中遭受到冲击，且受冲击的时间点和严重程度高度相似。因此，德国企业在未来价值链的调整上选择"分散"策略是合理的。

另外，在选择供应商时，企业还会考虑除成本和风险之外的其他因素。比如，"安联报告"显示，相较于其他国家的企业，德国企业更看重创新：受访德国企业有30%在选择供应商所在地时将"有创新的声誉并拥有促进创新的环境"作为最重要的三大理由之一。其他国家企业在这个问题上的均值为20%。这符合德国传统的竞争战略，即聚焦质量而非成本。[1] 像创新环境这样的因素几乎不会因疫情冲击而改变，因此在这个意义上，企业也不会轻易做出迁移价值链的决策。

四 《供应链法》可能带来的影响[2]

德国联邦内阁于2021年2月中旬就《供应链法》草案达成一致，如果

---

[1] Allianz Research and Euler Hermes Economic Research, *Global Supply Chain Survey: In Search of Post-Covid-19 Resilience*, December 10, 2020, p. 8, https://www.allianz.com/en/economic_research/publications/specials_fmo/2020_12_10_Supplychainsurvey.html.

[2] 由于法律文本使用的是"供应链"，因此这一节在进行与该法律相关的表述时也均使用"供应链"而非"全球价值链"。

草案顺利在联邦议院获得通过，德国的大型企业将有义务对其本身及其直接供应商就是否遵守人权标准进行审查。如果这份草案在2021年联邦议院大选前如期获得通过，那么从2023年1月1日起，员工人数超过3000人的德国企业将有义务执行供应链审核，从2024年起，员工人数超过1000人的德国企业将开始履行法律义务。这份法律草案的基础是2011年出台的《联合国工商业与人权指导原则》（UNGP）。2016年，德国联邦政府出台了《企业与人权国家行动计划》（NAPWiMr），要求相应规模的企业对其供应链进行人权状况审查，迈出了实施联合国上述指导原则的第一步。迄今为止，企业的审查行为基于自愿，而根据此次出台的《供应链法》草案，相关审查将成为企业的法定义务。①

但这部法律草案目前尚未完全确定，比如，如果企业没有履行法定义务，可被处以罚款，但罚款金额尚在商议中。而且，这部法律虽然旨在提高对企业加强供应链管理的刚性要求，但在具体规定上也留出了不少柔性空间。比如，并没有规定企业的民事责任，而只是规定受害者可以自行或通过第三方（如非政府组织及工会）提起法律诉讼，并鼓励企业与供应商一起寻求可能的解决方案。②

德国的《供应链法》尚未最终定稿，但科隆的德国经济研究所以定性的方式对这部法律对德国经济竞争力可能造成的影响进行了分析，并得出结论：《供应链法》将使德国企业的竞争地位恶化。主要原因包括以下四个方面③。

---

① Galina Kolev and Adriana Neligan, "Die Nachhaltigkeit in Lieferketten: Eine ökonomische Bewertung von Gesetzesvorschlägen", *IW-Policy Paper 5/21*, 03.03.2021, pp.3 - 4, https://www.iwkoeln.de/fileadmin/user_upload/Studien/policy_papers/PDF/2021/IW - Policy - Paper_2021 - Lieferketten - Nachhaltigkeit.pdf.

② Günther Maihold, Melanie Müller, Christina Saulich and Svenja Schöneich, "Verantwortung in Lieferketten. Das Sorgfaltspflichtengesetz ist ein erster Schritt", *SWP-Aktuell Nr. 19*, Februar 2021, p.2, https://www.swp - berlin.org/fileadmin/contents/products/aktuell/2021A19_Lieferkettengesetz.pdf.

③ Galina Kolev and Adriana Neligan, "Die Nachhaltigkeit in Lieferketten: Eine ökonomische Bewertung von Gesetzesvorschlägen", *IW-Policy Paper 5/21*, 03.03.2021, pp.22 - 23, https://www.iwkoeln.de/fileadmin/user_upload/Studien/policy_papers/PDF/2021/IW - Policy - Paper_2021 - Lieferketten - Nachhaltigkeit.pdf.

第一，无疑，德国企业履行法律义务，对分布在全球不同地区的供应链各环节进行审查，这将带来高昂的管理费用。第二，这有可能导致德国企业（无论是作为上游生产商还是作为下游客户）在供应链上被其他国家的企业所取代。比如，在非洲，随着中国企业越来越活跃，目前德国企业在投资和经营上就已经遭遇越来越大的竞争压力，而供应链审查义务对德国企业而言无疑是雪上加霜。第三，《供应链法》将在一定程度上发挥非关税壁垒作用，从而增加德国企业的进口成本，尤其是从发展中国家和新兴工业国家进口的中间品的成本。第四，当供应链存在弹性时，德国企业可以进行调整，尽可能地规避成本的增加，但某些供应链环节是刚性的，比如稀土原料的采购，在这样的情况下，企业将面对高昂的管理成本，甚至不得不对业务进行根本性调整，而这些都可能严重影响企业的竞争力。

如前文所述，德国企业考虑到未来类似新冠肺炎疫情的或有风险，倾向于将价值生产环节分散化，而《供应链法》却可能阻碍这种策略的实施，因为环节越分散审查和管理成本就越高。因此，德国经济界对这部法律普遍持怀疑和批评态度。① 当然，还需待法律最终定稿，才能对其可能造成的影响做出更准确的判断。

五　结语

全球价值链的发展是全球化的重要表现，而"确定性"是左右经济全球化的关键因素，从2008年之后全球价值链的发展停滞能清楚地看出这一点。因此，此次新冠肺炎疫情带来的不确定性肯定会给全球价值链的发展带来负面影响。但与此同时，价值链在全球的分散布局也是规避区域性风险的

---

① 参见媒体报道，如"Wirtschaftsweiser Feld befürchtet großen Schaden für deutsche Wirtschaft"，https：//www.spiegel.de/wirtschaft/lieferkettengesetz – wirtschaftsweiser – lars – feld – befuerchtet – grossen – schaden – fuer – deutsche – wirtschaft – a – 31a87fd2 – eb86 – 4ce1 – 8b40 – 894d40717f95；"Wirtschaft erleichtert über entschärftes Lieferkettengesetz"，https：//www.handelsblatt.com/politik/deutschland/menschenrechte – wirtschaft – erleichtert – ueber – entschaerftes – lieferkettengesetz/26908644.html? ticket = ST – 3246205 – dyf7rjDxkUOxfSwga2TT – ap4。

一种有效策略，因此，企业的价值链也并不会因不确定性的增加而一味收缩。无论如何，此次疫情将使企业调高对未来的风险预期，并以此调整自己的价值链决策。

德国作为二十国集团中最开放的经济体，已经深深嵌入全球价值链网络之中，在很大程度上，是经济全球化成就了德国当前的国际经济地位。目前德国企业的价值链分布普遍较为集中，价值链的国外部分也大多位于周边欧盟国家，因此价值链的分散化会成为德国企业近期与中期的主要策略，但德国呼之欲出的《供应链法》很有可能会阻碍这种策略的实施。值得注意的是，欧盟的相关法律也正在酝酿之中，很有可能会在2021年成文。由此可以看出，近年来，在德国以及欧盟，政治干预企业经营已经成为一个越来越明显的趋势，这一点值得我们密切关注。

外交专题篇
Foreign Policy

B.11 德国担任欧盟轮值主席国的整体表现及其在欧盟的领导力[*]

伍慧萍[**]

摘 要：德国于2020年下半年在欧洲深陷新冠肺炎疫情危机的背景下担任欧盟轮值主席国，将打造"新冠轮值主席国"作为核心要务，提出"共同让欧洲再次强大"的口号，拿出了重大标志性成果，并在疫情应对、气候、数字、外交等政策领域取得实质进展，但在移民、非洲和欧盟扩大等政策领域成果寥寥，其整体表现可圈可点。笔者认为，德国在担任轮值主席国期间，其领导作用总体上经受住了重重考验，而德国在欧盟发挥领导力和影响力有其独特的方式与特点，同时也表现出较大的局限性，其领导风格仍旧是"主导"多于"领

---

[*] 本文为国家社科基金重大研究专项（批准号：20VGQ011）的阶段性成果。
[**] 伍慧萍，哲学博士，同济大学德国问题研究所/欧盟研究所教授，主要研究领域为德国及欧洲政治、外交、移民、教育。

导"。德国战后发展路径的历史选择给其在欧洲领导力方面的发挥打下了深深的烙印,应当综合考察影响德国的欧洲政策决策的多重因素。从主观意愿看,历史经验教训导致德国慎言宏大的地缘政治战略和雄心;从客观条件看,欧洲内部表决机制、力量对比等因素也对德国领导力起到牵制作用。

关键词: 德国 欧盟 轮值主席国 领导力

德国于2020年下半年在欧洲深陷新冠肺炎疫情危机、经济社会遭遇二战以来最大挑战的背景下担任轮值主席国,将打造"新冠轮值主席国"作为核心要务,提出了"共同让欧洲再次强大"的口号和整体目标,集中体现了默克尔政府希望借助2007年之后再次担任欧盟轮值主席国的机遇,通过团结合作帮助受疫情重挫的成员国走出危机,将欧盟重新打造成为国际格局中的重要力量。新冠肺炎疫情改变了轮值主席国的工作方式,加大了德国进行跨国政策沟通协调的难度,欧盟各层面的常规日程以及中欧首脑峰会、国事访问等重要活动均为视频会议和电话会谈所取代,只有7月、10月和12月的三次欧盟峰会仍旧在线下举行。尽管如此,德国在轮值期间仍旧拿出了重大的标志性成果,并在若干政策领域取得实质进展,虽然在某些领域成果寥寥,但其整体表现可圈可点,其领导力总体上经受住了考验,而德国在欧盟发挥领导力和影响力表现出其独有的方式与特点。

一 重点工作议程的规划

早在2020年7月1日接替克罗地亚担任轮值主席国之前数月,德国政府和议会就已经向欧洲议会通报了在德国在轮值期间的工作方案。受到新冠肺炎疫情发酵的影响,德国对于轮值期间的政治优先议题和工作重点进行了相应调整,默克尔明确表示德国会将轮值重点放在克服新冠危机及其影响上，指出欧洲要共同为恢复经济社会发展付出努力，强化自身作为全球"稳定锚"的作用。与疫情相关的轮值工作重点，一是在加强危机管理方面，改善欧盟在抗击疫情中的危机管理和政策协调能力；二是在经济领域，努力促成欧洲经济复苏基金以及与之相关的欧盟多年财政预算框架，以克服新冠危机的经济影响；三是在公共卫生领域，推动欧盟范围内的药品生产，减少对包括中国在内的第三国的依赖，并支持世界卫生组织领导国际抗疫行动。

不过，应对新冠危机并非德国在轮值期间的唯一政治优先事项，德国还计划重点推动欧盟关注气候保护、数字化、法治国家建设、国际合作等多个议题。外长马斯在2020年5月接受媒体访谈时指出，德国轮值的战略重点是增强战略自主，促进包括公共卫生在内的国际合作，深化跨大西洋关系，捍卫行之有效、可持续的多边主义。① 此外，德国还将在全球范围内应对移民带来的后果作为重点议程之一，德国联邦议院议长朔伊布勒在5月27日与欧洲议会举行的视频会议上，提议秋季在欧洲议会召开移民与避难问题高级别会议。②

在前期筹备的基础上，德国最终推出《共同让欧洲再次强大——德国担任欧盟轮值主席国的工作纲要》（以下简称《工作纲要》）③，在"序言"部分提出德国在轮值期间的六大主导思想，即持续克服新冠肺炎疫情影响并实现经济复苏，建立更强大、更具创新性的欧洲，建设公平的欧洲，建设可持续发展的欧洲，建设安全和具有共同价值观的欧洲，建设立足于世界的强大欧洲。《工作纲要》共分为六个章节，分别对应六大主导思想，详细部署了相关的重点议程：

"欧洲对新冠肺炎疫情的回答"章节主要涉及疫情应对，德国计划协调成员国之间的政策、共同克服疫情危机挑战、实现经济复苏，并在总结经验

---

① Auswärtiges Amt, "Wir brauchen auch im 21. Jahrhundert einen funktionierenden Multilateralismus", Pressemitteilung, 01.06.2020, https://www.auswaertiges-amt.de/de/newsroom/maas-who/2346162.
② "Videokonferenz mit dem Europaparlament zu Corona und zur Zukunft der EU", https://www.bundestag.de/dokumente/textarchiv/2020/kw22-ppk-697610.
③ "Gemeinsam. Europa wieder stark machen. Programm der deutschen EU-Ratspräsidentschaft. 1. Juli bis 31. Dezember 2020", https://www.eu2020.de/eu2020-de/programm.

教训的基础之上制订计划，改善欧盟的危机管理机制和跨系统合作，推动欧洲建立流行病学监测体系；

"更强大、更具创新性的欧洲"章节主要涉及财政、工业产业和科技创新政策，德国计划扩建欧洲数字和技术主权，加强欧洲工业产业竞争力，构建稳定可持续的欧盟财政架构；

"公平的欧洲"章节主要涉及社会政策，德国主要计划在加强社会公平、性别平等、青少年保护和促进公民社会发展方面采取措施；

"可持续发展的欧洲"章节主要涉及环境和气候保护政策，德国计划推进欧盟雄心勃勃的气候和环保政策，推动实施欧洲绿色协议、生态农渔业和消费者保护政策，并推进全球气候保护目标的执行；

"安全和具有共同价值观的欧洲"章节主要涉及内外部安全政策，德国计划加强欧盟公民的基本权利和安全保护，并计划推进欧盟难民移民政策的改革；

"有行动能力、支持伙伴关系和基于规则国际秩序的欧盟"章节主要涉及外交政策，将美国、英国、中国和非洲列为欧盟的地缘战略优先事项，具体计划深化欧美盟友关系，完成英国脱欧协议谈判和中欧投资协定谈判，并召开非洲峰会。

此外，德国还制定了不少其他目标，包括将促进和平、解决冲突以及发展对西巴尔干、俄罗斯、东部伙伴、东盟和拉美等国家和地区的伙伴关系作为核心目标，计划在共同外交与安全政策、国际贸易体系、发展援助等领域推出更多政策工具以做强欧洲。

二 具体政策领域的进展与实施效果

（一）新冠肺炎疫情应对

疫情的扩散促使德国提出打造"新冠轮值主席国"的目标，将疫情的应对确立为头号政治优先事项，一方面协调各国有关防疫措施的政策，另一方面推动欧盟层面出台经济救助计划，这些举措取得了显著成效，印证了德国轮值下的欧盟具备行动能力，也是重塑欧洲内部团结的重要一步。

由于公共卫生政策权限在成员国，欧盟层面难以采取有效措施控制新冠肺炎疫情的蔓延。对于欧盟及其轮值主席国而言，它们在大规模流行病防控方面应当尽到的职责是协调各国的防控政策。在疫情初期，欧盟成员国各自为政，它们关闭边境、拦截医疗物资出境，而以意大利为代表的若干遭到疫情重创的成员国要求欧盟发行"新冠债券"，更是引发欧盟内部的争执，对外传递出"散"和"乱"的形象。此后，欧盟的疫情应对逐渐走上正轨，开始由欧洲疾控中心发布统一的欧洲疫情走势图，协调各国对第三国的入境限制政策，并谋划建立欧洲卫生防疫物资储备体系。自德国担任轮值主席国以来，其多次就防疫工作召开特别会议，推动欧盟进一步协调成员国防疫政策以及重要医疗物资的共同采购，部署和推进疫苗的研发、审批、采购和预防接种工作，极大扭转了疫情初期的混乱局面。

作为轮值主席国，更重要的工作是主导疫后的经济复苏，在财经政策上创造条件，推出经济复苏计划，维持欧洲内部的团结。7月17~21日，欧盟特别峰会经过四天四夜的拉锯战式谈判，在德法和欧盟委员会的耐心斡旋下，就一揽子财政方案达成一致，创下总额1.8万亿欧元的财政预算纪录，包括1074万亿欧元的2021~2027年欧盟财政预算和7500亿欧元的经济复苏基金，后者作为欧盟财政纾困计划的核心部分，主要用以克服新冠肺炎疫情造成的后果，由3900亿欧元无偿补贴和3600亿欧元低息贷款组成。由于欧盟坚持财政资金的分配和法治国家原则执行情况相挂钩，一揽子财政方案一度遭到匈牙利和波兰否决，直到12月中旬在德国轮值期间的最后一次峰会上障碍方才被扫清。

（二）其他内部事务领域

1. 气候政策

在气候保护领域，德国重点结合疫后经济重建工作打造"绿色复苏"，同样拿出了具体成果。在12月的冬季峰会上，欧盟就一系列雄心勃勃的气候保护计划达成共识，修订了减排目标，将2030年温室气体排放量较1990年减少的幅度从40%提高至55%，从而对自身提出了更高要求。除此以外，欧盟各国还达成一致，约定将至少30%的多年财政预算框架和复苏基金资金投入气候保护和生物多样性的项目，计划2023年引入碳边境调节机制，并约定将2050年实现"碳中和"以及2030年减排目标等气候保护目标写入仍在制定过程中的欧洲首部气候保护法，以维护欧盟作为全球气候保护引领者的地位。不过，也有来自欧洲议会、媒体和政治基金会的声音批评德国近年来在气候保护领域的雄心下降，因欧盟内部的分歧较大，德国一方面由于"节俭五国"的干扰，无法在气候保护上拿出更多资金支持，另一方面又不得不对波兰这样严重依赖煤炭的成员国妥协，难以兑现欧盟之前提出的1万亿欧元气候保护计划。①

2. 数字政策

在数字政策领域，德国坚持扩建欧洲"数字主权"、加强欧洲在未来科技领域独立性的主导思想，其主要从三方面推动采取措施，以期增强欧洲在数字和技术领域设置标准和法规、推广价值观和建设基础设施的能力，提高产业和科技竞争力，创建数字单一市场。其一，欧洲作为全球大洲率先加强数字经济监管。12月16日欧盟委员会出台《数字服务法》和《数字市场法》这两部新的数字法，并计划自2021年年底起征收数字税，以期影响塑造全球数字市场的游戏规则。其二，夯实欧洲数字基础设施建设。德国在轮值期间继续推动德法两国企业实施盖亚－X（Gaia－X）项目计划，搭建欧洲自己的云存储架构并制定相关标准，并联合法国及欧盟委员会领导人和主管代表加强与经济界的合作，以期夯实欧洲数字工业基础。其三，提高欧洲在未来科技领域的竞争力。在本国和欧洲层面，通过项目促进手段，推动欧洲企业投资人工智能、通信技术、半导体技术、处理器、氢能、电动汽车电池等未来技术领域的自主研发，提升欧洲在数据驱动型创新中的地位。

---

① Heinrich Böll Stiftung, "Aufbruch für Europa in Zeiten der Krise. Bilanz der deutschen EU-Ratspräsidentschaft", 12. 2020, https：//www.boell.de/de/aufbruch－fuer－europa－zeiten－der－krise－erwartungen－deutsche－eu－ratspraesidentschaft－2020；ZDF, "Bilanz Deutsche EU-Ratspräsidentschaft", 18. 12. 2020, https：//www.zdf.de/nachrichten/heute－in－europa/deutsche－eu－ratspraesidentschaft－102.html.

3. 民主与法治国家原则

在法治国家建设领域，德国推动引入了两个旨在加强欧盟法治国家原则的政策工具。其一，法治国家评估。德国于轮值期间在欧洲理事会范围内开展对话，讨论并评估欧盟的法治国家现状。这也是欧盟的首次尝试，目前仅限于讨论欧盟部分创始成员国的法治国家现状，但未来计划将该种形式扩展到所有成员国。其二，法治国家机制。欧盟决定，将成员国是否实施法治国家原则等欧盟基本价值与欧盟的财政拨款相挂钩，这相当于引入某种制裁机制，是前所未有的突破。正是出于对这一政策的抵制，波兰和匈牙利11月16日否决了欧盟1.8万亿欧元的一揽子财政计划，最终在12月的欧盟峰会上根据德国的提议，增加欧洲法院的合法性审核环节，才换来两国的配合态度。为此，欧洲议会副议长巴利批评欧盟各机构束手束脚，欧洲议会因匈牙利青民盟的势力而分裂，欧盟峰会更是因为成员国在复苏计划和多年财政框架上关键的一票否决权，而无法严格执行欧盟的法治国家原则。[1] 此外，12月7日的欧盟外长会通过建立全球人权制裁机制，授权欧盟针对参与或是与全球性的严重侵犯人权行径相关联的个人和实体实施制裁，在全球范围内贯彻人权标准，这也是欧盟首次建立此类机制。

4. 难民政策

德国制定轮值主席国《工作纲要》之时，还曾雄心勃勃地计划改革欧洲移民和难民政策，就各国对来自第三国的庇护申请的处理鉴定、难民分配、合法移民等问题制定共同标准。默克尔原本可以利用"欧盟轮值2.0"的机会拿出新的改革方案，增强欧盟抵御下一个难民危机的能力，弥补其长期执政生涯中的最大遗憾。然而，德国在轮值期间在欧洲难民和移民政策改革问题上仍陷入僵局，尽管欧洲议会11月19日响应德国联邦议院议长朔伊布勒的倡议，召开了移民和避难问题高级别会议，但除了做出原则性表态，并未拿出实质成果和有约束力的政策工具。9月希腊最大的莫里亚难民营发生火灾后，

---

[1] Katarina Barley, "Die EU hat sich in der Coronakrise solidarisch gezeigt", 18. 12. 2020, https：//www. inforadio. de/programm/schema/sendungen/int/202012/18/katarina – barley – bilanz – deutsche – eu – ratspraesidentschaft. html.

德国和法国计划发起欧盟难民接收倡议，但只有少数成员国表现出接收意愿。德国无法在欧盟范围内推进难民分摊机制，只能从自身做起，带头新接收1500多名难民。2020年年底，波黑北部的利帕难民营毁于火灾，大量难民露宿街头，再度折射出欧盟在解决难民问题上的行动能力有限。对此，包括欧洲议会副议长巴利和德国伯尔基金会在内的政要和机构批评德国在轮值期间在难民和移民政策上毫无建树，没有重视对移民和难民政策的讨论并拿出改革方案。①

（三）外交领域

1. 对美政策

德国轮值任期内积极推动利用美国政府换届机会重启欧美盟友关系，拜登胜选后，德法两国外长马斯和勒德里昂立即于11月16日联手在数家欧美主流媒体上发文，呼吁欧美进行跨大西洋"新交易"，并就经济贸易、安全防务以及对华政策协调等议题向美国提出初步合作设想。在冬季峰会上，欧盟通过关于欧美关系新政策的纲要文件《全球变局下的欧美新议程》，向美国新一届政府抛出重启盟友关系的设想，将对美伙伴关系确立为优先事项，主动要求承担更多责任，讨论欧美在贸易、气候变化、新冠肺炎疫情以及联手对华等各方面的具体合作议程。

此外，德国在轮值期间还加强了对印太地区的规划，推动欧盟与东盟建立战略伙伴关系，并与法国共同致力于推动在欧盟层面出台印太战略。值得关注的是，德国政府9月初推出《印太指导方针》，2020年年底前又频频与日本、澳大利亚、新加坡等印太国家防长对话，宣布将增加在印太的军事存在。德国和欧盟加强对印太地区的部署，主要是出于追求欧洲战略自主和伙伴关系多元化的目的，不过，鉴于美国已经明确将全球战略重心东移至亚太

---

① Katerina Barley, "Die EU hat sich in der Coronakrise solidarisch gezeigt", 18.12.2020, https：//www. inforadio. de/programm/schema/sendungen/int/202012/18/katarina – barley – bilanz – deutsche – eu – ratspraesidentschaft. html; Heinrich Böll Stiftung, "Aufbruch für Europa in Zeiten der Krise. Bilanz der deutschen EU-Ratspräsidentschaft", 12.2020, https：//www. boell. de/de/aufbruch – fuer – europa – zeiten – der – krise – erwartungen – deutsche – eu – ratspraesidentschaft – 2020.

乃至印太地区，且欧盟也在冬季峰会结论中明确表态愿与美国加强在包括印太在内的地区事务上的合作，德国和欧盟此举在很大程度上也有主动配合美国在印太地区的地缘战略部署之意。

2. 对英政策

英欧于12月24日正式达成被默克尔形容为"具有历史意义"的未来关系协议，几乎是在最后一刻以非常规程序避免了"硬脱欧"带来的混乱，也成就了德国在轮值期间的一项实质性成果。尽管德国在轮值期间继续放手让欧盟谈判代表巴尼耶主导英欧谈判过程，以防止英国利用欧盟内部矛盾渔利，不过，德国的态度和耐心还是在化解英国首相约翰逊的"无协议脱欧"威胁方面发挥了作用。12月中旬，英欧仍在公平竞争条件、欧盟在英国领海的捕捞配额以及争端诉讼机制等方面存在较大分歧，约翰逊政府直到12月底还宣称谈判可能破裂。面对约翰逊的勒索式话语，马克龙主张对英国采取强硬姿态，并多次公开表示不满，而默克尔则更多坚持有序脱欧的目标，表态要把所有力量集中放到最后阶段，并不断敦促寻找替代方案，最终实现了英欧未来关系的"软着陆"。

3. 对华政策

中欧关系是德国担任轮值主席国期间的另一项外交政治优先议题，其重要性可与欧美关系相提并论。为此，默克尔提前做出了不少重要安排，包括计划与欧盟委员会主席冯德莱恩以及欧洲理事会主席米歇尔共同访华，倡导于9月14日在莱比锡召开由27个欧盟国家政府首脑及中国领导人参加的"中国－欧盟峰会"，并于峰会期间签署中欧投资协定。尽管这些计划由于疫情的影响未能实现，但德国在轮值期间仍旧推动了中欧在投资协定、气候变化、公共卫生等一系列议题上的合作与高层对话。在9月14日的中欧视频峰会上，中欧之间建立起绿色和数字这两个新的高级别对话机制。更为重要的成果则是已经谈判近七年的中欧投资协定，在12月30日的中欧视频峰会上，双方就完成中欧投资协定谈判达成原则共识，几乎是在年底前最后一刻完成了双方领导人2019年4月设定并在2020年9月视频峰会上确认的谈判期限目标，对中欧双方都具有重大和全局性战略意义，也为德国的轮值工作画上圆满的句号。

4. 对非政策

德国原本看重非洲在当前地缘政治中的作用,在轮值主席国的《工作纲要》中将其置于与美国、英国和中国同等重要的战略优先地位,希望稳步提升欧盟在非洲的影响力,计划加强欧非在应对疫情、数字化等领域的合作,批准欧盟非洲战略,于10月底召开欧非峰会并出台欧非议程,与非加太集团完成后科托努协定的谈判。然而,对照最初的工作规划,欧盟未能在德国轮值期间完成一系列既定目标。由于疫情当前,非洲并未进入欧盟的战略优先日程,非洲议题暂时被边缘化,欧非峰会推迟至2021年,欧盟也未能审批通过非洲战略,只在12月初正式完成后科托努协定的谈判,并与非洲联盟召开了一个小型视频峰会。可以说,德国在轮值期间在非洲政策领域成果寥寥,未能在深化欧非经济社会合作方面取得实质进展。

5. 安全与防务政策

在安全与防务领域,德国继续秉承欧洲战略自主的思路,在轮值期间支持欧盟引入了一系列政策工具:其一,发布安全与防务领域的《威胁分析》,研判界定欧洲安全形势和后疫情时代的国际秩序,聚焦分析面临的潜在威胁风险及其未来走向,期待以此为基础形成"战略指南针",并最晚在2022年年底前制定欧盟军事战略,这也是欧盟历史上首次进行此类安全战略分析;其二,在欧洲"永久结构性合作"机制中引入与第三国的合作,为英、美、加等外部盟友将来参与欧盟的安全与防务项目创造条件,以期改善北约与欧盟的军事配合;其三,在柏林设立欧洲民事危机管理中心,通过信息汇总和人员培训等改善欧洲的民事应对能力。

6. 欧盟扩大

以德国、奥地利为代表的欧盟成员国历来将西巴尔干地区视为"腹地",不希望域外大国出于地缘战略目的在该地区扩大影响力。为此,欧盟启动了西巴尔干国家入盟进程,意欲将西巴尔干六国纳入欧盟的轨道,德国还一度通过柏林进程发挥了关键的斡旋作用。不过,此项工作恰恰在德国轮值期间陷入停滞,已经获得入盟候选国身份的北马其顿和阿尔巴尼亚未能正式开启入盟谈判,这两个国家在确定候选国的身份之时就曾遭到法国总统马克龙的反对。虽然欧盟2020年3月已决定开始谈判，但保加利亚出于与北马其顿的历史争端对此加以阻挠，招致捷克和斯洛伐克的不满，进而导致入盟进展报告无法通过，迟迟难以正式启动入盟谈判。对此，德国外交部负责欧洲事务的国务部长罗特就对《商报》批评德国在轮值期间在该问题上未能取得任何进展，认为西巴尔干国家入盟问题事关欧盟周边安全与稳定，要求欧盟发出积极信号，避免留下真空，让其他国家乘虚而入。[1]

三　对于德国担任轮值主席国整体表现的评价

在德国轮值任期结束之际，德国国内各方，包括政府、议会、智库、媒体等，对于德国半年轮值期间的成果和不足进行了盘点与评价。其中，联邦政府及其经济部、教育部、国防部等各部委均给出十分积极的结论，对于德国担任轮值主席国的表现十分满意，认为德国整体上成功克服了艰难时期的严峻挑战，在疫情、财政、法治国家和气候保护各领域均增强了欧盟的力量，有效抗击了疫情，促成了多年财政预算框架和欧洲经济复苏计划，维护了法治国家原则，加强了欧洲主权和欧盟作为气候保护先行者的作用，提升了欧盟的全球地位。[2]总的来看，德国在轮值期间的整体表现可圈可点，以下三方面的特点尤为突出。

---

[1] "Europa-Staatsminister kritisiert Blockadehaltung bei EU-Erweiterung auf dem Balkan", https://www.handelsblatt.com/politik/international/beitrittskandidaten-europa-staatsminister-roth-kritisiert-blockadehaltung-bei-eu-erweiterung-auf-dem-balkan/26753884.html?ticket=ST-12816198-37RdBPahieltVMhmBoqU-ap6.

[2] "Bilanz der deutschen EU-Ratspräsidentschaft: 'Gemeinsam. Europa wieder stark machen'", 23.12.2020, https://www.eu2020.de/eu2020-de/aktuelles/artikel/bilanz-deutsche-ratspraesidentschaft/2429064; BMWi, "Wirtschaftspolitische Bilanz der deutschen EU-Ratspräsidentschaft. Ergebnisse des Bundesministeriums für Wirtschaft und Energie", 12.2020, https://www.bmwi.de/Redaktion/DE/Publikationen/Europa/wirtschaftspolitische-bilanz-der-deutschen-eu-ratspraesidentschaft.pdf?__blob=publicationFile&v=10; Deutscher Bundestag, "Bilanz der deutschen EU-Ratspräsidentschaft, Bildung, Forschung und Technikfolgenabschätzung/Ausschuss - 16.12.2020 (hib 1398/2020)"; "SPD zieht positive Bilanz zum Ende der deutschen EU-Ratspräsidentschaft", 22.12.2020, https://www.spd.de/presse/pressemitteilungen/detail/news/spd-zieht-positive-bilanz-zum-ende-der-deutschen-eu-ratspraesidentschaft/22/12/2020/.

（一）欧盟的政治突破主要仍由危机驱动

"新冠轮值主席国"的提法表明德国在轮值期间的首要目标是危机应对，抗击"世纪疫情"成为德国轮值的压倒性任务。疫情的扩散从根本上改变了德国在轮值期间的欧洲计划，危机驱动的现实风险制约了德国在其他领域的施政雄心。即便是雄心勃勃的气候保护也打了折扣，在危机面前相对边缘化。

作为这种危机驱动模式的结果，欧盟层面的成果多寡清晰体现了政治优先顺序。德国在轮值期间取得显著成果和进展的领域主要是在应对疫情、气候保护、数字和外交政策等方面，均是德国政府在欧盟层面高度重视的政治优先选项。其中，德国在轮值期间取得的三大令人瞩目的标志性成果如下：其一，"欧盟下一代"复苏计划，该计划是在德国轮值期间最后一次欧盟峰会上克服阻力通过的；其二，英欧未来关系协定，12月24日达成，30日正式签署，而德国轮值的期间也是英欧达成协议、避免"无协议脱欧"的最后期限；其三，中欧投资协定，12月30日，中欧之间就完成投资协定谈判达成原则共识。这三项成果中，对欧盟和德国而言，多年财政预算框架和欧洲复苏基金的最终达成无疑是最为关键的建树。

相反，在难民、非洲、欧盟扩大等领域，德国在轮值期间成果寥寥。这些领域均关乎欧洲周边的安全与稳定，对于欧盟的意义不言而喻，相关问题在欧盟政治日程上被搁置或者推后，不完全是因为新冠肺炎疫情的影响，还主要与两方面因素有关：其一，议题的迫切程度尚不够，难民问题以及与之有着密切关联的非洲政策尽管对欧盟是久拖未决的问题，但欧洲难民危机在延宕数年之后有所缓和，当前不至于引发严重后果，不是欧盟迫切需要解决的紧急问题，这也从一个侧面体现出欧盟当前仍旧处于短视的危机驱动模式，危机管理仍是德国轮值的主要推动力；其二，欧洲内部在这些议题上存在"顽固"的分歧和激烈的利益博弈，中东欧国家在难民分配机制上坚持抵制的态度，日益成为欧盟事务中难以解开的"死结"，而西巴尔干周边国家之间仍有不少历史恩怨，增加了六国入盟的难度。

（二）默克尔打造欧洲政策遗产

在复杂多元的欧洲舆论环境下，默克尔无论在本国还是在欧洲显然都不可能获得一边倒的赞誉，但毫无疑问，作为迄今唯一一位两度执掌欧盟轮值主席国的欧洲政要，默克尔在欧洲一体化建设、外交和对华关系等诸多事务上代表欧洲形象，被各方视为德国以及欧洲政治的"稳定锚"，拥有丰富的国内执政经验，而在欧盟历次危机中更是在欧盟层面积累了丰富的危机管理经验，个人风格稳健务实，擅长在幕后灵活调解各方利益。不少欧洲媒体对默克尔的协调能力多有褒奖，比利时媒体称其为"达成棘手妥协的大师"。[1]

《法兰克福汇报》的评论文章认为，默克尔从政期间自始至终都是最重要的欧盟政要，也是此次德国轮值期间的决定性人物。而5月的德法倡议为复苏计划的达成创造了重要前提。[2] 默克尔5月18日联手马克龙提出《德法在新冠危机后的欧洲经济复苏倡议》，提议设立5000亿欧元欧洲重建基金，帮助受到疫情影响最严重地区和行业，其中最核心的突破不是具体的基金规模，而是德国打破长期以来对于财政一体化的禁忌，首次积极响应法国的要求，以欧盟在资本市场上共同举债并无偿补贴的形式救助重灾国。

默克尔主动改变立场，看似出人意料，但也在一定程度上体现了其打造欧洲政治遗产的意图。德国第二次担任轮值主席国期间是默克尔政治生涯的最后阶段，她也在此阶段达到个人政治生涯的顶峰，而遭遇新冠肺炎疫情这一历史性考验，促使其在一体化建设领域比以往更加积极主动地去引领和塑造欧盟层面的政治议程、基本路线和发展方向。在促成欧盟多年财政预算框架和复苏计划的过程中，默克尔也全程发挥了关键的斡旋作用，做了大量说

---

[1] Michael Roth, " Bilanz der deutschen EU-Ratspräsidentschaft ", 19. 12. 2020, https：//www. inforadio. de/programm/schema/sendungen/zwoelfzweiundzwanzig/202012/19/michae‐roth‐staatssekretaer‐aussenpolitik‐eu‐ratspraesidentschaft‐interview. html.

[2] "Corona hat den deutschen Ratsvorsitz beherrscht und die EU auf Dauer verändert", *FAZ*, 31. 12. 2020, p. 17.

服工作。对于默克尔而言,欧洲团结、利益平衡、气候保护与数字化转型,均是其欧洲政策遗产中的重点关切。

(三)德国引领塑造欧盟对华政策

中国国家主席习近平2018年5月24日曾经指出,"中德两国要做中欧关系的引领者"。德国事实上也在努力引领欧盟对华政策的方向,其立场在很大程度上为欧盟的对华政策定下了基调。德国在轮值期间将对华关系作为外交施政重点,而其后接棒轮值的葡萄牙则将外交重点更多转向印度,这一差异也从一个侧面体现出德国在塑造欧盟对华政策上的主动性。在轮值期间,德国一直顶住各种内外压力,力促年底前按计划完成中欧投资协定的谈判,个别德国智库学者还一度唱衰中欧投资协定,认为默克尔在轮值期间设置的时间目标"注定要失败"。① 在冬季峰会的结论决议中,欧盟各国首脑特别强调了轮值主席国德国以及默克尔总理本人在中欧投资协定谈判中发挥的积极作用。②

在执政近十六年期间,默克尔高度认可中欧关系的全局性和战略性,看重中欧双方的共同利益,是任期内访华最多、最了解中国的欧洲政要之一。在对华交往中,默克尔始终贯彻利益与价值观相平衡的思想,主张既要同中国建立良好关系,又要有效代表欧洲利益,其对于中国的定位是——中国既是气候变化、疫情等领域的合作伙伴,又是经贸领域的竞争者。德国这种相对全面均衡的中国观在很大程度上受德国经济界的影响,并进而影响欧盟层面,为欧盟的对华政策定下了"接触"而非"脱钩"的基调。

与此同时需要看清,在德国的影响下,欧盟日益将中国视为制度对手,并希望印证自身的制度优势。为此,德国不断联手法国敦促欧盟重新界定对

---

① Hans von der Burchard, "Europe's wolf warriors", Politico, 13.09.2020, https://www.politico.eu/article/europe-china-influencers/.
② "EU-China Leaders' Meeting: Delivering Results by Standing Firm on EU Interests and Values", 30.12.2020, https://www.consilium.europa.eu/de/press/press-releases/2020/12/30/eu-china-leaders-meeting-delivering-results-by-standing-firm-on-eu-interests-and-values/.

华关系，加强欧盟成员国对华政策的协调和整合，推动欧盟在涉华议题上加强内部团结，采取一致对外的立场。在轮值期间，德国和欧盟继续就香港国安法发表声明，并利用欧盟的政策工具箱采取针对性的限制措施，就是这一思路的集中体现。

四 德国在欧盟发挥领导力的具体特点

作为欧洲经济体量最大、人口最多、对于欧盟财政贡献最大的成员国，德国在2020年下半年担任欧盟轮值主席国引发了各方的普遍期待，欧盟外交与安全事务高级代表博雷利就曾直言，如果德国不支持某件事，那么欧洲肯定就干不成。[①] 德法5月提出5000亿欧元复苏基金倡议，就已经在为德国轮值提前造势，进一步推高了各方对其领导角色的关注和期待。综合德国在担任轮值主席国期间的表现，德国在欧盟领导力的发挥方面表现出以下具体特点。

其一，多做贡献。

在欧盟内部难以就某项事务达成共识之时，德国往往主要靠自身的绝对实力发挥主导作用，引导整体方向，这一点在轮值期间同样如此。在推动出台欧洲复苏基金方面，因德国在欧盟财政方面的出资比例高达24%，为欧洲经济复苏基金出资的比例也相应最高，而它从该基金中获得的收益却远低于意大利、西班牙和法国等国家（见表1），按照其在欧盟的财政出资比例计算，德国2058年前需要向复苏基金净支出大约520亿欧元[②]；在抗击疫情方面，德国主动从法国、意大利等国收治260多名重症患者，并向欧洲国家提供口罩和呼吸机等医疗援助物资；在接收难民方面，面对欧盟各国针对欧

---

① "EU-Außenbeauftragter fordert Selbstbewusstsein gegenüber China", *Sueddeutsche Zeitung*, 02.06.2020, https://www.sueddeutsche.de/politik/josep-borrell-eu-aussenbeauftragter-eu-china-1.4924328.

② "Diese Rechnung macht Deutschland zum größten Nettozahler des EU-Wiederaufbau", 06.10.2020, https://www.welt.de/wirtschaft/article217229518/Wiederaufbau-Plan-Deutschlands-EU-Rechnung-betraegt-minus-52-3-Mrd-Euro.html.

洲难民分摊机制僵持不下的局面，在2020年9月希腊难民营火灾后，德国新接收1500多名以未成年人为主的难民，而在此前爆发的难民危机中，德国已经接收了近180万难民[1]，位居欧盟成员国之首。

表1 从欧洲复苏基金中获益最多的成员国

单位：亿欧元

成员国	2021~2022年获益	2023年估计获益
意大利	447.24	207.32
西班牙	434.80	156.88
法国	226.99	146.95
德国	152.03	75.14
希腊	126.12	36.31
奥地利	20.82	9.13

资料来源："Diese Rechnung macht Deutschland zum größten Nettozahler des EU-Wiederaufbau"，06.10.2020，https：//www.welt.de/wirtschaft/article217229518/Wiederaufbau-Plan-Deutschlands-EU-Rechnung-betraegt-minus-52-3-Mrd-Euro.html。

其二，带头妥协。

如前所述，欧盟财政纾困计划取得历史性突破，最根本的原因在于德国率先做出罕见让步。德国历来在欧盟层面坚持严格的财政紧缩路线，坚决反对欧元债券、债务联盟等一切将成员国债务一体化的提议，即便在盛行"欧元崩溃论"的欧债危机期间，德国都没有松口逾越财政纪律红线，默克尔甚至表示"只要我活着，就不会有欧元债券"。然而，德国2020年5月与法国共同提议设立5000亿欧元经济复苏基金，同意对重灾国无偿拨款，就突破了自身的财政纪律底线，变相设立"债务联盟"，此举等于对意大利、西班牙等国承担起救助义务，也因此平息了新冠肺炎疫情之初这些国家要求欧盟发行"新冠债券"引发的风波。德国希望在轮值期间引领欧洲克服世纪疫情给欧洲经济社会以及整体实力带来的严重后果，改变疫情引发的内部不团结的局面，但欧盟特殊的政治属性和表决机制又要求各

---

[1] Bundesamt für Migration und Flüchtlinge, *Aktuelle Zahlen*, Ausgabe Dezember 2020, S. 5.

方配合，只有带头牺牲部分经济利益，方有足够底气说服其他国家接受这一规模空前的纾困计划。

其三，平衡各方利益。

轮值主席国传统上均应扮演居中斡旋的角色，说服其他成员国达成妥协，而默克尔领导下的德国尤其擅长在欧洲各方之间开展穿梭外交，在幕后实现利益的交换，在欧盟团结和法治之间、原则和利益之间艰难寻找平衡。欧盟财政纾困计划对于德法最初提案进行了多次修改，将经济复苏基金总规模从5000亿欧元增至7500亿欧元，但将无偿补贴部分降至3900亿欧元，以回应"节俭五国"和亟须获得救助的国家不同的立场诉求。在波兰、匈牙利因反对欧盟新引入的法治国家原则制裁机制而否决多年财政预算框架和复苏计划后，德国拿出妥协方案，增加解释性声明并弱化了相关措辞，提议在启动机制前提交欧洲法院进行合法性审核（而这可能推迟机制的实施），最终说服两国放弃了对财政预算的抵制。在对华关系上，德国同样致力于在利益和价值观之间寻找平衡，在中美之间寻找平衡。

其四，依靠德法轴心。

德国担任轮值主席国期间重视与法国的紧密合作，两国联手推动欧洲政治议程：在疫后重建方面，德法共同倡导设立欧洲经济复苏基金，并在拉锯战式的谈判中一起耐心做其他国家工作；在提升欧洲竞争力方面，德法共同推动欧盟出台工业战略和数字政策立法，并务实推动欧洲工业界和科技界实现跨国合作，提高数字基础设施建设和高科技研发能力；在全球地缘战略上，尽管马克龙和德国防长卡伦鲍尔曾争辩欧洲战略自主和对美盟友关系，但德法对于加强欧洲战略自主存在牢固共识，德法正加紧推动欧盟出台印太战略，而在拜登当选后，德法外长又迅速联手向美国新政府提出跨大西洋新交易并提出一系列具体构想；在对华政策上，德法一直致力于整合和协调各国对华政策立场，在德国轮值期间，德法外长在欧盟外长圈内引导讨论针对香港国安法的应对，最终促使欧盟出台相关的限制措施。

五 德国在欧盟领导力的前景展望

从轮值主席国的政策落实和实际表现看,德国在欧盟既发挥了其他成员国难以企及的领导力和影响力,同时又受到极大制约。

一方面,德国在欧盟的领导作用基本经受住了轮值期间出现的重重政治考验,整体上发挥了欧洲大国的作用和担当。在应对疫情、气候保护等重大议题上,德国基本完成了预期目标,并稳步引导和务实推进欧盟的战略自主、绿色转型、数字创新和法治国家建设。德国超越了狭隘的一己私利,在欧盟谈判中承担起危机轮值主席国的责任,做出最多财政贡献,采取灵活妥协而非突出自身的姿态,造就了此届轮值主席的成功。

另一方面,欧洲内部分歧多,政策协调难度大,德国需要说服其他成员国。德国在轮值期间的所有重要决策,包括欧洲复苏计划、英欧协定和中欧投资协定,几乎都是在最后一刻方才做出,这也从一个侧面凸显德国在欧盟发挥领导力的局限性,体现了其促成各方达成基本共识成果的不易。内部分歧也导致德国在轮值期间在对俄、对土政策以及难民、东扩和非洲事务上难有显著进展。

德国外交政策协会(DGAP)学者帕克斯认为,当前复杂的国际形势对欧盟领导力提出新的要求,要求德国走到前台,采取更加积极明确的姿态,将利益、价值观和长远规划结合起来,发挥新型领导力,但德国仍旧和欧债危机之时一样没有走出舒适区。德国在欧洲政策中习惯于"危机驱动的现实主义"模式,往往强调危机导致的客观条件限制,掩饰其在深化欧洲一体化、欧美关系、中欧关系等长期重大问题上的战略视野缺失。[1]

对此,笔者认为,应当综合考察影响德国的欧洲政策决策的多重因素。从主观意愿看,历史经验教训导致德国至今仍旧慎言宏大的地缘政治战略和

---

[1] Roderick Parkes, "The Problem with Germany's Masterful Crisis Presidency", DGAP, 15.12.2020, https://dgap.org/en/research/publications/problem-germanys-masterful-crisis-presidency.

自身雄心；从客观条件看，欧洲内部表决机制、力量对比等因素也对德国领导力起到牵制作用。默克尔"欧盟轮值2.0"的实践充分体现出，德国需要率先妥协，平衡各方利益，方能艰难克服欧盟内部的矛盾与分歧，推动欧洲事务取得进展甚至突破；究其领导风格，仍旧是基于自身绝对实力的"主导"多于基于政治权威和感召力的"领导"。二战之后，德国选择了将自身命运与欧洲联系起来，依托欧洲一体化实现国家身份的正常化和重新崛起，接受欧盟制度框架的束缚，并利用自身实力引领欧洲未来方向，这一发展路径的历史选择给德国在欧洲领导力的发挥打下了深深的烙印。

B.12
美国大选年的德美关系

陈 弢*

摘 要: 2020年,德美关系在双边、多边和全球层面都受到了巨大的冲击。全球新冠肺炎疫情与特朗普执意裁撤驻德美军一事严重恶化了德美政府之间的信任和双方领导人之间的关系。而与俄罗斯、中国的关系以及新兴技术产业等则继续成为德美双方关系中的争论与合作的重点。2020年世界见证了联邦德国建国以来与美国双边关系的最低谷。而年底进行的美国大选及其最终结果又为两国关系恢复正常,以及进一步推动跨大西洋关系发展提供了重要机会。

关键词: 德美关系 德国 美国 特朗普 拜登

特朗普出任美国总统以来,德美关系逐渐发生巨大变化。原先作为德国和欧洲最重要盟友、安全保护者和西方世界领袖的美国在政治上开始走向单边主义和孤立主义,在经济上则举起了贸易保护主义的大旗。这一系列行为都严重恶化了德美关系。如著名国际问题学者卡根(Robert Kagan)所说,特朗普上台后所执行和推动的支持欧洲右翼民粹主义者、鼓吹民族国家的重要性以及破坏全球自由贸易体系等一系列政策极大地损害和动摇了二战结束以来德国赖以存在和发展的自由主义国际秩序,堪称在欧洲范围内发动了一

---

* 陈弢,历史学博士,同济大学德国问题研究所/欧盟研究所副研究员,主要研究领域为中德关系、德国外交。

场"完美风暴"。这样的变化已经迫使德国国内出现了一场关乎德国和欧洲未来的"文化斗争",并给世界带来了一个新的"德国问题"。①

近几年来,德国的对外政策主要受特朗普内政外交政策调整的影响并同时发生了转变。在努力摆脱对美国的依赖的同时,德国显得更加积极有为,并提出了旨在弥补美国缺席时维护西方主导的政治经济秩序的"多边主义者联盟"计划。② 在对美政策上,德国对美国的定位从"价值盟友"转变为"利益伙伴",并以欧盟为依托增强处理德美关系的话语权。此外,德国还与中国、俄罗斯组成临时性"议题联盟"以应对美国政策的转变。③ 2020年对德美关系来说是一个至关重要的年份,这一年发生的诸多政治和社会、经济事件对双边关系和跨大西洋关系都产生了巨大影响。而2020年发生的美国总统大选则关乎德美关系的未来。本文以2020年全球事务中出现的重大事件为背景,叙述这一年里影响德美关系的重大事件的发展,以及德国政府对德美关系走向的评估及应对。

一 新冠肺炎疫情与德美关系

2020年年初以来,一场新冠肺炎疫情席卷了全世界,并给德美和跨大西洋关系增添了新的内容和变量。新冠肺炎疫情在欧美国家迅速扩散之初,欧洲的多个国家出现了大面积的感染。而特朗普政府对于疫情的应对方式则显得极端自私和单边化。为了减轻自己对新冠肺炎疫情在美国扩散的责任,特朗普在电视讲话中公开指责欧洲对疫情的应对不利,并指出美国的疫情在很大程度上来自欧洲的旅行者的传播。3月中旬,特朗普政府在没有提前与欧盟方面协商的情况下,单方面颁布了对来自26个申根国家的欧洲旅客的

---

① Robert Kagan, "The New German Question: What Happens When Europe Comes Apart", *Foreign Affairs*, May/June, 2019, Vol. 98, No. 3, pp. 108 – 120.
② 有关讨论,参见陈弢《2018年以来德国与日本的合作探析》,载郑春荣主编《德国发展报告(2019):大变局时代的德国》,社会科学文献出版社,2019,第255~278页。
③ 郑春荣、范一杨:《特朗普执政以来德国对美政策的调整:背景、内容与特点》,《同济大学学报》(社会科学版)2018年第4期,第37~47页。

旅行禁令。[1]

特朗普的这种做法随即受到了德国和欧盟官员的强烈批评。旅行禁令被视作继退出《巴黎气候协定》和伊朗核协议,以及对欧盟征收钢铝关税后特朗普当局进一步恶化欧美关系的新举措。欧盟方面认为,特朗普政府不应该用和对待中国样的方法来对待欧洲。欧盟官员和德国外交部部长马斯表示,特朗普的做法是单边的且没有和欧洲进行过协商。他们强调,新冠病毒的全球性扩散需要合作而非采取单边措施来应对。[2] 德国副总理朔尔茨对特朗普进行了严厉的直接批评。他认为该旅行禁令是"滑稽可笑的",特朗普的意识形态是"基于寻找敌人并猛烈对后者进行辱骂和采取措施"[3],特朗普"应该更集中精力处理好美国国内的事情"。[4] 而对于德国和欧洲表达的不满,特朗普则仍以强硬的回击姿态来应对。他公开表示,"欧洲对美国商品提高关税时也没有同美方协商"。[5]

在新冠肺炎疫情席卷全球的情况下,应对疫情更成功的国家和地区自然会成为全球关注乃至效仿的对象。2020年夏季前后,由于德国对新冠肺炎疫情的应对比美国要好很多,在西方世界中也属于管理得比较成功的国家,因此美国主流舆论对默克尔及其应对疫情的方式进行了大肆称赞。德国联邦政府与州之间的密切合作关系尤其受到美国观察者的关注。巴登-符腾堡州

---

[1] "EU Leaders Criticize Trump's Coronavirus Travel Ban", 13.03.2020, https://www.theparliamentmagazine.eu/news/article/eu–leaders–criticise–trumps–coronavirus–travel–ban.

[2] "EU Leaders Criticize Trump's Coronavirus Travel Ban", 13.03.2020, https://www.theparliamentmagazine.eu/news/article/eu–leaders–criticise–trumps–coronavirus–travel–ban; "European Express Dismay at Trump Travel Ban", 13.03.2020, https://www.ft.com/content/60afc9da–6473–11ea–b3f3–fe4680ea68b5.

[3] "'Maybrit illner' zu Corona-Krise-Olaf Scholz: Wir können allen Firmen helfen", 13.03.2020, https://www.zdf.de/nachrichten/politik/maybrit–illner–corona–krise–scholz–100.html.

[4] "Scholz kritisiert Trumps Umgang mit der Corona-Krise", 13.03.2020, https://www.t–online.de/nachrichten/ausland/id_87519050/–grotesker–auftritt–scholz–kritisiert–trumps–umgang–mit–der–corona–krise.html.

[5] "EU Condemns Trump Travel Ban from Europe as Virus Spreads", 13.03.2020, https://abcnews.go.com/Health/wireStory/eu–assessing–trumps–travel–ban–europe–virus–spreads–69552601.

州长克莱齐曼表示，美国各州州长在特朗普拒绝应对新冠危机时将所有事情都扛在自己身上的情况不会在德国发生。①

同时，美国舆论对德国总理默克尔给予了特别的关注和称赞。CNN 还借用奥巴马的话指出，在特朗普执政期间，应该由默克尔来领导自由主义国际秩序。默克尔被视作与特朗普截然相反的一种人，"代表着冷静、谨慎、有着自我控制力、一切从事实出发，沉默寡言而出手时又有雷霆万钧之力"。同时，他们还借机指出了特朗普政府应对疫情的种种不足。在这种背景下，默克尔也发表了很多针对整个西方阵营和特朗普的表态，并通过各种方式表达了对特朗普内政外交政策的不满。例如，疫情前，默克尔曾去美国建制派精英大本营的哈佛大学做过暗讽特朗普的演讲。而 2020 年 5 月底，默克尔以疫情为由公开拒绝了特朗普有关前往美国参加 G7 领导人年度峰会的邀请。② 7 月初，默克尔又再次不点名地表达了对特朗普等人的批评，她指出，不能通过谎言和假新闻或者激发仇恨来应对疫情，对疫情的应对不力展示了民粹主义者的局限及其对基本事实的否定。③

正是由于默克尔在美国和西方阵营内的巨大声望，以及美国建制派势力通过与默克尔合作来批评特朗普政府，特朗普本人对默克尔和德国显得十分敌视，与后者的关系自上任开始就一直不睦。特朗普针对德国的系列行为看起来像在对待其在美国国内的政敌，他还曾多次公开和暗地里羞辱默克尔。例如，他曾在与默克尔的私人电话中骂后者"愚蠢"，并且对法国总统马克龙表示，德国是一个"灾难性的北约盟友"，认为德国政府在"北溪 2 号"

---

① "What Trump Could Learn from Angela Merkel about Dealing with Coronavirus"，16. 04. 2020，https：//edition. cnn. com/2020/04/16/europe/merkel – trump – germany – federalism – analysis – intl/index. html.

② "Kanzlerin Merkel gibt Präsident Trump für G7 – Treffen einen Korb"，30. 05. 2020，https：//www. dw. com/de/kanzlerin – merkel – gibt – pr% C3% A4sident – trump – f% C3% BCr – g7 – treffen – einen – korb/a – 53628048.

③ "You Cannot Fight the Pandemic with Lies'—Angela Merkel Knows How to Insert a Dagger"，10. 07. 2020，https：//edition. cnn. com/2020/07/10/world/meanwhile – in – america – july – 10 – intl/index. html.

工程上与俄国合作是帮了普京大忙。① 特朗普的前国家安全助理博尔顿对德国《明镜周刊》表示,特朗普与默克尔的关系是最成问题的,其与女性领导人的交往困难重重。②

特朗普任命的驻德大使格雷内尔(Richard Grenell)近年来的所作所为不断恶化德美之间的外交关系和美国在德国人心中的形象。2020年6月,在格雷内尔任职两年多后离职时,德国舆论并未认为格雷内尔在任期内为提升德美关系做出任何帮助,反倒称其为"在柏林政治圈子里没有朋友的人"。格雷内尔在其任职期间,由于多次使用极具攻击性的言语及与传统外交方式不符合的手段宣传特朗普的政策、威胁德国,并公开表示支持德国及欧洲的民粹主义势力而数次遭到德国政治精英的抗议,甚至有人提议将其驱逐。③ 德方表示了对特朗普将欧盟与中国和俄罗斯等西方价值观的"敌人"并列为美国最大对手的极大不满。④ 在特朗普最后几个月的任期里,其政府高层官员在几次访欧过程中都绕过了德国,这体现了双方政府间关系极其冰冷的状态。特朗普咄咄逼人的对德外交和安全政策的一个直接后果,是加剧了德国社会中的反特朗普情绪。德国主流政治精英几乎普遍认为,特朗普政府在系列问题上要求德国和欧洲"站队"和表态,完全体现了美方的单方面私利,德国和欧洲只能通过加强自身主权和有关技术能力来应对。

据皮尤中心的一份民意调查,美国民众对默克尔的信任程度从2006年

---

① "US-Wahl 2020 Donald Trump und sein unterkühltes Verhältnis zu Angela Merkel", 27.10.2020, https://www.stuttgarter-nachrichten.de/inhalt.us-wahl-2020-donald-trump-und-sein-unterkuehltes-verhaeltnis-zu-angela-merkel.a637a185-62b6-4ffa-aa93-60a51218519e.html.

② "John Bolton im Interview: 'Trump ist zu fast allem fähig'", 17.07.2020, https://www.spiegel.de/politik/ausland/john-bolton-im-interview-trump-ist-zu-fast-allem-faehig-a-00000000-0002-0001-0000-000172071844.

③ "Richard Grenell als US-Botschafter in Deutschland zurückgetreten", 02.06.2020, https://www.dw.com/de/richard-grenell-als-us-botschafter-in-deutschland-zur%C3%BCckgetreten/a-53658017.

④ "Nach der Präsidentschaftswahl: Maas will Neustart im Verhältnis zu den USA", 01.11.2020, https://www.tagesspiegel.de/politik/nach-der-praesidentschaftswahl-maas-will-neustart-im-verhaeltnis-zu-den-usa/26578490.html.

的38%上升到了2020年的61%。其中，民主党选民对默克尔的好感程度高于共和党选民（76%∶50%）。在疫情管控问题上，德国将自己视作西方世界的样板国家。88%的德国人认为本国应对疫情的方式很好，而有同样比例的德国人认为美国的应对方式非常差，甚至高于认为中国应对疫情很差的人的比例（56%）。①

而相较德国，由于特朗普政府刻意隐瞒和不重视新冠肺炎疫情的情况，美国的公共形象在德国大幅下滑。皮尤中心2019年年底的一份调查显示，德国人对美国的好感和信任程度在特朗普执政这几年来跌到了新低。只有13%的德国人认为特朗普在世界事务中会做出正确的事情，而在奥巴马执政时期，这个数字一直维持在80%左右。而另一个数据显示，全德国对美国有好感的人只有35%，这一比例是欧洲主要国家里最低的，与英国（57%）、法国（48%）和意大利（62%）等西欧主要工业国相比都要低很多。② 很多德国机构甚至怀疑美国新增确诊人数的准确性，认为由于美方的检验次数要比欧洲少很多，美国感染人数应该与欧洲一样多，甚至更多。③ 疫情中的美国，被德国舆论视作资本主义病症的极端体现。德国舆论认为疫情加剧了美国民众在经济、财产和收入上的巨大不公和差异。④

疫情期间，特朗普政府还在至关重要的疫苗问题上与德国产生了直接矛盾。3月初，特朗普政府盯上了一家生产新冠疫苗的德国企业（CureVac），并且准备花10亿美元将这家位于巴登-符腾堡州的企业购入以完全为美国

---

① "Confidence in Merkel Is at All-time High in Several Countries during Her Last Full Year in Office", 02. 10. 2020, https：//www. pewresearch. org/fact-tank/2020/10/02/confidence-in-merkel-is-at-all-time-high-in-several-countries-during-her-last-full-year-in-office/.
② "How People around the World See the U. S. and Donald Trump in 10 Charts", 08. 01. 2020, https：//www. pewresearch. org/fact-tank/2020/01/08/how-people-around-the-world-see-the-u-s-and-donald-trump-in-10-charts/.
③ "'Maybrit illner' zu Corona-Krise-Olaf Scholz：Wir können allen Firmen helfen", 13. 03. 2020, https：//www. zdf. de/nachrichten/politik/maybrit-illner-corona-krise-scholz-100. html.
④ "Menschenopfer für den Kapitalismus", 21. April 2020, https：//www. zeit. de/kultur/2020-04/corona-pandemie-kapitalismus-oekonomie-menschenleben/komplettansicht.

生产疫苗。特朗普的做法随即招致了德国社会和政府的怒气，同时德方也不能确定特朗普政府是否会在疫苗研发出来之后与德国共享。为此，默克尔专门召开了内阁会议来协商应对措施和保护这家德国企业的方案。① 德方强调德国疫苗的全球性而非只为美国服务。卫生部部长施潘指出，特朗普政府收购的可能性已不复存在，该公司应该为全世界而非单个国家生产疫苗。外长马斯认为，德国不会允许其他人将德国研究人员的研究成果完全占为己有的做法。最后，该公司发表声明，不会把公司卖给任何国家政府。经济部部长阿尔特迈尔对这一声明表示非常赞许，并指出德国不会被外国大采购。他认为疫苗是重要的基础设施和德国及欧洲的利益所在，在这些领域，"德国政府在需要时会采取行动"。②

二 特朗普撤退驻德美军问题

2020年德美关系中的另一件引起双边和全球关注的事件是特朗普执意部分撤离驻德美军的问题。事情的主要源起是7月29日美国国防部部长埃斯珀宣布将撤离约1.2万名驻德美军士兵。该政策实际上是美国总统特朗普执政以来一系列恶化德美关系行动的延续。之前特朗普政府已经多次表示考虑部分撤离驻德美军。这一决定颁布后，随即在大西洋两岸和全世界引起了强烈反响。

研究机构YouGov在对2076名德国人进行调查的基础上指出，47%的被调查者支持减少驻德美军人数，只有28%的德国人认为驻德美军应保持不变。然而，德国国内各方对驻德美军的情感比这复杂，并非像这份调查所显示的那么简单。

---

① "U. S. Offered Large Sum to German Company for Access to Coronavirus Vaccine Research，German Officials Say"，15.03.2020，https：//www.nytimes.com/2020/03/15/world/europe/coronavirus–vaccine–us–germany.html.
② "Coronavirus：Anger in Germany at Report Trump Seeking Exclusive Vaccine Deal"，16.03.2020，https：//www.theguardian.com/world/2020/mar/16/not–for–sale–anger–in–germany–at–report–trump–seeking–exclusive–coronavirus–vaccine–deal.

首先，德国政坛对此态度显得矛盾重重。在联邦层面，执政的联盟党和社民党的态度明显是不一致的。在联盟党内部，默克尔的几个热门总理接班候选人都表示反对美军撤出。巴伐利亚州州长索德尔（Markus Söder）指出，撤军会对德美关系造成损害，且从特朗普政府的撤军方案中看不出任何军事上的好处。北莱茵－威斯特法伦州州长拉舍特（Armin Laschet）则认为，没有美国就没有西方同盟的安全。另一候选人联邦议院外交委员会主席罗特根也指出，美军撤离会削弱北约同盟的力量，并有违美国自己的利益。联盟党联邦议院议会党团主席布林克豪斯（Ralph Brinkhaus）强调，尽管撤军决定让人失望，但德国并不需要迅速做出回复，美国仍然是德国在欧洲之外最重要的合作伙伴和在北约内的紧密盟友。①

这些意见与美国国内建制派政治精英的想法明显是一致的。两者都认为，特朗普的撤军决定只会使俄罗斯受益。由于俄罗斯在欧洲东部的驻军对欧洲安全构成巨大威胁，因此没有美国就没有欧洲的安全。此外，双方都强调，撤军还会对美国在中东和近东甚至全球的军事存在产生消极影响。②

对美国撤军决定表示支持的是德国政坛中的传统中左翼政党。社民党联邦议院议会党团主席米策尼希（Rolf Mützenich）不仅严厉批判了特朗普的决定，还要求德国施以报复，例如不再购买美国的军备及撤离美国部署在德国的核武器等。而另一大党绿党也表达了类似意见。目前德国政坛中最为反对美军驻扎的政党是左翼党，该党除了要求所有美军撤离，核武器撤离之外，还要求德国退出北约。与这几个党相比，近年来异军突起的民粹主义政党德国另类选择党的态度则比较分裂，既有坚决支持撤离者，也有要求德国提升军备开支以让美军留下的声音。

对于中左翼政党的意见，基民盟随即进行了公开指责。基民盟相关人士认为米策尼希的说法过于草率，因为除了美国之外，德国没有其他可以选择的军备进口国，并要求社民党不要再做类似的可能恶化跨大西洋关系的发

---

① https://twitter.com/rbrinkhaus/status/1289219885302611969.
② "Der Truppenabzug spielt Moskau in die Hände", 06.07.2020, https://www.faz.net/aktuell/politik/ausland/abzug – aus – deutschland – widerspraeche – amerikas – interessen – 16846981.html.

言。自民党甚至认为，社民党不负责任的言论和政策正是特朗普政府做出撤军决定的原因之一。①

其次，德国民众对于美军撤离的态度则更为复杂。反美积极的左翼党的支持者主要在德国东部（前东德地区）。德国东部地区并非美军的驻扎地，传统上也没有美军在此驻扎过（西柏林除外）。左翼党反美与东德民众对美国的态度有直接关联。因此，美军驻扎问题还与1990年两德统一后德国内部的融合有关。而在西德地区，尽管也存在很多反对美军继续驻扎的声音，包括和平主义者及反美主义者，但主流意见是积极支持甚至拥护美军入驻。

目前的3.5万名驻德美军主要分布在德国的巴伐利亚州、巴登－符腾堡州、莱茵兰－普法尔茨州、黑森州、萨尔州及北莱茵－威斯特法伦州。这几个州不仅是联邦德国建国后最早实行西方政治经济制度的州，也是德国经济和综合实力最强、社会开放程度最高的州。美国军人往往会携带家属前往所在地，因此德国围绕美军基地的地区出现了大型美国社区，并修建了专门为美国人开设的购物中心、学校及邮局等。在这些地方生活，民众甚至大都只使用美元。由于美国军人的存在直接成为影响本地区经济和社会生活的重要因素，因此很多州和地区都不愿意美军撤离，以免影响自身经济。在前几波美军撤离潮中，已经有相当多的德国城市和地区受到了经济上的冲击，并出现了民众抗议美军撤离或减少的情况。②

首当其冲的是美军驻扎最多的莱茵兰－普法尔茨州（近2万人）。在该州的拉恩斯坦（Ramstein）市及其周边地区总共生活着5万多名美军士兵及其家属，也是美国本土之外美军驻扎人数最多的地区。6月初特朗普要撤离美军的消息传出后，立即在该市引起了轩然大波。拉恩斯坦市市长赫希勒（Ralf Hechler）表示不能想象美军会放弃这里的基地，他指出，该市的例子

---

① "Mützenich：USA betreiben Politik aus ' Willkür und Druckhttps ' "，30. 07. 2020，www. sueddeutsche. de/politik/us－soldaten－truppenabzug－reaktionen－muetzenich－spd－1. 4984486.

② "Kurz erklärt：US-Soldaten in Deutschland"，30. 07. 2020，https：//www. dw. com/de/kurz－erkl% C3% A4rt－us－soldaten－in－deutschland/a－53828976.

说明德美两国可以从合作中彼此受益。在拉恩斯坦传统的纺织业衰落之后，美国驻军成为当地居民收入的主要来源。很多美军士兵及其家属在拉恩斯坦租房居住。当地为美军建立起了大量的幼儿园、医院、超市等，也有很多德国人为美军基地工作或与美国士兵结婚。同时，由于驻扎了大量美军士兵，拉恩斯坦也成为德国和平主义者频繁示威游行的著名城市。[1] 莱茵兰－普法尔茨州内政部部长勒文茨（Roger Lewentz）也表示，美军撤离会使该州的德国人失去工作岗位。而在美军驻扎人数第二多的巴伐利亚州（1.2 万人左右），该州的维尔泽克（Vilseck）市市长舍特尔（Hans-Martin Schertl）也表示，美军撤离是对该市和整个地区的巨大损失。他直言不讳地表示希望 11 月美国会选出新的总统并终止这一撤军计划。

而特朗普与默克尔两人的政见不合及个人恩怨，实际上加剧了德美之间的矛盾。突出体现是，特朗普表示撤军前，其实没有和德国政府进行过协商。这种公开羞辱德国政府的情况在特朗普执政以来其实已经不是第一次发生。德国政府也多次表示，美国政府的撤军行为并未与德国进行过沟通。此外，特朗普政府撤军决定的内容还多次进行更改，层层加码。7 月底，国防部部长埃斯珀宣布的 1.2 万人的数量大大超过了 6 月特朗普所称的 9500 人。同时，埃斯珀还表示将美军在欧洲和非洲的指挥部从斯图加特撤离。

从根本上来说，驻德美军是美国对北约盟友安全承诺的体现。德国是美军在欧洲和全世界的重要物流即后勤枢纽，是美军在欧洲驻军人数最多的国家，规模大大高出居第二位的意大利（美军驻意大利部队 1.3 万人左右）。目前美国在德国的驻军仅次于日本（5 万余人）而高于韩国（2 万余人），是美国在全球驻军第二多的国家。美军在欧洲和非洲的指挥部设在德国斯图加特，并在此对其在欧洲的驻军进行协调，此外还在中东、北非等地区开展远程军事行动。

因此，撤离美军反映了特朗普政府对北约及全球战略未来的思考和打

---

[1] "Die Amerikaner in Ramstein-ein Truppenabzug wäre für die Region ein immenser Verlust", 28.06.2020, https：//www.nzz.ch/international/ramstein－air－base－truppenabzug－waere－fuer－die－region－fatal－ld.1563073？reduced＝true.

算。特朗普政府在宣布驻德美军撤离决定的同时，提名了前美军军官麦克格雷戈尔（Douglas Macgregor）为下一任驻德大使，随即导致德美之间再次出现争论。麦克格雷戈尔本人对北约和德国内政现状十分不满。他不仅指责北约是"僵尸"，支持从德国撤军，还批评默克尔政府的难民政策，认为德国更应该把钱用在军备而非穆斯林难民上，甚至还指出德国二战后出现的"克服过去"（Vergangenheitsbewältigung）的历史反思文化是种不能捍卫西方文明的"病态心理"。[1] 特朗普对此人的提名，体现了其对北约和欧洲政策的想法。麦克格雷戈尔可能成为美国从北约退出和欧洲撤军的代言人。[2] 幸运的是，由于多方的抵制，麦克格雷戈尔的提名最终被美国国会参议院驳回，从而提前化解了德美关系之间一场更大的危机。此外，尤其值得注意的是，美国国防部部长埃斯珀宣布从德国撤军后，随即表示要对其全球防务战略进行全面调整，以便集中在亚太地区与中国对抗。

三 美国总统大选与德美关系

美国大选无疑是2020年德美关系中最为重要的事件。因为它的结果直接牵涉未来数年乃至更长时间内的德美关系、跨大西洋同盟和西方世界的走向。因此，德国政府和社会舆论对于美国大选是极其关注的。上文已经提到，特朗普不但逐渐将德国及欧洲视作战略竞争者，而且对它们施加了巨大压力和惩罚措施。此外，他还与默克尔有着极差的个人关系。若其胜选，美德、美欧关系进一步恶化只是时间问题。尽管德国仍有少部分乐观主义者认为，特朗普任期内对德美关系和欧美关系造成的损害不是不可以愈合的。这些人甚至还认为特朗普在其可能开始的第二任期内可能改弦易辙，重新强调

---

[1] "Das denkt Trumps Botschafter-Kandidat über Deutschland"，05.08.2020，https：//www.welt.de/politik/deutschland/article212921798/Neuer-US-Botschafter-Macgregor-Gegen-Fluechtlinge-und-Einwanderer.html.

[2] "Douglas Macgregor：Voll auf Trumps Linie"，28.07.2020，https：//www.tagesschau.de/ausland/macgregor-botschafter-101.html.

与盟友的合作。同时，欧洲也不该放弃对美国回归 2017 年时的外交与安全政策的希望。但绝大多数德国观察者认为，如果特朗普连任，必将进一步恶化与欧洲盟友的关系，并且可能退出北约。① 而与特朗普竞争美国总统之位的拜登则给了德国和欧洲终结与美国争端的巨大希望。

拜登团队在竞选开始后曾多次表示，要终结"由特朗普政府人为造成的"与欧洲的贸易战争，并改善与欧洲的经济关系。② 拜登本人也曾多次表示，美国的实力只有在与盟友一起合作时才更加强大，在捍卫共同利益和价值观的过程中，美国需要欧洲。他希望修补特朗普时期受到极大损坏的与其他民主国家的关系，并打算与欧洲建立一个针对中国的同盟。对于美德两国之间长期争执的"北溪 2 号"项目，拜登团队表示，美欧之间需要注意的是不能因为这个工程而使双边关系进一步恶化，尽管他们认为该工程是一个错误，但不会因此考虑"对美国的盟友德国进行制裁"，也不会对有关的欧洲企业进行制裁。③ 此外，美国共和党中也有很多反特朗普的精英人物公开表达了提升德美和欧美关系的意愿。④

2020 年 8 月颁布的民主党的竞选纲领是解读该党和拜登团队对德对欧政策的一份重要文件。该纲领首先批评了特朗普政府的对德对欧政策，认为其不知道或忘记了谁是美国的朋友，并将欧洲视作美国的敌人，而把普京的

---

① "US-Außenpolitik unter Donald Trump：'Der Schaden ist nicht irreversibe'l", 22.05.2020, https：//www.tagesspiegel.de/politik/us-aussenpolitik-unter-donald-trump-der-schaden-ist-nicht-irreversibel/25849662.html.

② "Die EU sollte auf Bidens ausgestreckte Hand reagieren-nicht auf Trumps erhobene Faust", 09.10.2020, https：//www.handelsblatt.com/meinung/kommentare/kommentar-die-eu-sollte-auf-bidens-ausgestreckte-hand-reagieren-nicht-auf-trumps-erhobene-faust/26257734.html.

③ "Hoffnungsträger Joe Biden：Was sein Wahlsieg für die deutsche Wirtschaft bedeuten würde", 30.10.2020, https：//www.handelsblatt.com/politik/international/wahlen-in-den-usa-hoffnungstraeger-joe-biden-was-sein-wahlsieg-fuer-die-deutsche-wirtschaft-bedeuten-wuerde/26570590.html.

④ "John Bolton im Interview：'Trump ist zu fast allem fähig'", 17.07.2020, https：//www.spiegel.de/politik/ausland/john-bolton-im-interview-trump-ist-zu-fast-allem-faehig-a-00000000-0002-0001-0000-000172071844.html.

俄罗斯视作战略伙伴而非对手。特朗普还将敌视欧盟的极右翼民族主义者视作政治盟友而非竞争对手。民主党人则认为一个统一、民主和繁荣的欧洲对美国至关重要。跨大西洋同盟是美国全球影响力的压舱石。跨大西洋合作对应对几乎所有的全球挑战都至关重要。民主党表示将会支持欧洲统一,并将重新修复特朗普时期受损的跨大西洋关系,使其重新焕发活力,并与欧洲伙伴一起对抗俄罗斯,也相信欧洲会是美国与中国竞争时的天然伙伴。美欧会一起工作,并寻找政策优先项以及实施的战略与手段。纲领还专门批评了特朗普对待德国的一些做法,例如"试图将身为美国盟国的德国研发的疫苗占为己有",以及在"没有与德国商讨的情况下威胁从德国撤军"等。①

德国方面对于拜登若执政后德美关系发展的判断总体上显得十分积极。德国社会弥漫着一种认为拜登胜选后美国与德国和欧洲的关系就会随即转好的心态。科尔伯基金会的一份调查显示,78%的德国民众认为拜登上任后跨大西洋关系会恢复正常。选举前(9月)进行的一份调查显示,80%接受调查的德国民众认为德美关系"非常糟糕",而认为拜登当选后德美关系仍会维持这种状态的只有25%左右。② 德国政界和社会的主流声音普遍认为,特朗普并不代表整个美国。德国要积极建构与美国其他力量以及可能代替他担任总统的拜登团队的关系,并与价值观相同的美国共同来应对世界上的挑战。有观点认为,在与特朗普政府关系处于新低,并且与中国的关系也未能因为紧密的经济联系而提升的情况下,德国实际上处于1989年以来最不稳定的地缘政治形势中,德国不可能同时与中美两国的关系都恶化

---

① "US Democratic Party", *2020 Democratic Party Platform*, August 2020, pp. 12, 74, 89 – 90; "Europa und die USA-Eine mühsame Annäherung", 18.08.2020, https://www.handelsblatt.com/politik/international/transatlantische – beziehungen – europa – und – die – usa – eine – muehsame – annaeherung/26105844.html.

② "Die Deutschen verlieren ihr Vertrauen in die US-Demokratie", 23.11.2020, https://www.handelsblatt.com/politik/international/umfrage – die – deutschen – verlieren – ihr – vertrauen – in – die – us – demokratie/26649842.html?nlayer = Themen_ 11804704&ticket = ST – 1626035 – jgtsfnj1vlySmKzviRcD – ap4.

下去。①

对于拜登和民主党阵营在竞选前的一系列表态，德国方面的评估是非常全面的。有关的分析既包括拜登执政所带来的利好，也涵盖了其可能带来的消极方面。②德国伊福经济研究所（IFO）的分析认为，拜登当选比特朗普当选对欧美经济合作和搁置矛盾更有利。这种观点认为，拜登当选会减少世界贸易的冲突和不确定性，同时也有利于世贸组织继续发挥作用。因此，这对作为贸易大国的德国来说是好消息。尽管拜登不是自由贸易的坚定支持者，但他已准备好与德国及欧洲在制定共同的贸易规则、技术和投资等领域进行对话。而特朗普若连任则更可能会继续美国这几年来退出一系列国际协定及制造国际贸易紧张的做法。此外，特朗普近年来对德国核心产业汽车业的强硬态度，也使很多人不看好特朗普胜选后德美经济关系的未来发展。③

同时，德国也存在很多对拜登执政可能给跨大西洋关系带来消极影响的分析。前德国驻美大使、慕尼黑安全会议主席伊申格尔（Wolfgang Ischinger）认为，尽管拜登团队已经表示当选后会重新评估美军撤离德国的问题，但德美及跨大西洋关系回不到从前的"美好状态"。因为双方在气候保护和应对中国及俄罗斯等问题上存在巨大的差异。特朗普执政这几年的一些问题使德国认识到需要承担更多的国际责任。④ 联邦政府大西洋事务协调员、联盟党联邦议院议员拜尔（Peter Beyer）也强调此次大选两党的差距会很小，即使拜登当选，其主要精力也将会集中在美国国内的社会和经

---

① Moritz Koch, "Deutschland befindet sich in einer geopolitisch so prekären Situation wie seit 1989 nicht mehr", 03.08.2020, https://www.handelsblatt.com/meinung/kommentare/kommentar-deutschland-befindet-sich-in-einer-geopolitisch-so-prekaeren-situation-wie-seit-1989-nicht-mehr/26058516.html.

② Josef Braml, "..aber längst nicht alles gut", *IP*, Mai/Juni 2020, p.113.

③ "Während Trump und Biden um den Sieg ringen, bleibt Merkel zunächst sprachlos", 04.11.2020, https://www.augsburger-allgemeine.de/politik/Waehrend-Trump-und-Biden-um-den-Sieg-ringen-bleibt-Merkel-zunaechst-sprachlos-id58484726.html.

④ "US Election 2020: Why It Matters So Much to Germans", 14 October 2020, https://www.bbc.com/news/election-us-2020-54522984.

济重建上。①

在经济问题上，德方也考察了拜登可能打出的一些消极牌。德国伊福经济研究所所长许特（Michael Huether）认为，美国对世贸组织的政策不会因为拜登的执政而出现太大的变化，因为民主党传统上比共和党更加倾向贸易保护主义。欧洲只能自己强化对世贸组织改革的推动。② 此外，拜登在竞选中做出的"买美国货"承诺，也让德国观察人士觉得即使他当选，美国也很难回归为自由贸易的最大支持者，也没有可能与欧洲签署跨大西洋贸易与投资伙伴协议（TTIP），倒是可能与欧洲达成一个简化版的自贸协定。拜登团队尽管表示会在执政后立即取消特朗普政府对有关外国技术工人和学生、记者等前往美国的签证的限制，但会继续限制部分非移民的工作签证，以保护美国国内的就业。而在美的德企恰好需要取消这方面的限制。③

为了应对美国大选可能带来的变局，也为了制衡特朗普强硬且敌对的对德对欧政策，德国政府认为应该更加发挥其在跨大西洋关系中的战略主动性，并塑造新的合作领域。德国一些战略家开始意识到不能坐等年底的美国总统大选，德国和欧盟要在一些重要的双边和国际问题上更多地担负起领导西方阵营的角色。这一意见逐渐成为包括执政两党以及绿党、自民党等在内的德国主流政党的共识。正如社民党著名对外战略规划者施密德（Nils Schmid）在 2020 年夏所指出的，德国不能坐等特朗普政府或其他美国政治力量主动传来合作的信号，而是需要主动出击，

---

① "Europa und die USA-Eine mühsame Annäherung", 18.08.2020, https://www.handelsblatt.com/politik/international/transatlantische-beziehungen-europa-und-die-usa-eine-muehsame-annaeherung/26105844.html.

② "Hoffnungsträger Joe Biden: Was sein Wahlsieg für die deutsche Wirtschaft bedeuten würde", 30.10.2020, https://www.handelsblatt.com/politik/international/wahlen-in-den-usa-hoffnungstraeger-joe-biden-was-sein-wahlsieg-fuer-die-deutsche-wirtschaft-bedeuten-wuerde/26570590.html.

③ "Hoffnungsträger Joe Biden: Was sein Wahlsieg für die deutsche Wirtschaft bedeuten würde", 30.10.2020, https://www.handelsblatt.com/politik/international/wahlen-in-den-usa-hoffnungstraeger-joe-biden-was-sein-wahlsieg-fuer-die-deutsche-wirtschaft-bedeuten-wuerde/26570590.html.

共同塑造新的跨大西洋关系。为此，德国和欧盟需要在世界事务和各种危机中承担更大的责任。他同时也表达了对民主党胜选和欧美合作重启的希望。①

而从已经公开的一些材料来看，德国联邦政府在美国大选开始前后支持拜登当选的态度是比较明显的。② 由于各方面民调都显示拜登有比较明显的优势，因此德国政府与拜登团队的交流也日益增多，并对其进行了很多友好的表态。例如，在拜登多次发来好意的情况下，与急于对美发起关税反击的法国政府不同，德国政府呼吁欧盟在考虑对更多的美国商品征收关税时需冷静对待，并等待11月美国大选的结果出炉。③ 与此同时，德国执政党也十分担心黑天鹅事件的再度发生。联盟党外交事务发言人哈特（Jurgen Hardt）也表示，不应该对拜登在民意调查中领先特朗普感到太过兴奋。因为2016年德国人对特朗普当选和英国脱欧都没有预料到。

在美国大选即将开始时，德国政府的态度倾向性越发明显。投票开始前，德国外交部部长马斯也表示，无论选举结果如何，德国想与美国的关系有一个新的发展，他甚至将此形容为"新政"。④ 11月初，特朗普表示可能不会承认其在选举中输给拜登。这之后，德国外交部立即做出表态要求各方遵守民主制度的基本规范，即"既会有输家，也会有赢家"。⑤

---

① "Europa und die USA-Eine mühsame Annäherung"，18.08.2020，https：//www.handelsblatt.com/politik/international/transatlantische－beziehungen－europa－und－die－usa－eine－muehsame－annaeherung/26105844.html.

② "Während Trump und Biden um den Sieg ringen, bleibt Merkel zunächst sprachlos"，04.11.2020，https：//www.augsburger－allgemeine.de/politik/Waehrend－Trump－und－Biden－um－den－Sieg－ringen－bleibt－Merkel－zunaechst－sprachlos－id58484726.html.

③ "Deutschland und Frankreich streiten über Strafzölle gegen die USA"，07.10.2020，https：//www.handelsblatt.com/politik/international/nach－wto－urteil－deutschland－und－frankreich－streiten－ueber－strafzoelle－gegen－die－usa/26250486.html.

④ "US Election：Germany Wants 'New Deal' After Vote"，01.11.2020，https：//www.dw.com/en/us－election－germany－wants－new－deal－after－vote/a－55463459.

⑤ "Nach der Präsidentschaftswahl：Maas will Neustart im Verhältnis zu den USA"，01.11.2020，https：//www.tagesspiegel.de/politik/nach－der－praesidentschaftswahl－maas－will－neustart－im－verhaeltnis－zu－den－usa/26578490.html.

在美国大选投票结束，计票工作展开，拜登和特朗普较量呈焦灼之际，德国政府也因计票的变动显得十分紧张。联邦政府负责协调跨大西洋关系的专员拜尔担心，如果投票久久没有结果，那么美国国内各种政治派别可能会在街头发生冲突。他同时也强调，即使特朗普胜选，德国也将努力与其建立合作关系。① 而在拜登未能如先前民意调查预测的那样拿下得克萨斯州而使特朗普看起来胜利在望时，欧盟境内已经有一些国家元首向特朗普表示胜选的祝贺，德国各界则显得极其沮丧和失望。

而当拜登拿下几个摇摆州再次胜利在望时，德国政府的信心再度被激起。针对特朗普的有关不准备承认选举结果以及准备停止计票的表态，德国外交部数次表态强调希望美国各州能尽快完成剩下的选票统计，并呼吁各方继续保持冷静。外交部部长马斯指出，因为选举结果不利于自己而停止计票完全不符合德国已经习惯了的美国的民主文化。马斯还提到，共和党内部有别于特朗普的不同意见值得注意。② 而在特朗普表示要对某些州的选举结果进行起诉后，马斯表示，只有拥有选举权的民众才对大选有最终决定权，应该继续保持冷静，直到最终的大选结果出炉。③ 马斯还对美国大选中体现出来的美国政治极化和分裂表示担忧。他还暗讽特朗普的言行，认为"那些火上浇油的人是不负责任的"，世界需要美国重新充当一个稳定秩序的力量而非制造混乱的因素。④ 德国方面十分担心，美国大选结果迟迟不能公布可能会导致其国内出现混乱和缺乏领导的局面，同时对全世界也将是一个"巨大的问题"，"只会有利于……希望填补美国缺席空白的国家"。总之，

---

① "Während Trump und Biden um den Sieg ringen, bleibt Merkel zunächst sprachlos", 04.11.2020, https://www.augsburger-allgemeine.de/politik/Waehrend-Trump-und-Biden-um-den-Sieg-ringen-bleibt-Merkel-zunaechst-sprachlos-id58484726.html.

② "Wahlausgang in den USA-Maas im ZDF: 'In allen Beziehungen heikel'", 05.11.2020, https://www.zdf.de/nachrichten/politik/us-wahlen-stimmenauszaehlung-maas-100.html.

③ "Das letzte Wort haben immer die Wählerinnen und Wähler", 06.11.2020, https://www.auswaertiges-amt.de/de/newsroom/maas-us-wahlen/2412954.

④ "Das letzte Wort haben immer die Wählerinnen und Wähler", 06.11.2020, https://www.auswaertiges-amt.de/de/newsroom/maas-us-wahlen/2412954.

美国的新总统人选"不仅牵涉美国,还关乎全世界"。①

11月7日晚,美国大选终于尘埃落定,拜登和哈里斯分别发表了胜选宣言。拜登在此次发言中强调了科学、理性和良性领导对美国的重要性。他认为,如果美国能做好,就会成为世界的灯塔,"美国的领导不该依靠摆弄权势而该通过塑造榜样"。②

德国政界很快对拜登的当选表示祝贺,并且表达了对跨大西洋关系迅速得到修复的期许。德国总统施泰因迈尔在拜登胜选后随即指出,拜登当选美国总统对德国而言是一个不能错过的巨大机会,除了在价值观上的深入联系之外,双方还面对巨大的共同利益和挑战。而只有与美国一起,"德国和欧洲才能捍卫民主制度和应对中国及俄罗斯的挑战"。他认为,在拜登治下的美国,欧洲不再像曾经那样具有中心地位,美国的利益和挑战越来越多地来自亚洲地区。因此欧洲需要表明,为何其对美国仍然很重要。只有在欧洲愿意且能够承担起保卫自身的任务时,美国才能留在同盟之内。③

默克尔很快就向拜登方面发去了积极的信息。在贺信中,默克尔强调德美双方具有共同的价值观。在她看来,拜登对德国和欧洲事务十分熟悉,两人之间也有十分友好的个人关系。她还指出,美国现在和今后都将是德国最重要的盟友,美国要欧洲更多承担自身安全事务的看法是合理的。④ 她很快就与拜登通了个人电话,并达成了在全球各种挑战面前强化跨大西洋合作的

---

① "Während Trump und Biden um den Sieg ringen, bleibt Merkel zunächst sprachlos", 04. 11. 2020, https://www.augsburger-allgemeine.de/politik/Waehrend-Trump-und-Biden-um-den-Sieg-ringen-bleibt-Merkel-zunaechst-sprachlos-id58484726.html; "Wahlausgang in den USA-Maas im ZDF:'In allen Beziehungen heikel'", 05. 11. 2020, https://www.zdf.de/nachrichten/politik/us-wahlen-stimmenauszaehlung-maas-100.html.

② "Read Joe Biden's First Speech as President-elect", 07. 11. 2020, https://www.cnbc.com/2020/11/07/read-joe-biden-acceptance-speech-full-text.html.

③ "Deutschlands Chance", 08. 11. 2020, https://www.faz.net/aktuell/politik/wahl-in-amerika/beitrag-des-bundespraesidenten-fuer-die-f-a-z-deutschlands-chance-17042243.html?printPagedArticle=true#pageIndex_2.

④ "Pressestatement von Bundeskanzlerin Merkel nach den Wahlen in den USA in Berlin", 09. 11. 2020, https://www.bundesregierung.de/breg-de/aktuelles/pressestatement-von-bundeskanzlerin-merkel-nach-den-wahlen-in-den-usa-1809630.

共同看法。① 副总理、执政伙伴社民党的朔尔茨也同样表达了对尽快恢复跨大西洋合作的看法。②

而德国外交部的表态更直接,其批评了对多年来特朗普对跨大西洋关系的破坏。马斯在接受采访时除了表示期待与拜登团队进行合作之外,还批评了特朗普执政的方式和方法,认为其在国际舞台上的举措给德国带来了巨大的麻烦。他认为,有很多东西需要重新回到跨大西洋关系中,而拜登执政将会更好地做到这些。美国目前最重要的任务是将极端极化和分裂的国家重新团结在一起。③

值得注意的是,德国政府和德美两国的许多分析者在拜登胜选后的很多展望中都十分冷静和客观全面。一方面,他们清楚地从此次美国大选的胶着状态和混乱局面中看到,美国民主制度正处于极其巨大的危机中。因此,德国各界对美国民主制度都表示了深刻的担忧和反思。正如德国《时代周报》所说,无论是拜登还是特朗普最后获得选举胜利,美国民主制度都失败了。④ 在一份舆论调查中,有53%的德国人表示,此次大选削弱了他们对美国民主制度的信心。⑤

---

① "Bundeskanzlerin Angela Merkel telefoniert mit dem designierten Präsidenten der Vereinigten Staaten von Amerika, Joe Biden",10.11.2020,https://www.bundesregierung.de/breg-de/aktuelles/bundeskanzlerin-angela-merkel-telefoniert-mit-dem-designierten-praesidenten-der-vereinigten-staaten-von-amerika-joe-biden-1810064.

② "Olaf Scholz zur US-Wahl:'Wir werden Joe Biden beim Wort nehmen'",07.11.2020,https://www.spiegel.de/politik/deutschland/olaf-scholz-zur-us-wahl-ich-bin-erleichtert-a-aa3d9279-1e12-43dc-ada5-3fbba1db54a8.

③ "Außenminister Maas:Harte Worte für Verlierer Trump",08.11.2020,https://www.bild.de/politik/trump/politik-ausland/us-wahl-aussenminister-heiko-maas-rechnet-mit-trump-ab-73824004.bild.html.

④ 该报认为,若特朗普胜选,这种制度衰败趋势将加剧。而拜登的胜利尽管会使美国的衰败得到减缓,但回到一个拥有共同理想的美国则将"漫长且艰难"。参见"Amerika ist an sich selbst gescheitert",4.11.2020,https://www.zeit.de/politik/ausland/2020-11/usa-lage-demokratie-wahlsystem-polarisierung-amerika-scheitern/komplettansicht。

⑤ "Die Deutschen verlieren ihr Vertrauen in die US-Demokratie",23.11.2020,https://www.handelsblatt.com/politik/international/umfrage-die-deutschen-verlieren-ihr-vertrauen-in-die-us-demokratie/26649842.html?nlayer=Themen_11804704&ticket=ST-1626035-jgtsfnj1vlySmKzviRcD-ap4.

另一方面，德美双方的观察人士和官员都继续对拜登执政后的德美关系和跨大西洋关系的发展保持着一种谨慎的乐观。美国方面的一些政治精英也不认为拜登当选后美德关系会立即恢复到蜜月时期。基辛格就指出，拜登新政府会仔细思考哪些与欧洲的矛盾是由于方式方法不当所导致的，哪些是实质上的争端。他指出，"鉴于7000多万美国人投票支持特朗普，大多数共和党议员也仍支持特朗普。德国外交不应该放弃与共和党的继续接触"。这样的谨慎观察与德方很一致。德国联邦议院外交委员会主席罗特根指出，大选体现出了美国极深的分裂状态，而拜登政府需要花很多时间和精力来解决这个问题，德国和欧洲不应该消极地等待拜登提出发展双方关系的建议，而应该主动地在有关北约问题、共同的气候政策以及共同的中国政策等方面与美国携手前进。社民党外交事务官员马切（Christoph Matschie）指出，拜登新政府在接下来的一年时间里将主要考虑解决国内问题，而且即使在拜登任总统的情况下，欧洲也应该肩负更多的国际责任。① 德国经济部部长阿尔特迈尔则对拜登胜选后跨大西洋经济关系的恢复感到疑虑。他认为，特朗普时期对德国和欧洲所征收的钢铝税不会因为此次选举就被取消，因为美国的一些行业从关税中获得了竞争优势，所以拜登也很难进行调整。②

尽管如此，德国政府总体上认为，在德美矛盾继续存在的情况下，相对于特朗普，拜登会是一个更好打交道的总统，有利于德美在各种问题上加深协商和沟通。德国外交部认为，拜登的多边主义给德国、欧洲以及国际合作提供了很多机会。美国的外交与安全政策不可能因为拜登而发生根本的改变。美国仍将继续从世界上的一些地区撤离，并不再充当世界警察的角色。因此，欧洲应该更加深入地关注周边邻国的问题，同时也期待在这些地方继

---

① "Berlin reagiert erleichtert auf die Wahl von Biden-Experten warnen vor hohen Erwartungen"，7.11.2020，https：//www.handelsblatt.com/politik/deutschland/merkel - gratuliert - berlin - reagiert - erleichtert - auf - die - wahl - von - biden - experten - warnen - vor - hohenerwartungen/26601798.html.

② "Außenminister Maas：Harte Worte für Verlierer Trump"，08.11.2020，https：//www.bild.de/politik/trump/politik - ausland/us - wahl - aussenminister - heiko - maas - rechnet - mit - trump - ab - 73824004.bild.html.

续得到来自美国的支持。拜登不可能改变一切，却可以使很多东西向好的方向发展。正如马斯所指出的，在气候保护、北约费用承担等一系列问题上，德国和美国可以在国际舞台上更多地合作，更少地针对对方。①

拜登胜选后，德国随即出现了很多呼吁加强跨大西洋关系的声音。有关言论包括了在关税、自贸协定、"北溪2号"乃至军事开支等一系列事务上向拜登团队示好，并主动表示合作诚意的内容。德国国防部部长卡伦鲍尔甚至表示，在拜登胜选的情况下，"必须终止欧洲战略自主的幻想"。②尽管这一言论受到了德国和欧盟很多人的批评。但德国和欧盟主流声音一致认为欧洲的战略自主与加强跨大西洋关系并不是相互矛盾的，而是相辅相成、共同促进和发展的关系，其核心是强调欧洲在跨大西洋联盟中更具主动性。正如法德两国外长共同在德国《时代周报》和法国《世界报》上发表的文章所指出的那样，"欧洲人不能再只要求美国为我们做什么，而应该考虑我们自己能够做什么才能捍卫自身的安全"。③马斯认为，德国和欧洲加强主权建设的想法不是与跨大西洋伙伴关系有矛盾，而是紧密地嵌入跨大西洋伙伴关系中。"只有当欧洲能够通过自己的能力缓和相邻地区的危机时，美国才会将其视作一个有吸引力的盟友"。④与此同时，对民主制度未来的共同忧虑还促使德国在制度和意识形态构建方面也显得更加主动。马斯指出，"美国民主如果不复存在，那么欧洲民主也会消失"。为此，德国外交部准备推动"民主马歇尔计划"，来复苏和推动美欧以及全世界的民主制度，"不会向自

---

① "Nach US-Präsidentschaftswahl, Maas: 'Die USA werden nicht mehr der Weltpolizist sein'", 09.11.2020, https://www.deutschlandfunk.de/nach-us-praesidentschaftswahl-maas-die-usa-werden-nicht.694.de.html?dram:article_id=487196.

② "Frankreich und Deutschland suchen die Wiederannäherung zu den USA", 18.11.2020, https://www.handelsblatt.com/politik/international/transatlantisches-verhaeltnis-frankreich-und-deutschland-suchen-die-wiederannaeherung-zu-den-usa/26632562.html.

③ "Frankreich und Deutschland suchen die Wiederannäherung zu den USA", 18.11.2020, https://www.handelsblatt.com/politik/international/transatlantisches-verhaeltnis-frankreich-und-deutschland-suchen-die-wiederannaeherung-zu-den-usa/26632562.html.

④ "Rede von Außenminister Heiko Maas anlässlich der Konferenz der Botschafterinnen und Botschafter der Französischen Republik", 31.08.2020, https://www.auswaertiges-amt.de/de/newsroom/maas-boko-paris/2379972.

由民主制度的敌人退让半分"。而在这个过程中,"没有比美国和欧洲更要好和更亲近、更天然的伙伴了"。①

四 德美在全球事务上的矛盾与协调

长期以来,德国是美国在欧洲和全球战略中的重要伙伴国,在美国应对各种威胁的过程中起到了重要的作用,这也为德美双边关系加入了三边乃至多边的影响因素。而特朗普执政以来,德美之间在全球事务中的矛盾逐渐增多,有的还直接上升到了公开否定甚至相互指责的地步。本部分主要聚焦德美两国在2020年处理与俄罗斯和中国的关系,以及发展新兴技术产业等领域的协商和矛盾。

2020年,德美两国在处理与俄罗斯关系时的主要矛盾体现在北溪油气工程问题上。两国在北溪油气工程问题上存在长期的争议甚至矛盾。德国政府的主流声音认为,低价的俄罗斯油气资源符合德国的利益,有利于欧洲的能源安全。②而在是否响应美国号召,停止与俄罗斯合作进行的"北溪2号"项目上,德国内部出现了明显的不同声音。

2020年夏天俄罗斯异见领袖纳瓦尔尼被下毒事件爆发后,德国柏林夏洛特医院接收了纳尔瓦尼并为其提供医疗援助。在此背景下,德国政府高层对俄罗斯政府进行了强烈指责,并将这一事件与北溪工程进行了关联。外交部部长马斯和卫生部部长施潘都表示了对继续维持"北溪2号"项目的疑虑。马斯直接表示,希望俄政府不要迫使德方转变对"北溪2号"项目的看法。而基民盟大西洋派代表人物、联邦议院外交委员会主席罗特根,则坚决要求联邦政府重新考虑"北溪2号"工程建设问题,不能因此恶化与盟友的关系。但德国政界内

---

① "Germany Wants US, EU to Forge 'Marshall Plan for Democracy'", 09.01.2021, https://www.dw.com/en/germany-wants-us-eu-to-forge-marshall-plan-for-democracy/a-56181438.

② 近年来德俄在该工程上的合作,以及美国的反对,参见陈弢《德国当前复杂外交形势下的对俄政策探析》,载郑春荣主编《德国发展报告2020:转型中的德国》,社会科学文献出版社,2020,第84~107页。

部仍有很多拒绝将北溪工程与俄罗斯国内政治挂钩的声音。慕尼黑安全会议主席伊申格尔表示,德国如果停止该工程,不仅是对已经签署的合约的不守信,也会让美国政府感觉"自己胜利了"。左翼党甚至认为,停止此项工程是对正在争取连任的特朗普的支持,因为后者在竞选中多次提到要中止此项工程。①

特朗普政府并未因德国内部对"北溪2号"工程存在不同的看法而考虑缓和及减轻对德国的威胁。2020年全年,美国政界各层级政要多次就"北溪2号"油气工程表示,要考虑对德国和欧洲相关方进行制裁。国务卿蓬佩奥在7月中旬表示,美国政府将会把"北溪2号"工程纳入CAATSA(《通过制裁反对美国的敌人法案》)的管辖范围。该法案授权政府对与俄罗斯、伊朗和朝鲜有生意往来的企业进行惩罚。他强硬地表示,相关企业"要么现在就撤离,要么就等待接受制裁"。②

8月上旬,美国参议院外交委员会的共和党议员克鲁斯(Ted Cruz)联合其他两名共和党议员发起了对德国东北部吕根岛上的萨斯尼茨穆克兰港口有限公司的强硬制裁威胁,表示如果该公司不停止对"北溪2号"项目的支持,就会对该公司发起"毁灭性的经济和法律制裁",而且此项制裁不仅针对有关企业和股东,还针对企业的员工。特朗普政府咄咄逼人的威胁使德国感到不安和不满,也破坏了德美在地方层面的传统友谊。吕根岛所在的梅克伦堡-波莫瑞州州长愤怒地将其视作勒索行为。德国观察者认为,美方的意图不仅在于确保欧洲的能源安全,还在于为美国的油气资源争取欧洲市场,以增加美国国内的工作机会。美国的强压只会造成德美两国更加疏远,这是俄罗斯依靠任何油气管道都做不到的。③

---

① "Russland hat es in der Hand: Auch Spahn und Maas verknüpfen Nord Stream 2 mit Fall Nawalny", 07.09.2020, https://www.handelsblatt.com/politik/international/nach-vergiftung-des-kreml-kritikers-russland-hat-es-in-der-hand-auch-spahn-und-maas-verknuepfen-nord-stream-2-mit-fall-nawalny/26163686.html.

② "Nord Stream 2 drohen neue US-Sanktionen", 15.07.2020, https://www.dw.com/de/nord-stream-2-drohen-neue-us-sanktionen/a-54189465.

③ "US-Senatoren drohen Sassnitz zu schaden", 14.08.2020, https://www.dw.com/de/us-senatoren-drohen-sassnitz-zu-schaden/a-54556143; Benjamin Bidder, "Als säße auf Rügen ein Schurkenregime", 07.08.2020, https://www.spiegel.de/wirtschaft/als-saesse-auf-ruegen-ein-schurkenregime-a-394124a7-933e-4c91-af34-466efd704c48.

德国政府对特朗普的强硬态度十分不满，这在一定程度上抵消了俄罗斯政府因为国内事件而受到的国际压力。一度考虑将"北溪2号"工程与纳瓦尔尼事件挂钩的德国外交部表达了对美方的强烈反对。德国外交部认为，美方的威胁是"完全不恰当的"，并抗议美方"对紧密盟国的域外制裁"，认为这是"严重干预德国国家主权的行为"。德国外交部指出，德国和欧洲的能源政策是在柏林和布鲁塞尔而非华盛顿制定的。① 长期担任俄罗斯企业顾问的德国前联邦总理施罗德甚至提议对美国发起反制裁。② 美国的威逼利诱，进一步迫使德国政府推动欧洲主权建设，以反对他国的强迫行为。

然而，德国政府口头上的不满并未表现在具体行动上。德国政府并不想与美国的矛盾进一步升级。德国经济部部长阿尔特迈尔公开表示，德国政府内部一致认为，任何时候都准备和美方进行对话，以避免紧张关系进一步升级。③ 对于美国多次的制裁威胁和行动，德国政府除了表示愤怒外，并没有太多的反制办法。德国政府主要期待11月3日的美国大选拜登能够成功当选，从而美国不再对德国进行强力压迫。④ 拜登成功当选后，德美双方在"北溪2号"工程问题上的矛盾尽管仍然存在，但有关的协商和会谈明显增加，这使得双边的矛盾目前大致能控制在一个不至于影响德美关系大局的程度上。

相较于俄罗斯，中国问题越发成为德美两国应对全球挑战的一个重点问题。近年来，中美之间的战略竞争态势越发明显。德国和欧洲也成为双方重点角逐的对象。美国大选开始前德国的一份民意调查显示，82%的德国人希

---

① "Bundesregierung verurteilt US-Drohungen gegen Sassnitz", 06.08.2020, https://www.handelsblatt.com/politik/international/gaspipeline-bundesregierung-verurteilt-us-drohungen-gegen-sassnitz/26073738.html.
② "Schröder fordert Gegensanktionen für die USA", 01.07.2020, https://www.tagesspiegel.de/politik/altkanzler-zu-umstrittener-pipeline-nord-stream-2-schroeder-fordert-gegensanktionen-fuer-die-usa/25967654.html.
③ "Bundesregierung verurteilt US-Drohungen gegen Sassnitz", 06.08.2020, https://www.handelsblatt.com/politik/international/gaspipeline-bundesregierung-verurteilt-us-drohungen-gegen-sassnitz/26073738.html.
④ Miodrag Soric, "Kommentar: Strafe für das ungehorsame Deutschland", 08.06.2020, https://www.dw.com/de/kommentar-strafe-f%C3%BCr-das-ungehorsame-deutschland/a-53725491.

望在中美冲突中保持中立。不过有56%的受访者认为,对德国来说,美国比中国更重要,只有27%的人觉得中国更重要。① 不过,由于中国对疫情的成功控制和美国深陷疫情之中,德国知名经济分析机构指出,疫情可能促使中国在2020年就超越美国成为德国的第一大出口对象国。②

在经济和一系列全球问题上,德国都不愿意与中国脱钩,或在中美两国之间选边站队。德国政坛的主流意见都不认为与中国经济脱钩是德国和欧洲的选项。但德国急切地希望在欧盟内部达成一个共同的对华政策,并在可能的情况下也做到和美国协调。③ 此外,德国政府对于特朗普强迫德方在中美竞争中表态的施压行为十分不满,也不认为美国政府在诸如征税等问题上对欧洲和中国采取同样的对待措施是正确的。执政党联盟党的很多官员认为,在特朗普政府的中国政策中,其非但没有把欧洲当成合作者,反而以竞争者的角色来看待欧洲。④ 特朗普政府对德国的强硬施压反而引起了德方的反感。德国政府甚至认为,中美关系之所以急剧恶化,主要原因在于特朗普政府而非中国,而特朗普在疫情问题上攻击中国主要是为了竞选。而默克尔对其身边人表露,"其他国家很难影响中美两国,德国只能选择两者中没那么难弄的那一方"。⑤

---

① "Die Deutschen verlieren ihr Vertrauen in die US-Demokratie", 23.11.2020, https://www.handelsblatt.com/politik/international/umfrage-die-deutschen-verlieren-ihr-vertrauen-in-die-us-demokratie/26649842.html? nlayer=Themen_11804704&ticket=ST-1626035-jgtsfnj1vlySmKzviRcD-ap4.

② "Ist China bald Deutschlands wichtigster Kunde?", 04.08.2020, https://www.iwd.de/artikel/ist-china-bald-deutschlands-wichtigster-kunde-479649.

③ "A Foreign Policy Conundrum: Merkel and the EU Trapped between China and the U.S.", 04.06.2020, https://www.spiegel.de/international/europe/a-foreign-policy-conundrum-merkel-and-the-eu-trapped-between-china-and-the-u-s-a-cd315338-7268-4786-8cf7-dc302c192e5d.

④ "Wir wollen mit dem Investmentabkommen die USA nicht vor den Kopf stoßen", 30.12.2020, https://www.handelsblatt.com/politik/international/interview-mit-daniel-caspary-wir-wollen-mit-dem-investmentabkommen-die-usa-nicht-vor-den-kopf-stossen/26759040.html.

⑤ "A Foreign Policy Conundrum: Merkel and the EU Trapped between China and the U.S.", 04.06.2020, https://www.spiegel.de/international/europe/a-foreign-policy-conundrum-merkel-and-the-eu-trapped-between-china-and-the-u-s-a-cd315338-7268-4786-8cf7-dc302c192e5d.

2020年6月,一份由德美两国著名中国问题学者和有关官员联合写就的如何应对中国的分析报告指出,尽管欧美双方在很多问题上对华都有共同的看法,但很多欧洲人期待在中美之间寻求一条自主的道路。欧方抱怨,特朗普政府和特朗普本人针对欧洲盟友的一些行为严重损害了跨大西洋两岸的信赖关系,美方应该严肃对待这个问题。特朗普政府对华政策的不可预料和缺乏稳定性,让人感到其"只顾自己"。美欧双方对中国认识的最大区别在印太地区的军事安全问题上,与美国不同,欧洲在这个区域并没有较强的军事存在,且其主要从经济和贸易领域而非国家安全领域来看待中国问题。①

2020年全年,德美两国在有关中国问题上的协商中,主要的争端体现在德国是否进行表态支持美国对华政策上面。在3月召开的G7成员国外交部部长视频会议上,德国外交部部长马斯和其他盟国外交部部长一起,并未响应美国国务卿蓬佩奥对中国疫情的指责,并拒绝将此内容写入联合声明中。② 8月中旬蓬佩奥在访欧过程中,选择绕过德国,对中欧和东欧的四国发表了遏制中国在数据网络方面影响的计划。对于德国,蓬佩奥单独派他的助理国务卿克拉奇(Keith Krach)赴德与德方协商中国问题。克拉奇尽管表示得比较委婉,但仍旧语带威胁地指出,德国周围的大多数国家已经加入了美国的清洁网络计划。与在"北溪2号"问题上赤裸裸的威胁相比,美方并没指出德国不排挤中国的华为是否会遭受制裁,只是表示这一决定是德国人民自己的事情。③ 可以看到,特朗普政府的这些努力收效甚微,实际上并没有达到让德国政府公开指责中国或直接对中国科技产品进行封锁的目的。

---

① Bertelsmann Stiftung, "The Asia Society Center on U. S. -China Relations", China Policy Program, George Washington University, *Dealing with the Dragon: China as a transatlantic challenge*, June, 2020.

② "G7: Pompeo zeigt mit dem Finger auf China", 25.03.2020, https://www.dw.com/de/g7-pompeo-zeigt-mit-dem-finger-auf-china/a-52919196.

③ "Huawei ist das Rückgrat des chinesischen Überwachungsstaats", 16.08.2020, https://www.handelsblatt.com/politik/international/us-aussenstaatsekretaer-krach-huawei-ist-das-rueckgrat-des-chinesischen-ueberwachungsstaats/26099114.html.

拜登宣布获得总统大选胜利后，德国政府仍以较为冷淡的态度对待拜登团队发过来的一系列有关联合处理中国问题的信号，甚至直接违背了美方提出的共同协商的意愿，强调追求自身的利益。这尤其体现在德美有关中欧投资协定的协商上。美国方面对于中欧投资协定是比较反对和持怀疑态度的。拜登团队对此也表示了疑虑，认为这项协定没有充分考虑所谓"强迫劳动"的问题。拜登任命的总统国家安全助理沙利文（Jake Sullivan）在协定正式达成前公开表示，美国新政府"欢迎欧洲伙伴与我们一起就双方对中国经济行为的共同担忧进行初步协商"。①

然而从目前已公开的材料来看，德国与欧盟并未在中欧谈判的最后阶段与美国进行相关讨论。中欧投资协定正式达成前，德国内部也出现了很多要求与特朗普政府或拜登团队就该协定进行协商的声音。② 协定达成后，批评声音仍然指出，协定在欧洲和美国的关系中插入了楔子，尤其是在拜登新政府即将上台执政的时候，这份投资协定意味着对跨大西洋关系发出了错误的信号。③ 不过这些建议并未得到德国和欧盟主政者的采纳。欧洲议会的德国联盟党党团主席卡斯帕里（Daniel Caspary）认为，德国和欧盟不会因为考虑到美国的因素，而推迟与中方达成中欧投资协定的时间。④ 德国世界经济研究所所长费尔伯马约尔（Gabriel Felbermayr）认为，投资协定的签署并没有排

---

① "Biden team voices concern over EU-China investment deal"，23. 12. 2020，https：//www.ft.com/content/2f0212ab－7e69－4de0－8870－89dd0d414306.

② "Biden team voices concern over EU-China investment deal"，23. 12. 2020，https：//www.ft.com/content/2f0212ab－7e69－4de0－8870－89dd0d414306.

③ "Außenexperte Benner：Das Investitionsabkommen ist 'ein Geschenk für Xi'"，29. 12. 2020，https：//www.handelsblatt.com/politik/international/interview－aussenexperte－benner－das－investitionsabkommen－ist－ein－geschenk－fuer－xi/26756752.html；"Das Investitionsabkommen mit China belastet die Beziehung zwischen der EU und Biden"，30. 12. 2020，https：//www.handelsblatt.com/politik/international/usa－das－investitionsabkommen－mit－china－belastet－die－beziehung－zwischen－der－eu－und－biden/26756974.html.

④ "Wir wollen mit dem Investmentabkommen die USA nicht vor den Kopf stoßen"，30. 12. 2020，https：//www.handelsblatt.com/politik/international/interview－mit－daniel－caspary－wir－wollen－mit－dem－investmentabkommen－die－usa－nicht－vor－den－kopf－stossen/26759040.html.

除与美国的跨大西洋同盟关系，同时也增加了欧盟与美国讨价还价时的资本。

对此，美国失望地认为德国和欧盟主要出于狭隘的商业利益而忽视了战略考量。美国认为，尽管欧洲企业对于特朗普政府与中国单方面达成经贸协定感到不满，但2020年年底却不是与中国签署协定的正确时刻。佐利克认为，德国和欧盟方面显得过于心急了，如果等待拜登上台后美国与欧洲合作，那么欧方就可以向中国提出更好的条件，"一个战略上自信的欧洲不会被中国所迫而签订协定"。① 不过显然，中欧投资协定的签署对于拜登政府来说是一个警醒。它意味着拜登政府想与欧洲盟友组成新的针对中国的联盟关系会变得极其困难。

中美竞争的升级也在推动德国在技术等有关领域进一步实现战略自主的努力。尽管不断有德国高层政治家出面指出中美之间存在巨大的制度差异，因此德国不能将两者等同对待。② 但在特朗普执政几年来对德美关系及双边合作造成巨大损害的背景下，德国更加重视在中美竞争中尽可能捍卫自身的权利。巴伐利亚州州长索德尔指出，德国在国际上越发依赖其他国家，例如，在安全领域依赖美国，在能源领域依赖俄罗斯，在经济上依赖中国。因此最重要的事情是弄清楚德国的利益和目标所在。③ 德国外交部认为，德国和欧洲与其考虑是在中美两国之间"选边站队"还是中立，不如首先考虑如何避免不受到中美两个大国博弈的伤害。④ 德国有战略观察者认为，特朗普政府对华极具进攻性的政策实际上也给了德国政府提出自己几年前不敢提

---

① "Das Investitionsabkommen mit China belastet die Beziehung zwischen der EU und Biden", 30.12.2020, https：//www.handelsblatt.com/politik/international/usa – das – investitionsabkommen – mit – china – belastet – die – beziehung – zwischen – der – eu – und – biden/26756974.html.

② "Merz begrüßt Gründung der Organisation China-Brücke", 15.01.2020, https：//de.reuters.com/article/deutschland – china – merz – idDEKBN1ZD25I.

③ "Markus Söder：'Wir geraten international in immer mehr Abhängigkeiten'", 09.04.2020, "https：//www.wirtschaftskurier.de/titelthema/artikel/markus – soeder – interview – wir – geraten – international – in – immer – mehr – abhaengigkeiten.html.

④ "" China ist Partner, Wettbewerber und Rivale, Außenminister Heiko Maas im Interview mit dem Redaktionsnetzwerk Deutschland", 12.07.2020, https：//www.auswaertiges – amt.de/de/newsroom/maas – rnd/2367282.

出的战略规划的机会。① 德国在科技领域推动自身和欧洲实现自主的努力就是一个具有代表性的范例。

近年来，欧美实际上已准备在很多产业领域进行合作，通过共同制定全球科技发展与治理的新规则和标准来共同应对中国的挑战，例如，德国和美国及西方世界其他伙伴国联合成立了"人工智能全球合作伙伴组织"（2020年8月）。而美国方面还提议将英国、日本、韩国、澳大利亚、加拿大和德国等欧盟主要成员国等一起拉入一个民主技术同盟体系，并以尊重自由民主、法治人权等价值观作为入盟的基本条件。② 德国绿党还提议美欧之间建立"跨大西洋绿色协议"，以推动双方在环境和贸易谈判等领域的合作进一步深化，并减少对俄罗斯的能源依赖，推动新的就业领域在大西洋两岸大量出现。③

拜登胜选后，其本人和团队即多次表示了希望与盟友一起合作对关键技术设施进行保护和构建技术联盟的想法。美国方面也出现了将德国、法国与日本等全球盟友囊括在内的T12计划（技术12国），通过实行出口管控、技术共同发展和在外交及制度规范方面进行合作来共同遏制中国在技术领域的进步。美国的提议得到了欧盟方面的积极响应。欧洲方面不断有人提出要与美国建立"跨大西洋技术空间"，并联合"志同道合的民主国家"制定全球新一代技术标准等。④

不过，构建跨大西洋技术同盟的道路看起来十分艰难。近年来，随着民粹主义崛起、大国较量的加剧以及疫情的暴发，德国和欧盟越来越强调经济

---

① 德国分析者认为，德国政府的《印太指导方针》文件就是在这样的大背景下提出来的。参见 "China, Once Germany's Partner in Growth, Turns Into a Rival"，17.09.2020，https：//www.wsj.com/articles/china－once－germanys－partner－in－growth－turns－into－a－rival－11600338663。

② 唐新华：《西方技术联盟：构建新科技霸权的战略路径》，《现代国际关系》2021年第1期，第38~46页。

③ "Transatlantischen Green Deal anbieten"，10.11.2020，https：//www.franziska－brantner.de/presse/sz－transatlantischen－green－deal－anbieten/；Franziska Brantner，"Toward a New Transatlantic Deal"，06.10.2020，https：//carnegieendowment.org/2020/10/06/toward－new－transatlantic－green－deal－pub－82855。

④ 余南平、戚仕铭：《西方"技术联盟"组建的战略背景、目标与困境》，《现代国际关系》2021年第1期，第49~51页。

主权和产业链回迁，以实现经济和技术上的战略自主。① 即使一些和美国十分友好的德国高层政治家，也对中国和美国的信息技术能力感到担忧。② 特朗普政府在2020年年中发起了针对中国企业字节跳动旗下的社交媒体应用TikTok的强硬收购行为，这更对德国方面敲响了警钟，其不仅越发担心依赖国际贸易的德国企业可能会受到特朗普和全球各地日益增长的保护主义的伤害③，同时还更加注重发展德国和欧洲自身的薄弱产业，以减少德国及欧洲其他国家企业在遇到大国制裁和威胁时所遭受的损失。在技术问题上，德国政府已经多次提及欧洲模式应该与美国模式及中国模式都不同，并强调了技术主权的重要性，因为"谁掌控了数据谁就掌控了一个国家"。④

目前看来，这一追求经济技术战略自主的努力并不只是针对中国等新兴国家，也同时指向了美国。来自特朗普政府的进一步发展欧美经济合作的建议引起了德国和欧洲的不安。2020年2月，美国司法部部长巴尔（William Barr）曾建议美国应该设法收购爱立信和诺基亚等两家欧洲通信公司，以与中国的华为公司竞争。但这一建议随即被副总统彭斯驳回，但还是在欧洲范围内引起了特朗普政府试图乘机收购欧洲主要技术企业的不安。⑤

在关键技术上，德国政府已经多次指出德国及欧洲不能长期完全依赖美国以及其他外国。例如，德国现在很难从美国获得关键的量子计算机元件，

---

① 余南平：《欧洲强化经济主权与全球价值链的重构》，《欧洲研究》2021年第1期，第75~101页。
② "Merz begrüßt Gründung der Organisation China-Brücke", 15.01.2020, https://de.reuters.com/article/deutschland-china-merz-idDEKBN1ZD25I.
③ "Warum der TikTok-Deal auch Deutschland betrifft", 21.09.2020, https://www.zeit.de/wirtschaft/2020-09/donald-trump-tiktok-bytedance-usa-china-protektionismus.
④ "Rede von Außenminister Heiko Maas anlässlich der Konferenz der Botschafterinnen und Botschafter der Französischen Republik", 31.08.2020, https://www.auswaertiges-amt.de/de/newsroom/maas-boko-paris/2379972.
⑤ "U.S. Offered Large Sum to German Company for Access to Coronavirus Vaccine Research, German Officials Say", 15.03.2020, https://www.nytimes.com/2020/03/15/world/europe/coronavirus-vaccine-us-germany.html; "Ein toxisches Angebot der USA an Nokia und Ericsson", 09.02.2020, https://www.nzz.ch/wirtschaft/nokia-und-ericsson-warum-us-justizminister-barr-interessiert-ist-ld.1539314?reduced=true.

这也是德国和欧盟考虑加强自身的独立技术能力的原因之一。① 德国经济部推动了盖亚-X（Gaia-X）计划，通过打造自身的数字云基础设施以使德国和欧盟的企业不再只能选择将敏感信息存储在美国的云服务器运营商那里，最终实现"欧洲的数据在欧洲存储和评估"。该计划受到了欧盟和众多企业的大力支持及响应。2020年9月中旬，宝马、西门子和思爱普等德企与众多法国企业一起签署了成立数据联合体的协议。值得注意的是，尽管这个联合体也欢迎美国运营商和企业加入，但美企在联合体进行决议的过程中没有发言权。②

这一政策也体现在了德国8月底正式出台的《印太指导方针》文件中。在这份文件中，德国政府强调了与欧盟和印太地区价值观盟友的合作，但与美国的合作基本没有被提及。文件指出，中美两国在技术领域的竞争，给德国和欧盟造成了很大的压力。因此，德国和欧盟需要强化自身的技术主权，发展数字领域的关键技术以提升对于中美两国的竞争力，并避免对某国出现单方面的技术和经济上的依赖。③ 在马斯随后对此指导方针的具体解释中，也只是强调了在印太地区与欧盟伙伴尤其是法国的合作的重要性。④ 德国推动欧盟"数字主权"的计划也受到了美国方面的质疑，被认为这是为了"使欧盟与美国分离"。⑤

---

① "Die Quantenoffensive：Wie Deutschland den Vorsprung der USA aufholen will"，24.08.2020，https：//www.handelsblatt.com/politik/deutschland/zukunftstechnologie – die – quantenoffensive – wie – deutschland – den – vorsprung – der – usa – aufholen – will/26118192.html? ticket = ST – 28583 – fdnYFFLZdNbzPPSBcOoL – ap2.

② "Gaia-X wird europäisch：Immer mehr Staaten und Firmen schließen sich Altmaiers Cloud an"，23.09.2020，https：//www.handelsblatt.com/politik/international/cloud – projekt – gaia – x – wird – europaeisch – immer – mehr – staaten – und – firmen – schliessen – sich – altmaiers – cloud – an/26210232.html? ticket = ST – 1047558 – VeH9MOJn3vzcmFDhpDSc – ap4.

③ Die Bundesregierung，*Leitlinien zum Indo-Pazifik：Deutschland-Europa-Asien，Das 21. Jahrhundert gemeinsam gestalten*，August 2020，Berlin.

④ "Außenminister Maas anlässlich der Annahme der Leitlinien der Bundesregierung zum Indo-Pazifik"，02.09.2020，https：//www.auswaertiges – amt.de/de/newsroom/maas – indo – pazifik/2380462.

⑤ 余南平、戢仕铭：《西方"技术联盟"组建的战略背景、目标与困境》，《现代国际关系》2021年第1期，第54页。

五 结语

2020年是一个事件频出的年份。这一年中，德美关系受到新冠肺炎疫情和特朗普裁撤驻德美军等事件的直接冲击，使得两国政府和领导人之间产生了巨大的矛盾。而近年来德国和美国在如何对待俄罗斯与中国以及新兴技术产业等问题时所进行的合作与冲突也在2020年得到了最大的凸显。特朗普政府在上述重要问题上对德国的态度近乎一致：单边，不进行协商，频繁进行威胁和恐吓。这促使2020年成为二战结束后美国与联邦德国关系的最低谷。而德国面对特朗普在上述重大问题上的疯狂施压，在对美方表达不满和愤怒的同时，其对美的回应始终显得十分谨慎，并未像特朗普那样做出破坏德美关系根基的行动。究其原因，主要在于德国政府对11月美国大选的期待。德国对此次大选进行了全面的分析，并在考量民主党拜登团队对德美、欧美关系的利好和消极面后，对拜登重振跨大西洋关系和西方阵营寄予了厚望。因此，德国政治精英将双边关系恢复的希望寄托在了拜登胜选上。拜登胜选及就任美国总统后，德美关系随即出现了好转势头。从这个意义上来说，西方民主制度阻止了德美关系进一步滑向深渊。

在双边和全球事务上，特朗普政府和拜登政府的很多政策都有一定的连续性，而德美关系中的矛盾也不会因为拜登当选而完全化解。2020年德国在对待俄罗斯、中国以及技术领域等一系列问题上所强化的战略自主在很大程度上是对美国的不满所导致的。尽管德国政府推动这种战略自主的目的是更好地强化西方阵营的力量，并在美国不作为的情况下更多地充当西方阵营领导者的角色。但德美两国之间今后在上述问题上的协调会如何进行，对两国关系和跨大西洋关系都显得至关重要。

2020年美国大选中出现的系列混乱也直接影响了今后德美关系的走向，同时也体现出德国在德美和跨大西洋关系中角色的转变。在2021年年初美国民众游行冲击国会的美国民主至暗时刻，德国政府深深地感到了民主制度和意识形态的危机。德国政府一方面直接或间接地谴责特朗普煽动和放任暴力分子冲击国会的行为,另一方面也为美国和西方世界民主制度的未来忧心忡忡。因此,德国外交部准备退出旨在复苏美国和全球民主制度的"民主马歇尔计划"。所有这些举动都是传统德美关系中极其罕见的现象。这体现了特朗普执政这几年来,德国从西方阵营较边缘的位置移到了其领导中心。这种西方国际体系内的"由下至上的成长而非由外向内的崛起"①,使得默克尔政府被包括美国民众在内的广大西方世界视作美国政府缺位时西方的领导力量。

拜登在其总统就职演讲中指出,美国会修补同盟体系并与世界重新接触。② 准备重新领导西方阵营的美国是否会与德国在领导权方面发生冲突?按照学者的分析,即使拜登政府上台后重建美国在西方世界的领导权,德国也将成为美国最重要的领导伙伴。③

---

① 熊炜:《德国嵌入式崛起的路径与困境》,《世界经济与政治》2021年第1期,第106~125页。
② "Inaugural Address by President Joseph R. Biden, Jr.", Jan. 20, 2021, https://www.whitehouse.gov/briefing-room/speeches-remarks/2021/01/20/inaugural-address-by-president-joseph-r-biden-jr/.
③ 熊炜:《德国对华政策转变与默克尔的"外交遗产"》,《欧洲研究》2020年第6期,第1~15页。

B.13
疫情下中德经贸投资关系的韧性与发展前景*

寇蔻 史世伟**

摘　要： 近年来中德经贸关系发展势头良好，但两国经济竞争性逐渐提升。新冠肺炎疫情给中德经贸往来造成了巨大冲击，全球产业链供应链中断，同时也对中德经贸往来提出了新的挑战。本文以疫情为背景，从宏观、投资和价值链层面分析中德经济关系面临的挑战，之后再从这三个角度出发，阐述两国之间的经济韧性和依赖性。本文认为，虽然新冠肺炎疫情给两国经贸往来带来了一定的负面影响，但是随着两国双边贸易的增加以及机械和汽车产业融合日益加深，双方经济合作已经进入了新的发展阶段。中国新一轮开放政策将为两国在"后疫情时代"的经济复苏提供动力。

关键词： 新冠肺炎疫情　中德贸易　对外直接投资　全球价值链

中国是德国全球最大的贸易对象，而德国一直保持中国在欧洲最大的贸易伙伴地位。此外，双边直接投资规模近年来也迅速增长，截至2019年，德国在华累计设立企业达到10834家，累计实际投资额350.5亿美元，德国

---

* 本文得到中央高校基本科研业务费专项资金——北京外国语大学新入职教师科研启动项目"科研机构在开放式创新中的作用——以德国弗劳恩霍夫协会为例"（项目编号：2018QD002）的资助。
** 寇蔻，经济学博士，北京外国语大学德语学院讲师，研究领域为德国经济、中德经贸关系、创新；史世伟，经济与社会科学博士，对外经济贸易大学外语学院教授，研究领域为中国与德国经济政策、中德经贸关系。

是对华投资存量最大的欧洲国家；中国累计对德直接投资142.3亿美元，德国是中国对外直接投资第三大欧洲目的国。① 但是，与此同时，中德之间经贸竞争性逐年加强，德国对华态度也发生了改变：2017年以来，面对中国企业在德国的"收购潮"，德国政府多次收紧外资审查条例；2019年德国工业联合会和欧盟委员会先后发布对华战略文件，将中国定义为"制度竞争对手"②。德国政府2020年9月出台的《印太指导方针》（*Leitlinien zum Indo-Pazifik*），突出德国和欧盟要和印太地区"志同道合的伙伴"加强合作，特别强调要减少在产业链、供应链上对中国的单方面依赖。③

作为两个有全球影响力的大国，中德关系是目前国际上重要的双边关系之一，德国还是中欧关系的主要引领者。在中美竞争越来越主导国际格局的态势下，德国成为欧盟战略自主的积极倡导者。2020年下半年德国担任欧盟轮值主席国，德国政府在制定优先目标时将与中国的关系作为对外关系的重中之重。这主要包括推动举行有欧盟27国领导人和中国领导人参加的"中欧全家福峰会"以及在2020年年内达成中欧投资协定。在德国的强力推动下，这两项目标都达到了双方满意的结果：2020年9月14日，由于疫情原因，原定的中欧峰会改为视频会晤，在此次中欧视频峰会上，中欧达成绿色合作伙伴、数字合作伙伴关系；2020年12月30日，在中国领导人同德国、法国、欧盟领导人举行的视频会晤上，中欧领导人共同宣布如期完成中欧投资协定谈判。不过2021年协定的后续推进工作遇到波折，同年5月欧洲议会以中国对欧制裁为由冻结中欧投资协定。

中欧两国在新冠肺炎疫情暴发后相互支援，及时为对方提供医疗和防疫设备与物资。由于中国较快地控制住了疫情，德国企业加大了在中国的投入，

---

① 中国商务部：《2019年度中国对外直接投资统计公报》，http://images.mofcom.gov.cn/hzs/202010/20201029172027652.pdf。

② BDI, "China-Partner und systemischer Wettbewerber. Wie gehen wir mit Chinas staatlich gelenkter Volkswirtschaft um?", Berlin, 2019; European Commission, "EU-China Strategic Outlook: Commission Contribution to the European Council (21 – 22 March 2019)", Brussels, 03.2019.

③ Die Bundesregierung, *Leitlinien zum Indo-Pazifik*. *DEUTSCHLAND-EUROPA-ASIEN. DAS 21. JAHRHUNDERT GEMEINSAM GESTALTEN*, Berlin, 2020.

中国政府也为德国企业在中国的复工采取了积极的措施，但是疫情对全球经济造成了巨大冲击，也给中德经贸关系带来了新挑战。2020年全球GDP下降3.6%，其中欧盟萎缩6.2%，中国是唯一正增长的大型经济体，其GDP小幅增长2.3%。① 疫情肆虐导致全球商品供应断裂，分工愈发复杂的全球价值链网络的脆弱性凸显，特别是在医疗卫生领域的供应短缺让德国社会进一步考虑降低对中国的依赖。在上述背景下，本文将研究中德经济发展趋势，并在此基础上，分析疫情下两国经贸关系面临的挑战以及显现出来的韧性。

一 疫情对中德经贸投资的挑战

疫情给两国经贸往来带来了多方面的负面影响。以下将分为宏观、直接投资和价值链三个层面分析这些挑战。选择这三个层面的原因在于以下两个方面。(1) 从范围上看，这三者包含了从宏观到微观的视角。宏观主要体现在经济增长，而后两个层面主要从微观角度进行分析，且三者均受到疫情的波及。(2) 从内容上看，三个层面涉及中德经贸关系的主要形式。宏观经济形势是两国经贸往来的基础，而贸易投资和供应链布局则是经贸关系的主要表现方式。

（一）宏观层面：疫情导致经济景气下滑

疫情带来的最直接挑战当属社会停摆引发的经济萎缩。主要表现为以下几方面。第一，封锁隔离政策导致停产停工，德国经济持续受到疫情拖累。2020年下半年，随着新增感染和死亡病例的再次攀升，德国实施了更加严格的防疫措施，封锁政策进一步影响了本已受到打击的生产和服务业。根据德国联邦统计局的数据，2020年德国GDP下滑5%。② 第二，市场需求低迷。疫情对需求端造成了持续影响，中德两国市场需求均大幅萎缩。2020

---

① World Bank, "GDP Growth (annual %)", https://data.worldbank.org/indicator/NY.GDP.MKTP.KD.ZG.P 286.
② Statistisches Bundesamt, "Bruttoinlandsprodukt im Jahr 2020 um 5.0 % gesunken", https://www.destatis.de/DE/Presse/Pressemitteilungen/2021/01/PD21_020_811.html.

年德国总消费支出下降2%，其中私人消费下降5.4%。① 中国2020年居民人均消费支出下降4%（扣除价格因素）②，需求的恢复远远慢于生产恢复。第三，失业率高企。经济景气下行对劳动力市场带来重创。2020年德国失业率达到5.9%，比上一年增长0.9个百分点，失业率自2013年以来首次上涨。失业人数同比增加42.9万人。根据计算，新冠肺炎疫情导致2020年失业率提高0.9个百分点。许多德国企业为了节约开支不得不实施短工制（Kurzarbeit）。4月德国有约600万人打短工，达到历史最高。受疫情影响最严重的是酒店餐饮业，最高峰时63%的相关从业者都只能领取短工薪水。③ 中国就业市场同样受新冠肺炎疫情影响明显，2020年2月中国城镇调查失业率升至6.2%的年内高点，同比和环比均提高0.9个百分点。随着疫情在之后得到控制，12月失业率降至5.2%，与上一年同期持平。④

（二）直接投资层面：德国外资审查力度进一步加强

2017年德国联邦经济与能源部推出《对外经济条例》（Außenwirtschaftsverordnung）第九次修正案，将对外资安全审查的范围扩大至关键基础设施领域，并进一步严格审查过程，这是该法案自2013年以来修改力度最大的一次修正。2018年年底，德国再次通过外资审查新决议，将外资审查门槛从参资25%降为10%，这意味着当外资并购相关行业的德企股份超过10%时，即有受到政府审查的可能，目标直指2016年以来在德国并购提速的中资企业。⑤

---

① Statistisches Bundesamt, "Volkswirtschaftliche Gesamtrechnungen: Konsumausgaben, Investitionen und Außenbeitrag", https://www.destatis.de/DE/Themen/Wirtschaft/Volkswirtschaftliche-Gesamtrechnungen-Inlandsprodukt/Tabellen/inlandsprodukt-verwendung-bip.html.
② 国家统计局：《2020年国民经济稳定恢复，主要目标完成好于预期》，http://www.stats.gov.cn/tjsj/zxfb/202101/t20210118_1812423.html。
③ Bundesagentur für Arbeit, "Jahresüberblick 2020", https://www.arbeitsagentur.de/presse/2021-02-jahresrueckblick-2020.
④ 国家统计局：《张毅：就业形势总体改善，重点群体保障有力》，http://www.stats.gov.cn/tjsj/zxfb/202101/t20210119_1812590.html。
⑤ 寇蔻、李莉文：《德国的外资安全审查与中企在德并购面临的新挑战》，《国际论坛》2019年第6期。

2019年年底德国政府推出正式版《工业战略2030》，其不仅提出对重点行业支持的办法，同时在修订《对外经济条例》和《对外经济法》的基础之上，进一步加强了对本国核心行业的保护力度，增加了保护手段；其中规定，在《对外经济条例》和《对外经济法》无法适用的情况下，如果来自第三国的公司收购的德国企业涉及敏感或安全技术，那么本国的私营企业可以作为"白衣骑士"①进行收购，以阻止目标企业落入外资之手。如果这一行动没有成功，《工业战略2030》还设置了所谓"最终解决手段"（Ultima Ratio），即在敏感行业或与安全相关行业并购案中，政府可行使"国家回购权"（Nationale Rückgriffsoption），借助国家复兴信贷银行直接入股被收购企业。与此同时，中企在德并购退潮。2018年中国企业在德国的并购案数量只有34件，仅为2016年的一半。2019年中国在德国的投资项目（除并购以外）为154个，排在德国最大投资来源国第四位，这是该统计数据问世11年以来中国第一次跌出在德投资国前三名的位置。②

2020年新冠肺炎疫情进一步促使德国政府加大产业保护力度。2020年6月起，德国将健康卫生和通信基础设施类企业的外资收购列入义务告知政府的行业名单之中，医疗设备、药品、疫苗厂商如果被外资收购的份额超过10%，就将受到政府审查。同样是在6月，在德国的呼吁下，欧盟推出《外国补贴白皮书》（White Paper on Foreign Subsidies），旨在限制外国企业借助补贴在欧洲投资，防止外国政府干预扭曲欧盟统一市场。12月，又一起中企在德并购案被叫停。中国航天工业发展股份有限公司对德国无线电技术公司IMST的收购案被德国联邦经济与能源部以威胁公共秩序和国家安全为由否决。③ 新冠

---

① 一家公司面临被（恶意）收购的风险，而公司管理层不愿意被该公司收购，因而寻找目标企业的友好公司出面进行合并，以阻止敌意收购的发生。这家友好公司被称为"白衣骑士"。
② GTAI, "FDI Reporting 2019", https：//www.gtai.de/resource/blob/68328/7511eade7b1e609e7cc6a15f6aba27df/special-fdi-reporting-download-data.pdf.
③ Christoph Neßhöver and Katharina Slodczyk, "Manager MaAltmaier verbietet Verkauf von Kleinfirma nach China", https：//www.manager-magazin.de/unternehmen/industrie/peter-altmaier-wirtschaftsminister-bremst-chinesische-investoren-aus-a-1083ae9e-14cd-4eea-9fc4-29e18b7c388a.

肺炎疫情对中国在德投资造成了较大的负面影响，根据安永的预测，2020年在德投资并购额预计不到2019年的一半。①

（三）价值链层面：德国的分散化战略

新冠肺炎疫情对国际贸易造成了巨大冲击，跨国企业生产网络断裂，复杂的全球供应链分工的弊端凸显。2020年上半年欧盟医疗物资的短缺让关键产业的供应链安全成为焦点。2020年4月，德国联邦经济与能源部设立"供应链安全保障联络处"（Kontaktstelle zur Sicherstellung in den Lieferketten），帮助处理企业在商品供应和生产及原材料供给方面遇到的困难。在医疗产业方面，德国药品的原材料高度依赖中国，80%的抗生素原材料来自中国厂商。② 根据Ifo经济研究所2020年的调查，38%的受访德国经济学家支持把基础服务行业（如医药、医疗设备）的价值链迁回德国或欧洲其他国家。③ 在保障价值链安全的问题上，德国推进供应链分散化战略，德国联邦经济与能源部部长阿尔特迈尔（Peter Altmaier）表示德国将尽快扩大本国和欧盟的医疗卫生产品和设备生产，以减少对中国厂商的依赖。④ 在2020年10月的德国经济亚太委员会的会议上，阿尔特迈尔认为新冠肺炎疫情证明了对单一供应方高度依赖的危害，德国企业应该在亚洲寻找中国的替代市场。⑤ 相关措施已在德国政策指南中确定下来：2020年9月德国《印太指导方针》明确指出要减少对中国市场

---

① EY, "Corona-Pandemie hält chinesische Unternehmen nicht von Investitionen in Europa ab", https://www.ey.com/de_/news/2020/12/ey-corona-pandemie-haelt-chinesische-unternehmen-nicht-von-investitionen-in-europa-ab.

② Morris Hosseini, "Lieferengpässe bei Medikamenten durch Coronavirus: Krise mit Ansage", https://www.rolandberger.com/de/Point-of-View/Lieferengp%C3%A4sse-bei-Medikamenten-durch-Coronavirus-Krise-mit-Ansage.html.

③ Johannes Blum, Martin Mosler, Niklas Potrafke and Fabian Ruthardt, "Bewertung der wirtschaftspolitischen Reaktionen auf die Coronakrise", *Ifo Schnelldienst*, 73. Jahrgang, 4, 2020, pp. 48–51.

④ ZDF, "Altmaier für mehr Medikamente aus EU", https://www.zdf.de/nachrichten/wirtschaft/coronavirus-altmaier-medikamente-100.html.

⑤ "Deutsche Wirtschaft soll in Asien Alternativen zu China suchen", https://www.zeit.de/politik/ausland/2020-10/apk-corona-lieferketten-china-peter-altmaier-joe-kaeser-angela-merkel.

的依赖，提出德国有必要实现印太地区合作的多样化和分散化，并且要提升价值观在对印太地区交往过程中的分量。①

二 中德经贸投资关系的韧性

上文从宏观经济、直接投资和价值链三个层面分析了疫情对中德经济的负面影响，这一部分将针对这三个层面，分别阐述中德经贸投资关系的韧性及中德之间的相互依赖关系。

（一）中国经济率先复苏带动中德贸易回暖

中德两国多年来保持紧密的经贸关系，2019年中德双边贸易额达到2056.77亿欧元，同比增长3.32%，其中德国对华出口960.13亿欧元，同比增长3.24%，德国从中国进口1096.64亿欧元，同比增长3.39%。② 德国连续45年保持中国在欧洲最大贸易伙伴的地位，中国则连续四年成为德国全球最大贸易对象国。

2020年受疫情影响，全球贸易大范围受到冲击，特别是欧美国家之间的贸易额大幅下降。不过随着中国率先复产复工，德国对华贸易实现复苏。2020年第二季度德国对中国的出口额将近230亿欧元，中国超过美国成为德国最大出口对象国。2020年1~10月德国对华出口额为772.74亿欧元，虽然同比下降2.8%，但10月的出口额仍同比增加0.3%；同时前11个月德国对华进口额为1059亿欧元，同比上涨4.5%③。这反映出两国贸易往来逐步恢复。疫情期间中欧贸易往来也愈发紧密，截至2019年欧盟连续15年一直是中国最大贸易伙伴，2020年前7个月，欧盟与中国的进出口总额为3287亿欧元，同比增长约2.6%，中国首次成为欧盟第一大贸易

---

① 杨解朴：《德国"印太指针"指向何方》，《世界知识》2020年第19期，第42~43页。
② 中国驻法兰克福总领馆：《2019年德中贸易总额2056.77亿欧元，中国连续第四年成为德最大贸易伙伴》，http：//frankfurt.mofcom.gov.cn/sys/print.shtml？/xgjg/202003/20200302941830。
③ Statistisches Bundesamt，"Außenhandel"，https：//www.destatis.de/DE/Themen/Wirtschaft/Aussenhandel/Tabellen/aussenhandel-detaildaten.pdf？__blob=publicationFile。

伙伴。① 截至2020年第三季度,双方贸易额达到4255亿欧元,同比增长3%。

2020年11月中国德国商会对部分在华德企进行问卷调查,结果显示,尽管德国本土受疫情影响严重,但与中国市场的商业往来已经基本恢复。其中,恢复最快的是生产制造部分,72%的受访企业表示其生产制造能力已恢复到疫情前的水平;其次是物流仓储业,表示恢复到疫情前水平的企业占比达到70%。调查同时显示,表示人员配备不足(占比63%)和供应链断裂(占比62%)的企业占比也很高。不过市场需求恢复仍然较慢,只有不到一半的企业表示市场对其产品的需求已达到疫情前的水平。随着疫情得到有效控制以及商业秩序的恢复,中国市场有望成为德企走出危机的重要助力。如图1所示,预期2020年销售额下降少于10%的受访德企比例从2020年2月的21%提高到11月的37%,而销售额下降超过10%的企业的比例则从48%下降到29%,认为销售额有所上升和不受疫情影响的德企占比分别从1%和3%逐步上升到13%和21%。德国企业对在华市场的经营普遍持乐观态度。

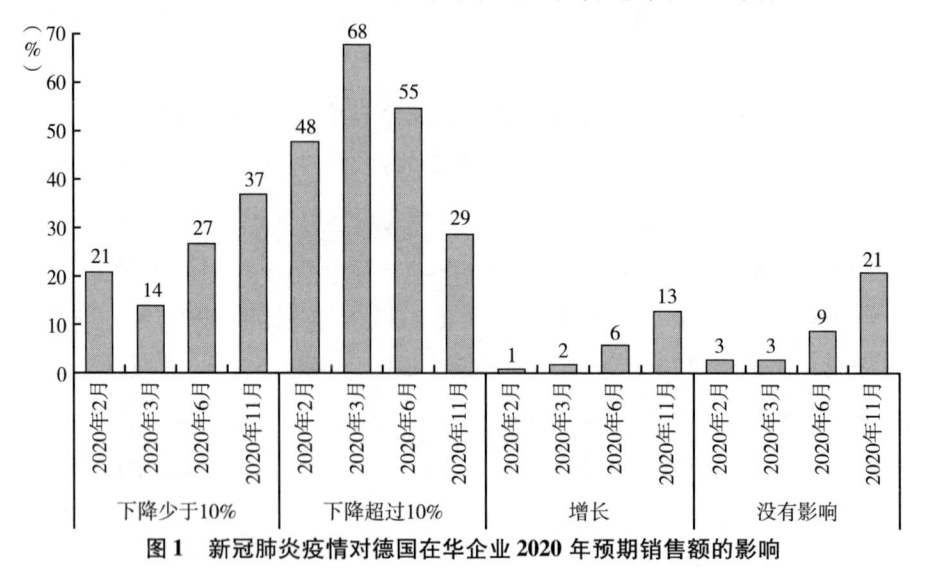

图1 新冠肺炎疫情对德国在华企业2020年预期销售额的影响

资料来源:AHK, "Covid – 19 Impact on German Companies in China", https://china.ahk.de/fileadmin/AHK_China/News/20201216_GCC_results_flash_survey_4.0_covid-19_EN_web.pdf。

---

① 《中国首次成为欧盟第一大贸易伙伴,中欧各界对双边经贸合作充满信心》,中华人民共和国中央人民政府网,2020年10月28日,http://www.gov.cn/xinwen/2020-10/28/content_5555176.htm。

（二）双边投资依赖度增加

如图 2 所示，德国对华投资额增量一直高于中国对德直接投资增量，只有在 2017 年由于中企在德国市场完成高额并购，当年中国对德直接投资超过德国在华投资。2018 年中国政府加强了对国内企业对外投资的管制，另外，如前所述，德国和欧盟修订或出台了对外国投资的安全审查条例，以及欧盟委员会发布《外国补贴白皮书》，这一切举措提高了中国国内企业在德并购企业的风险，导致中国对德直接投资大幅下降，与此同时，德国多个在华投资协议相继签署，如巴斯夫在广东湛江投资建厂以及宝马与华晨建设新能源汽车生产基地，由此带来德国投资额的大幅增长。2019 年双边直接投资额较为接近，中国在德国直接投资额为 14.59 亿美元，德国在华直接投资额为 16.58 亿美元。总体上，德国对中国的投资存量远高于中国对德国的投资存量，2019 年二者分别为 350.5 亿美元和 142.34 亿美元。①

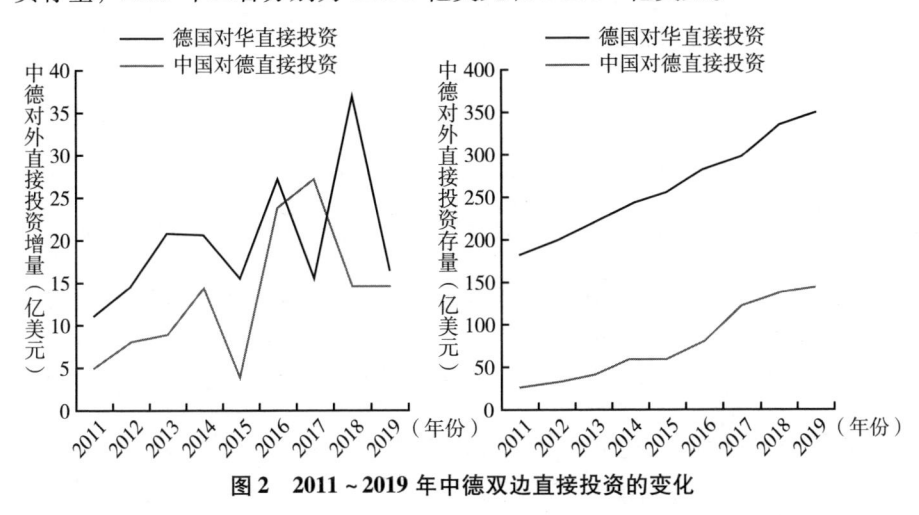

图 2　2011～2019 年中德双边直接投资的变化

资料来源：中国国家统计局，https://data.stats.gov.cn/；中国商务部：《中国外资统计公报 2020》，http://swt.fj.gov.cn/zjswt/jgzn/jgcs/wzglc/tjsj/202011/P020201123555794829525.pdf。

---

① 中国商务部：《2019 年度中国对外直接投资统计公报》，http://images.mofcom.gov.cn/hzs/202010/20201029172027652.pdf；中国商务部：《中国外资统计公报 2020》，http://swt.fj.gov.cn/zjswt/jgzn/jgcs/wzglc/tjsj/202011/P020201123555794829525.pdf。

从对外直接投资的行业分布来看（见图3），2013～2019年德国在华投资最主要集中于化工、石油、橡胶和塑料，工业、电气和电子机械以及运输制造业，投资项目总数分别为128个、101个和86个。在德国这几个行业均由大企业主导，因此形成了德国大型制造业企业集中投资于中国某几个工业行业的投资格局。从资金规模上看，德国企业投资项目的平均资金额大大高于其他外资项目的平均水平，并且投资质量更高。德国企业往往倾向于系统化投资：从纵向上看，德企希望对某个产业的上中下游各阶段的产品进行投资；从横向上看，它们不仅投资于某一家企业，而是带动其他企业一起投资相关行业或企业。① 这对于提高中国市场上的本地企业的技术水平及增加双方合作的紧密程度起到了积极作用。

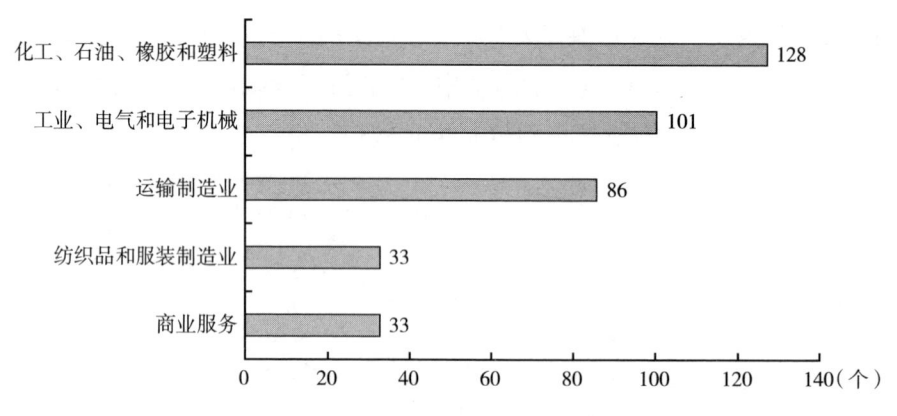

图3　按投资项目数计算德国企业在华投资最多的行业（2013～2019年）

资料来源：CIIPAG，"German Investment in China"，http：//fdi‐center.com/wp‐content/uploads/2020/05/German‐Investment‐in‐China‐English‐Version.pdf。

德国在华投资总体上较为积极，并主要与工业合作和技术转让相结合，德国是中国最大的技术供应商，对中国企业技术和创新水平的提高帮助很大。德国企业对中国消费市场具有非常高的依赖性：2019年德国DAX指数中包含的所有上市企业15%的销售额（约2000亿欧元）来自中国，其中阿迪达斯在华销售额占其全球销售额的四分之一，戴姆勒在华销售额占其全球

---

① 史世伟：《中德经贸关系研究》，对外经济贸易大学出版社，2013，第219页。

销售额的三分之一，大众集团的这一比例更是高达 40%；中国是戴姆勒和大众这两家汽车巨头的最大单一市场。① 根据测算，如果大众放弃中国市场，那么其在德国本土的 20000 个研发工程师将有一半失业。又例如，汉高在中国雇用了 4500 名员工，并且在上海拥有全球最大的黏合剂工厂。②

如图 4 所示，中国企业在德国达成投资入股案例的数量在全球金融危机后一路攀升，于 2016 年达到顶峰，当年共达成 68 项投资入股或并购案例。2017 年起，中企在德并购潮迅速降温，2018 年的并购数量仅为 2016 年的一半左右，2019 年实现小幅回升。而并购金额则在 2016 年猛增，当年中企在德入股和并购金额是前一年的 23 倍以上。2017 年和 2018 年中企投资金额分别达到 136.8 亿美元和 106.8 亿美元，这三年的高额并购主要来自三起大额并购案：2016 年海航以 33 亿欧元收购德意志银行 9.9% 的股权；2017 年美的以 46 亿欧元收购库卡 81.04% 的股权；2018 年吉利花费 89 亿欧元获得戴姆勒 9.7% 股权。

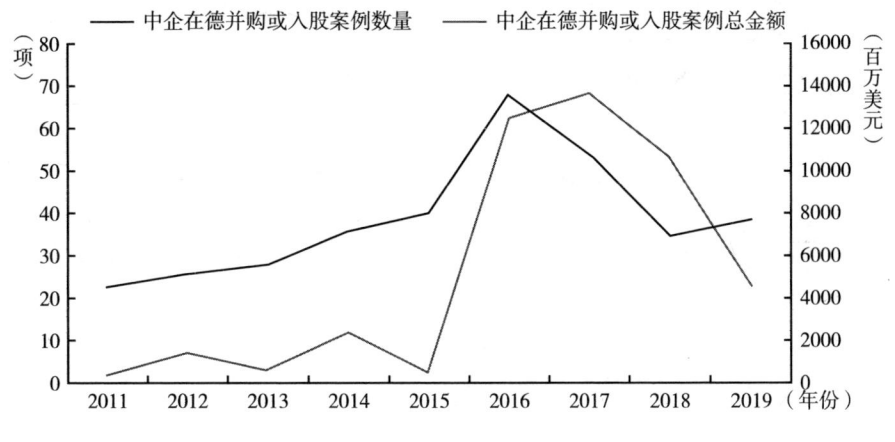

图 4　中企在德并购及入股情况

资料来源：EY, "Chinesische Unternehmenskäufe in Europa: Eine Analyse von M&A-Deals 2006 – 2019", https://assets.ey.com/content/dam/ey-sites/ey-com/de_de/news/2020/02/ey-china-ma1-februar-2020.pdf。

---

① "Bundesregierung richtet Chinapolitik neu aus", https://www.handelsblatt.com/politik/international/kurswechsel-bei-den-handelsbeziehungen-bundesregierung-richtet-chinapolitik-neu-aus/26148282.html, last accessed on 2 September 2020.

② Claas Tatje, "Profit oder Menschenrechte? Wie halten sie es mit China?", https://www.zeit.de/2020/39/dax-unternehmen-china-menschenrecht-moral-umfrage/komplettansicht.

从行业来看，中国在德国主要投资的行业是机械制造和汽车制造，与德国在华投资的结构大体一致。如图5所示，2017～2019年中企在德国这两个领域分别进行了15起和11起并购，远超其他行业。紧随其后的是金属加工和软件业，而德国的另一支柱行业电子行业则与消费品行业并列，均进行了3起并购。根据安永的调查，尽管受疫情影响，但是，依旧有超过一半的受访中国企业表示未来将进一步加大对德国和欧洲的投资，主要目的是获取技术和进入欧洲市场。①

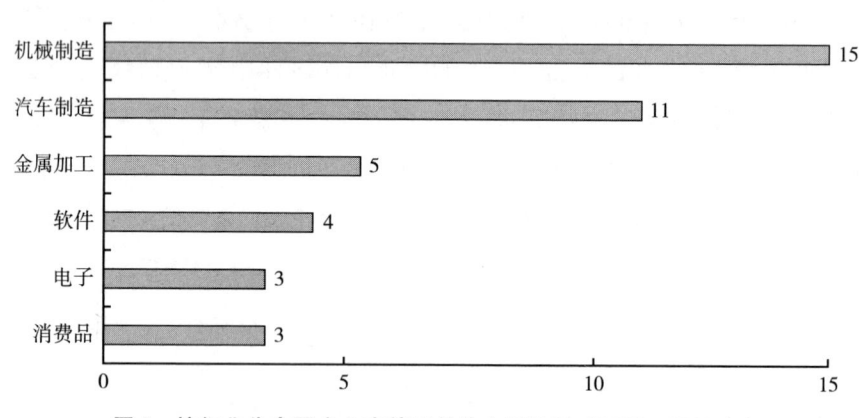

行业	并购数量
机械制造	15
汽车制造	11
金属加工	5
软件	4
电子	3
消费品	3

图5 按行业分中国企业在德国并购交易数量（2017～2019年）

资料来源：Niklas Dürr, Christian Rammer and Philipp Böing, "Direktinvestitionen zwischen Deutschland und China aus einer innovationspolitischen Sicht", Studien zum Deutschen Innovationssystem Nr. 8, 2020, pp. 61–65。

（三）中德价值链进一步融合

全球价值链侧重于生产的中间环节，其能够反映一国（地区）在生产网络中的真实作用。中德两国均是全球价值链上的主要国家。这一部分将从出口增加值的视角出发研究中德两国的上游依赖度（指一国从外国进口中间品进行加工后出口，这一出口产品包含的上游国家创造的增加值比例）

---

① EY, "Corona-Pandemie hält chinesische Unternehmen nicht von Investitionen in Europa ab", https://www.ey.com/de_de/news/2020/12/ey-corona-pandemie-haelt-chinesische-unternehmen-nicht-von-investitionen-in-europa-ab.

和最终市场依赖度(本国最终需求中他国创造的增加值比例),以反映两国价值链融合水平。

1. 德国对中国的依赖

上游依赖度方面,通过分解德国出口增加值的来源地可以发现各国作为供应商(提供原材料或中间品)在德国出口贸易中的重要性。2015年德国出口增加值约79.01%来自德国国内,这一比例比2005年略有下降。对中国上游产品的依赖度从2005年的0.56%上升到2015年的1.64%,在主要来源地区中上升最快(见表1)。在国际比较中,中国已经是德国出口增加值中第二大境外来源国,仅次于占比1.91%的美国,高于法国、英国、荷兰等欧洲国家。从表1可以看出,德国上游产品主要依赖欧盟内部,德国对其他27个成员国的出口贸易增加值依赖度超过10%,其中对西欧国家(如法国、意大利、荷兰)依赖度的比例十分稳定,而对东欧国家的依赖度则逐年上升,2015年已经达到2.27%,超过对中美的依赖。可以看出,德国作为较为稳定的经济体,其出口贸易增加值的来源也较为稳定,欧盟形成了以德国为核心的区域价值链。在主要增加值来源中,德国上游依赖程度提高最快的是中国和东欧国家。

表1 德国在全球价值链上对主要国家(地区)的上游依赖度

单位:%

国家(地区)	2005年	2006年	2007年	2008年	2009年	2010年	2011年	2012年	2013年	2014年	2015年
德国	81.36	79.57	78.94	78.62	81.89	78.49	76.81	76.90	77.60	78.28	79.01
美国	1.53	1.72	1.72	1.66	1.52	1.69	1.76	1.89	1.87	1.76	1.91
中国	0.56	0.69	0.87	0.98	0.88	1.14	1.25	1.28	1.23	1.39	1.64
法国	1.58	1.55	1.62	1.54	1.37	1.59	1.59	1.55	1.58	1.58	1.53
英国	1.43	1.59	1.51	1.34	1.26	1.44	1.55	1.37	1.38	1.39	1.27
意大利	1.12	1.15	1.18	1.09	0.94	1.06	1.10	1.10	1.07	1.10	1.05
荷兰	1.00	1.18	1.04	1.04	1.05	1.11	1.06	1.09	1.19	1.07	0.95
除德国外的欧盟27国	9.97	10.48	10.57	10.29	9.43	10.72	10.97	10.68	10.86	10.81	10.47
欧盟东部13国	1.54	1.65	1.70	1.79	1.66	1.92	2.00	2.01	2.05	2.14	2.27

资料来源:OECD, TiVA (Trade in Value Added), https://stats.oecd.org/Index.aspx? DataSetCode = TIVA_ 2018_ C1。

具体到制造业,近年来德国对中国制造业上游依赖程度提高较快,从2005年的0.72%增长到2015年的2.09%。其中,占比最高的是纺织品、服装、皮制品和相关产品(4.24%),计算机、电子设备及电气设备(4.05%),机械及设备(2.33%)。这说明,经过近年来的发展,中国企业在制造业上游供应方面的实力得到增强,在德国制造业出口价值链上的地位有所提高。不过与之相比,德国国内最终需求对中国制造的依赖度更高,到2015年这一比例已经达到6.18%,其中纺织品、服装、皮制品和相关产品以及计算机、电子设备及电气设备的增加值占比更是分别高达23.25%和16.61%,这表明了中国对德国最终需求端的高比重贡献率。

表2 德国制造业对中国的上游依赖度和最终需求依赖度

单位:%

行业	上游依赖度			最终需求依赖度		
	2005年	2010年	2015年	2005年	2010年	2015年
制造业	0.72	1.45	2.09	1.81	5.14	6.18
其中:						
食品、饮料及烟草	0.41	0.76	1.14	0.77	1.37	1.85
纺织品、服装、皮制品和相关产品	1.47	1.79	4.24	8.16	16.04	23.25
木材、纸制品、印刷品	0.44	0.87	1.50	1.12	1.88	3.04
化学品和非金属矿产品	0.47	0.79	1.39	0.92	1.54	2.55
基本金属和金属加工品	0.56	0.95	1.53	1.34	2.37	3.90
计算机、电子设备及电气设备	1.30	2.98	4.05	3.64	13.08	16.61
机械及设备	0.76	1.56	2.33	1.65	3.67	5.20
交通设备	0.78	1.54	2.02	1.19	5.08	2.92

资料来源:OECD,TiVA(Trade in Value Added),https://stats.oecd.org/Index.aspx?DataSetCode=TIVA_2018_CI。

2. 中国对德国的依赖

从全球价值链的上游依赖度来看,中国出口贸易对德国的上游依赖度整体呈下降趋势,德国占中国出口增加值的比重从2005年的0.97%下降到2015年的0.8%(见表3)。不过在欧盟国家中,德国依旧是中国上游依赖度最高的国家,远超排在第二的法国。中国的价值链上游对外依赖度最高的国家是韩国、美国和日本，2015年依赖度分别是1.98%、1.93%和1.62%。对韩日的高依赖度也证实了亚洲形成以中、日、韩为中心的区域价值链网络。从国家联盟看，中国对欧盟28国的上游依赖度尽管呈下降趋势，但依旧高达2.38%，其中对东欧13国的依赖度自2005年起有小幅上升。此外，东盟也是中国企业重要的上游供应商，2015年依赖度为1.83%。从数据可以看出，总体而言中国贸易出口在价值链上游的对外依赖度呈现下降趋势，中国自身创造的增加值实现快速增长，2005～2015年这一比例提高了近10个百分点，可以说，中国在上游的自主性和独立性上有了很大程度的提高。

表3 中国在全球价值链上对主要国家（地区）的上游依赖度

单位：%

国家（地区）	2005年	2006年	2007年	2008年	2009年	2010年	2011年	2012年	2013年	2014年	2015年
中国	73.73	74.10	75.23	77.05	80.51	78.92	78.26	79.16	79.65	80.47	82.68
韩国	3.08	2.88	2.72	2.00	1.94	1.96	1.82	1.87	1.99	1.93	1.98
美国	2.56	2.58	2.37	2.10	1.80	1.88	1.83	1.82	1.88	1.86	1.93
日本	4.62	4.22	3.80	3.22	2.61	2.64	2.35	2.12	1.78	1.74	1.62
德国	0.97	1.00	1.00	0.97	0.83	0.77	0.81	0.81	0.82	0.86	0.80
法国	0.52	0.47	0.44	0.44	0.34	0.32	0.34	0.32	0.31	0.33	0.31
欧盟28国	3.46	3.33	3.28	3.08	2.58	2.44	2.55	2.49	2.44	2.56	2.38
东盟	2.44	2.53	2.36	2.06	2.02	2.24	2.25	2.12	2.10	1.93	1.83
欧盟东部13国	0.14	0.15	0.16	0.16	0.14	0.14	0.16	0.16	0.16	0.18	0.16

资料来源：OECD，TiVA（Trade in Value Added），https：//stats.oecd.org/Index.aspx? DataSetCode = TIVA_ 2018_ C1。

制造业方面，如表4所示，总体上中国制造业在全球价值链的上游和最终需求对德国的依赖均持续下降，其中上游依赖度从2005年的1.05%下降到2015年的0.87%，最终需求依赖度则从2.19%下降到1.79%。关于制造业具体行业，中国出口贸易在上游对德依赖度较高的行业是交通设备以及计算机、电子设备及电气设备，2015年依赖度分别1.38%和1.3%，其中计算机、电子设备及电气设备的依赖度稳中有升。而在最终需求依赖度上，中国市场需求对德国最为依赖的是交通设备，2015年占比达到3.69%。对比中国制造业在价值链上游和最终需求对德国的依赖度可以看出，中国制造业在最终需求环节对德国的依赖高于上游环节。

表4 中国制造业对德国的上游依赖度和最终需求依赖度

单位：%

行业	上游依赖度			最终需求依赖度		
	2005年	2010年	2015年	2005年	2010年	2015年
制造业	1.05	0.84	0.87	2.19	2.14	1.79
其中：						
食品、饮料及烟草	0.29	0.18	0.23	0.34	0.22	0.35
纺织品、服装、皮制品和相关产品	0.58	0.37	0.35	0.62	0.43	0.42
木材、纸制品、印刷品	0.78	0.45	0.47	1.38	0.89	0.92
化学品和非金属矿产品	0.87	0.61	0.59	1.23	1.05	1.23
基本金属和金属加工品	0.91	0.55	0.52	1.92	1.24	1.10
计算机、电子设备及电气设备	1.27	1.19	1.30	1.78	1.87	1.85
机械及设备	1.60	0.97	0.97	4.91	3.53	2.60
交通设备	1.75	1.23	1.38	3.23	4.20	3.69

资料来源：OECD，TiVA（Trade in Value Added），https：//stats.oecd.org/Index.aspx?DataSetCode=TIVA_2018_C1。

三 中国新一轮开放政策给德国投资带来的机遇

多年来，中国欧盟商会和德国商会一直指责中国市场准入不公平，这些指责涉及两方面。（1）直接准入壁垒：部分行业的外资投资准入门槛过高，外资股比受到限制，一些行业规定合资企业中必须中方控股。（2）间接壁垒：随着中国外商投资负面清单的缩短，直接准入限制虽已大幅减少，但与直接准入壁垒相比，间接壁垒被认为更加普遍。市场准入许可获取困难，如金融业获取经营牌照耗时过长，导致外资无法与本土企业平等竞争。[①] 德国商会的调查显示，63%的在华德企表示遇到市场准入限制，其中多以间接

---

① 中国欧盟商会：《欧盟企业在中国建议书2020/2021》，2021，第13~14页。

壁垒为主,其中难以获取市场或产品许可占比最高,为29%,紧随其后的是招投标过程不平等(24%)和难以参与工业标准制定(22%),直接市场准入障碍占12%。① 欧洲雇主协会 BusinessEurope 的对华报告提出要保障中国和欧洲的平等竞争条件、减少政府过度干预导致的市场扭曲、提高欧盟竞争力和保障在第三方市场的公平竞争,② 在一定程度上代表了欧洲包括德国企业的态度和要求。

针对国际经贸往来中存在的问题以及自身发展的需要,中国政府近年来开启了新一轮对外开放政策,优化外商投资环境。2019年3月15日全国人大正式通过《中华人民共和国外商投资法》(以下简称《外商投资法》),取代已有的《中华人民共和国中外合资经营企业法》、《中华人民共和国外资企业法》和《中华人民共和国中外合作经营企业法》,新的《外商投资法》自2020年1月1日起施行。《外商投资法》在合资企业股比、负面清单制度及技术转让等多个领域进一步开放了国内市场,放宽市场准入,推动贸易和投资的便利化。其实在2017年,中国政府已经在金融等领域将外资占比放宽到最高51%。德国安联集团成为第一批获益的企业:2018年11月安联获准筹建中国第一家外商独资保险机构。2020年1月,安联中国正式揭牌成立。

与此同时,制造业市场的限制也基本放开,特别是汽车行业已经有明确的开放时间表:2018年取消新能源汽车外资股比限制;2020年取消商用车外资股比限制;2022年取消乘用车股比限制,并取消合资企业不超过两家的限制。2018年10月,宝马集团出资36亿欧元收购华晨宝马股权,将持股比例从50%提高到75%,双方合资协议延长至2040年。德国宝马集团成为放宽汽车行业外商投资限制的第一个受益者。同时宝马还将对华晨宝马增

---

① AHK, "German Business in China: Business Confidence Survey 2019/20", https://china. ahk. de/fileadmin/AHK_ China/Market_ Info/Economic_ Data/GCC_ BCS_ 2019_ 20_ final. pdf.
② BusinessEurope, "The EU and China: Addressing the Systemic Challenge", https://www. businesseurope. eu/sites/buseur/files/media/reports_ and_ studies/2020 - 01 - 16_ the_ eu_ and_ china_ -_ addressing_ the_ systemic_ challenge_ -_ full_ paper. pdf.

加30亿欧元的投资，扩建沈阳生产基地和产业链。值得注意的是，以往合资企业生产的汽车主要在中国内地销售，而在沈阳生产的宝马iX3电动汽车，不仅在国内销售，还将出口到全球市场。2020年11月，首批华晨宝马生产的iX3正式从大连港运往海外。

另一家受益的德国企业是大众集团。早在2017年12月大众就与安徽江淮汽车集团合资成立江淮大众汽车有限公司，双方各占股50%，企业聚焦新能源汽车领域。2020年年底，借助制造业开放政策，大众与江淮完成了最新的合作：大众集团增资10亿欧元，获得国有企业安徽江淮汽车集团持有股份的50%，大众在合资公司江淮大众汽车有限公司的股份提高至75%，江淮大众更名为"大众汽车（安徽）有限公司"，大众将在合资公司中控股。同时，大众将在安徽合肥设立大众（安徽）研发中心和制造基地，项目总投资超过200亿元人民币，预计将在2022年完成。公司将在安徽基于大众的MEB平台①，生产纯电动汽车。

另一项引人注目的投资项目是德国巴斯夫集团在广东省湛江市建设的新型一体化基地，整合价值链上从基础化学品到消费品的上下游生产装置，总投资额高达100亿美元，是巴斯夫迄今最大的投资项目。该项目于2019年11月正式启动，2020年5月首批装置正式打桩开建，步入土建阶段，计划2022年投入运营。整体项目将成为巴斯夫全球第三大生产基地，也是欧洲以外最大的生产基地，这将进一步促进巴斯夫在全球化工行业销售额和地位的提升。该项目从谅解备忘录签署到正式建设只用了不到两年时间，主要得益于政府部门和当地社区的大力支持。② 对于广东湛江而言，巴斯夫的入驻是其打造化工产业集群、实现产业结构优化升级的机遇。根据2020年11月发布的《湛江经济技术开发区第十四个五年规划纲要》（征求意见稿），湛江计划以引入巴斯夫等跨国企业为契机，建造世界级石

---

① MEB（Modularer E-Antriebs-Baukasten）平台是大众的模块化电气化生产平台。
② 巴斯夫：《巴斯夫广东新型一体化基地首批装置正式打桩开建》，https://www.basf.com/cn/zh/media/news-releases/global/2020/05/basf_started_piling_of_the_first_plants_of_its_smart_Verbund_project_Zhanjiang.html。

化产业基地；围绕新材料领域，推动产业链、价值链协同发展，延伸完善石化中下游产业链；通过中德工业园吸引巴斯夫产业链合作企业和研发机构入驻。①

四 结语

本文基于新冠肺炎疫情对全球经济冲击这一背景，从宏观经济、直接投资和价值链三个角度阐述了疫情下中德经贸关系面临的挑战。这三个角度从范围上能够覆盖宏观到微观的主要领域，从内容上涵盖了经贸往来的主要形式，其中宏观经济构成中德经贸合作的框架条件，而直接投资和价值链则是国际经贸的重要方式。随后本文又从中国经济复苏、双边投资结构和价值链依赖度三个方面分析了双边贸易投资的紧密度和韧性。最后，本文结合中国政府最新的开放政策，论述了新一轮对外开放给中德经贸关系带来的机遇。本文认为，虽然疫情对两国经贸往来造成一定负面影响，但近年来中国与德国产业融合程度日益加深，双边经贸关系韧性较高，疫情不会改变两国日趋紧密的合作态势，具体体现为以下几方面。

第一，在宏观经济方面，德国及欧洲经济受疫情拖累的情况持续到了2021年，而中国经济预计在2021年实现8.2%的增长。② 中国是德国最主要的海外市场之一，2020年前11个月，德国对华出口额在疫情影响下依然能够逆势同比上涨1.2%。③ 后疫情时代中国市场也将成为德国经济复苏的重要动力。

第二，在直接投资方面，中国对德国投资存量虽然相较于德国在华投资仍有差距，但近年来中国在德投资增量提升较快。机械制造和汽车制造行业

---

① 湛江经济技术开发区：《湛江经济技术开发区国民经济和社会发展第十四个五年规划纲要（征求意见稿2）》，2020年11月，第26~66页。
② 国际货币基金组织：《世界经济展望》，https://www.imf.org/zh/Publications/WEO/Issues/2020/09/30/world-economic-outlook-october-2020。
③ Statistisches Bundesamt, "Außenhandel", https://www.destatis.de/DE/Themen/Wirtschaft/Aussenhandel/Tabellen/aussenhandel-detaildaten.pdf?__blob=publicationFile.

是两国投资的主要行业，双方在这两个产业都有大量企业参与协作，垂直一体化程度和相互依赖度较高。中国有两大优势。（1）巨大的市场、不断增长的需求是吸引德国企业的重要因素。（2）中国强大的制造业基础。中国市场已经形成完备的制造业供应链网络并有足够的人才聚集，能够为外商提供高效且高质量的上游产品供应。这是其他亚太国家所不具备的条件。2020年12月30日，历时七年35轮的中欧投资协定谈判如期完成，双方在市场准入、公平竞争规则、可持续发展及争端解决机制方面达成一致。其中在市场准入方面，中国承诺以准入前国民待遇加负面清单的模式进一步开放市场，这将为德国企业在中国的直接投资创造新的机遇；另外，中国承诺在对国有企业的补贴方面增加透明度，确保双边企业的市场公平竞争。欧盟方面则承诺在对等原则基础上对中国企业进一步扩大市场开放。虽然当前中欧投资协定谈判推进面临挫折，欧方单方面冻结协定后续推进工作，但总体而言，中欧投资协定是一个平衡、高水平、互利共赢的投资协定，一旦最终签署将为中德经贸关系注入新的活力。

第三，在价值链方面，中国在全球价值链的地位迅速提高，成为全球价值链上的主要力量。德国对中国价值链的依赖度日趋加深，中国已经成为德国出口和最终需求的第二大境外增加值来源地。德国在终端消费市场对中国的依赖程度较高，特别是纺织品和计算机电子设备。中国在全球价值链上对德国上游和最终需求的依赖度虽然出现小幅下降，但德国仍是对中国增加值贡献最高的欧洲国家。与对外直接投资一致，双方在机械制造和汽车制造领域的价值链已实现高度融合，整个生产网络上会聚了众多企业和从业者，形成了稠密的合作网络，展现了两国在制造业合作的韧性。疫情虽然会对产业合作造成短期冲击，但是长期来看这种依赖关系难以被取代。

中国新一轮对外开放进一步释放了中国市场的巨大红利。《外商投资法》以及新负面清单优化了外商在华投资环境，其中宝马、安联等德企成为第一批受益的外资企业，疫情期间德国企业依旧实现了在华的业务扩展。同时，拥有世界一流管理水平和技术水平的德国企业在华投资有利于带动产业链上本土企业协同发展，培育一批新型技术人才，对于地方政府围绕相关企业打造产业集群也具有积极促进作用。中欧投资协定在2020年内达成一致与近两年中国新一轮开放政策一脉相承，进一步增加了后疫情时期中欧经贸关系的韧性，有利于抵御全球经济不确定性的挑战。从欧盟方面看，德国较其他欧盟国家在中国有更大的经济利益，因此德国政府不遗余力地敦促欧盟加快谈判的步伐，终于使双方在年内就协定达成一致。

综合来看，中德关系本着互利共赢和平等对话的务实原则，排除各种不利局面，不断走向全面、稳定和深入。2021年是德国大选之年，为中德关系做出重大贡献的默克尔总理不再参加竞选，但无论是哪些政党组成执政联盟或者哪位政治家接任德国联邦总理，都不会改变中德关系互利合作的主导方向。

资料篇
Data and Statistics

B.14
统计资料

朱宇方[*]

表1 德国国内生产总值（2014~2020年季度数据）

项目	单位	2014				2015				2016				2017			
		1季度	2季度	3季度	4季度	1季度	2季度	3季度	4季度	1季度	2季度	3季度	4季度	1季度	2季度	3季度	4季度
未调整原始值																	
国内生产总值	10亿欧元	716.70	717.36	740.72	752.65	737.21	741.98	765.67	781.32	762.95	779.08	788.98	803.73	796.94	799.04	821.89	841.99

* 朱宇方，文学博士，同济大学德国问题研究所/欧盟研究所讲师，主要研究领域为德国经济与社会政策、德国与欧洲经济史。

续表

项目	单位	2014				2015				2016				2017			
		1季度	2季度	3季度	4季度	1季度	2季度	3季度	4季度	1季度	2季度	3季度	4季度	1季度	2季度	3季度	4季度
同比变动	%	5.0	3.5	3.6	4.3	2.9	3.4	3.4	3.8	3.5	5.0	3.0	2.9	4.5	2.6	4.2	4.8
人均国内生产总值	欧元	8867	8868	9142	9270	9059	9103	9368	9514	9280	9466	9577	9742	9655	9671	9939	10172

剔除季节因素后调整(以BV4.1进行调整)

项目	单位	2014				2015				2016				2017			
		1季度	2季度	3季度	4季度	1季度	2季度	3季度	4季度	1季度	2季度	3季度	4季度	1季度	2季度	3季度	4季度
国内生产总值	10亿欧元	724.63	728.58	734.86	742.99	745.56	752.44	760.63	766.62	774.11	781.53	784.86	790.15	801.47	809.09	821.61	829.88
环比变动	%	1.7	0.5	0.9	1.1	0.3	0.9	1.1	0.8	1.0	1.0	0.4	0.7	1.4	1.0	1.5	1.0
人均国内生产总值	欧元	8966	9003	9069	9154	9164	9228	9304	9337	9419	9494	9525	9580	9711	9791	9935	10029

剔除季节和价格因素的环比指数(2015=100)

项目	单位	2014				2015				2016				2017			
		1季度	2季度	3季度	4季度	1季度	2季度	3季度	4季度	1季度	2季度	3季度	4季度	1季度	2季度	3季度	4季度
	—	100.32	100.76	101.52	102.01	102.27	102.64	103.77	104.46	105.54	106.13	106.37	106.64	106.3	106.37	107.21	107.00
环比变动	%	0.6	0.4	0.8	0.5	0.3	0.4	1.1	0.7	1.0	0.8	-0.2	0.5	-0.3	0.1	0.8	-0.2
人均国内生产总值	—	100.24	100.25	100.9	101.23	101.39	101.64	102.7	103.27	104.25	105	104.69	105.13	104.7	104.68	105.47	105.2

未调整原始值

项目	单位	2018				2019				2020			
		1季度	2季度	3季度	4季度	1季度	2季度	3季度	4季度	1季度	2季度	3季度	4季度
国内生产总值	10亿欧元	821.15	831.07	839.8	864.39	845.82	846.94	870.15	886.14	851.06	768.87	843.87	872.38
同比变动	%	3.0	4.0	2.2	2.7	3.0	1.9	3.6	2.5	0.6	-9.2	-3.0	-1.6
人均国内生产总值	欧元	9916	10031	10126	10410	10186	10197	10471	10654	10232	9249	10148	10486

续表

项目	单位	2018				2019				2020			
		1季度	2季度	3季度	4季度	1季度	2季度	3季度	4季度	1季度	2季度	3季度	4季度
剔除季节因素后调整值(以BV4.1进行调整)													
国内生产总值	10亿欧元	831.56	840.02	840.45	846.87	855.98	861.23	869.03	866.26	858.06	784.96	843.15	846.73
环比变动	%	0.2	1	0.1	0.8	1.1	0.6	0.9	-0.3	-0.9	-8.5	7.4	0.4
人均国内生产总值	欧元	10041	10137	10133	10203	10309	10366	10456	10419	10317	9439	10138	10182
剔除季节和价格因素后的环比指数(2015=100)													
国内生产总值	—	107.15	106.35	105.02	95.26	103.1	102.86	100.32	100.76	101.52	102.01	102.27	102.64
环比变动	%	0.1	-0.7	-1.3	-9.3	8.2	-0.2	0.6	0.4	0.8	0.5	0.3	0.4
人均国内生产总值	—	105.31	104.49	103.15	93.57	101.26	101.04	100.24	100.25	100.9	101.23	101.39	101.64

表2 德国消费价格指数（2014～2020年月度数据）

时间		消费价格指数 2015=100	同比变动 单位:%	环比变动 单位:%
2014年	1月	98.8	1.4	-0.5
	2月	99.2	1.2	0.4
	3月	99.5	1.1	0.3
	4月	99.4	1.4	-0.1
	5月	99.2	0.8	-0.2
	6月	99.5	1.0	0.3
	7月	99.7	0.8	0.2
	8月	99.8	0.9	0.1
	9月	99.8	0.9	—
	10月	99.5	0.8	-0.3
	11月	99.5	0.6	—
	12月	99.5	0.2	—
2015年	1月	98.5	-0.3	-1.0
	2月	99.2	—	0.7
	3月	99.7	0.2	0.5
	4月	100.2	0.8	0.5
	5月	100.4	1.2	0.2
	6月	100.4	0.9	—
	7月	100.6	0.9	0.2
	8月	100.6	0.8	—
	9月	100.4	0.6	-0.2
	10月	100.4	0.9	—
	11月	99.7	0.2	-0.7
	12月	99.7	0.2	—
2016	1月	99.0	0.5	-0.7
	2月	99.3	0.1	0.3
	3月	100.0	0.3	0.7
	4月	100.1	-0.1	0.1
	5月	100.6	0.2	0.5
	6月	100.7	0.3	0.1
	7月	101.1	0.5	0.4
	8月	101.0	0.4	-0.1
	9月	101.0	0.6	—
	10月	101.2	0.8	0.2
	11月	100.5	0.8	-0.7
	12月	101.2	1.5	0.7

续表

时间		消费价格指数 2015=100	同比变动 单位:%	环比变动 单位:%
2017年	1月	100.6	1.6	-0.6
	2月	101.2	1.9	0.6
	3月	101.4	1.4	0.2
	4月	101.8	1.7	0.4
	5月	101.8	1.2	—
	6月	102.1	1.4	0.3
	7月	102.5	1.4	0.4
	8月	102.6	1.6	0.1
	9月	102.7	1.7	0.1
	10月	102.5	1.3	-0.2
	11月	102.1	1.6	-0.4
	12月	102.6	1.4	0.5
2018年	1月	102.0	1.4	-0.6
	2月	102.3	1.1	0.3
	3月	102.9	1.5	0.6
	4月	103.1	1.3	0.2
	5月	103.9	2.1	0.8
	6月	104.0	1.9	0.1
	7月	104.4	1.9	0.4
	8月	104.5	1.9	0.1
	9月	104.7	1.9	0.2
	10月	104.9	2.3	0.2
	11月	104.2	2.1	-0.7
	12月	104.2	1.6	—
2019年	1月	103.4	1.4	-0.8
	2月	103.8	1.5	0.4
	3月	104.2	1.3	0.4
	4月	105.2	2.0	1.0
	5月	105.4	1.4	0.2
	6月	105.7	1.6	0.3
	7月	106.2	1.7	0.5
	8月	106.0	1.4	-0.2
	9月	106.0	1.2	—
	10月	106.1	1.1	0.1
	11月	105.3	1.1	-0.8
	12月	105.8	1.5	0.5

续表

时间		消费价格指数 2015=100	同比变动 单位:%	环比变动 单位:%
2020年	1月	105.2	1.7	-0.6
	2月	105.6	1.7	0.4
	3月	105.7	1.4	0.1
	4月	106.1	0.9	0.4
	5月	106.0	0.6	-0.1
	6月	106.6	0.9	0.6
	7月	106.1	-0.1	-0.5
	8月	106.0	—	-0.1
	9月	105.8	-0.2	-0.2
	10月	105.9	-0.2	0.1
	11月	105.0	-0.3	-0.8
	12月	105.5	-0.3	0.5

表3 德国进出口贸易整体数据（2018~2020年年度数据）

年份	出口额 单位:千欧元	出口额（按当月汇率换算）单位:千美元	进口额 单位:千欧元	进口额（按当月汇率换算）单位:千美元
2018	1317440164	1556626368	1088720408	1285876630
2019	1328151566	1486881711	1104141069	1236204907
2020	1205280678	1378029127	1025343913	1171584001

表4 德国劳动生产率、雇员报酬及单位劳动成本
（2014~2020年不含建筑业的生产性行业及所有行业整体年度数据）

项目	单位	2014年	2015年	2016年	2017年	2018年	2019年	2020年
不含建筑业的生产性行业								
每位就业者创造的国内生产总值（当时价格）	欧元	83227	86053	90294	92807	92709	90218	84550
每位就业者每工时创造的国内生产总值（当时价格）	欧元	56.4	58.09	61.21	63.35	63.45	62.03	60.39
每位就业者的劳动生产率	2015=100	98.66	100	104.18	107.32	106.26	101.86	94.24

续表

项目	单位	2014年	2015年	2016年	2017年	2018年	2019年	2020年
每位就业者的单位工时劳动生产率	2015＝100	99.04	100	104.63	108.52	107.74	103.74	99.73
雇员人均报酬	欧元	52588	54051	55235	56267	57474	58729	57481
雇员每工时人均报酬	欧元	36.18	37.03	37.99	38.93	39.83	40.88	41.5
雇员人均毛工资	欧元	43643	44811	45715	46605	47733	48503	47092
雇员每工时人均毛工资	欧元	30.03	30.7	31.45	32.24	33.08	33.76	34
人均单位劳动成本	2015＝100	98.61	100	98.09	97	100.07	106.67	112.85
每工时人均单位劳动成本	2015＝100	98.64	100	98.05	96.86	99.82	106.41	112.38
所有行业整体数据								
每位就业者创造的国内生产总值（当时价格）	欧元	68524	70177	71797	73649	74806	76190	74438
每位就业者每工时创造的国内生产总值（当时价格）	欧元	48.93	50.09	51.45	53.02	53.94	55.1	55.95
每位就业者的劳动生产率	2015＝100	99.45	100	100.97	102.19	102.09	101.74	97.87
每位就业者的单位工时劳动生产率	2015＝100	99.5	100	101.36	103.07	103.12	103.08	103.05
雇员人均报酬	欧元	39250	40343	41270	42342	43569	44876	45131
雇员每工时人均报酬	欧元	29.43	30.18	30.94	31.81	32.71	33.74	35.15
雇员人均毛工资	欧元	32198	33128	33950	34817	35922	36979	36989
雇员每工时人均毛工资	欧元	24.14	24.78	25.45	26.15	26.97	27.81	28.81
人均单位劳动成本	2015＝100	97.84	100	101.31	102.7	105.78	109.33	114.29
每工时人均单位劳动成本	2015＝100	98	100	101.13	102.25	105.08	108.46	113.03

表5 德国失业人口、失业率及短时工作者数据
（2014～2020年全国及新老联邦州年度数据）

年份	失业人数（人）			劳动人口失业率（%）			短时工作人数（人）		
	全德	老联邦州	新联邦州	全德	老联邦州	新联邦州	全德	老联邦州	新联邦州
2014	2898388	2074553	823835	6.7	5.9	9.8	133604	103444	30159
2015	2794664	2020503	774162	6.4	5.7	9.2	129625	103367	26257
2016	2690975	1978672	712303	6.1	5.6	8.5	127811	100480	27331
2017	2532837	1894294	638543	5.7	5.3	7.6	113552	89138	24414
2018	2340082	1758627	581455	5.2	4.8	6.9	117659	91477	26183
2019	2266720	1723059	543661	5.0	4.7	6.4	145276	116850	28426
2020	2695444	2075003	620441	5.9	5.6	7.3	—	—	—

表6 德国人口（2013～2019年数据）

采样日	性别		
	男	女	总数
2013年12月31日	39556923	41210540	80767463
2014年12月31日	39835457	41362080	81197537
2015年12月31日	40514123	41661561	82175684
2016年12月31日	40697118	41824535	82521653
2017年12月31日	40843565	41948786	82792351
2018年12月31日	40966691	42052522	83019213
2019年12月31日	41037613	42129098	83166711

表7 德国可持续发展指标（2015～2020年年度数据）

可持续发展指标	2015年	2016年	2017年	2018年	2019年	2020年
没有贫困						
物质匮乏						
物质匮乏者占总人口比重，德国（%）	10.7	9.7	9.1	7.8	6.8	—
物质匮乏者占总人口比重，欧盟28国（%）	17.0	15.7	14.5	13.1	12.0	—
物质严重匮乏者占总人口比重，德国（%）	4.4	3.7	3.4	3.1	2.6	
物质严重匮乏者占总人口比重，欧盟28国（%）	8.1	7.5	6.6	5.9	5.5	—
没有饥饿						
农业						
氮过量，5年均值（公斤/公顷，耕地面积）	94.33	93.33	—	—	—	—

续表

可持续发展指标	2015年	2016年	2017年	2018年	2019年	2020年
氮过量,年(公斤/公顷,耕地面积)	102.60	99.01	90.64	89.14	—	—
生态种植面积占总耕地面积比重(%)	6.34	6.82	6.82	7.34	7.75	—
营养保障						
为营养权的支出在发展支出中占比(%)	—	16.71	—	18.32	—	—
健康与幸福						
健康与营养						
70以下女性死亡人数(每10万人)	153.0	151.6	148.7	151.1	—	—
70以下男性死亡人数(每10万人)	288.1	283.8	276.0	279.3	—	—
青少年吸烟率(12~17岁)(占受访者比例)(%)	7.8	7.4	—	6.6	5.6	—
成人吸烟率(15岁以上)(占受访者比例)(%)	—	—	22.4	—	—	—
青少年肥胖率(占受访者比例)(%)						
青少年女性肥胖率(占受青少年女性比例)(%)						
青少年男性肥胖率(占受访青少年男性比例)(%)						
成年人肥胖率(占成年人比例)(%)						
成年女性肥胖率(占成年人比例)(%)						
成年男性肥胖率(占成年人比例)(%)						
空气污染						
空气有害物排放(2005=100)	82.41	79.8	78.38	75.32	—	—
二氧化硫排放(2005=100)	70.36	65.21	63.17	60.49	—	—
氮氧化合物排放(2005=100)	83.14	81.26	78.26	73.00	—	—
氨排放(2005=100)	106.66	105.31	103.77	99.21	—	—
液态有机化合物排放(2005=100)	77.13	76.72	77.06	75.39	—	—
PM2.5微颗粒排放(2005=100)	74.76	70.52	69.65	68.50	—	—
增加的微颗粒暴露人口(百万)占比(%)	4.99	3.84	2.54	2.90	—	—
全球健康						
用于全球大流行病的预防/反应的开支(百万欧元)	137.85	151.44	220.78	260.67	272.54	353.10
用于应对新冠肺炎疫情的开支(百万欧元)	—	—	—	—	—	635.18
高质量的教育						
教育						
18~24岁无学历者(占18~24岁人群比例)(%)	9.82	10.30	10.11	10.34	10.34	—
18~24岁无学历女性(占18~24岁女性人群比例)(%)	9.49	9.60	9.04	9.13	8.73	—
18~24岁无学历男性(占18~24岁男性人群比例)(%)	10.12	11.00	11.09	11.42	11.80	—

续表

可持续发展指标	2015	2016	2017	2018	2019	2020
30~34岁有高等教育学历者(占30~34岁人群比例)(%)	46.77	47.88	48.84	49.83	50.49	—
30~34岁有高等教育学历女性(占30~34岁女性人群比例)(%)	50.52	51.3	52.64	53.83	54.41	—
30~34岁有高等教育学历男性(占30~34岁男性人群比例)(%)	43.11	44.57	45.19	46.02	46.76	—
家庭前景						
0~2岁全日幼托比例(%)	15.9	16.2	16.2	16.5	16.9	17.1
3~5岁全日幼托比例(%)	43.7	44.5	45.3	45.9	46.9	47.6
性别平等						
平等						
女性与男性的收入差异(%)	22	21	20	20	19	18
监事会中的女性比例(%)	21.3	23.76	28.1	30.9	33.9	35.2
德国发展合作国女性获得职业资格人数(千人)	33.56	—	35.2	—	37.6	—
清洁的水和卫生设施						
水体质量						
流动水中的磷(在开放水域检测点中的比例)(%)	30.65	37.05	35.51	44.09	—	—
地下水中的硝酸盐(在地下水检测点中的比例)(%)	81.02	81.8	83.1	82.66	84.2	—
饮用水与卫生设施						
拥有饮用水供水人数(百万)	—	—	—	—	14.3	—
拥有卫生设施人数(百万)	—	—	—	—	6.1	—
新获得供水人数(百万)	11.0	14.3	28.6	60.3	—	—
支付得起的清洁能源						
节约资源						
最终能源产出率(2008=100)	109.96	110.26	111.45	115.95	115.4	—
初级能源产出率(2008=100)	92.22	93.82	94.04	91.3	88.87	81.3
可再生能源						
最终能源消费中的可再生能源占比(%)	15.2	14.9	16.0	16.8	17.7	—
电力消费中源自可再生能源的电力占比(%)	31.5	31.6	36.0	37.8	42.0	—
有尊严的劳动与经济增长						
原料总产出						
最终使用价值(剔除价格因素)RMI(2000=100)	134	135	—	—	—	—

续表

可持续发展指标	2015	2016	2017	2018	2019	2020
原料开采,进口以当量计算(2000＝100)	101	103	—	—	—	—
最终使用价值(剔除价格因素)(2000＝100)	135	139	—	—	—	—
国家负债						
财政盈余,国内生产总值占比(当时价格)(%)	0.96	1.16	1.36	1.84	1.52	-4.75
结构性财政盈余,国内生产总值占比(当时价格)(%)	1.05	0.90	0.60	0.84	0.56	
较上年国内生产总值变动(剔除价格因素)(%)	1.49	2.23	2.60	1.27	0.56	-4.98
公共负债总额与国内生产总值之比(%)	72.3	69.3	65.1	61.8	59.6	—
未来经济发展储备						
毛固定资产投资占国内生产总值比重(%)	20.02	20.30	20.43	21.13	21.69	22.02
经济生产能力						
居民人均国内生产总值(剔除价格因素)(1000欧元)	37.05	37.57	38.4	38.77	38.9	36.93
就业						
20~64岁就业率(%)	78.0	78.6	79.2	79.9	80.6	—
20~64岁女性就业率(%)	73.6	74.5	75.2	75.8	76.6	—
20~64岁男性就业率(%)	82.3	82.7	83.1	83.9	84.6	—
60~64岁就业率(%)	53.3	56.0	58.4	60.3	61.8	—
60~64岁女性就业率(%)	47.9	50.8	53.3	55.4	57.1	—
60~64岁男性就业率(%)	59.1	61.5	63.7	65.4	66.6	—
全球供应链						
纺织联盟成员数量(个)	172	188	147	128	124	136
工业、创新与基础设施						
创新						
私人与公共研发开支(占国内生产总值的比例)(%)	2.93	2.94	3.07	3.13	3.18	—
宽带使用率,所有技术类型(家庭户比例)(%)	—	—	—	27.3	43.22	55.9
宽带使用率,光纤(家庭户比例)(%)	6.7	7.1	8.0	9.0	11.82	13.8
宽带使用率,普通有线(家庭户比例)(%)	—	—	—	23.7	37.83	50.2
减少不公						

续表

可持续发展指标	2015	2016	2017	2018	2019	2020
教育机会均等						
中小学外国毕业生在所有外国离校生中的占比(%)	88.20	85.83	81.81	81.8	82.37	—
中小学女性外国毕业生在所有外国离校生中的占比(%)	90.30	89.10	86.35	85.57	85.83	—
中小学男性外国毕业生在所有外国离校生中的占比(%)	86.20	82.90	77.98	78.77	79.49	—
中小学德国毕业生在所有德国离校生中的占比(%)	95.00	95.08	94.82	94.58	94.53	—
分配公平						
可支配等价收入,德国(基尼系数)	0.30	0.30	0.29	0.31	0.30	—
可支配等价收入,欧盟28国(基尼系数)	0.31	0.31	0.31	0.31	0.31	—
可持续的城市与村镇						
土地使用						
居住与交通使用面积增长,4年均值(公顷/天)	66.10	61.54	57.69	56.37	—	
居住与交通使用面积增长,当年(公顷/天)	61.01	51.28	55.21	58.00	—	
交通面积增长(公顷/天)	9.77	/	8.48	15.95	—	
楼宇、开放空间和经营面积增长(公顷/天)	39.63	/	31.8	32.04	—	
休闲设施、墓地面积增长(公顷/天)	11.61	/	14.92	10.01	—	
居民人均未开发面积变动,4年均值(m²)	-2.88	-2.72	-2.76	-2.8	—	
居民人均未开发面积变动,非农业,4年均值(m²)	-0.95	-0.64	-0.64	-0.57	—	
居民人均未开发面积变动,农业,4年均值(m²)	-4.32	-4.28	-4.37	-4.49	—	
人口密度(2000=100)	91.13	91.12	90.96	90.63	—	
非农业地区人口密度(2000=100)	98.64	99.01	99.18	99.41	—	
农业地区人口密度(2000=100)	87.46	87.25	86.93	86.42	—	
交通						
货运最终能源消费(2005=100)	102.81	103.89	105.26	106.15	—	
货运产出(2005=100)	114.46	117.52	120.09	122.05	—	
每吨公里能源消费(2005=100)	89.82	88.40	87.65	86.98	—	
客运最终能源消费(2005=100)	98.89	99.55	99.65	99.09	—	
客运产出(2005=100)	107.11	108.23	109.04	109.00	—	

续表

可持续发展指标	2015	2016	2017	2018	2019	2020
每人公里能源消费（2005＝100）	92.33	91.98	91.4	90.91	—	
使用公共交通到最近中心地区耗时（分钟）	—	22.41	—	21.86		
居住						
不堪居住费用负担的人数比例（%）	15.6	15.8	14.5	14.2	13.9	—
文化遗产						
德国数字图书馆馆藏（百万件）	18.16	20.45	23.72	24.16	32.06	34.5
有德国数字图书馆数字拷贝的馆藏（百万件）	5.4	6.5	7.9	7.9	11.3	11.6
负责任的消费和生产模式						
可持续消费						
有国家环保标志产品的市场占有率（%）	7.6	8.6	8.3	7.5	—	—
私人家庭原料消费（2010＝100）	92.00	94.04				
私人家庭的能源消费（2010＝100）	97.56	97.42				
私人家庭的二氧化碳排放（2010＝100）	93.86	98.57				
可持续生产						
EMAS 组织所在地数量（个）	2004	2073	2182	2167	2176	2184
在 EMAS 组织的就业人数（千人）	800.64	842.3	985.2	929.24	988.4	859.75
可持续采购						
机动车单位行驶里程二氧化碳排放（2005＝100）	100	136.80	147.74	197.98	204.07	
纸张在纸张消费总量中的比重（2005＝100）	100	98.01	97.13	96.85		
气候保护措施						
气候保护						
温室气体排放,二氧化碳当量（1990＝100）	72.42	72.72	71.45	68.55	64.86	
德国为气候保护支出费用（10 亿欧元）	2.68	3.36	3.65	3.37	4.34	
水中生物						
海洋与海洋资源						
排入波罗的海的氮,5 年均值（mg/l）	3.15	2.95	3.19	3.14	3.17	
排入北海的氮,5 年均值（mg/l）	2.99	2.93	2.99	—		
可持续渔获量 MSY 占比（%）	37.18	37.18	37.18	37.18	—	
北海可持续渔获量 MSY 占比（%）	41.38	44.83	44.83	51.72		
波罗的海可持续渔获量 MSY 占比（%）	50.00	54.55	54.55	63.64		
MSY 在所有商业渔获量占比（%）	14.29	14.29	14.29	14.29		
陆上生物						

续表

可持续发展指标	2015	2016	2017	2018	2019	2020
物种多样性						
鸟类物种多样性（目标年 2030 = 100）	69.77	70.50	—	—	—	—
森林鸟类物种多样性（目标年 2030 = 100）	90.83	87.51	—	—	—	—
居住区鸟类物种多样性（目标年 2030 = 100）	72.21	75.50	—	—	—	—
耕种区鸟类物种多样性（目标年 2030 = 100）	58.05	60.49	—	—	—	—
内陆水域鸟类物种多样性（目标年 2030 = 100）	74.03	74.99	—	—	—	—
海岸/海洋鸟类物种多样性（目标年 2030 = 100）	58.96	57.98	—	—	—	—
阿尔卑斯山区鸟类物种多样性（目标年 2030 = 100）	—	—	—	—	—	—
生态系统						
有害氮排入的生态系统（%）	68.99	67.97	—	—	—	—
森林						
保护森林支出（百万欧元）	15.7	59.75	67.95	63.00	63.5	—
国际土地保护总开支（百万欧元）	271.92	347.38	483.42	571.84	745.58	—
和平、公证和强大的机构						
犯罪						
刑事案件（每10万居民）	7796.6	7754.76	6982.4	6710.19	6548.36	—
入室盗窃（每10万居民）	205.8	184.08	141.2	117.77	104.97	—
危险的严重人身伤害（每10万居民）	156.9	170.41	166.3	165.14	160.31	—
欺诈（每10万居民）	1190.1	1094.00	1103.2	1015.53	1003.34	—
其他刑事案件（每10万居民）	6243.8	6306.28	5571.7	5411.74	5279.75	—
和平与安全						
德国实施的小型武器控制（数量）	26	26	19	36	31	—
打击腐败						
德国的腐败觉察指数（点）	81	81	81	80	80	80
德国发展合作伙伴国在审计时有改善（数量）	43	44	43	43	43	47
为达成目标的伙伴关系						
发展合作						
公共发展开支占国民收入比重，以净支出计（%）	0.52	0.70	0.67	—	—	—

续表

可持续发展指标	2015	2016	2017	2018	2019	2020
公共发展开支占国民收入比重,以补助金当量计(%)	—	—	—	0.61	0.61	—
知识转移						
来自发展中国家的留学生和研究人员(千人)	215.26	230.69	247.44	267.25	285.45	—
来自LDC国家的留学生(千人)	9.75	10.12	10.58	11.53	13.07	—
来自其他发展中国家的留学生(千人)	190.40	204.69	219.31	236.61	251.49	—
来自LDC国家的研究人员(千人)	0.52	0.56	0.65	0.69	0.68	—
来自其他发展中国家的研究人员(千人)	14.59	15.32	16.90	18.43	20.21	—
市场开放						
从LDC国家进口在总进口占比(%)	0.81	0.88	0.94	0.94	0.94	0.98
从LDC国家进口的加工产品占比(%)	0.76	0.82	0.88	0.89	0.89	0.92

注：本表采用的是德国自2021年1月起使用的新版可持续指标。

B.15
大事记

武亚平*

2020年

4月

4月1日 为了应对新冠肺炎疫情，欧盟委员会计划为意大利、西班牙及其他"重灾区"国家追加高达1000亿欧元的援助资金，用于短时工补助。欧盟各国必须根据其自身经济水平共同负担，德国所应承担份额约占总数的四分之一。

4月2日 为了确保紧急医疗物资的及时供应，德国总理默克尔直接和中国国家主席习近平联系，德国联邦政府向中国大型医疗物资生产商集中采购。中德两国之间架设"空中桥梁"，德国汉莎航空每日将派出一架载重25吨的客机，作为医疗物资运输专机，飞往上海接货，以保证在中国订购的口罩等医疗物资能够顺利运回德国。

4月9日 德国总理默克尔第三次就新冠肺炎疫情发表公开讲话。这也是她结束医学隔离后第一次面对全国民众。在讲话中她强调，在复活节假期期间，仍要遵守新冠肺炎防疫紧急措施，只有遵守规则，德国之后才能进入正常生活状态。现在新冠肺炎的感染数据给了大家些许希望，但是这个时候更不能掉以轻心。

4月10日 德国联邦内政部发布临时性法规称，申根签证到期后受疫

---

* 武亚平，同济大学德国问题研究所/欧盟研究所编辑。

情影响暂时无法离德的人士，无须承担违法滞留责任，至2020年6月30日之前无须办理居留许可手续。在此日之前，所持申根签证过期者仍被允许务工。德国联邦内政部将根据疫情发展态势评估是否延长此项临时性措施。

4月11日 德国总统施泰因迈尔发表电视讲话说，新冠肺炎疫情让德国社会处在十字路口，民众应保持耐心，遵守防控措施。德国不想成为一个充满恐惧和互不信任的社会，人们应该相互信赖、相互帮助和充满希望。施泰因迈尔在讲话中还呼吁欧洲保持团结，强调"如果德国的邻居不强壮、不健康，德国不可能保持自身强壮和健康"。

● 德国持续接收从法国转移过去的新冠肺炎重症患者。德国外交部部长马斯谴责发生在德法边境、针对法国人的不友好和激进举动。他表示，新冠病毒不认国界或者国籍，人类的尊严也不能按照国籍来划分，德国人和法国人同在一条船上。

4月15日 德国联邦与各州政府就全国下一步应对新冠肺炎疫情政策达成协议，决定将目前的社交限制措施至少延长至5月3日。

4月16日 德国总理默克尔在参加七国集团领导人视频会议时要求加强国际合作，共同抗击新冠肺炎疫情，并表示德国将全力支持世界卫生组织。德国还将全力支持与应对疫情有关的其他国际合作项目，包括流行病防范创新联盟和全球疫苗免疫联盟等。德国外交部部长马斯表示，世界卫生组织是当前抗击新冠肺炎疫情的核心机构。现在弱化世界卫生组织，是一种不负责任的行为。

4月20日 在德国萨克森州首府德累斯顿，人们戴着口罩行走在街头。德国萨克森州近日宣布，民众乘坐公交和进入商店时必须佩戴口罩，成为第一个颁布"口罩令"的德国联邦州。

4月21日 鉴于当前的疫情形势，基社盟主席、巴伐利亚州州长索德尔宣布取消今年的慕尼黑啤酒节。

4月23日 欧盟通过了5400亿欧元的欧盟经济援助计划，为欧盟成员国克服新冠病毒大流行带来的经济困难提供帮助。该计划将从6月1日开始执行。默克尔虽然反对引入共同债务，但表示，德国愿意承担更大的欧盟预算份额。

4月24日 德国政府通过了一项总计100亿欧元的经济纾困计划。该计划包括提高短时工作补贴（上调至87%）；暂时降低餐饮行业增值税（下调至7%）；向学校定向拨款5亿欧元，以支持学校开展线上课程，以及向贫困学生每人提供150欧元的电子设备紧急补贴。

5月

5月2日 德国总理默克尔发表视频讲话，呼吁全球合作抗击疫情，包括开展药物和疫苗的联合研发，同时应该确保疫苗让所有人受益，并强调世界卫生组织在抗击疫情中发挥着关键作用。德国计划提供5.25亿欧元的科研资金用于新冠病毒疫苗和有效药物的研发。

5月5日 德国联邦宪法法院直接挑战欧洲法院（ECJ）的权威，称欧洲法院在授权欧洲央行采取量化宽松措施时超出其职权范围。德国宪法法院认为，欧洲央行在大规模购买公共部门债务时，其行为整体合法，但部分违宪。德国宪法法院给欧洲央行三个月期限要求其自证购买2万亿欧元国债的合理性，否则未来德国央行将被禁止参与购债计划。

• 德国央行行长魏德曼表示，得益于财政和货币政策支持，以及完善的社会保障体系，德国经济不会陷入"螺旋式下行"，疫情过后有望持续复苏，但绝不能忽视这些措施退出之后对经济的长期影响。德国经济正处于严重衰退中，前景充满前所未有的不确定性。

5月6日 德国联邦政府与各州政府达成一项新协议，进一步放松为应对新冠肺炎疫情采取的限制措施，但保留有关保持社交距离和佩戴口罩等的规定。8月31日前仍禁止举办节庆、体育赛事等大型活动。

5月7日 德国汽车工业联合会发表声明说，受新冠肺炎疫情影响，德国汽车出口"几乎完全停滞"。4月德国国内新车订单同比下降70%，国际新车订单同比下降47%。4月德国向全球客户交付新车1.76万辆，比上年同期下降94%。德国4月新车注册约12万辆，同比下降61%，创1990年以来最低纪录。自3月中旬起，德国大众、宝马、戴姆勒等汽车制造商因疫

情陆续暂停生产；在停产约 5 个星期后，汽车制造商正逐步复工复产。

5 月 13 日 德国内政部部长泽霍费尔宣布，放松边境管制的步骤从本周末开始。前提条件是德国国内以及相关邻国的感染情况保持在可控范围内。德国对所有陆路边境口岸的管制将于 6 月 15 日彻底终止。

● 德国联邦宪法法院上周要求欧洲央行在三个月内证明根据刺激计划购债的必要性，否则德国央行必须停止购债。针对这一挑战欧洲央行的裁决，德国总理默克尔表示，德国将采取明智的行动来回应针对欧洲央行刺激计划的法庭裁决，并以此为契机推动欧元区更紧密的经济政策协调。

5 月 15 日 德国今年第一季度国内生产总值环比下滑 2.2%，为金融危机以来最大季度降幅。与第一季度相比，第二季度的国内生产总值下降幅预计将达到 11.5%。

5 月 20 日 德国政府今日对《对外贸易和支付条例》进行修订，将严控非欧盟投资者收购德国医疗部门的审核门槛。德国将严控非欧盟投资者收购德国医疗企业。根据这项新规，未来只要非欧盟投资者在德国医疗部门持股超过 10%，德国政府就有权审核这项举动是否存在安全风险。目前这一审核门槛是 25%。这些医疗部门包括生产疫苗、药品、防护装备以及呼吸器等医疗器材的公司。

● 德国联邦外贸与投资署（GTAI）发布的报告显示，外国 2019 年在德国的投资项目数量为 1851 个，同比减少 10%。这些项目计划创造的工作岗位却明显增加，从 2018 年的 2.4 万个增长到 2019 年的 4.2 万个。从国别看，德国 2019 年最重要的四个投资来源国分别是美国（302 个）、英国（185 个）、瑞士（184 个）和中国（154 个）。

5 月 21 日 德国外交部部长马斯呼吁美国重新考虑退出已有 18 年历史的《开放天空条约》的决定。德国认为该条约有助于维护北半球几乎所有地区的安全与和平，而美国的退出将削弱该条约。美国不能仅凭对俄罗斯不能全面执行该条约，就退出该条约。

5 月 25 日 德国联邦政府同意通过经济稳定基金向汉莎航空集团提供 90 亿欧元救助。根据救助方案，德国复兴信贷银行及相关私有银行将向汉莎提供 30 亿欧元的银团贷款；德国政府将提供 57 亿欧元的无投票权资金和 3 亿欧元的股权增资。由此，德国政府将取得汉莎至少 20% 的股权。该救助方案还需得到集团董事会和监事会以及欧盟委员会的批准。

6月

6 月 10 日 德国联邦政府通过国家氢能源战略，为清洁能源未来的生产、运输、使用和相关创新、投资制定了行动框架。德国政府在战略中认定，经可再生能源生产的"绿色氢能"具有可持续性，因此战略的目标是支持"绿色氢能"扩大市场。为支持这一战略，德国政府还将在现有基础上再投入 70 亿欧元用于氢能源市场推广，另外 20 亿欧元用于相关国际合作。

• 德国外交部部长马斯出访以色列时表示，以色列于 7 月 1 日起开始吞并约旦河西岸部分地区的计划违反国际法，德国仍然致力于通过谈判解决巴以问题，并支持所有旨在促进巴以间对话的倡议。

6 月 11 日 中国国务院总理李克强同德国总理默克尔举行视频会晤。德中两国都主张加强多边主义，愿进一步密切在世界贸易组织事务中的沟通与协调。德国愿以今年下半年担任欧盟轮值主席国为契机，同中国共同筹备好欧中高层交往，推进既有机制性对话，加快欧中投资协定谈判，加强欧中非抗疫三方合作，推动德中、欧中关系取得更大发展。会晤前，双方举行了中德开展中小企业经营管理人员培训、江淮汽车集团与大众汽车开展投资合作、中国电投与西门子关于重型燃气轮机试验电站项目等双边合作文件的"云签约"仪式。

6 月 16 日 从今日起不再对来自欧洲联盟成员国和申根区国家的季节性工人设置入境限制。大约 30 万名季节性工人上年受雇于德国农业领域，主要来自罗马尼亚和波兰。

6 月 18 日 德国总理默克尔在德国联邦议院发表讲话称，抗击疫情将是德国下半年担任欧盟轮值主席国期间的主要任务。她呼吁欧盟更紧密地团结起来对抗新冠肺炎疫情导致的危机。"共同让欧洲再次强大"，就是德国在

担任轮值主席国期间的座右铭。除了抗击疫情外,气候变化、经济和社会的数字化以及欧非和欧中关系也将是德国担任欧盟轮值主席国期间的重点工作。

6月20日 德国斯图加特市半夜发生严重骚乱,40家商店被砸、9家遭洗劫。数百人在市中心商业区打砸抢并与警方发生激烈冲突。这种情况前所未有。

7月

7月1日 德国接任欧盟轮值主席国,为期半年。德国总理默克尔在欧洲议会发表就职演讲,介绍了德国作为欧盟轮值主席国的施政方针。抗击新冠肺炎疫情是欧盟目前的首要任务。维护人类的基本权利、社会公平与保障对于欧盟来讲与经济有同样重要的意义。对疫情重灾区提供帮助符合全体成员国的利益。在这方面应当注意的是:不能对经济上的强盛地区造成过度的负担。她提到要"强化反对民粹主义",对枉顾现实的民粹主义之风做出明确的切割,谎言与伪造信息不可能击败新冠肺炎疫情,同样,煽动仇恨和狂热,也无济于事。

7月3日 德国汽车工业联合会发布的数据显示,由于新冠肺炎疫情德国遭遇了汽车市场萎缩。今年1~6月,德国乘用车销量创下30年来的新低:新登记的汽车只有121万辆,比2019年同期减少了35%。与此同时,德国汽车的出口情况也不乐观。包括大众、戴姆勒和宝马在内的德国知名汽车制造商今年上半年出口到其他国家的汽车数量比上年同期骤降40%。

7月7日 德国联邦统计局公布的数据显示,经价格、季节和工作日调整后,5月德国工业产出环比上升7.8%,扭转了自今年3月以来环比连续下降的态势。数据显示,剔除能源和建筑业,德国5月工业产出环比上升10.3%。当月,能源行业产出环比上升1.7%,建筑业产出环比上升0.5%。工业生产已经触底,5月有所回升,但产能没有得到充分利用。

7月8日 德国央行以票面利率为零发行5年期国债。德国财长朔尔茨表示,低利率有助于我们为债务融资。预计德国将在2021~2022年恢复到新冠危机前的经济水平。

7月9日 德国财政部宣布，在2010~2019年这10年的时间里，共为驻德美军花费了9.824亿欧元，其中有6.45亿欧元花费在建设方面。

7月11日 德国经济与能源部部长阿尔特迈尔在接受德国《法兰克福汇报》采访中指出，德国不会在香港问题上对中国采取强硬态度，并非每个国家都在按照西方的模式运作。德国不会中断与中国的贸易关系。

7月16日 针对美国日前威胁对参与"北溪2号"输气管道项目相关企业实施制裁一事，德国外交部部长马斯表示，美国政府宣布制裁欧洲企业的措施，是无视欧洲对能源来源和获得方式的自主决定权。德国明确反对域外制裁。欧洲能源政策应由欧洲自己来制定。

7月20日 德国北莱茵-威斯特法伦州通内斯肉联厂暴发新冠病毒聚集性感染。多数东欧劳工没有签订直接雇佣合同，从而不能享受等同于德国正式雇员的待遇。该厂宣布，将于9月前正式雇用目前在工厂工作的1000名东欧合同工，并逐步为核心岗位的所有合同工提供直接雇用合同。

7月21日 欧盟峰会就2021~2027年多年财政预算及复苏基金方案达成一致，为疫情后欧洲经济复苏铺路。原定的7500亿欧元的经济复兴援助计划总额保持不变，但改变了无偿拨款和贷款的比例。先前计划中拟定的5000亿欧元无偿拨款改为3900亿欧元，剩下的3600亿欧元则通过贷款实现。

7月22日 德国贝塔斯曼基金会发布的一项调研显示，在德国大约有280万名儿童和青少年在贫困中成长，这一数据占所有18岁以下青少年的21.3%。平均每7个孩子中，就有1人的生活依赖社会救济，占比大约为13.8%。

7月24日 中国国务委员兼外交部部长王毅同德国外交部部长马斯举行视频会晤。双方就中欧投资协定谈判交换了意见，一致同意在当前单边主义、保护主义抬头背景下，应加快相向而行，加大谈判力度，争取尽早达成一项全面、平衡、高水平的中欧投资协定。

7月27日 美国总统特朗普打算邀请俄罗斯重返七国集团（G7）峰

会，德国外交部部长马斯持反对态度。他表示，目前没有把俄罗斯重新纳入七国集团的可能性，除非俄方"切实推动解决"克里米亚问题及乌克兰东部冲突。

7月29日 美国宣布，计划从德国撤出近1.2万名美军，其中近6400名在德国的现役美军将被撤回美国国内，近5600名驻德美军将被转移至其他的北约国家境内。美国还计划将位于德国的美国欧洲司令部迁至比利时，同在德国的美国非洲司令部未来也将迁至别处。

7月31日 德国外交部部长马斯宣布德国将暂停与中国香港特区的引渡条约。针对马斯发表的涉港错误言论，中国驻德国使馆对此表示强烈不满和坚决反对，并表明了中方的立场。

• 联邦劳工局发布的数据显示，7月的失业人数比上个月增加了5.7万人，与上年同比增加了63.5万人，失业率达到6.3%。为阻止失业率进一步暴增，德国大量企业采用短时工作制。目前，德国短时工作员工已达数百万人。失业救助金和短时工作津贴等社会保障支出也在不断增加。德国政府在维持社会福利的同时也面临着巨大的财政压力。

8月

8月1日 从今日起，所有入境德国的人员都可在72小时内接受免费新冠病毒检测。下周德国将开始强制要求来自风险地区的入境者进行新冠病毒检测，在获得阴性检测结果前，必须进行隔离。德国政府最新确定了130个风险国家和地区，不包括中国。

• 一项名为"保障教育机会"的联邦计划于近日启动。该项"保障教育机会"将在2020年和2021年为中小企业提供总计价值5亿欧元的培训资助。这项计划旨在于保障年轻人受到良好教育的机会，进而保障其未来职业发展。

8月5日 美国三名共和党联邦参议员致信参与"北溪2号"天然气管道项目的德国北部穆克兰港运营方萨斯尼茨港口有限公司，提请对方注意美国针对"北溪2号"项目的制裁和指导意见，并扬言美方将施加严厉的法律和经济制裁。这在德国引发一片哗然。德国萨斯尼茨市政府持有该港口有限公司90%的股权。

8月10日 德国宣布增加国防开支，公布了一份优先采购的军事装备清单，以推动其武装力量的现代化。清单包括12万支新一代突击步枪、新型履带式步兵战车"美洲狮"、安装主动保护系统（APS）的"豹2"主战坦克、"台风"战斗机及GBU-54制导炸弹、"海虎"直升机以及MKS 180护卫舰、F125护卫舰和212级潜艇等。

• 德国社会民主党率先推出本党总理候选人——副总理兼财政部部长奥拉夫·朔尔茨（Olaf Scholz）。

8月11日 德国外交部部长马斯在俄罗斯首都莫斯科与俄罗斯外交部部长谢尔盖·拉夫罗夫会面。他在联合新闻发布会上说，选择能源供应方是德国的主权权利，其他国家无权干预。没有一个国家有权以威胁（手段）决定欧洲的能源政策。

8月22日 据医疗保险基金协会统计，截至今年7月1日，全德老年人平均每月养老自费支出超过了2000欧元，比上年上涨了124欧元。养老费用过于昂贵是一个严峻的社会问题，自付护理费用的上涨速度已经接近柏林和慕尼黑的租金上涨速度了。

8月25日 德国外交部部长马斯同一天分别到访希腊和土耳其，呼吁两国就东地中海争端缓和局势、直接对话。希腊政府指责土方在"希腊大陆架"海域勘探，派军舰监视土方勘探船。土耳其政府则说，土方有权在"土耳其大陆架"海域勘探。

• 德国联合政府决定，将从明年开始，分两阶段对臃肿的联邦议院进行改革，到2025年，将选区从目前的299个缩减到280个，并成立一个专门的改革委员会，制定具体方案。

8月27日 德国总理默克尔与各联邦州州长召开视频会议，并决定调整新冠防疫措施，加大对不遵守防疫规定者的处罚力度，以应对夏末的疫情反弹势头。会议决定，在超市等特定公共场所必须佩戴口罩；从新冠肺炎疫情高危地区归国者若在入境时不接受核酸检测，则须自行居家隔离14天；

若入境时核酸检测结果为阴性，则须居家隔离至少4天；将现有的针对各种难以保持社交距离的大型公共活动的禁令至少延长至12月底。

8月29日　柏林街头再次发生大规模反防疫游行活动。当天大约有3.8万名示威者聚集在柏林街头，除了反对德国现行口罩强制令及其他防疫措施的示威者外，人群中还夹杂着大量支持极端右翼主张的激进分子和阴谋论者。联邦总统施泰因迈尔对此表示了强烈的愤怒和谴责，对针对德国民主核心的攻击零容忍。

8月30日　根据德国联邦药品和医疗器械研究所（BfArM）的数据，德国遭遇供货瓶颈的药物达到317种，共涉及138种原料活性成分，其中许多依靠中国和印度的货源。而印度目前成为全球第二大"疫区"，供应短缺且滞后。

9月

9月1日　德国总统施泰因迈尔在柏林总统府会见正在访德的中国国务委员兼外交部部长王毅，双方进行了十分友好的交谈。施泰因迈尔请王毅转达对习近平主席的问候，强调德国始终高度重视对华关系，愿同中方保持并深化更为紧密和持久的联系，这在当前紧张的国际形势之下尤显必要。德方重申将坚持一个中国原则，同时在国际事务中坚持多边主义，不赞成所谓的"脱钩"，不希望世界陷入分裂对抗。王毅转达习近平主席对施泰因迈尔的问候，表示在全球疫情防控常态化背景下，中国外交部部长出访德国和欧洲，表明中方对中德、中欧关系的重视和期待。中方愿与德方、欧方携手努力，筹备好下一阶段重要议程。一方面加强国际抗疫合作，包括疫苗的研发使用，尽快彻底战胜疫情；另一方面在国际多边舞台上倡导并践行多边主义，反对单边霸凌行径，维护国际关系基本准则，维护国际公平正义。双方还就当前国际形势、中德合作等共同关心的问题广泛深入交换了意见。

- 从今日起，小时工的最低工资将有所提高。在原西德地区各联邦州，最低时薪将从9.96欧元涨至10.15欧元。在包括柏林在内的原东德地区，最低时薪将从9.66欧元涨至9.88欧元。

9月2日 德国外交部发布了题为"德国－欧洲－亚洲：共同塑造21世纪：德国政府对印太地区采纳政策准则"的政策文件，宣布树立印太地区政策准则：寻求经济伙伴多元化，避免供应链的单一依赖。文件的出台使德国成为仅次于法国的第二个拥有明确印度洋－太平洋战略的欧洲国家。加强与东盟的合作是文件的突出重点，提升东盟在印太区域地位的想法似乎在柏林引起了极大的共鸣。文件新闻稿指出，德国制定的这一印太地区战略，是希望塑造印太地区的秩序，特别是加强东盟的能力。

• 德国联邦政府首次试水绿色债券。德国联邦财政部发行了共65亿欧元的10年期政府债券，获得了投资者330亿欧元的超额认购。本次发行的绿色债券息票率为0%，收益率为－0.46%，略低于同期限的传统债券。

9月7日 德国联邦政府设立的"未来农业委员会"在柏林举行了成立大会。该委员会旨在为达成经济的、生态可持续的和社会可接受的德国农业目标提出建议和意见。

• 德国联邦政府疫情期间推出的儿童额外补贴于今日开始发放，每个符合条件的孩子都能获得总共300欧元。在第一期汇款中，约94万对父母和他们的156万个孩子将获得200欧元额外补贴，每月原有的儿童金仍照常发放。第二期的100欧元将于10月发放。汇款的先后顺序取决于儿童金编号的最后一位。

9月11日 德国联邦统计局近日发布的数据显示，今年上半年，由于开支增加、收入减少，加之推行积极财政政策，德国政府在欧债危机后首现财政赤字。德国政府财政赤字达516亿欧元，约占国内生产总值的3.2%，突破了欧盟规定赤字率不能超过3%的要求。

9月12日 近期由于德国野猪屡次被发现患有猪瘟，德国猪肉的对华出口深受影响。作为中国的第一大猪肉供应国，2020年德国对中国的猪肉出口量占了中国进口总量的14%，德国向中国出口的猪肉约占德国猪肉出口总量的四分之一。

9月14日 欧盟轮值主席国德国总理默克尔、欧洲理事会主席米歇尔、欧盟委员会主席冯德莱恩和中国国家主席习近平共同举行视频会晤。中欧领

导人就中欧关系深入交换意见，一致同意加强沟通协调合作，坚持维护多边主义，共同应对全球性挑战，推动中欧关系迈向更高水平。中欧确认加快中欧投资协定谈判，实现年内完成谈判的目标。中欧决定建立环境与气候高层对话和数字领域高层对话，打造中欧绿色合作伙伴、数字合作伙伴关系。

● 中欧正式签署《中欧地理标志保护与合作协定》。这是中欧之间首次大规模互认对方的地理标志，共550个（各275个），都是双方久负盛名、家喻户晓的地理标志。

9月15日 德国宣布了对希腊莱斯波斯岛莫里亚难民营的救助计划。德国将原定最多150名的青少年难民变更为1553人。这些难民来自408个家庭，均已通过了希腊庇护程序，主要是阿富汗人、叙利亚人和伊拉克人。

9月22日 在联合国诞生75周年之际，德国总理默克尔通过视频形式发表讲话。她呼吁各国应该更加团结，同时也对一些国家的单边主义行为以及联合国共同体意识的缺乏进行批判；联合国必须改革，才能迎接挑战。默克尔还明确表示了谋求加入联合国安理会常任理事国的意愿，德国做好了准备要承担更多的国际责任。

9月24日 德国在一个月内第四次单日新增感染者超过2000多例。罗伯特·科赫研究所（RKI）宣布，各州卫生局一天之内报告了2143例新病例。

9月26日 德国联邦统计局公布的数据显示，德国为免受新冠病毒疫情冲击将其总债务规模推升至历史最高水平。今年上半年，联邦政府、各州、市政当局和社会保障基金的债务总额激增至2.1089万亿欧元。

9月29日 瑞士管理发展研究所（IMD）公布了数字竞争力排名，德国从第15名降到第18名。同时，欧洲还有其他6个国家进入了全球前10名。

10月

10月1日 根据《德国电子商务市场2020年年度报告》（*E-Commerce-Markt Deutschland* 2020）数据显示，上年德国在线零售商的总营业额增长了12%，达到375.2亿欧元。排名第一的德国亚马逊2019年在德国的销售额已高达 105 亿欧元。这与其他九家前十位的电子商务类公司营业额总和差不多。

10 月 2 日 国际机器人联合会（IFR）公布的《2020 年世界机器人报告》显示，德国拥有约 221500 台产品，相较于 2019 年同比增长 3%，是欧盟中自动化程度最高的经济体，大约是意大利的 3 倍、法国的 5 倍、英国的 10 倍。

10 月 3 日 德国在波茨坦市举行两德统一 30 周年纪念活动。德国总统施泰因迈尔、总理默克尔、联邦议院议长朔伊布勒及联邦宪法法院院长哈巴特等共同出席。施泰因迈尔和默克尔分别发表国庆讲话，号召德国东部和西部民众团结一致，消除地域差距，有勇气且不懈地争取整个社会的融合并为之奋斗。

10 月 9 日 在德国东部城市哈雷反犹袭击案一周年之际，德国联邦宪法保卫局负责人托马斯·哈尔登旺说，在过去两年中，针对德国犹太人和犹太机构的犯罪行为大大增加。这种危险尤其来自激进的"独狼式"袭击，安全部门必须对此特别警惕。全社会也必须意识到需要共同努力，以打击日益猖獗的反犹太主义。

10 月 12 日 威斯巴登联邦统计局报告称，截至 6 月底，德国共有 8310 万人口。德国人口数量近十年来首次出现下降，人口数量减少了大约 4 万。统计学家认为当前人口数量下降是新冠肺炎疫情导致移民数量减少造成的。

• 德国空军与北约盟国空军（荷兰、比利时和意大利）在德国举行为期一周的联合军演，演习项目包括用"狂风"战斗轰炸机发射核武器保卫德国国土等。

10 月 13 日 德国外交部部长马斯出访塞浦路斯和希腊，了解地中海东部天然气争端相关情况。马斯呼吁土耳其放弃单边行为，只有在建设性的气氛中，天然气开发谈判才能获得成功。

• 德国总理默克尔代表欧盟轮值主席国出席欧盟地区委员会视频会议。在会议上，她对欧洲疫情持续反弹表示高度担忧，并呼吁欧盟各国民众保持警觉，遵守防疫规则，在遏制疫情的同时维持经济活动。

10 月 19 日 在德国亚太会议上，德国总理默克尔敦促德国企业实现多元化，在亚太地区赢得中国以外的新市场。德国经济界的投资和出口要减少

对中国依赖。

10月21日 德国卫生部部长施潘在总理府参加完每周的内阁会议后，确诊感染新冠病毒。由于参会官员保持距离并遵守卫生措施，内阁无须全员隔离。

10月22日 德国疾控机构罗伯特·科赫研究所公布的最新数据显示，截至当天零时，德国较前一日新增新冠确诊病例11287例，创疫情发生以来新高。按照当地标准，德国已有近三分之一县市成为疫情热点地区。

10月24日 德国总理默克尔在视频讲话中说，德国新冠肺炎疫情处于"非常严峻"的阶段，蔓延速度已经超过今年年初。她再次敦促民众尽量不要外出和保持安全距离。

10月26日 根据弗劳恩霍夫太阳能系统研究所（ISE）的计算，德国光伏和风力发电等绿色可再生能源所占比例首次上升到2020年净发电量的52.4%，而2019年这个比例还仅在46%左右。其中光伏发电量已比以往任何时候都多，达48.4太瓦时。

10月28日 德国总理默克尔和各州州长目前已就收紧防疫措施达成一致。从11月2日起，在全德国范围内，将关闭娱乐设施和餐馆，禁止娱乐活动，限制公共场合的群众接触和广场、私人公寓内的庆祝活动。两周后，德国总理和各州州长将评估现状，并做出必要调整。

10月29日 "2020科学大都会"（Wissenschaft weltoffen 2020）报告显示，在最受留学生欢迎的国家中，德国继续在全球排名第四位，仅落后于传统的留学热门英语国家美国、英国和澳大利亚。在全球新冠肺炎疫情肆虐的背景下，留学生生人数还是增长了6%，其中中国留学生最多，约为4万名，占外国留学生的13.2%。

10月31日 德国总理默克尔在视频讲话中表示，摆在德国人面前的将是"漫长而艰难"的4个月。默克尔重申了实施第二轮"封城"对于快速、有力地控制第二波疫情的必要性。她强调，德国联邦政府将在保障所有人健康的同时，尽一切努力确保将该国经济、就业和福利受到的新冠肺炎疫情的影响控制在有限范围内。政府将为受影响的企业提供快速且高效的援助，其中联邦和各州将在短期内为企业提供最多可达100亿欧元的特别援助。

• 建设时间长达14年的德国首都柏林的新机场正式启用，比原定时间晚了9年。位于柏林城区的"高龄"泰格尔机场将于11月8日关停。

11月

11月4日 德国联邦内阁批准向士兵和联邦警察发放一次性最高600欧元的"疫情特别津贴"。今年疫情蔓延不仅给警察造成了工作负担与安全威胁，也增加了警察被感染的风险。

11月7日 莱比锡有至少2万名来自德国各地的民众抗议联邦政府的新冠肺炎疫情防控措施。因为约90%的人没有戴口罩，示威被要求提前解散。数千人进行反抗，出现骚乱，抗议活动升级。

11月8日 德国总理默克尔对在美国总统大选中获得超过胜选门槛得票数的拜登及其副手哈里斯发表了简短祝贺。

11月9日 德国总理默克尔发表视频讲话称，德国及欧洲在21世纪与美国的伙伴关系中必须承担更多的责任。美国现在是并将继续是最重要的盟友。双方必须共同应对这个时代的挑战。抗击新冠肺炎疫情、对抗全球变暖和恐怖主义、推进开放全球经济和自由贸易被视为当今时代的重要课题。

11月10日 德国生物新技术公司（BioNTech）宣布，其与美国制药公司辉瑞共同研发的新冠疫苗有效性超过90%。新冠疫苗Ⅲ期实验第一次中期分析显示，试验中没有发现严重的安全问题。BioNTech和辉瑞将按照计划进行下一步研究，收集其他安全性和有效性数据。

11月11日 德国疾控机构罗伯特·科赫研究所（RKI）官方宣布：新冠肺炎康复者无须履行防疫隔离义务。被新冠病毒感染后，患者体内会出现抗体，二度感染的可能性较低。只有其出现典型感染症状，才有必要进行居家隔离，并再次接受病毒检测。

11月18日 德国联邦议院和联邦参议院通过了《传染病防治法》修正案。其重要性体现在将德国政府能够实施的具体防疫限制措施写入法律条款。但是根据该修正案，政府的防疫措施最多只能持续4周，期满后可延长。

11月20日 慕尼黑法院驳回"横向思维"（Querdenker）组织的示威活动申请，支持慕尼黑市政府反防疫游行的禁令。

11月24日 德国总理默克尔同中国国家主席习近平通了电话。德中双方主张坚持多边主义，加强国际合作，携手抗击疫情，重振世界经济，共同应对全球性挑战。双方将继续致力于推动德中、欧中关系持续良好发展。

11月25日 德国联邦和各州政府达成协议，延长从11月初开始实施的新冠防疫限制措施至12月20日。除继续关闭各类餐饮和文体休闲设施外，还进一步收紧了私人聚会人数限制、戴口罩等相关规定。

11月27日 德国联邦议院通过"未来基金"方案。该方案将在今后10年里为初创业的企业提供100亿欧元资金。对于创新型年轻企业来说，这将是考虑扩展业务到德国的绝佳契机。

- 德国疾控机构罗伯特·科赫研究所公布的新冠肺炎疫情数据显示，德国累计确诊病例超过100万例。

11月30日 德语语言协会将"Corona-Pandemie"（新冠大流行）评选为今年的年度德语热词。热词前十名中，就有8个词（或短语）直接、间接与新冠肺炎疫情有关。它们分别是：第二名"Lockdown"（停摆）、第三名"Verschwörungserzählung"（阴谋论传说）、第五名"AHA"（保持距离、讲卫生、戴口罩的缩写）、第六名"systemrelevant"（维持系统运作不可缺少的——例如职业、人员、基础设施等）、第八名"Geisterspiele"（空场比赛）和第十名"Bleiben Sie gesund！"（希望您保持健康！）。只有两个与新冠肺炎疫情完全无关的词/短语进入了前十名。分别是"Black Lives Matter"（黑人的命也是命），以及"Gendersternchen"（性别星号，德语中用来涵盖男女两性人称的新用法）。

- 德国卫生部决定在国内建立19处国家医疗物资储备中心，以确保未来应对类似新冠肺炎疫情的卫生危机时不再出现医疗物资短缺的情况。

12月

12月7日 德国总统施泰因迈尔发表视频讲话，纪念联邦德国总理维利·勃兰特在波兰首都华沙向犹太人遇难者纪念碑双膝下跪50周年，表示德国不会忘记历史。

12月8日 德国政府决定对2018年版的国家《人工智能战略》做出修订，计划到2025年把对人工智能（AI）的资助从30亿欧元增加到50亿欧元。力求使德国成为欧洲未来人工智能技术的主要创新驱动力，确保欧盟能够在激烈的国际竞争中保持自己的地位，并在未来树立全球标准，在人工智能等未来技术领域中增强欧洲的技术主权。

12月10日 德国联邦社会事务部公开了最新的养老金数据，女性退休者每月平均可以获得税后797欧元的养老金，而男性则平均可拿到1222欧元，两者相差425欧元。

12月13日 德国联邦总理默克尔与各联邦州州长召开磋商会议，决定从16日开始直至明年1月10日，德国进入"全面硬封锁"状态，公共生活与私人生活将受到最严格的限制，一切都必须给防疫让步。

12月14日 德国零售业协会（HDE）呼吁德国联邦及各州政府准许商店提供到店取货服务，即顾客在商店网页进行选购，之后在预约好的时间到商店将所购商品取走的服务。对此，Media Markt、Saturn和宜家都表示了明确支持。

12月16日 德国联邦政府通过《信息技术安全法》修订草案，旨在进一步提高网络信息安全。随着生活各领域数字化程度加深，网络与信息安全对国家、经济和社会的重要性也不断提升，而这种安全有赖于有效的信息和通信技术。隶属德国联邦内政部的联邦信息安全办公室的权限将得到进一步扩大。

12月19日 德国联邦卫生部部长施潘正式签署新冠疫苗接种法规，最终敲定疫苗接种优先标准，并称保护最弱势群体是疫苗接种工作的首要目标。按照最新法规规定，80岁以上的高龄老人、养老院和疗养院内老年居民以及医护工作者处于新冠疫苗接种第一优先等级。

12月21日 欧盟药品管理局（EMA）完成了第一款新冠疫苗——来自德国生物新技术公司和美国辉瑞研发的疫苗（BNT162b2）的上市批准。目前试验证明该款疫苗有效性达到95%。

12月23日 尽管德国从11月就开始执行新一轮防疫封锁措施,德国工业、建筑业、零售业和服务业产值依旧在11月实现了增长。据德国联邦统计局的数据显示,11月德国经济与10月相比增长了1.3%,10月的经济增长与上个月相比高达2.4%。

12月24日 德国发现首例来自英国的B.1.1.7新冠病毒变异株感染。

12月27日 德国正式启动新冠疫苗大规模接种,80岁以上老年人、养老和护理机构人员、一线医护人员等将优先接种。萨克森-安哈尔特州一家养老院的一名101岁老人成为德国的首名接种者。

12月28日 "北溪2号"天然气管道项目建设离完工又进一步。位于德国专属经济区的2.6公里管道铺设完工。目前该项目94%的管道已完成铺设,长度约为2300公里。还剩100多公里管道待铺设,主要是147公里的丹麦段。

12月29日 欧盟各成员国政府正式批准英国"脱欧"贸易协议,新协议从2021年1月1日起生效。

12月30日 中国国家主席习近平在北京同德国总理默克尔、法国总统马克龙、欧洲理事会主席米歇尔、欧盟委员会主席冯德莱恩举行视频会晤。中欧领导人共同宣布如期完成中欧投资协定谈判。在德国的欧洲理事会轮值主席国任期仅余最后两天之际,在默克尔的积极推动下,这一长达7年的谈判终于宣告完成,德国联邦政府将其称为"总理的巨大成就"。联邦政府称,欧洲价值观已经尽最大可能地植入了这份投资协定之中,"它不能解决所有关键问题,但已向前迈出了一大步"。

- 美国贸易代表办公室宣布,对来自法国和德国的部分商品征收额外的惩罚性关税,其中包括来自法国和德国的飞机制造零部件、部分葡萄酒、干邑白兰地和酒精类饮料。

12月31日 德国总理默克尔向德国民众发表了她任期内的最后一次新年致辞。与她之前15次新年讲话迥然不同的是,在此次致辞中,她只关注一个主题——新冠肺炎疫情。"新冠肺炎疫情过去是,现在仍然是世纪性的政治、社会和经济挑战。"

2021年

1月

1月5日 德国总理默克尔在与十六位州领导人进行视频会谈后表示,将现行的封锁政策延续到1月31日,这意味着学校、休闲和体育设施以及大多数商店将在此期间继续关闭。此次新封锁政策较上月16日的"硬性封锁令"更加严格。

• 德国总理默克尔同俄罗斯总统普京就联合生产新冠疫苗前景进行磋商。两国卫生部门及相关机构将继续就这一问题进行沟通。

1月6日 欧盟紧急批准使用美国莫德纳公司生产的新冠疫苗,准许该款疫苗在欧盟市场附条件上市。

1月8日 欧盟委员会主席冯德莱恩宣布与辉瑞和德国生物新技术公司达成了新协议,将额外购买3亿剂新冠疫苗。她表示欧盟有足够的疫苗可以用于欧盟80%以上的人口,仅在2021年第二季度欧盟就将有7500万剂新冠疫苗库存。

1月10日 德国外交部部长马斯出访埃及,成为第一名乘坐新专机的德国官员。该新专机型号为空客A350-900,带两个发动机,可搭载大约140名乘客。德国政府订购了3架这款飞机作为政府专机,以解决旧专机故障频出、耽误政府高官行程的问题。

1月12日 德国境内首次发现了来自南非的新冠病毒变异株B.1.351。

1月13日 为了解决德国发展氢能经济过程中的技术障碍,落实国家氢能源战略,德国联邦教研部计划投资约7亿欧元支持三个氢能重点研究项目:"H2Giga"(水电解器批量生产)、"H2Mare"(海上风能制氢)和"TransHyDE"(氢气安全运输)。

1月14日 德国进一步加强对来自新冠肺炎疫情高风险地区入境者的强制新冠检测规定。凡是在过去10天内去过新冠肺炎疫情高风险地区的人,都必须在入境德国后 48 小时内出示新冠病毒阴性检测报告。来自感染率极高地区或来自有新型、传染性较强的病毒变异株、流通地区的入境者必须在入境德国前提供新冠病毒检测结果,并且向航空公司出示。

1月15日　根据德国联邦银行发布的报告,2020 年第三季度,德国私人净资产总额攀升至 67380 亿欧元,创下了历史纪录,比上一季度增加 1080 亿欧元,增幅高达 1.6%。2020 年德国家庭储蓄率攀升至 16.3%,创下历史新高。

● 德国疾控机构罗伯特·科赫研究所公布的数据显示,截至零时,德国累计新冠确诊病例超过 200 万例,累计死亡 44994 例。

1月16日　德国基民盟召开在线党代会,进行党主席选举。现任北威州州长阿明·拉舍特在第二轮投票中获得超过半数的 521 张选票,当选为新任基民盟主席。

1月17日　德国卫生部部长施潘公布了最新的疫情数据。他表示,对感染人数的控制"初步成功"。7 天感染率正在下降,已从最高点的 197.6 下降至 134.4。7 天再传染率也已低于 1。此外,虽然死亡人数明显增加,但重症患者数已连续两周下降。

1月19日　德国召开新一轮防疫峰会。德国联邦政府与各州政府达成协议,将主要防疫限制措施延长至 2 月 14 日。餐厅、酒吧、酒店、休闲娱乐场所及大部分零售商店关门停业,德国公共生活继续停摆。各州一致同意对防疫口罩进行更严格限制,要求民众在搭乘公共交通时必须佩戴医用口罩,如外科手术口罩和 KN95(或 FFP2)口罩,该限制法规还将适用于商场等公共场所。学校复课问题是目前最大的争议点。

1月21日　德国总理默克尔表示,德国新冠肺炎疫情正处在"极为艰难阶段",所有人必须继续"负责任行事",一切为今年控制住疫情并最终战胜疫情的目标服务。德国已发现变异新冠病毒,必须非常严肃地对待其风险,尽可能减缓其扩散。德国政府将尽一切努力支持新冠疫苗生产,力求今年夏季结束时所有民众都能接种疫苗。

● 欧盟 27 个成员国最终决定,为了确保欧盟内部市场的基本功能,欧盟内部保持边界开放，但对不必要出行进行更严格的管控，以应对变异新冠病毒的传播。

1月23日 2020年，德系车企大众、戴姆勒和宝马集团向中国出口了共540万辆汽车，这占到了德系汽车全球总销量的38.2%。德国汽车制造商对中国的依赖越来越强：大众汽车集团的中国业务占比从38.6%增加到41.4%，宝马从28.5%增长到33.4%，戴姆勒从25.3%增长到30.6%。

1月26日 德国卫生部部长施潘赞同欧盟对疫苗实施出口限制，每剂疫苗离开欧盟都需要出口许可。英国与瑞典合资医药巨头阿斯利康（AstraZeneca）的疫苗研发过程中已经得到了欧盟3.36亿欧元的资助，并且欧盟在2020年8月早已向阿斯利康订购了4亿剂疫苗，所以在欧盟生产的疫苗理应得到公平分配。

1月27日 德国劳工部的《新冠职业安全与卫生条例》正式生效。该条例规定，针对办公室工作或类似事务，如果没有特殊理由，雇主必须保证雇员居家办公的权利。该条例还加强了有关工作场所感染防护的规定。比如，封闭办公室内如有多名员工，必须保证每人拥有10平方米的空间；办公室内架设隔板；提供医用口罩或FFP2口罩；等等。

1月30日 欧盟宣布实施"疫苗出口透明机制"限制疫苗出口，要求所有与欧盟签订疫苗合同的疫苗生产商，向欧盟以外国家/地区出口疫苗之前，必须提前告知欧盟并获得批准。阿斯利康、赛诺菲/葛兰素史克、强生、CurevVac、莫德纳和生物新技术/辉瑞疫苗出口都将受限。

2月

2月1日 德国联邦总理默克尔与16个联邦州州长、疫苗供应商、疫苗制药协会代表召开"疫苗接种峰会"，就德国当前疫情形势与疫苗供应短缺问题展开讨论。联邦政府公布了一份"国家疫苗接种计划"：德国第一季度的最终疫苗接种量1830万剂，第二季度7710万剂，第三季度1.26亿剂。只要供货到位、配置5万名可以接种疫苗的医生，德国以后可以达到每周300万~500万支的接种速度。德国有望在今年夏季结束前实现全民免疫接种。

2月3日 德国联邦汽车运输管理局（KBA）的数据显示，德国2021年1月共有近17万辆新注册汽车，比上年1月的注册量同比减少了约31%，而电动汽车的销量却比上年1月同比增长了118%。

2月4日 德国大联合政府召开联合执政委员会会议，就新一轮疫情援助计划达成广泛共识。计划启动一项总金额达数十亿欧元的纾困计划，帮助德国家庭和低收入群体摆脱危机，缓解疫情对德国经济和文化发展造成的冲击。向每个育有孩子的家庭继续发放150欧元的儿童补助金；向"哈茨4"社会救济金的低收入群体一次性发放150欧元的救济补贴。针对在疫情中遭受重大损失的企业出台更多经济援助政策，例如，延长亏损结转年限，允许企业在年终报税时用以前年度的利润与疫情期间发生的亏损相抵消，获取更多税收减免。针对餐饮行业实行特殊政策优待，在2022年年底前，餐厅与咖啡馆可继续享受7%的低增值税税率。投入10亿欧元资金，帮助德国文化产业复苏。

2月10日 德国国防部部长卡伦鲍尔和德国联邦国防军总监察长佐恩（Eberhard Zorn）联合发表了一份名为《未来的联邦国防军》的立场文件。这份文件旨在重新调整武装部队的"能力、结构和战备状态"。这是德国首次由和平时期拥有指挥、命令权的国防部部长以及作为参谋长的德国联邦国防军总监察长联合发表这样的文件。该文件同时也是关于联邦国防军进行现代化改革的建议文件。

2月11日 德国总理默克尔就最新一次防疫峰会的决议正式发表政府声明称，德国封锁期限再次推后至3月7日。各州还可以自行决定本州学校和日托机构的复开时间。德国有三分之二的联邦州宣布从22日起，允许小学与幼儿园逐步恢复小班轮流教学。她在声明中直言警告称，变异病毒非常危险，必须阻止第三波疫情，德国仍有必要保持封锁。

2月14日 在英国发现的新冠病毒变异株正在捷克境内快速蔓延，新增确诊病例中感染这种新冠病毒变异株的比例高达60%。德国对德捷边境实行临时边境管制，同时保持与奥地利现行的边境管制。德国汽车工业协会（VDA）和联邦货运物流与废料清运协会（BGL）对此发出警告，由于德国许多汽车零部件均从奥地利和捷克进货，如果边境交通持续堵塞，德国汽车制造商或将面临零配件供应链断裂的威胁，生产随时可能陷入停滞。

2月18日 德国燃油价格已经连续10周上涨。柴油的平均价格上涨至每升1.283欧元，汽油（Super E10）均价也达到1.395欧元/升。国际原油价格反弹是导致燃油价格回升的主要原因，此外，今年年初德国政府再次上调燃油增值税，加上二氧化碳税增加，使得德国油价持续上涨。

2月19日 美英加法德意日组成的七国集团举行领导人视频会议。会后的新闻发布会上，默克尔表示，新冠肺炎疫情证明了世界各国相互依存的关系，全球必须加强多边主义。默克尔强调，为了重建世界经济体系，七国集团希望加强与二十国集团尤其是与中国的合作，七国集团将致力于此并加强交流与对话。

2月21日 德国总统施泰因迈尔在科隆的犹太会堂内出席了纪念犹太人在德1700周年活动的启动仪式。他表示，无论是在哲学、文学、艺术还是音乐、科学、医学和商业领域，犹太人都在书写和塑造德国历史、点亮德国文化上发挥了关键作用。施泰因迈尔强调，德国的犹太人"是我们中的一分子"，"是我们共同的身份认同的一部分"。

2月22日 德国联邦统计局公布的数据显示，尽管2020年新冠肺炎疫情肆虐，但德国与中国双边贸易额仍达到2121亿欧元，同比增长3%。中国已连续第5年成为德国在全球范围内最大贸易伙伴。美国再次成为德国最大贸易顺差来源国，差额高达361亿欧元；其次是法国，德国对法国的顺差达到344亿欧元；英国排名第三，德国对英国的顺差达到322亿欧元。德国对中国的贸易逆差为204亿欧元。

2月22日 德国电气电子行业协会公布的数据显示，2020年德国电气电子行业总出口额较上一年下降5.7%，为2027亿欧元；总进口额下降2.1%，为1899亿欧元。其中对中国出口额为233亿欧元，比上一年增长6.5%。中国仍是德国电气电子产品最大的出口市场。

2月24日 德国联邦药物与医疗器械管理局（BfArM）首次对3款快速抗原自检试剂予以特别批准。这3款自检试剂均可由非专业人员自行操作，使用棉签从鼻道采集样本，轻松安全地完成检测。德国民众很快能够在家中自行检测是否感染新冠病毒。

3月

3月2日 据德国电器行业协会（ZVEI）的统计，中国成为2020年德国电器产品第一大出口目标国，中国同时也是德国最大的电器产品进口来源地。2020年德国电器行业对华出口总额为233亿欧元，同比增长6.5%，涨幅超过新冠肺炎疫情前的水平。美国以173亿欧元的出口额成为德国电器行业第二大出口市场，但较2019年大幅回落9.8%。2020年德国从中国进口电器产品总额达到549亿欧元，同比增长5.8%。

3月3日 德国联邦与地方政府达成全国"五步走解封"计划。当晚达成的包括：第一步，学校、幼儿园、理发店等有条件开放；第二步，若7天感染率低于50，允许该地区所有商店恢复营业，若感染率稳定在50~100，商店仅允许向"预约顾客"开放，根据店铺面积严格控制顾客人数；第四步从3月22日起，餐饮业露天堂食、电影院、音乐厅等将有条件开放；第五步从4月5日起，室内运动与大型户外体育活动可恢复。

3月5日 联邦统计局公布了2020年的新生儿统计数据。在大约77万名新生儿中，头胎约占47%。超过三分之一是第二胎，总数约为27万名。

3月6日 德国联邦议院的数名议员正被卷入口罩内幕交易风波之中。他们涉嫌向卫生部推荐采购特定公司的口罩，并因此获得佣金。

3月9日 德国第13届移民融合峰会在总理府举行，会议宣布多项促进移民融入的具体措施，旨在增强移民对德国社会的认同。德国总理默克尔在会上表示，德国将采取各种措施系统性促进移民融入社会，以形成社会凝聚力。真正的社会团结不仅需要消除仇恨和暴力，还需要彼此包容和开放。

3月12日 德国疾控机构罗伯特·科赫研究所承认，第三波疫情已经在德国开始。导致新冠病毒感染率居高不下的不止有变异株B.1.1.7，在巴西发现的新冠病毒变异株P.1不仅更具传染性，而且具备克服天然抗体的能力。7.2%的德国民众至少已接种首剂疫苗。

3月14日 德国"超级选举年"大幕拉开。巴登-符腾堡州和莱茵兰-普法尔茨州州议会选举呈现政党格局新动向。基民盟在两州均遭受重挫，得票率创历史低点。绿党在巴登-符腾堡州得票率创下历史新高，达到32.6%，而基民盟得票率仅24.1%，为历史最差。在莱茵兰-普法尔茨州则是社民党以35.7%得票率领先，基民盟得票率跌至27.7%，绿党得票9.3%。

3月15日 德国政府启动了"盖亚-X数字生态系统中的创新和实际应用及数据空间"资助竞赛。该项竞赛特别关注中小企业，单个项目可获得1000万~1500万欧元的资助。此外，联邦政府还将投入总额高达1.868亿欧元的资金帮助建立基于盖亚-X基础设施的数据室。

3月17日 接种阿斯利康新冠疫苗后出现严重血栓病症的事件在欧洲多国相继发生。免疫反应引发血小板聚集消耗性减少，最终引起大脑静脉血栓，进而引发中风。德国卫生部部长施潘宣布，遵循保罗艾尔立希研究所（Paul-Ehrlich-Institut）的建议，停止使用该款疫苗。

3月18日 德国疾控机构罗伯特·科赫研究所发布的数据显示，德国较前一日新增新冠确诊病例17504例，这一单日增幅为德国2020年1月22日以来最高水平。具有更强传染性的新冠病毒变异株B.1.1.7正在快速蔓延，感染此类变异病毒的病例数已经占到德国确诊病例总数的四分之三。

3月19日 德国三大车企公布2020年经营数据，中国市场再次成为德国汽车行业最重要的单一市场和表现最稳定的市场。2020年德国奥迪汽车公司共向客户交付169.3万辆汽车，较上年下降约8%；但奥迪在中国市场共交付约72.7万辆，较上年增长5.4%。大众集团2020财年销售收入较上年下降11.8%。在中国市场，大众上年交付约380万辆汽车，占集团全球交付量的41%。德国宝马集团在中国市场共交付约77.7万辆汽车，较上年增长7.4%，创下自1994年进入中国市场以来最好销售纪录。

3月23日 受新冠肺炎疫情影响，德国财政部一再追加财政预算，计划在今年额外增加约604亿欧元的债务预算，以覆盖巨额的医疗费用以及疫情援助补贴等支出。德国2021年新增债务规模将提高至2402亿欧元，创下历史最高纪录。德国资产负债率估值为75%。

3月25日 短短两天，德国上演了场"朝令夕改"的防疫政策。德国总理默克尔取消了一天之前公布的复活节封锁的决定。为此，她和联邦政府都面临前所未有的批评声浪和信任危机。

3月26日 德国卫生部规定，从今日开始，所有乘飞机入境德国的旅客都应在登机前拿到核酸阴性检测证明。德国第一次针对所有入境德国的乘机者规定了通用检测义务。

• 德国联邦议院以绝大多数赞成票通过了欧盟的重建基金计划和7年预算建议。而一天之后，德国联邦宪法法院紧急发文，要求联邦总统施泰因迈尔暂时不许在确认加入"新冠重建基金"计划的文件上签字。

3月27日 根据德银的统计数据，从2020年1月到2021年1月，私人家庭的银行存款增加了1820亿欧元，达到1.73万亿欧元。

3月29日 德国联邦统计局公布的数据显示，2020年在德外籍人口数比前一年增加了20.4万人，增幅为1.8%。这也是最近10年来在德外国人口增幅最低的一年。目前，在德国中央外管局登记的无德国国籍的外国人口总数约有1140万人。

3月30日 德国联邦与各州卫生部决定遵从疫苗接种常设委员会（StiKo）的建议，仅为60岁以上的民众接种阿斯利康新冠疫苗。

• 德国外交部部长马斯在欧盟和联合国线上召开叙利亚问题会议上承诺，德国将向叙利亚战争的受害者提供总计17.38亿欧元的援助。援助物资将通过援助组织直接流入叙利亚，或惠及那些接收了大量叙利亚难民的周边国家。

• 从今日起至5月12日，所有乘航班入境德国人员均须在登机前出示起飞前48小时内的核酸检测阴性证明（6岁以下儿童免检），不符合要求者将被拒绝登机。入境德国时，边境警察亦将查验检测证明。

• 德国总理默克尔在电视访谈节目"Anne Will"中对公众表示，德国已经在第三波疫情冲击之下，联邦各州有责任迅速有效地执行联合决议，但有些州显然还没意识到局势的严重性，还对变种病毒的危险程度抱有一丝幻想。

3月31日　德国卫生部部长施潘要求所有60岁以上的部长级政府官员主动接种阿斯利康新冠疫苗。德国总统施泰因迈尔接受了阿斯利康新冠疫苗接种，他指出，疫苗接种是摆脱疫情的重要途径，因此希望有更多人能够进行疫苗接种。内政部部长泽霍费尔对阿斯利康疫苗的态度与总统相反，他明确表示自己不会接种这款安全性存在争议的新冠疫苗。

B.16 后 记

2020年9月19日，由同济大学德国研究中心组织编写的《德国发展报告（2020）：转型中的德国》发布会暨"'后疫情时代'的德国、欧洲及中德、中欧关系"学术研讨会在沪举办。中国原驻德国大使史明德，时任同济大学副校长蒋昌俊，时任社会科学文献出版社社长谢寿光，中国社会科学院欧洲研究所副所长、中国欧洲学会执行秘书长陈新，同济大学中德人文交流研究中心主任、同济大学原副校长董琦等出席发布会。来自北京外国语大学、上海外国语大学、复旦大学、同济大学、中国社会科学院、上海欧洲学会等科研机构的70余名专家学者与会。发布会由同济大学德国研究中心、中德人文交流研究中心主办，《德国研究》编辑部、上海市欧美同学会留德语国家分会协办，并通过在线会议平台进行了直播。史明德对"德国蓝皮书"研创团队的辛勤付出表示敬意并做主题报告。他表示，在国际范围的不确定性、不稳定性上升背景下，中欧通过绿色、数字合作伙伴关系等机制以及在经贸投资、卫生等领域开展实质合作意义重大，向国际社会释放出支持多边主义、支持自由贸易的积极信号，这也对德国及欧洲研究学界提出了新的课题。此外，中欧双方的实力变化必然导致双方对彼此的认知经历调整、重塑，这是非常值得学界关注的问题。期待欧洲研究学者能在强烈的责任感、使命感的驱动下，开展扎实的研究，提出更多的真知灼见。蒋昌俊在致辞中对《德国发展报告（2020）》的成功发布表示祝贺，对过去一年同济大学德国研究中心在资政、科研、社会影响力等方面取得的各项成绩给予肯定，向各位关心、支持和帮助同济大学德国研究、欧洲研究的朋友表示衷心感谢。他表示，学校将一如既往地支持德国研究中心各项工作的开展，期待在史明德大使以及各兄弟单位、机构的支持下，同济大学的德国及欧洲研究取得更大的进步和发展。谢寿光社长通过视频致辞。他表示，"德国蓝皮书"研创团队经过几年的努力，持续深入地开展对德国以及中德关系的研究，蓝皮书已经成为国内德国研究领域的一张亮丽名片，期望"德国蓝皮书"研创团队能够在过去九年扎实实践的基础上，总结经验，创新思路，为中国和世界的发展贡献智慧。陈新通过视频致辞，并向"德国蓝皮书"研创团队表示祝贺。他表示，当前世界正处于百年未有之大变局之中，这对学界、学者均提出了新的课题，即如何用合适的理论阐释新的变化，期待在未来继续拓宽、深化与同济大学等兄弟机构的实质合作，共同推动国内的德国及欧洲研究向前发展。在发布会上，笔者对《德国发展报告（2020）》的框架及政治、经济、社会文化、外交等分板块内容进行了简要介绍，并结合当前形势发展提出了自己的研判。随后，中国国际问题研究院欧洲研究所所长崔洪建在主题报告中表示，当前世界正在经历百年未有之大变局和新冠肺炎疫情影响的叠加之中，大国竞争的加剧和长期化将成为常态，努力维持国际战略平衡、做大外交回旋空间、确保对外经贸韧性将是中国对外交往的重点。复旦大学欧洲问题研究中心丁纯教授在主题报告中则对中欧双边经贸的动态、问题、特征和成因进行了阐述。他强调，经贸依然将是中欧关系的稳定锚。从总体上看，中德经贸呈现出竞争合作并存、竞争性渐强的态势。当天下午，"'后疫情时代'的德国、欧洲及中德、中欧关系"学术研讨会在同济大学举行。60余名专家学者围绕当前中德及中欧关系、德国内政外交变化等热点问题进行了深入探讨交流。

会后，《德国发展报告》主编与各位作者就2021年报告的选题进行了多次交流和讨论。2021的《德国发展报告》对往年的结构框架做了一些调整，由总报告、分报告、政治专题篇、经济专题篇、外交专题篇和资料篇等几个部分组成。2020年是德国"默克尔4.0政府"进入执政的第三年，也是德国迈向"后默克尔时代"的转型期。2020年新冠肺炎疫情在全球暴发，很快欧洲成为疫情的"震中"，于是抗疫和经济复苏成为德国政府工作的首要议题，如何尽快走出疫情，使德国在"后疫情时代"更具复原力，是德国各界面临的严峻挑战。有鉴于此，我们将《德国发展报告（2021）》的主题确定为"迈向'后疫情时代'的德国"。

为了扩大《德国发展报告》的国际影响力，2021年的报告和2020版一样，我们继续邀请国外学者参与撰文，除了德国研究中心的外籍研究员，还有德国杜塞尔多夫大学德国与国际政党法与政治研究所的研究人员继续参与我们的研创团队。

此外，同济大学德国研究中心联合同济大学中德人文交流研究中心等机构也举办了一系列的学术研讨活动，为《德国发展报告（2021）》的编写提供了一个思想交流的平台。其中，特别要提到的有：2020年9月25日，由同济大学德国研究中心、德国波恩大学全球研究中心以及德国阿登纳基金会上海办公室举办的在线国际学术会议"数字化时代的中德关系"；11月7日，由中国德国友好协会、上海欧洲学会、同济大学德国研究中心、同济大学中德人文交流研究中心联合主办的"打造中欧绿色与数字合作伙伴关系：路径与前景"学术研讨会；12月26日，同济大学德国研究中心、上海欧洲学会德国专业委员会联合举办的研讨会"德国形势年终盘点会：疫情下的德国与中德关系"；2021年5月21日，由同济大学德国研究中心、同济大学中德人文交流研究中心、上海欧洲学会联合主办的学术研讨会"德国大选及新政府内政外交展望"。

转眼间，《德国发展报告》已经进入了第十个年头。真可谓"十年磨一剑"，甘苦在心头。我们深知，我们所迈出的每一步均来之不易，不仅有各位作者的积极参与和精心供稿，也离不开社会科学文献出版社当代世界出版分社社长、马克思主义编辑部主任祝得彬和编辑王晓卿的大力支持和帮助。最后，还要感谢同济大学德国研究中心各位工作人员的辛勤努力。

和往年一样，本报告交稿之际，新的一年的《德国发展报告》已经在构思、酝酿中，我们期待着各位专家、学者贡献智慧和创意。可以预告的是，2021年的《德国发展报告》将梳理德国在大选年的表现以及新政府的内政外交走向。

后 记

《德国发展报告（2021）》虽然付梓，然而我们的心情依然非常忐忑。书中难免疏漏和偏颇之处，还请各位专家、读者指正。

郑春荣，于上海

2021 年 5 月 21 日

Abstract

2020 was the third year of the "Merkel 4.0" government. During this year, COVID-19 dominated all aspects of political, economic and social life in Germany. In addition to coping with COVID-19 and its impact, the relationship between China and the US and the US presidential election became important yardsticks of Germany's diplomacy. Against this backdrop, this book analyzes Germany's actions in domestic and foreign affairs as well as the opportunities and challenges it faces in the "post-pandemic era".

Throughout 2020, the fight against the COVID-19 pandemic was the defining issue of Germany's domestic policy. At the very beginning, the German government did well in subduing the pandemic and thus reaped the "benefit of governing", which led to a rebound of the support for the ruling Christian Democratic Union (CDU)/Christian Social Union (CSU) in polls. The support for its junior partner, the Social Democratic Party of Germany (SPD), remained however low. But as the pandemic continued to escalate and spread in the second half of 2020, the public health system developed problems and displayed some serious limitations; this resulted in a sharp drop in the public's satisfaction with the government's response to the crisis and a sense of fatigue regarding anti-pandemic measures. At the same time, the pandemic crisis rapidly evolved from a public health problem to a violent social upheaval that found its epitome in large-scale protests against the anti-pandemic measures. Preventing the pandemic while maintaining social stability, unity and fairness continues to be a thorny problem facing the federal government.

During the entire year, Germany's economy was severely impacted by COVID-19, and its GDP dropped by 4.8%. Benefiting from the budget surplus

Abstract

that had been achieved during the six years before 2020, the German government effectively intervened in the labor market and stabilized the economy through transfer payments and subsidy policies. The government regards digitalization as an important means to deal with the pandemic and bring about the recovery and has therefore introduced a series of policies and measures promoting digitalization. At the same time, the government actively endorsed the "European Green Deal", supporting it with a large-scale economic stimulus plan, and introduced a series of policies and regulations related to climate protection, decarbonization and the implementation of green projects. The pandemic has also prompted Germany to adjust its value chain, which is largely concentrated on neighboring EU countries, and make efforts to realize its diversification. The envisaged Supply Chain Law is however likely to rather hinder the implementation of this strategy.

Diplomatically, Germany strove to lead the EU out of the pandemic crisis, achieve a speedy economic recovery and promote Europe's strategic autonomy in an uncertain international landscape. Germany assumed the rotating presidency of the EU in the second half of 2020 and put forward the motto "Gemeinsam. Europa wieder stark machen." that can be translated as "Together. Making Europe Strong Again."; the English version was slightly different: "Together for Europe's recovery". It has made substantial progress in policy areas such as the response to the pandemic, climate, digitalization and foreign affairs. But few results have been achieved in other areas such as migration, relations with Africa and EU enlargement. Its overall performance, however, was remarkable. In terms of policy toward the United States, the year 2020, during which Trump continued further down the road of unilateralism, witnessed the lowest point of the bilateral relationship between Germany and the United States since the founding of the Federal Republic of Germany. The U. S. election at the end of the year and its outcome offered an important opportunity to get the relationship back on track and further boost transatlantic relations. It became clear that Germany increasingly catered to the policies of the United States. In September 2020 the federal government issued "Policy guidelines for the Indo-Pacific" which emphasized that Germany and the EU should strengthen cooperation with "like-minded partners" in the Indo-Pacific region, with special emphasis on reducing unilateral dependence on China in the industrial and supply chains. At the same time, Germany still continued to attach great importance to the mutually beneficial cooperation with China and vigorously promoted the conclusion of the EU-China Comprehensive Agreement on Investment (CAI) before the end of the year.

Looking ahead to 2021, Germany is faced with the challenge of accelerating vaccinations and curbing COVID-19 as soon as possible. The overall outlook for economic recovery in the "post-pandemic era" is good, but the challenges of simultaneously pursuing green policies and the digital transformation are huge. With the Bundestag election on September 26, 2021, Germany will officially enter the "post-Merkel era". The composition of the government is likely to change; the participation of the Green party in a government coalition is a distinct probability, raising the significance of climate protection in the government's agenda even further. How to balance economic recovery and climate protection will be a major task facing the new government. The development of the strategic autonomy of Germany and the EU with practical actions against the backdrop of an intensified strategic competition between China and the U.S. will at the same time test the strategic determination of the leaders of the new government, and it will be a crucial test of their political perspicacity.

Keywords: Germany; COVID-19 Pandemic; Post-Merkel Era; Strategic Autonomy

Contents

I General Report

B.1 Trends in German Domestic and Foreign Affairs in 2020 −2021
Zheng Chunrong / 001

Abstract: Amid the COVID-19 pandemic crisis since the end of January 2020, the German government's response has experienced several "good starts followed by mediocre performance", and the original satisfaction of the German public with the Merkel government also petered out. The pandemic has had a profound negative impact on the German economy and society, but the German economy overall showed good resilience. In terms of its policies towards Europe, Germany made use of its holding the rotating presidency of the European Union in the second half of 2020: it made the EU pass the post-pandemic recovery plan and furthered the green and digital transformation of the EU. The last year of the Trump administration witnessed a further estrangement between Germany and the US. But after the victory of the Democratic candidate Joe Biden in the US presidential election, Germany's policies toward the US swung back, and voices for revitalizing transatlantic relations have been raised, while the commitment for pursuing "strategic autonomy" in Europe has been scaled back. After the German Bundestag election on September 26, 2021, Germany will enter the "post-Merkel era", and it will be worth to pay attention to the extent to which Merkel's "political heritage" can be preserved. Looking ahead to the result of the election, according to current opinion polls a coalition government between the CDU/CSU and the Greens appears likely. Which party will receive most votes will largely depend on the mentality of the German voters on election day: will they prefer change or stability?

Keywords: Germany; COVID-19 Pandemic; Economic Recovery; Foreign Policy; Merkel's Political Legacy

Ⅱ Specific Reports

B.2 The German Party Landscape in 2020

Lucy Kinski, Thomas Poguntke / 019

Abstract: German party politics was throughout 2020 almost entirely dominated by the Corona pandemic. Only during the first two months, politicians focused on party politics as usual, even though the fallout of the parliamentary election in the Land Thuringia was clearly unusual. After an inconclusive election result, the Free Democratic Party (FDP) politician Thomas Kemmerich was elected Prime Minister with the votes of the right-wing populist Alternative for Germany (AfD). This led to a massive scandal, resulting not only in Kemmerich's speedy resignation but also in the withdrawal of CDU leader Annegret Kramp-Karrenbauer. Soon after, the pandemic hit Germany, and the rest of the year was mainly dominated by debates about how to deal with this challenge. As often in crises, the government could benefit handsomely and gained public support, which, however, exclusively benefitted the leading coalition parties CDU and CSU, while the SPD in polls remained stuck at around 15 per cent. On the eve of the 2021 Bundestag election it looks very likely that the next German government will be led by a Christian Democrat, most probably jointly with a Green Vice-Chancellor.

Keywords: German Parties; German Politics; CDU Leader

B.3 A report on Germany's Economy and Public Finances

Feng Xiao / 035

Abstract: This paper discusses the economic situation in Germany from three aspects. The first is a review of the German economic situation in 2020, including domestic production, employment, income and income distribution, liquidity, interest rates and prices, and the structure of demand. Secondly, it discusses German public finance and fiscal policy, including fiscal revenue and expenditure, public debt, and the fiscal policy of the federal government. Finally, it elaborates on the key points of Germany's future economic policies and forecasts the economic growth rate in 2021. To sum up, the author believes that what determines the short-term trend of the German economy is the recovery after the pandemic, while what determines its long-term trend is the impact of the process of structural transformation and digitalization on the marginal output of physical capital and total factor productivity. The federal government has taken all of these factors into account in designing its future economic policies. German gross domestic product is forecast to grow by 3.3 per cent in 2021, against an average trend of 2.5 per cent in the medium to long term.

Keywords: German Economy; German Public Finances; Fiscal Policy

B.4 German Foreign Policy in 2020 *Wolfgang Röhr* / 063

Abstract: The 2020 pandemic had repercussions also for Germany's foreign policy. Among the international conferences that were postponed were the German-Chinese intergovernmental consultations and the EU-China "full summit". Chancellor Merkel achieved remarkable successes during the German EU presidency: A stimulus package financed by joint EU debt, a comprehensive investment agreement with China and an understanding with the United Kingdom on its relationship with the EU after Brexit. While Berlin and Paris cooperated closely on the stimulus package, they disagreed on the significance of the USA for

European security. Biden's win of the presidential elections led to renewed hope in Berlin and Brussels for a better relationship with the USA; in this cooperation both must however take care not to lose sight of their own interests. Berlin's position vis-à-vis Moscow continued to be halfway between the security concerns of Poland and Macron's outstretched hand. Its China policy took pains to isolate the considerable German economic interests from political disagreements. The debate on the need for a more active German foreign policy continued; the political elites generally favored a more proactive and visionary policy, but more Germans continued to advocate restraint over involvement.

Keywords: German; Foreign Policy; EU Presidency; Europe Policy; USA Policy

Ⅲ Politics

B.5 The Third Year of the "Merkel 4.0" Government: Crisis Management under the Test of COVID-19 Pandemic

Wang Guangcheng / 087

Abstract: The third year of the "Merkel 4.0" government coincided with the emergence of COVID-19. At the beginning, the crisis management of the federal government worked well and responded adequately to the largest public health crisis of the past 100 years. Moreover, the public complied with the rules and regulations during the lockdown and actively cooperated with the government. Germany thus received a brilliant report card in the fight against the pandemic. With the beginning of summer, however, prevention and control of the pandemic abated. In particular when the second wave hit in the fall, the federal government underestimated its severity and refrained from imposing strict bans that would interfere with people's daily lives and comfort. A botched plan on vaccination and virus testing raised questions about the government's ability to manage the crisis. Satisfaction with the government continued to plummet from its peak at the start of the pandemic, leading to fatigue with countermeasures and a lackluster performance in adhering to them. The crisis management of the federal government is facing new challenges. Whether Merkel can take care of this last crisis of her political career as she desires and how the "post-Merkel era" will start is worth paying attention to.

Keywords: COVID-19 Pandemic; Crisis Management; Angela Merkel; Crisis Chancellor

B.6 German Anti-lockdown Protest Movements: Backgrounds, Characteristics and Impacts *Xuan Li/ / 115*

Abstract: The rapid spread of the COVID-19 pandemic in Germany has developed from a public health threat to a violent social upheaval which has pivoted in the eruption of an anti-lockdown protest movement. This movement is closely associated with general social problems in Germany. The aggravation of social inequality and "lockdown fatigue" contributed to the outbreak of the protests. Compared with traditional demonstrations, the scale and duration of these anti-lockdown protests are unprecedented. This can be attributed to two new characteristics: on the one hand, the diversity of the participants in the protests; on the other hand, the speedy spread of conspiracy theories and disinformation via social media. The protest movements have increased the challenge of fighting the pandemic and caused social instability. Due to Germany's effective curbing of the spread of COVID-19-related disinformation as well as a sharp decline in populist attitudes, trust in the government's measures regarding pandemic prevention and control prevails, however, in public opinion. Nevertheless, given the uncertainty regarding the development of the pandemic and the risk of a return of populism, social tensions are still likely to loom ahead. How to maintain social stability, solidarity and equality while implementing the lockdown measures remains a thorny issue for the federal government.

Keywords: COVID-19 Pandemic; Anti-lockdown Protest Movements; German Social Problems

B.7　Public Health System and Preventive Measures in Germany under the COVID-19 Pandemic　　　　　　　　　*Guo Jing*, *Wu Qi* / 137

Abstract: In order to cope with the severe challenges posed by the COVID-19 pandemic, the German government responded quickly by improving its public health system i. a. regarding legal issues, emergency decision-making, labor and the medical service system. It also adopted a series of measures regarding public health governance, such as issuing travel warnings to cut off imported sources of infection; implementing contact restrictions and closing borders; introducing the requirement to wear masks, the "AHA" -rules ("Abstand, Hygiene, Alltagsmaske"; "distance, hygiene, everyday mask") and the Corona Warning App; increasing strategic reserves of medical supplies; increasing investment in research and development of COVID-19 vaccines, etc. In the early stages of the pandemic, Germany appeared to restrain it effectively. But as the pandemic continued to escalate and spread in the second half of 2020, the public health system revealed several problems and displayed its limitations.

Keywords: COVID-19 Pandemic; Germany; Public Health System

Ⅳ　Economy

B.8　Impact of the COVID-19 Pandemic on the Progress of Digital Transformation in Germany

Yu Zhouming / 160

Abstract: During the first two decades of the 21st century, Germany has been relatively slow to develop its digital economy; thus it not only continued to widen the existing gap with the U. S. and Asian countries, but it also barely remained in the middle of the pack in the EU. The COVID-19 pandemic has in 2020 brought new challenges and opportunities for Germany's digital transformation. The need for remote and virtual communication during social isolation has facilitated the development of teleworking, remotely providing education and healthcare, keeping social contacts and shopping, thus giving a huge boost to the digitalization process in companies. Digital means have played an important role in the prevention and control of the pandemic, and the social acceptance of digitalization has therefore increased considerably. The pandemic has however also revealed the inherent weakness of Germany's digital infrastructure; overly strict regulations were the root cause for the potential of digital health care not being fully exploited, and digital sovereignty continued to be an issue. The German government sees digitalization as an important way to deal with and recover after the pandemic; a series of policies and measures on digitalization that were introduced since 2020 have on the one hand followed the established path of digital transformation, but have on the other hand also taken into account the impact of the pandemic and the real needs it caused. 2021 is the year of the federal elections, and it is expected that Germany's digital policy will be continued also by the new government.

Keywords: Germany; Digital Transformation; COVID-19 Pandemic

B.9 Germany's Response to the European Green Deal under the Pandemic: Measures, Impacts and Challenges

Zhu Miaomiao / 184

Abstract: Both the German government and the country's society responded positively when the EU announced the European Green Deal. There is a general consensus of government, society and most industries on the model of decarbonized economic development. The 2020 Corona pandemic has had a dramatic and long-lasting impact on both the European and the global energy systems. Even during the severe Corona crisis, Germany has still implemented a number of measures under the Green Deal. A massive economic stimulus package linked to the Deal has been agreed upon, a series of policies and regulations related to climate protection and decarbonization have been introduced, and several green projects have been implemented. The measures taken by Germany face challenges, because the pandemic is not over and its long-term impact cannot yet be accurately assessed. Germany will soon elect a new federal government, and it is expected that the new government, with the participation of the Green Party in a coalition, will accelerate the pace of climate neutrality and decarbonization.

Keywords: European Green Deal; Climate Neutrality; Renewable Energy; Energy Policy; Hydrogen Energy Strategy

B.10 The Impact of the COVID-19 Pandemic on the Global Value Chain of German Enterprises   *Zhu Yufang* / 211

Abstract: Germany is an open economy that is deeply embedded in the global value chain (GVC). The Corona pandemic has therefore had a serious impact on German enterprises. At present, their GVC is in general largely concentrated, heavily depending on neighboring EU countries. Surveys show that diversification of the GVC is the main strategy of German enterprises in the near and medium term, but the envisaged Supply Chain Law is likely to rather hinder the implementation of this decentralization strategy.

Keywords: COVID-19 Pandemic; Germany; Global Value Chain

V Foreign Policy

B.11 The Overall Performance of Germany's EU Presidency and Its Leadership in the EU

Wu Huiping / 231

Abstract: In the second half of 2020, against the backdrop of the Corona crisis in Europe, Germany assumed the rotating six-months presidency of the EU.

It made the formation of a "Corona presidency" under the motto "Together for Europe's recovery" its major priority and brought about a number of notable achievements. It has made substantial progress in policy areas such as the response to the pandemic, climate, digitalization and foreign affairs. But few results have been achieved in other areas such as migration, relations with Africa and EU enlargement. The presidency's overall performance, however, was remarkable. The author believes that during its presidency Germany's stewardship in general withstood many tests, and while its leadership and influence in the EU has its own unique ways and characteristics, it does at the same time reveal considerable limitations. In its style of governance Germany still rather prefers to "dominate" than to "lead". The historical choice of Germany's post-war development has left its mark on its style of leadership and its influence in Europe. Multiple factors have to be considered in assessing the decision-making of Germany's European policy. From a subjective perspective, historical experience and lessons have led to Germany's cautious attitude towards geopolitical strategy and ambition. From an objective perspective, the internal voting mechanisms and the distribution of power in the EU also affect Germany's role as a leading force.

Keywords: Germany; European Union; Presidency; Leadership

B.12 German-American Relations in the U. S. Election Year

Chen Tao / 250

Abstract: In 2020, German-U. S. relations suffered a tremendous shock at the bilateral, multilateral and global levels. The COVID-19 outbreak and Trump's decision to withdraw some U. S. troops from Germany seriously impacted the trust between the two governments and the relationship between their leaders. Global issues such as Russia, China, and the emerging technology industry continue to dominate the debate and the cooperation between the two countries. The year 2020 witnessed the lowest point of bilateral relations with the United States since the founding of the Federal Republic of Germany. The U. S. election at the end of the year and its outcome offered an important opportunity to get the relationship back on track and further boost transatlantic relations.

Keywords: German-American Relations; Germany; United States; Donald Trump; Joe Biden

B.13 Resillience and Development Opportunities of Sino-German Economic, Trade and Investment Relations under the COVID-19 Pandemic *Kou Kou, Shi Shiwei* / 283

Abstract: Economic and trade relations between China and Germany have developed well over recent years, but competition between the two economies is gradually increasing. The COVID-19 pandemic has had a huge impact on economic and trade exchanges between China and Germany. The global industrial and supply chain has been disrupted, and this has brought new challenges to Sino-German economic relations. Taking the pandemic as backdrop, this paper analyzes the challenges of Sino-German economic relations from the macro, investment and value chain levels; it then explores the economic resilience and mutual dependence of the two countries from these three perspectives. We find that although the pandemic has had a negative impact on economic and trade relations, economic cooperation between the two sides has entered a new stage of development because of growing bilateral trade and the deepening integration of the machinery and automobile sector. China's new round of opening-up policies will provide an impulse for the economic recovery of both countries in the post-pandemic period.

Keywords: COVID-19 Pandemic; Sino-German Trade; Foreign Direct Investment; Global Value Chain

VI Data and Statistics

B.14 Data and Statistics *Zhu Yufang* / 304

B.15 Chronology of Important Events in Germany

Wu Yaping / 319

B.16 Epilogue *Zheng Chunrong* / 346

General Report

Trends of Germany's Domestic and Foreign Affairs in 2020 and 2021

Zheng Chunrong [*]

Abstract: Amid the COVID-19 pandemic crisis since the end of January 2020, the German government's response has experienced several "good starts followed by mediocre performance", and the original satisfaction of the German public with the Merkel government also petered out. The pandemic has had a profound negative impact on the German economy and society, but the German economy overall showed good resilience. In terms of its policies towards Europe, Germany made use of its holding the rotating presidency of the European Union in the second half of 2020: it made the EU pass the post-pandemic recovery plan and furthered the green and digital transformation of the EU. The last year of the Trump administration witnessed a further estrangement between Germany and the US. But after the victory of the Democratic candidate Joe Biden in the US presidential election, Germany's policies toward the US swung

---

[*] Zheng Chunrong, Professor, Ph. D., Director, German Studies Center, Tongji University. Main research areas are German politics and diplomacy, Sino – German and Sino – European relations, and trilateral relations between China, the United States and Europe.

back, and voices for revitalizing transatlantic relations have been raised, while the commitment for pursuing "strategic autonomy" in Europe has been scaled back. After the German Bundestag election on September 26, 2021, Germany will enter the "post-Merkel era", and it will be worth to pay attention to the extent to which Merkel's "political heritage" can be preserved. Looking ahead to the result of the election, according to current opinion polls a coalition government between the CDU/CSU and the Greens appears likely. Which party will receive most votes will largely depend on the mentality of the German voters on election day: will they prefer change or stability?

Keywords: Germany; COVID-19 Pandemic; Economic Recovery; Foreign Policy; Merkel's Political Legacy

At the end of January 2020, the first patients in Germany were infected with the Coronavirus, then the pandemic broke out and continued to develop in Germany. Until April 2021, the pandemic has roughly gone through three waves. COVID-19 is the greatest challenge for Germany since the Second World War, and it has had a serious impact on all aspects of German politics, the economy and its society. The Merkel government took unconventional measures in response, including the adoption of the largest stimulus package in its history and linking it to structural transformation, as well as for the first time accepting joint debt issuance at the EU level and advocating an EU recovery fund. Overall, Germany's anti-pandemic and economic recovery measures have achieved initial results, and Germany is expected to be the first country in the EU to emerge from the brunt of the pandemic, thus demonstrating the resilience of its economy.

Looking ahead to the "post-pandemic era", the sustainability of Germany's economic recovery will still be largely influenced by the international economic situation, and people's satisfaction with the government's response to the pandemic crisis will continue to be challenged. This is bound to affect the future composition of the political party landscape and will have an impact on whether Germany can form a stable government in the "post-Merkel era". But no matter which coalition government will be established after the election on September 26, 2021, it must face the problems of achieving a post-pandemic economic recovery and structural transformation. At the same time and against the background of the intensifying competition between major powers, Germany must secure its own position and, as a leading member of the EU, take its proper place in the multi-polar international world.

I. Germany's response to the pandemic and its economic and social impact

In her New Year's address on December 31, 2020, Chancellor Angela Merkel said that the COVID – 19 pandemic was "a historic crisis" and that dealing with it was "a once-in-a-century political, social and economic challenge".[①] Germany's response to the pandemic has been lackluster, yet the resilience of the German economy has been proven in the crisis, while the effectiveness of anti-pandemic measures has become from good to bad. However, overcoming the socio-economic impact of the pandemic will be a long-term task.

1. The ups and downs of the German government's response to the COVID-19 pandemic

Since the first case of COVID-19 was confirmed in Bavaria on January 27, 2020, the trend of the pandemic in Germany in terms of the number of infections reported during the last seven days per 100,000 inhabitants has roughly gone through three phases: From the beginning of the outbreak until the end of May, when the pandemic gradually eased and throughout the summer, during which the number of infections remained low. The second wave of the outbreak was however more severe than the first; it began in the fall, and the German government had to

---

① "Neujahrsansprache 2021 von Bundeskanzlerin Dr. Angela Merkel am 31. Dezember 2020 über Hörfunk und Fernsehen", *Bulletin der Bundesregierung*, Nr. 01 – 1, January 1, 2021.

take strict measures, including a "hard lockdown". Soon after the pandemic subsided again in March 2021, there were signs of a third outbreak, but the acceleration of vaccinations has for the time being prevented a new shock wave from building up.

In the early days of the pandemic Germany was seen as a role model; especially in terms of the number of deaths it did a commendable job. German politicians were also satisfied with their own pandemic response measures. The Federal Minister of Health, Jens Spahn, e. g. wrote a signed article in the French newspaper *Le Monde*, explaining "Why Germany has managed the crisis relatively well", pointing out that Germany's well-prepared health system, efficient laboratories and the public's sense of responsibility are the secrets of Germany's relative success in fighting the pandemic. ① Among the reasons cited for Germany's excellent performance in a study by the Scientific Institute of Private Health Insurance (WIP) are, firstly, that German politicians took early and appropriate measures to contain the pandemic. Secondly, comprehensive outpatient testing and treatment of newly infected patients also proved to be of great value, because the capacity of hospital beds was not overstretched. Germany also did better than other countries in ensuring that residential care facilities with high-risk populations were protected from infection, and older adults residing outside of care facilities were also better protected from infection within their home because they mostly live in households consisting of only one or two persons. The combination of all these factors has allowed Germany to maintain a very low level of mortality from COVID-19 despite its high life expectancy by international comparison. ②

In the opinion of experts, there are a number of reasons why Germany's performance has since then deteriorated in such a shocking manner. Firstly, Germany failed to prepare for the possibility of a second and third wave of the

---

① Jens Spahn, "Pourquoi l' Allemagne surmonte relativement bien cette crise", *Le Monde*, May 29, 2020, https://www.lemonde.fr/idees/article/2020/05/29/jens-spahn-pourquoi-1-allemagne-surmonte-relativement-bien-cette-crise_6041110_3232.html.

② "WIP - ANALYSE: Warum Deutschland bisher gut durch die COVID-19-Krise gekommen ist", *DAZ. online*, July 22, 2020, https://www.deutsche-apotheker-zeitung.de/news/artikel/2020/07/22/warum-deutschland-bisher-gut-durch-die-covid-19-krise-gekommen-ist.

pandemic. Secondly, under the cooperative federalism of Germany, the separation of powers between the federal and the state ("Länder") level in the field of health places constraints on efficiency. The decisions to close schools, limit contacts and impose lockdowns are all within the purview of the federal states, whereas the federal government has only limited responsibilities. While a state-by-state response to the pandemic has its advantages, it can also thwart a uniform and coherent policy at the national level. Thirdly, German politicians tend to be more passive and responding rather than forward-looking and proactive, and during this crisis they especially failed to communicate well with the public. Chancellor Merkel for example once asked the public for forgiveness for mistakes she made in her response to the crisis, which left the public with the impression that the government's policies were chaotic. ①

As a result, the German public's cooperation with crisis response measures gradually turned into slackness, anger and even panic, and the public's trust in the government's crisis response was drastically diminished. According to a survey by public broadcaster ARD, the German public showed relatively high satisfaction with the Merkel government's management of the COVID-19 crisis throughout 2020; but by March 2021 this satisfaction had fallen to its lowest level since the outbreak. Even though it has since recovered, it remained at a low level at the beginning of May 2021, with 62% of respondents dissatisfied with the work of the coalition government, while 40 percent said they were not very satisfied and 22 percent even very dissatisfied. ②

2. Impact of the pandemic on the German economy and society

In the face of the crisis, the German government has at all levels taken

---

① "Politik in der Corona-Krise: 'Die Leute blicken nicht mehr durch'", WDR, March 27, 2021, https://www1.wdr.de/nachrichten/themen/coronavirus/merkel-laschet-corona-krisenkommunikation-100.html.

② Statistisches Bundesamt, "Zufriedenheit mit der Arbeit der Bundesregierung im Mai 2021", https://de.statista.com/statistik/daten/studie/2953/umfrage/zufriedenheit-mit-der-arbeit-der-bundesregierung/.

measures on two fronts, including health, economic and social risks. First, the federal government and the states have agreed on pandemic prevention and control measures including the limitation of contacts for a specified period. Second, they have set up a financial aid network for the protection of enterprises and the promotion of employment, including the introduction of comprehensive monetary and fiscal policy measures. Germany has done a much better job supporting its economic recovery than it did in preventing and controlling the pandemic; already in June 2020 the federal government launched an economic stimulus package with the aim of boosting economic performance through 2020 and 2021. Germany's pre-existing institutional arrangements in the tax system, the unemployment insurance benefits and generous benefits for short-time ("Kurzarbeit") workers have moreover automatically functioned as stabilizers and largely supported the resilience of the German economy even during this crisis.

Nevertheless, the COVID-19 pandemic has brought about dramatic changes to all aspects of the German economy and society. This is amply illustrated by data aggregated by the German Federal Office of Statistics in early 2021: The German economy, after continuous growth, fell into a deep contraction in 2020, with GDP falling by 4.9% compared to 2019 (excluding price factors). In particular, economic performance in the 2nd quarter of 2020 suffered a historic collapse, the 9.7% decline compared to Q1 being by far the largest since the introduction of quarterly GDP statistics in Germany in 1970. The rapid recovery in Q3 (8.5% growth compared to Q2) ended abruptly in Q4 (only 0.3% growth compared to Q3), still down 3.7% compared to Q4 2019, before the pandemic. The reason is the second wave of the pandemic and the second hard lockdown imposed at the end of the year. In terms of the state deficit, Germany saw its second highest deficit since reunification, with a deficit of € 139.6 billion in 2020, the first deficit since 2011 and the second highest deficit since reunification, exceeded only by the record deficit in 1995 that was caused by the integration of post-reunification "Treuhand" (Trust Agency) debt into state finances. In 2020, the deficit rate, calculated as a percentage of GDP in current prices, reached 4.2%, exceeding the 3% rate set by the European Stability and Growth Pact. Germany's policies did however not violate these rules: in response to the crisis the European Commission had previously announced the suspension of the Pact's deficit rules for 2020 and 2021. ①

The COVID-19 pandemic has also, for the first time since 2013, led to an increase in the number of unemployed in Germany, bringing the average number of unemployed in 2020 to nearly 2.7 million, an increase of 480,000 since December 2019. As a result, the unemployment rate will be 5.9 percent in 2020. The short-time working system, which is characteristic of Germany, has helped to stabilize employment and ensure unemployment does not increase. ② According to the Federal Employment Agency, about 6 million people were entitled to short-time working benefits in April 2020. The previous peak was in May 2009, when 1.44 million people worked short-time. As of May 2021, the IFO Institute estimates that there will still be about 2.3 million people working in short-time, mainly in business-related services. ③

In the face of the third wave of infections, Germany has since March 2021 delayed its planned end to strict limitations of contacts. The German economy is however still performing well. At the beginning of 2021, the German Council of Economic Experts predicted that Germany's GDP would grow by 3.1% in 2021 and 4.0% in 2022. Of course, the extent and speed of the recovery will depend on the effectiveness of the country's response to the pandemic, the speed of vaccinations and the speedy lifting of the restrictions imposed by the pandemic. ④

While the German economy has proven its resilience during the crisis, the pandemic has also exacerbated social inequalities. Studies have shown that people

---

① Statistisches Bundesamt, "Die Folgen der Corona-Pandemie in 10 Zahlen", *Pressemitteilung* Nr. N 023, March 31, 2021, https://www.destatis.de/DE/Presse/Pressemitteilungen/2021/03/PD21_N023_p001.html.

② "Corona-Krise. Mehr als 2, 7 Millionen Menschen ohne Arbeit", *tagesschau.de*, May 1, 2021, https://www.tagesschau.de/wirtschaft/deutschland-corona-arbeitslose-101.html.

③ Statistisches Bundesamt, "Kurzarbeiter im Jahresdurchschnitt bis 2019 und bis Mai 2021 wegen Corona", June 9, 2021, https://de.statista.com/statistik/daten/studie/2603/umfrage/entwicklung-des-bestands-an-kurzarbeitern/.

④ Sachverständigenrat zur Begutachtung der gesamtwirtschaftlichen Entwicklung, "Konjunkturprognose März 2021. Deutsche Wirtschaft trotz längerem Shutdown robust – im Sommer weitere Erholung zu erwarten", https://www.sachverstaendigenrat-wirtschaft.de/fileadmin/dateiablage/Konjunkturprognosen/2021/KJ2021_Pressemitteilung.pdf.

with higher incomes were more often affected by income losses in the first lockdown; the consequences of the pandemic for people on low incomes were however more severe. The first corona wave made society "more unequal". With regard to the social structure, the pandemic did not turn out to be a "great equalizer", as initially expected, but rather a "strong magnifying glass" – widening the gap between rich and poor. ① The German government therefore does not only have to take economic measures to promote economic recovery, but must also strive to address the unequal impact of the pandemic on the rich and the poor and ultimately reduce the growing social inequality in German society.

II. Germany's adjustment of its policies toward Europe and the United States amid the pandemic

After Europe became the "epicenter" of the pandemic in March 2020, EU countries, facing the uncertainty of how the pandemic situation would develop, went their own way, each seeking to protect themselves, Germany being no exception. Germany as the core power of the EU was widely criticized for not decisively providing assistance at the beginning of the outbreak to alleviate the "immediate needs" of other EU member states, such as Italy. It was only as the pandemic developed that Germany changed its attitude and actively provided material and medical assistance to other countries hit hard by the pandemic, thereby stressing the unity of the EU. In the face of the sharp recession in the EU caused by the pandemic, Germany has taken advantage of its rotating EU presidency in the second half of 2020 to play a key role in the introduction of an EU "recovery fund" and in determining the direction of future EU economic governance initiatives. ②

At the same time, in the face of President Trump's unilateralism and his

---

① "Datenreport 2021. Pandemie verschärft soziale Ungleichheit", *tagesschau. de*, 10. 03. 2021, https://www.tagesschau.de/inland/corona-sozialbericht-geringverdiener-101.html.

② Fan Yiyang and Zheng Chunrong, "Analysis of Germany's leadership role in the European Union amid COVID-19", *Deutschland-Studien* Vol. 2, 2020, pp. 19-36.

"America First" policy during the US election year, Germany also needed to put to use the EU as the mainstay to enhance its discourse on German-US relations. Germany and the EU had long been expecting the election of Democratic Party candidate Joe Biden. After the initial confirmation of Biden's victory, Germany and the EU were eager to raise expectations for a restart in transatlantic relations, and the commitment to European "strategic autonomy" has been scaled back.

1. Germany uses its rotating EU presidency to push for a post-pandemic recovery plan

Germany held the EU Presidency from July to December 2020, a position it had held for the last time 13 years previously, in the first half of 2007. In May and June 2005 the EU Constitutional Treaty was defeated successively by the Franco-Dutch referendum. During its 2007 presidency Germany, through active mediation, was able to facilitate the conclusion of the Lisbon Treaty. The German presidency in 2020 was therefore greeted with high expectations, both from outside and within Germany.

The objectives of the German EU Presidency were to jointly tackle the pandemic and mitigate its negative effects, to expedite the green and digital transformation process and to improve the EU's capacity for external action, with the ultimate goal of making the EU more resilient and able to respond more strongly to future crises. [1] In the end, the German Presidency received a brilliant "report card", the most important results of its term including the adoption of the EU Multiannual Financial Framework for 2021 - 2027, the interim recovery instrument "NextGenerationEU" and the Decision on the system of own resources. [2] This has laid the foundation for a sustainable economic and social recovery of the EU in the

---

[1] "Together for Europe's recovery", Programme for Germany's Presidency of the Council of the European Union, 1 July to 31 December 2020, https://www.eu2020.de/blob/2362036/e0312c50f910931819ab67f630d15b2f/07 - 02 - pdf - programm - en - data. pdf.

[2] The Decision of December 14, 2020 of the Council of the European Union on the system of own resources of the EU authorizes the European Commission to raise up to €750 billion in capital markets, https://eur - lex.europa.eu/legal - content/EN/TXT/HTML/? uri = CELEX: 32020D2053&from = EN.

"post-pandemic period". ①

The initiative to create a recovery fund is based on the German-French plan for European economic recovery comprising € 500 billion proposed in May 2020, an initiative aimed at making Europe emerge from the crisis as soon as possible and become stronger, more cohesive and united. The compromise is of extraordinary significance, considering that Germany and France previously had serious differences of opinion on how to bail out the hardest-hit countries. ② German Finance Minister Olaf Scholz (SPD) even called the German-French initiative the EU's "Hamiltonian moment"③. In 1790, Alexander Hamilton, the first U. S. Secretary of the Treasury, communitized the war debt of the U. S. states and thus laid the foundation for a system of government at the federal level. The decision regarding the recovery fund, adopted by the heads of states and governments of the European Union member countries at their July summit after marathon negotiations, was also historic, and thus the EU took a major step toward fiscal union. While the European Commission proposed a total of € 750 billion for the recovery fund, only € 390 billion are to be disbursed as subsidies, rather than € 500 billion as advocated by the European Commission. But this is the first time that Germany has changed its view and agreed to bail out crisis-hit countries through subsidies and not exclusively through loans. It is important to recall that during the European debt crisis, aid-giving countries led by Germany were willing to grant only loans to crisis-hit countries, and only if these countries complied with strict conditions regarding reform. With the adoption of the recovery fund, the EU was also for the first time given permission to issue joint debt in financial markets. Moreover, for the first time in its history, the EU was able to follow this up with "European taxes", including a carbon dioxide border tax, a tax on non-recycled plastics and taxation of the digital

---

① Taking Stock of Germany's Presidency of the Council of the EU: "Together for Europe's Recovery", December 29, 2020, https://www. eu2020. de/eu2020 – en/news/article/taking – stock – german – presidency/2430358.

② "Wiederaufbaufonds für Europa: Merkel und Macron planen milliardenschweres Aufbauprogramm", *Süddeutsche Zeitung*, May 18, 2020, https://www. sueddeutsche. de/politik/merkel – macron – wiederaufbau – eu – 1. 4911668.

③ "Jemand muss vorangehen", *Zeit Online*, May 19, 2020, https://www. zeit. de/2020/22/olaf – scholz – europaeische – union – reform – vereinigte – staaten.

economy, which are planned but have yet to be implemented. The conditions for the disbursement of aid funds have also changed; this is no longer the task of the Troika (European Commission, European Central Bank and International Monetary Fund) that was set up during the European debt crisis with the aim of strengthening the monitoring of recipient countries' compliance with their reform obligations and that was much reviled. Now, with regard to the COVID-19 pandemic, the recipient countries only need to submit to the EU a reform and investment plan for the period 2021 – 2023, which must then be approved by the European Commission and a qualified majority of the Council of Finance Ministers.

The reason for Germany's change in thinking and its acceptance of the recovery fund is that the COVID-19 pandemic crisis is unprecedented and therefore requires an unusual response. In Germany's view, the recovery fund is a temporary, targeted bailout, either as a subsidy given to specific projects or as a loan to member states, and it must exclusively be used to deal with the effects of the COVID-19 pandemic. Hence, it does not open the floodgates of bonds with common liabilities, and the repayment of the funds will need to be made from the EU budget. Thus, although the EU plans to raise debt in the financial markets, this does not mean that in an extreme case a member state such as Germany must assume the debt resulting from the bankruptcy of another member state. In fact, the EU is responsible for the debt as a whole, and each member state bears the common debt risk only in proportion to its share of the EU budget, which in the case of Germany is about 25%. Moreover, at the request of the "Frugal Five" (the Netherlands, Austria, Finland, Sweden and Denmark), an emergency provision was introduced according to which a second tranche of aid funds can only be disbursed if the crisis-hit countries met the milestones set for the first tranche. ① It is worth noting that, at the request of Germany and others, investments from the recovery fund are to contribute to the green and digital transformation of the EU: 37% of the funds are to be invested in climate protection and 20% are to be invested in digitalization. For this reason, German Federal

---

① Kai Schöneberg, *Europas neue Wege aus der Krise*, Bundeszentrale für politische Bildung, November 19, 2020, https://www.bpb.de/politik/wirtschaft/schuldenkrise/318376/europas-neue-wege-aus-der-krise.

Finance Minister Scholz called the € 750 billion recovery package a "game changer" for a climate-neutral and digital Europe. ①

Also in the field of security and defense some notable progress was achieved during the German presidency. First, the EU completed its first joint threat analysis and thus achieved an important milestone in the process to develop a "Strategic Compass". The development of a "Strategic Compass" for the EU, which originated at the initiative of Germany, is scheduled to be completed in 2022 and is intended to give direction to the strategic issues of the Common European Security and Defense Policy. Other notable results of the German EU Presidency include the agreement on provisions for the participation of third countries in the "Permanent Structured Cooperation" (PESCO) mechanism. The EU Council agreed on November 5, 2020, on provisions allowing third-country entities to participate in capability projects within the scope of the EU's PESCO agreement, which allows entities of trusted third-country participants to develop defense capabilities with 25 countries engaged in PESCO. As a result, NATO allies such as the United States, Canada, Norway, and the United Kingdom can also be part of important cooperation programs among EU member states and fill existing capability gaps. This is also seen as one of the initiatives that could strengthen NATO's European pillar and deepen cooperation between the EU and NATO. Another core area for enhancing EU-NATO cooperation is military mobility, with the aim of streamlining the movement of personnel and military materiel, as well as enhancing response capabilities to crises and conflicts through common exercises. In addition, the German EU Presidency completed the European Peace Fund (EPF), an extrabudgetary fund designed to finance independent military operations in third countries and to provide military technical assistance to partner countries, thus allowing for comprehensive training support to local partners. ②

---

① Lothar Gries, "750 – Milliarden-Hilfspaket. Wie der Corona-Fonds funktioniert", *tagesschau.de*, May 12, 2020, https://www.tagesschau.de/wirtschaft/konjunktur/wiederaufbaufonds – hilfspaket – eu – kommission – 101.html.

② Bundesministerium der Verteidigung, *Rückschau auf die deutsche EU-Ratspräsidentschaft aus Sicht des BMVG*, Berlin, December 2020, https://www.bmvg.de/resource/blob/5012874/279918a2d72ef51c098adeac4942f2f5/20201229 – dl – rueckschau – auf – die – deutsche – eu – ratspraesidentschaft – data.pdf.

2. German policy towards the US swung back in the context of the US elections

Germany's relations with the United States had become more distant since Trump took office. Trump kept lambasting the "Nord Stream 2" gas pipeline project between Germany and Russia, arguing that it would lead to excessive dependence of Germany and Europe on Russian energy and threaten the national security of the United States. In response, the U.S. threatened sanctions to pressure Germany and Europe to suspend construction of the project, including pressure on the German port city of Sassnitz on the island of Rügen. Tensions in German-U.S. relations escalated as the U.S. increased its pressure. In response to the threat of U.S. sanctions, the German government strongly opposed such extraterritorial sanctions as a violation of international law; Germany stressed that the choice of its energy sources is a sovereign decision in which the United States should not interfere. Merkel also made a special working visit to Russia in the middle of January 2020, declaring jointly with Putin that in spite of U.S. obstruction Germany and Russia will insist on completing the construction of the gas pipeline and putting it to use. Merkel stressed that in the pursuit of its own interests Germany cannot be influenced by the interests of the United States. ① Due to Germany's reluctance to abandon the Nord Stream 2 project and the fact that Germany has not fulfilled the requirement – as asserted by President Trump – that NATO members spend 2% of their GDP on defense, Trump without prior notification announced plans to withdraw a considerable number of U.S. soldiers from Germany. The final withdrawal plan included 12,000 troops and a command headquarters. Obviously, Trump's withdrawal was in retaliation for Germany's disobedience, especially as a "political punishment" for Merkel's refusal to budge.

Trump's dissatisfaction with Merkel also derived from the fact that Germany did not cooperate with the United States on the Iranian nuclear issue and played a

---

① Naima Wolfsperger, "Zu Besuch bei Waldimir Putin. Trotz US – Sanktionen: Merkel verteidigt Gaspipeline Nord Stream 2 – und setzt damit ein Zeichen ", *Merkur.de*, Junauary 12, 2020, https://www.merkur.de/politik/angela – merkel – donald – trump – putin – nord – stream – 2 – sanktionen – gas – polen – ostsee – pipeline – zr – 13431760.html.

leading role in maintaining the Iranian nuclear deal. Some scholars believe that Germany's greatest diplomatic achievement during its membership in the UN Security Council in 2019 and 2020 was to maintain the Iran nuclear deal during Trump's administration, along with France and Britain. ① Within the UN, a heated debate erupted in August and September 2020, when the U. S. sought to make use of the provisions of the 2015 Security Council resolution on which the Iran nuclear deal was based to reinstate past UN sanctions against Iran. In fact, the U. S. had unilaterally announced its withdrawal from the Iran nuclear deal in May 2018. This US attempt was eventually aborted by a concerted effort by Germany, France and the UK, cooperating closely with China and Russia to reject the U. S. initiative. Seeing that it was almost impossible to gain support, the United States finally withdrew its demand. Germany and its European partners had thus successfully dealt with this crisis. Despite the Brexit process, Germany and France cooperated efficiently with the UK on the Iranian nuclear issue, and, of the three countries, Germany was undoubtedly the one that offered the strongest public resistance to Trump. The results achieved on the Iranian nuclear deal through coordination at the European level laid the necessary groundwork to save the deal after U. S. President Joe Biden took office. ②

Precisely because German-U. S. relations were poisoned during Trump's term, Germany, for its part, was eager to express its willingness to renew ties with the United States after Democratic candidate Biden won the U. S. election. German Foreign Minister Maas e. g. said in an interview that Biden's election was an opportunity to strike a "new deal" in transatlantic relations that would restore close cooperation between the U. S. and Europe but also allow Europeans to assume

---

① During its time on the UN Security Council, in addition to trying to play a central role in consultations on issues such as Afghanistan, Iran, Libya and Syria in the context of an increasingly complex situation among the great powers, Germany also raised issues of its own concern, such as the women, peace and security (the so-called WPS) agenda and the climate and conflict issue, but neither of these issues were advanced very successfully.

② Richard Gowan, "Bilanz der deutschen Amtszeit im UN-Sicherheitsrat", *Vereinte Nationen* 1/2021, pp. 3 – 8.

greater responsibility on the world stage. ① In her congratulatory message to Biden, Merkel also said that "our transatlantic friendship is indispensable if we are to meet the major challenges of our time". ② Less than one month after the U. S. election, the European Commission and the High Representative for Foreign Affairs and Security Policy, facilitated by the German presidency of the EU, issued a Joint Communication with a comprehensive proposal for "A new EU-US agenda for global change". ③ In a call with U. S. President Joe Biden on January 26, 2021, Merkel pledged to Biden that Germany would share responsibility with its European and transatlantic partners in addressing international challenges. In the call, Biden not only expressed his intention to revitalize the transatlantic alliance, but also stressed that the transatlantic partnership is "a pillar of collective security and shared democratic values between the United States and Europe". ④

Although Merkel is full of expectations regarding the U. S. under the Biden Administration, she still maintains a sense of sobriety. While she stressed that Germany, Europe and the United States now have more in common, she also reiterated that the interests of the United States and Europe are not fully aligned. In other words, Merkel still believes that in the new situation where the situation of great powers is becoming increasingly complex Europe should "take its destiny into its own hands" as much as possible. There are however those in Germany and Europe who believe that there is a need to be realistic and that the European

---

① Frank Jordans, "AP Interview: Germany seeks 'new deal' with US under Biden", *The Associated Press*, 11 November, 2020, https://apnews.com/article/joe-biden-heiko-maas-elections-berlin-germany-caaae483ae7813315cb551948f106294.

② Leah Carter, "US election: Germany's Angela Merkel congratulates Biden on win", *DW.com*, November 7, 2020, https://www.dw.com/en/us-election-germanys-angela-merkel-congratulates-biden-on-win/a-55531839.

③ European Commission, High Representative of the Union for Foreign Affairs and Security Policy, Joint Communication to the European Parliament, the European Council and the Council. A new EU-US agenda for global change, JOIN (2020) 22 final, Brussels, December 2, 2020 (https://ec.europa.eu/info/sites/default/files/joint-communication-eu-us-agenda_en.pdf).

④ "USA: Angela Merkel lädt Joe Biden nach Deutschland ein", *Zeit Online*, January 26, 2020, https://www.zeit.de/politik/ausland/2021-01/usa-telefonat-joe-biden-angela-merkel-einladung.

"strategic autonomy" sought by French President Macron is unattainable. German Defense Minister Kramp-Karrenbauer for example said that if European strategic autonomy means that Europe's security, stability and prosperity should be guaranteed without NATO and the United States, then such a concept would be close to a pipe dream. In the view of commentators, this statement by Kramp-Karrenbauer, aimed at placating the United States, was intended to keep the U.S. engaged in Europe and to avoid annoying them by placing too much emphasis on ambitious declarations of independence. But whether distancing oneself from "strategic autonomy" ensures that Germany becomes an attractive partner for the United States remains highly controversial within Germany and Europe. ①

III. The survival of Merkel's "political heritage"

Angela Merkel was for the first time elected federal chancellor on November 22, 2005 and has been in power for more than 15 years. On October 29, 2018, after the Christian Democratic Union (CDU) suffered its worst result ever in the Hesse state parliamentary elections, Merkel announced that she would no longer run for party chairman and would also not run for federal chancellor in the future. As a result, the countdown of the "Merkel era" began. Should there be difficulties in forming a new government after the September 2021 elections and should Merkel stay in power until after December 17, 2021, she would surpass the number of days in power of "unification chancellor" Helmut Kohl (5,869 days from October 1, 1982 to October 26, 1998) and become the longest-serving chancellor in the history of (federal) Germany.

During her four terms in office, Germany and the European Union have faced a series of challenges: from the financial and economic crisis to the European debt crisis, the Ukrainian crisis, the refugee crisis and the resulting rise of populist

---

① Jörg Lau, "Strategische Autonomie", *Internationale Politik*, January 1, 2021, https://internationalepolitik.de/de/strategische-autonomie.

parties, to the Brexit crisis and the current crisis of the COVID-19 pandemic. Therefore, Merkel is generally first seen as a "crisis manager". Although her governing style has over time moved from 'reluctant leadership" to an increasing sense of responsibility, Germany's diplomatic actions remain characterized by restraint and prudence. Accordingly, Merkel's promotion of the European project owes more to reason than to enthusiasm. Yet it is also important to see that Merkel is not static, but that she is "learning" from past crisis responses, adapting her reactions according to the times and the situation at hand. For example, as mentioned above, the joint German-French initiative for the recovery fund is an innovative step for the EU to move towards post-pandemic economic recovery.

Merkel's crisis response has undoubtedly been generally successful; during her tenure she has several times been described as a "lame duck", but this moniker turned out to be premature. Scholars have argued that Merkel's preference for a tough approach in response to the pandemic is due to the fact that her loss of control in the September 2015 refugee crisis was a nightmare experience and that she therefore wanted to show she could take full control of the situation in the coronavirus pandemic crisis.① It should be said that she did succeed at first. Before 2020, Merkel was already in "free fall" in the polls and many people were waiting for her to step down. After the outbreak of the COVID-19 pandemic, Merkel did however return to the limelight as "crisis manager", and her party reaped the dividend of power ("Amtsbonus"), increasing its approval rating by about 10 percentage points in comparison to the time before the outbreak. The situation in Germany was good for a while, but, as mentioned earlier, by the fall of 2020, the number of infections had risen and a "partial lockdown" (lockdown light) had to be introduced in November. But this failed to prevent a second outbreak. It was only at Merkel's urging – in perhaps the most emotional speech of her 15 years in office – that the minister presidents of the federal states finally

---

① Tobias Heimbach, "Merkels schwerstes Jahr: Unter Druck wie nie – emotional wie nie. So hat die Pandemie die Kanzlerin verändert", *Business Insider*, December 30, 2020, https://www.businessinsider.de/politik/deutschland/merkels-schwerstes-jahr-unter-druck-wie-nie-emotional-wie-nie-so-hat-die-pandemie-die-kanzlerin-veraendert-a/.

agreed to a "hard lockdown", but they continued to question the hard-won compromises or even backed out, thus paving the way for repeated outbreaks. Due to the constraints of Germany's federal system, the federal government's ability to act in response to the outbreak was only quite limited. Decisions to close schools, limit contact and impose a lockdown are all responsibilities of the federal states. Yet the chancellor remained committed to coordinating regular communication between the federal government and the federal states and promoting uniform, Germany-wide measures to combat the pandemic. But all her efforts were denied a resounding success. With Merkel's departure, the question remains whether her successor will also have equal qualities of a "crisis manager".

During Merkel's tenure, Germany has developed from the "sick man of Europe" to the continent's strongest economy. Due to the resilience of its economic system, Germany's economy is, after the impact of the COVID-19 pandemic, expected to recover faster over the coming years than the economies of other European countries. This will lay the foundation for Germany's strength to exert further influence within the EU. Moreover, Germany is expected to continue to be at the forefront of the EU in terms of structural transformation: the priority areas of measures set out in the German Recovery and Resilience Plan[①] include climate policy and the energy transformation, digitalization of the economy and infrastructure, digitalization of education, strengthening social participation, strengthening a pandemic-resistant health system and modern administration and the elimination of obstacles to investment. Investments in climate action and digitalization have an important place in the German plan, with more than 90 percent of the funds flowing to two areas: €11.5 billion, or about 40 percent of the total, to climate policy and energy transformation, and more than €14 billion, or more than 50 percent of the total, to digital transformation. Germany thus well exceeds the EU's minimum targets of 37% and 20% for green and digital

---

[①] The centerpiece of the EU's recovery plan "NextGenerationEU" is the €672.5 billion Recovery and Resilience Facility. In order to benefit from it each EU member state must submit a plan to boost economic recovery and social resilience.

investments respectively. ①

Finally, it is also doubtful to what extent Merkel's political heritage, namely her pragmatism in diplomacy, will be preserved after the change of government. Merkel's pragmatism is particularly evident in her government's policy toward China. She has always advocated dialogue and cooperation with China and opposed the U. S. policy of "decoupling" from China. During the German EU presidency, it was due to Merkel's personal influence that China and Europe completed negotiations on the China-EU Investment Agreement on December 30, 2020. Among the EU's triple description of China as "partner", "economic competitor" and "systemic rival", Merkel always pursued a cooperation-oriented policy towards China, because, in the face of increasing global challenges, the EU's cooperation with China is in her view of strategic importance to the EU. However, it is important to note that as Merkel's tenure draws to a close, her ability to control the overall situation has diminished. Voices that advocate an adjustment of the policy toward China have increasingly made themselves heard in Germany; this is in particular reflected in the guidelines for the Indo-Pacific issued by the German government in September 2020. ② A central idea of this document is to reduce the so-called unilateral dependence of Germany and the EU on China in supply chains. Thus the first signs of an adjustment of the German government's China policy for the "post-Merkel era" are already becoming visible. ③

---

① "Scholz: Klares Signal für Klimaschutz und Digitalisierung", April 27, 2021, https://www.bundesfinanzministerium.de/Content/DE/Pressemitteilungen/Finanzpolitik/2021/04/2021-04-27-deutscher-aufbau-und-resilienzplan-beschlossen.html. Of note, Germany's Recovery and Resilience Plan also includes "Important Projects of Common European Interest" (IPCEI), a joint German-French initiative open to all EU member states e. g. for hydrogen energy, microelectronics and communications programs, as well as cloud and data processing.

② The Federal Government, *Policy guidelines for the Indo-Pacific. Germany-Europe-Asia. Shaping the 21st Century together*, Berlin, September 2020, https://www.auswaertiges-amt.de/blob/2380514/f9784f7e3b3fa1bd7c5446d274a4169e/200901-indo-pazifik-leitlinien--1--data.pdf.

③ Noah Barkin, "Why post-Merkel Germany will change its tune on China. Pressure is building in Berlin to get tough on Beijing", *Politico*, August 3, 2020, https://www.politico.eu/article/why-post-merkel-germany-will-change-its-tune-on-china/.

IV. Forecast of German Election Results

September 26, 2021 will see the election of a new German Bundestag. ① Earlier, the CDU/CSU had reached a 10% increase in support at the polls due to its "dividend of power". But a scandal involving CDU and CSU politicians who had profited from trading masks and the weak performance of Merkel's government during the later phase of the pandemic resulted in the Green Party levelling with the CDU/CSU, and even occasionally overtaking it. It is therefore likely that the top party in this election will either be the CDU/CSU or the Greens.

As for the union parties (CDU/CSU), North Rhine-Westphalia minister president Armin Laschet, who succeeded Kramp-Karrenbauer as CDU chairman on January 16, 2021, has successfully forced out Bavarian minister president Markus Söder, the chairman of the CSU, to become the union party's candidate for chancellor. For the Greens, Annalena Baerbock, who is one of her party's two chairpersons, was nominated. The outcome of the race between the CDU/CSU and the Greens, namely between Laschet and Baerbock, will depend to a large extent on which desire prevails in the German public: that for change or that for stability.

Regardless of the exact composition of the new government, the Green Party will most likely be part of it, possibly even as the party with most mandates in the Bundestag, thus being stronger than the CDU/CSU. As many experts have pointed

---

① A reform of the electoral law aimed at reducing the number of seats in the Bundestag through a two-stage reform was adopted in November 2020. The initial reforms will be applied for the Bundestag elections on September 26: the reform plan stipulates that the number of constituencies will remain at 299, and the excess seats of a political party in one federal state will partly be compensated in another state. If the Bundestag reaches its regular size of 598 seats, there will be at most three excess seats that will not be compensated. The second phase of the reform will apply to the Bundestag election in 2025, when the 299 constituencies will be reduced to 280. Furthermore, a committee composed of parliamentarians, academics and other members will be formed. It should submit the results of their consultations by June 30, 2023 at the latest, including on reducing the electoral age to 16 and extending the term of each legislative session. There are general doubts about whether this reform can achieve a meaningful reduction in the size of the Bundestag. Therefore, the opposition Free Democratic Party, the Green Party and the Left have filed a lawsuit in the Federal Constitutional Court against the bill.

out, the present Green Party is not the Green Party of old. Under the leadership of a new generation of moderate politicians, especially the two "realo" party chairpersons, Baerbock and Robert Habeck, the Greens have changed from the radical ways of the former "Fundis" to becoming a centrist party with a pragmatic line. They advocate a digital, climate-neutral vision of Germany, a strong push for European integration, a values-orientated policy, the pursuit of gender equality, and a more assertive and confident stance on foreign policy.① Some scholars have however pointed out that pursuing centrism also carries political risks for the Greens: Germany needs them to play a moderating role in these polarized times, but the Greens' attempts to appeal to as many voters as possible could lead them to pursue issues other parties identify with, fail to achieve their core socio-ecological goals, and ultimately lead to falling out of favor with voters.②

Germany's domestic and foreign affairs will be transformed under the new government against the backdrop of intensifying strategic competition between China and the United States, further acceleration of the global power shift brought about by the pandemic and rapid technological change. On the domestic front, the German economy was already facing diverse and long-term changes even before the outbreak of the COVID-19 pandemic, such as technological progress, demographic change, and the transition toward a climate-neutral economy. Therefore, going forward, German economic policy must not only address the crisis caused by the pandemic, but also build on it to increase the economic resilience and growth potential of Germany and the EU.③ On the diplomatic front, given the increasing Europeanization of German foreign policy in recent years, it can be predicted that

---

① Steven Erlanger, "Post-Merkel Germany may be shaded Green", *The New York Times*, April 17, 2021, https://www.nytimes.com/2021/04/17/world/europe/germany-green-party-merkel.html.

② Amanda Sloat, *Germany's new centrists? The evolution, political prospects, and foreign policy of Germany's Green Party*, Brookings, October 2020, p. 39, https://www.brookings.edu/wp-content/uploads/2020/10/FP_20201020_germanys_new_centrists_sloat.pdf.pdf.

③ Sachverständigenrat zur Begutachtung der gesamtwirtschaftlichen Entwicklung, *Jahresgutachten 2020/21. Corona-Krise gemeinsam bewältigen, Resilienz und Wachstum stärken*, November 11, 2020, https://www.sachverstaendigenrat-wirtschaft.de/fileadmin/dateiablage/gutachten/jg202021/JG202021_Gesamtausgabe.pdf.

Germany's post-election global role will be achieved mainly by shaping the EU. After Biden came to power, the drive for strategic autonomy in Germany and the EU began to wane, and the perception that the US security umbrella is essential for Germany and the EU is on the rise. In particular, the participation of the Green Party in power – be it as a major or a minor partner – will push the German government to further invest in European political and economic integration and push the EU to focus more on defending its values, both internally and externally. This orientation would also lead to a more assertive foreign policy, especially toward China and Russia, and to a more active role for Germany in NATO security and defense issues. The middle course pursued by Merkel and supported by Laschet will be tested and reassessed. ①

---

① Judy Dempsey, "Will Angela Merkel's Ambiguous Heritage Last?", Carnegie Europe, January 19, 2021, https://carnegieeurope.eu/2021/01/19/will–angela–merkel–s–ambiguous–legacy–last–pub–83681.

社会科学文献出版社

皮 书

智库报告的主要形式
同一主题智库报告的聚合

❖ 皮书定义 ❖

皮书是对中国与世界发展状况和热点问题进行年度监测,以专业的角度、专家的视野和实证研究方法,针对某一领域或区域现状与发展态势展开分析和预测,具备前沿性、原创性、实证性、连续性、时效性等特点的公开出版物,由一系列权威研究报告组成。

❖ 皮书作者 ❖

皮书系列报告作者以国内外一流研究机构、知名高校等重点智库的研究人员为主,多为相关领域一流专家学者,他们的观点代表了当下学界对中国与世界的现实和未来最高水平的解读与分析。截至2021年,皮书研创机构有近千家,报告作者累计超过7万人。

❖ 皮书荣誉 ❖

皮书系列已成为社会科学文献出版社的著名图书品牌和中国社会科学院的知名学术品牌。2016年皮书系列正式列入"十三五"国家重点出版规划项目;2013~2021年,重点皮书列入中国社会科学院承担的国家哲学社会科学创新工程项目。

中国皮书网

（网址：www.pishu.cn）

发布皮书研创资讯，传播皮书精彩内容
引领皮书出版潮流，打造皮书服务平台

栏目设置

◆ 关于皮书
何谓皮书、皮书分类、皮书大事记、
皮书荣誉、皮书出版第一人、皮书编辑部

◆ 最新资讯
通知公告、新闻动态、媒体聚焦、
网站专题、视频直播、下载专区

◆ 皮书研创
皮书规范、皮书选题、皮书出版、
皮书研究、研创团队

◆ 皮书评奖评价
指标体系、皮书评价、皮书评奖

◆ 皮书研究院理事会
理事会章程、理事单位、个人理事、高级
研究员、理事会秘书处、入会指南

◆ 互动专区
皮书说、社科数托邦、皮书微博、留言板

所获荣誉

◆ 2008年、2011年、2014年，中国皮书网均在全国新闻出版业网站荣誉评选中获得"最具商业价值网站"称号；

◆ 2012年，获得"出版业网站百强"称号。

网库合一

2014年，中国皮书网与皮书数据库端口合一，实现资源共享。

中国皮书网

权威报告·一手数据·特色资源

皮书数据库
ANNUAL REPORT(YEARBOOK) DATABASE

分析解读当下中国发展变迁的高端智库平台

所获荣誉

- 2019年，入围国家新闻出版署数字出版精品遴选推荐计划项目
- 2016年，入选"'十三五'国家重点电子出版物出版规划骨干工程"
- 2015年，荣获"搜索中国正能量 点赞2015""创新中国科技创新奖"
- 2013年，荣获"中国出版政府奖·网络出版物奖"提名奖
- 连续多年荣获中国数字出版博览会"数字出版·优秀品牌"奖

成为会员

通过网址www.pishu.com.cn访问皮书数据库网站或下载皮书数据库APP，进行手机号码验证或邮箱验证即可成为皮书数据库会员。

会员福利

- 已注册用户购书后可免费获赠100元皮书数据库充值卡。刮开充值卡涂层获取充值密码，登录并进入"会员中心"—"在线充值"—"充值卡充值"，充值成功即可购买和查看数据库内容。
- 会员福利最终解释权归社会科学文献出版社所有。

卡号：835753218554
密码：

数据库服务热线：400-008-6695
数据库服务QQ：2475522410
数据库服务邮箱：database@ssap.cn
图书销售热线：010-59367070/7028
图书服务QQ：1265056568
图书服务邮箱：duzhe@ssap.cn

S 基本子库
SUB DATABASE

中国社会发展数据库（下设12个子库）

整合国内外中国社会发展研究成果，汇聚独家统计数据、深度分析报告，涉及社会、人口、政治、教育、法律等12个领域，为了解中国社会发展动态、跟踪社会核心热点、分析社会发展趋势提供一站式资源搜索和数据服务。

中国经济发展数据库（下设12个子库）

围绕国内外中国经济发展主题研究报告、学术资讯、基础数据等资料构建，内容涵盖宏观经济、农业经济、工业经济、产业经济等12个重点经济领域，为实时掌控经济运行态势、把握经济发展规律、洞察经济形势、进行经济决策提供参考和依据。

中国行业发展数据库（下设17个子库）

以中国国民经济行业分类为依据，覆盖金融业、旅游、医疗卫生、交通运输、能源矿产等100多个行业，跟踪分析国民经济相关行业市场运行状况和政策导向，汇集行业发展前沿资讯，为投资、从业及各种经济决策提供理论基础和实践指导。

中国区域发展数据库（下设6个子库）

对中国特定区域内的经济、社会、文化等领域现状与发展情况进行深度分析和预测，研究层级至县及县以下行政区，涉及省份、区域经济体、城市、农村等不同维度，为地方经济社会宏观态势研究、发展经验研究、案例分析提供数据服务。

中国文化传媒数据库（下设18个子库）

汇聚文化传媒领域专家观点、热点资讯，梳理国内外中国文化发展相关学术研究成果、一手统计数据，涵盖文化产业、新闻传播、电影娱乐、文学艺术、群众文化等18个重点研究领域。为文化传媒研究提供相关数据、研究报告和综合分析服务。

世界经济与国际关系数据库（下设6个子库）

立足"皮书系列"世界经济、国际关系相关学术资源，整合世界经济、国际政治、世界文化与科技、全球性问题、国际组织与国际法、区域研究6大领域研究成果，为世界经济与国际关系研究提供全方位数据分析，为决策和形势研判提供参考。

法律声明

"皮书系列"（含蓝皮书、绿皮书、黄皮书）之品牌由社会科学文献出版社最早使用并持续至今，现已被中国图书市场所熟知。"皮书系列"的相关商标已在中华人民共和国国家工商行政管理总局商标局注册，如LOGO（ ）、皮书、Pishu、经济蓝皮书、社会蓝皮书等。"皮书系列"图书的注册商标专用权及封面设计、版式设计的著作权均为社会科学文献出版社所有。未经社会科学文献出版社书面授权许可，任何使用与"皮书系列"图书注册商标、封面设计、版式设计相同或者近似的文字、图形或其组合的行为均系侵权行为。

经作者授权，本书的专有出版权及信息网络传播权等为社会科学文献出版社享有。未经社会科学文献出版社书面授权许可，任何就本书内容的复制、发行或以数字形式进行网络传播的行为均系侵权行为。

社会科学文献出版社将通过法律途径追究上述侵权行为的法律责任，维护自身合法权益。

欢迎社会各界人士对侵犯社会科学文献出版社上述权利的侵权行为进行举报。电话：010-59367121，电子邮箱：fawubu@ssap.cn。

社会科学文献出版社